RESEARCH REPORT ON THE
DEVELOPMENT OF
WORLD PARTY POLITICS

世界政党政治发展研究报告

周淑真 ◎ 主编

（2022—2023）

当代世界出版社
THE CONTEMPORARY WORLD PRESS

图书在版编目（CIP）数据

世界政党政治发展研究报告. 2022—2023 / 周淑真主编. -- 北京：当代世界出版社，2023.12
ISBN 978-7-5090-1759-3

Ⅰ. ①世… Ⅱ. ①周… Ⅲ. ①政党-研究报告-世界-2022-2023 Ⅳ. ①D564

中国国家版本馆 CIP 数据核字（2023）第 167349 号

书　　名：	世界政党政治发展研究报告（2022—2023）
出 品 人：	吕　辉
策划编辑：	刘娟娟
责任编辑：	刘娟娟　徐嘉璐
装帧设计：	王昕晔
版式设计：	韩　雪
出版发行：	当代世界出版社
地　　址：	北京市地安门东大街 70-9 号
邮　　编：	100009
邮　　箱：	ddsjchubanshe@163.com
编务电话：	(010) 83907528
发行电话：	(010) 83908410（传真）
	13601274970
	18611107149
	13521909533
经　　销：	新华书店
印　　刷：	北京新华印刷有限公司
开　　本：	710 毫米×1000 毫米　1/16
印　　张：	27.5
字　　数：	378 千字
版　　次：	2023 年 12 月第 1 版
印　　次：	2023 年 12 月第 1 次
书　　号：	ISBN 978-7-5090-1759-3
定　　价：	98.00 元

如发现印装质量问题，请与承印厂联系调换。
版权所有，翻印必究；未经许可，不得转载！

序言 PREFACE

《世界政党政治发展研究报告（2022—2023）》是继《世界政党政治发展研究报告（2021—2022）》之后的第二部研究报告，在即将出版之际，有必要向广大读者介绍三方面情况：一是2022—2023年世界政党政治的主要变化及其特点，二是本书的任务由来和撰写过程，三是本书的框架结构和主要特点。

一、2022—2023年世界政党政治的主要变化及特点

2022—2023年是世界政党政治中极为不平凡的一段时期。世界之变、时代之变、历史之变正以前所未有的方式展开，世界又一次站在历史的十字路口，国际政治格局、全球发展格局、世界政党格局等都在发生深刻复杂变化，各种新旧问题与复杂矛盾叠加碰撞、交织发酵，不稳定、不确定、难预料成为常态。全球性挑战需要全球性应对。政党政治是观察一个国家政治社会经济发展的晴雨表，政党品质和政党政治运行质量影响国家治乱兴衰。2022—2023年，世界政党政治主要有如下特点：

（一）美、英等西方国家政党政治变乱加深

美、英作为最早产生政党的国家和最早实行两党制的国家，其政党和政

党制度形式曾对世界产生示范效应，为不少后发国家学习和仿效，100多年来，美英两国政党政治曾是学者们认识和研究政党政治的范例，并在此基础上形成以往对美英政党政治研究的理论观点。但近年来，美英两国政党和政党政治表现颠覆了人们以往的理论观点和基本认知。特别是在2022——2023年，美、英等西方国家特别是美国的政党政治变乱程度加深加剧。

1. 美国两党继续极化，利用分权体制大行"否决政治"

2022年11月，美国国会举行中期选举，尽管民主党在众议院失去数个议席、成为少数党，但仍被视作本届选举的赢家，这是因为在选前经济不景气、总统拜登支持率极低的前提下，民主党的得票率远优于历史同期。这在一定程度上打破了美国总统所属政党时常遭遇的"中期诅咒"，反映出当前美国政党政治的一些特点。

首先，保守主义激进派仍在共和党内占有重要地位。2022年中期选举中，多名共和党候选人试图以大选舞弊论煽动选民情绪、赢得选举，没有提出明确的经济和政策主张。前总统特朗普尽管影响力略有下降，但依然具备极强的选民号召力。再加上特朗普坚称自己被"窃取"了总统之位，如果他于2024年初选中胜出、成为共和党总统候选人，美国可能再度面临宪政危机。

其次，民主党在"身份政治"问题上越走越远。中期选举后，美国国会再次分裂，拜登政府的立法议程可能面临更多困难。更重要的是，在2020年大选和2022年中期选举中受创后，共和党开始寻求新的出路，试图重新拾起经济保守主义，竭力争取中产阶级工薪选民。如若民主党始终无法提出足以召回中产工薪群体的有效主张，在不久的将来，美国可能会发生新一轮的政党选民重组。

近年来，美国两党不仅从"论争式的民主"发展成"敌对式的民主"，而且在大选和中期选举中将对方视为"罪犯"的做法盛行。美国两党的极端对立正在自上而下进一步分裂社会大众，使民众逐渐失去对政治体系的信任，两党由对立对抗发展为对决，协商变得更加困难，缺乏共识政治与包容性文化造成了政治改革和纠错乏力。美国作为曾经的民主"灯塔"，近年民主体制快速衰退，选举危机频发，而且，无论哪一方成为执政党，均难以代表人民利益有效治理国家。

2. 英国政党政治变故多生、换相频繁

作为君主立宪制议会制国家，英国在一年间出现了三位首相，频繁的首相更迭，为其政党政治带来了许多新变化。

首先，频繁换相暴露政党政治困境。2022年1月，首相约翰逊及其团队被揭发在新冠疫情防控期间违反防疫规定，举办派对及其他聚会多达16次，造成"派对门"丑闻。随着调查推进，约翰逊很快成为英国历史上首位明确违法的在任首相。6月，多名保守党议员联合发起对约翰逊的不信任投票，但未获得过半数通过。到7月26日，有50多位官员集体辞职，迫使首相下台。两天后，约翰逊公开宣称辞去党首职务。随即，保守党"1922委员会"制定并通过了新的党首选举规则，主持新党首选举。伊丽莎白·特拉斯于9月5日击败在之前多轮投票中一直高票领跑的反约翰逊派前财政大臣里希·苏纳克，以57%对43%的得票率，成为保守党党首和英国首相。但是，10月20日，就任仅45天的特拉斯宣布，辞去保守党党首职务，成为英国历史上在任时间最短的首相。随后，保守党选举苏纳克为党首，并出任首相。至2022年年底，苏纳克上任仅两个月，英国遭遇前所未有的罢工潮和通货膨胀，他本人的民意支持率也持续走低。

其次，英国"脱欧"余温下的党内分化与党际斗争。"脱欧"是近年来英国政治生活中的主要事件。2016年6月，英国民众以51.9%：48.1%的比例支持英国"脱欧"，拉开了"脱欧"谈判拉锯战，2021年，英国正式"脱欧"。2022年，英国政党政治变动具体表现为，传统的两大主要政党受"脱欧"议题影响，实力均有所下降。在脱欧和一再换相的过程中，保守党内派系斗争的公开化和白热化暴露在选民面前，消耗了选民的信任。保守党执政期间，英国经济陷入衰退，受到能源价格上涨、通胀高企的影响，多个行业接连举行罢工，要求增加薪水、稳定物价。英国选民认为，经济衰退与保守党执政不佳有关，再度引发保守党的分裂。工党对"脱欧"问题的矛盾体现为历任党魁态度的暧昧和多变。2020年4月，基尔·斯塔莫接替杰里米·科尔宾成为工党领袖。直至2022年9月，工党年度会议的主题仍是"重新检视英国脱欧"，表明"脱欧"仍是工党的核心议题。但同时，为夺得执政党宝座、避免党内争议和分裂，工党已基本达成共识，即在不寻求推翻"脱欧"结果的前提下尽力改善伦敦—布鲁塞尔的关系。

再次，"脱欧"带来的民族自决或自治倾向使英国多个分离主义政党快速崛起。一是北爱尔兰于2022年5月5日举行议会选举，新芬党在90个议会席位中赢得了27个，超过民主统一党成为议会第一大党，终结了亲英政党在该地区长达一个世纪的主导地位。新芬党作为主张北爱尔兰与爱尔兰统一的分离主义政党，改变了北爱尔兰的政党政治格局，其党主席玛丽·麦克唐纳在胜选后明确表示，将于五年内举行爱尔兰统一公投。二是在2022年5月苏格兰地方选举中，苏格兰民族党再次作为第一大党胜出。6月28日，苏格兰首席大臣、苏格兰民族党党魁尼古拉·斯特金递交了一份苏格兰独立法案，计划于2023年10月19日举行第二次苏格兰独立公投。英国最高法院于11月23日驳回了苏格兰在未获得中央政府同意的情况下举行独立公投的申请。斯特金在回应最高法院裁决时表示，苏格兰的民主不会被剥夺，自己将把下一次大选作为事实上的公投。苏格兰民族党把苏格兰独立作为大选中需要全力争取的问题。

2022—2023年英国政党政治主要特点是民主政治衰退加速。一方面，在英国的政治体制下，在野党与执政党展开合作的可能性较小；另一方面，"脱欧"及后"脱欧"时代的经济走向进一步撕裂两党，致使两党各自的党内派系斗争外溢，影响到国家政治运行。多个地方分离主义政党意图借助"公投"实现民族或地区独立。如何平衡和整合两党内外政治分歧，有效应对通货膨胀和经济衰退的挑战,并在此基础上提出国家政治经济发展的路线方针,是英国两党面临的主要难题。

3. 法、意、澳等国多党政治发展举步维艰

2022年是法国总统和议会的选举之年。法国传统主流政党政治地位进一步下降,2017年大选形成的中间与极端对立的格局得到进一步确认,同时,政党结构的碎片化加剧。法国两轮总统选举分别于2022年4月10日和24日举行。与2017年法国第一轮总统选举结果相同,马克龙和国民联盟候选人玛丽娜·勒庞进入了第二轮选举,最终马克龙战胜勒庞,成为2002年以来第一个实现连任的总统。国民议会的两轮选举分别于2022年6月12日和19日举行。结果出现了自2000年宪制公投(决定将总统任期从七年减少至五年)以来的第一个悬浮议会。在各党间围绕组成稳定多数政府的谈判失败后,以伊丽莎白·博尔内为总理的少数政府形成。这对总统马克龙带来挑战。2022年大选显示了法国政党政治两大变化趋向:一是从传统的左右翼竞争格局向新的左中右翼格局变化的趋势逐渐明显;二是左右翼力量分化与联合并存。

意大利由于其特殊的历史背景和选举制度,政党的分化与组合现象更为鲜明,形成了党派林立和政治力量缺乏稳定的特点。2022年7月,由于议会第一大党五星运动党撤销对德拉吉政府的支持,总理马里奥·德拉吉宣布辞职,意大利总统宣布解散议会,并于2022年9月25日举行大选。这是意大利在减少众议院和参议院席位数的宪法公投后进行的首次大选,是在原议会第一大党五星运动党势力下降、意大利兄弟党影响力上升的背景下进行的。在创纪录的低投票率背景下,意大利兄弟党以26%的得票率成为议会第一大党,按照选举前的中右翼联盟协议,梅洛尼作为总理候选人得到了右翼联盟的支持。梅洛尼成为意大利第一位女总理,也是意大利第一个来自极右翼政党的政府领导人,引起了欧洲国际社会的广泛关注。

2022年,除法国和意大利外,瑞典、葡萄牙、丹麦、斯洛文尼亚和马耳

他也举行了大选。这些选举在不同程度上影响了欧洲政党政治的左右平衡，显示出欧洲政党政治变化的一些特点：右翼民粹主义政党的政治影响力显著扩大；伴随着主流政党影响力普遍下滑，政党碎片化局面在继续；政党格局持续动荡，伴随新党出现的政党起伏现象成为欧洲各国政治不稳定的重要因素。

2022年是澳大利亚大选之年。5月21日，现任工党领袖安东尼·阿尔巴尼斯击败对手莫里斯，成为澳大利亚第31任总理。时隔近九年，工党再次成为执政党。阿尔巴尼斯政府上台后兑现竞选承诺，在降低民众生活成本、削减碳排放、改善原住民福祉，以及修复中澳关系等方面积极作为，赢得民众信任和支持。据《澳大利亚人报》的民调数据，到2022年年底，阿尔巴尼斯作为总理的认可度仍高达60%，为该民调自1985年首次推出以来认可度最高的新任领导人之一。

（二）亚、非、拉国家政党政治发展特点

1. 亚洲国家政党政治发展

2022年，东南亚地区国家政党政治表现为动荡与稳定交织，保守与变革、求稳与求变并存。东帝汶、菲律宾和马来西亚三国相继举行大选，平稳完成了权力交接和政党轮替。越南作为社会主义国家，共产党自我革命、自我净化尤其重要。越南共产党强力反腐，两位副总理被罢免，国家主席辞职，将从严治党提升到前所未有的高度。

2022年，南亚地区政党政治呈现"冰火两重天"。一方面，印度人民党的执政地位日益巩固，一党独大势头更劲；另一方面，尼泊尔、孟加拉国、斯里兰卡、巴基斯坦、马尔代夫等南亚国家的多党民主政治存在不同程度的乱象，执政地位不稳、政治决策弱化、发展前景堪忧。政治与经济相互影响，国家陷入治理与发展困境。同时，阿富汗政坛政党角色缺失，政治包容性较差，影响了该国社会经济的发展。

2022年，黎巴嫩、以色列、突尼斯、巴林和科威特五个中东国家举行全国性议会选举，折射出这些国家的政党政治变化，及其背后的政治制度、社会思潮、政治力量对比等特征。黎巴嫩政党政治呈现教派主义和协合民主的特点，民众求变的心理明显，但黎巴嫩大选未能打破政治僵局，政党对立和极化依然存在。以色列的政党政治历来有多党林立、竞争激烈、分合频繁等特征，这次选举显现了高投票率、政党碎片化、右倾趋势明显的特点。突尼斯则从半议会制转向总统制，政党作用下降，投票率极低。科威特和巴林的国家权力结构是有限立宪君主制，由此导致的准政党制度和社会结构影响和制约着选举，政党的政治中介角色及作用都有所下降。阿拉伯剧变以来，阿拉伯国家的政党政治进入过渡阶段，多数阿拉伯国家经历了不同类型的政党政治实践，虽然整体上逐渐向剧变之前的有限多党制转变，但仍未尘埃落定。在土耳其和伊朗，多党政治运行良好，但政党政治整体右倾趋势明显。

2022 年，日本政党政治也呈现了一些新特点。

一是前首相安倍晋三遇刺身亡，自民党与公明党执政联盟在参议院选举中获胜。7 月 8 日，安倍晋三到奈良选区为自民党候选人佐藤启助选，发表拉票演讲时被一名刺客开枪击中，抢救无效当天身亡。两天后的 7 月 10 日是日本参议院改选的投票日，因担心安倍遇刺引发政局不稳，一些中间选民所掌握的流动票自然投向执政的自民党。自民党与公明党执政联盟赢得了 76 席，超过选前确定的"胜败线"56 席，与改选前的 69 席相比席位数增加，这使自民党在修宪等决策问题上可以更为主动。

二是安倍遇刺对日本政党政治发展走势产生影响。近年，日本政治总体保守化趋势明显，其核心目标是追求政治大国化和军事大国化，摆脱战后秩序和战败国地位，迈向所谓的"正常国家"。安倍去世的直接后果是日本的正常国家化步伐放缓，岸田文雄紧跟美国围堵中国和所谓"印太战略"的步伐，美国与日本的主从关系更为明显。

三是日本自民党内部派阀政治出现新走向。自民党自 1955 年成立以来一直派阀林立，各派自立门户，在自民党内纵横捭阖、争权夺利。安倍遇刺身亡之后，福田系与安倍系之间的矛盾加剧，安倍派会否走向分裂而被其他各派吸收，成为岸田文雄维持政权稳定需要处理的重要问题。

四是日本政教关系问题凸显。政教关系是日本政治中的一个非常敏感的问题，安倍晋三遇刺再次暴露日本政教关系的深层问题。调查发现，包括安倍晋三等自民党领导人在内，现任379名自民党国会议员中有179人以参加活动、致辞、致贺电等不同方式卷入"统一教"活动之中，与"统一教"有过勾连，由此导致执政党的公信力迅速下降，事后民调显示，岸田文雄内阁支持率跌至30%以下，表示政府陷入政治社会危机。

2. 非洲国家政党政治发展

自20世纪80年代末非洲开启政治民主化进程以来，非洲国家的民主政治有了长足进步，政党政治与多党选举等民主政治构成要素日渐成熟。但近年来，非洲民众对多党选举的支持呈略有下降的态势，同时，政局动荡和军事政变对非洲一些国家的政党政治产生了较大冲击，阻碍了其良性发展。如埃塞俄比亚军事冲突，马里、苏丹、几内亚和布基纳法索军事政变，以及乍得政权更替等。2022年，非洲共有九个国家举行总统和议会选举，其中，索马里为总统选举，肯尼亚、安哥拉和赤道几内亚同时举行总统和议会选举，冈比亚、莱索托、刚果（布）、圣多美和普林西比、塞内加尔为议会选举。在肯尼亚，虽然族群因素对政党政治发展存在负面影响，但选举结果基本能为各方承认，说明政党政治已开始进入良性发展轨道。在安哥拉，执政党安哥拉人民解放运动的支持率继续呈下降的态势。在赤道几内亚，执政党民主党在选后继续执政。在南非，2022年12月16—19日，南非执政党非洲人国民大会（以下简称"非国大"）举行第五十五届全国代表大会。南非总统西里尔·拉马福萨以2476票比1897票，再次当选为党主席。这意味着，如果非国大在2024年大选中获胜，西里尔·拉马福萨将能够继续担任总统职务。当然，非国大作为南非执政党，也必须面对许多困难和问题。

近几年来，非洲各国主权意识逐渐觉醒，谋求具有本国特色的政治创新的自主意识不断增强，是非洲国家政党政治发展的一大趋势。

3. 拉丁美洲国家政党政治发展

2022年，拉丁美洲政党政治发展既保持一定连续性，又显示出一些新特点。执政党更迭仍是2022年拉美国家政党政治发展主基调，除尼加拉瓜、巴巴多斯等少数国家的执政党实现连续执政外，多国出现执政党更迭。洪都拉斯、智利、哥斯达黎加、哥伦比亚、格林纳达、巴西六个国家发生执政党更迭，其中，洪都拉斯和智利于2021年年底完成大选，2022年新政府就任并完成执政党更迭，其余四国是在2022年进行大选后实现执政党轮替。与此同时，拉美地区左翼政党和右翼政党斗争激烈并带来外溢效应，左右之争日益呈现出较明显的区域性特点。左翼政党在多国大选中胜出并取得执政地位。继2021年左翼政党在秘鲁、智利、洪都拉斯等国大选中取胜并取代右翼政党上台执政，尼加拉瓜左翼政党再次赢得大选并蝉联执政后，2022年，左翼政党又相继赢得哥伦比亚和巴西大选，进一步壮大了拉美地区左翼政党的执政版图。左翼的历史公约联盟候选人佩特罗在2022年哥伦比亚大选中取胜并执政，改变了该国几十年来一直由右翼政党执政的局面，极大改变了该国的政治生态。2022年10月，左翼的劳工党领袖卢拉当选巴西总统，再次改变了拉美第一大国国内政治力量对比状况，也对整个拉美地区的政治生态产生重大影响。巴西左翼政党再次执政后，拉美地区出现巴西、墨西哥、阿根廷、哥伦比亚、委内瑞拉、秘鲁等六个该地区人口最多的国家同时由左翼政党执政的局面，这在拉美地区历史上前所未有。左翼政党执政国家人口超过拉美地区总人口的85%，领土面积超过该地区总面积的90%，左翼政党执政规模超过21世纪初开启的"粉红浪潮"时期。随着拉美多国左翼政党崛起，巴西、智利、乌拉圭、哥伦比亚等国家的共产党成为重要的参政党，政治影响力有所扩大，丰富了该地区政党政治的内涵。同时，拉美国家一些执政党如古巴共产党、委内瑞拉统一社会主义党重视加强党的建设，试图摆脱治理困境、稳固执政地位，极力维护国家政治、社会稳定大局。

在世界大变局加速演进的国际背景下，俄乌冲突的爆发正推动国际格局深度调整，对许多有关国家的政党政治产生影响，使这些国家的执政党面临着政治压力和经济难题。

一个国家的政党政治是充满变数、不断发展演变的领域。本书深入研究在 2022—2023 年各大洲国家政党政治的主要变化，对于人们了解在大变局中变乱交织的国际政治和各国政党政治有所帮助。

二、任务由来和写作过程

组织编写"世界政党政治发展研究系列报告"是浙江（嘉兴）中外政党研究中心的重要任务。浙江（嘉兴）中外政党研究中心成立于 2020 年 10 月。成立近四年来，中心按照高水平、有特色的要求，主动承担资政建言、理论创新、社会服务三大使命，致力于建设成为共建"一带一路"发展中国家左翼政党研究新型高端智库、中外政党学术交流基地、新时代中国共产党新型政党制度国际传播平台。浙江（嘉兴）中外政党研究中心坚持突出特色、错位发展的研究思路，结合嘉兴市政治优势，聚焦共建"一带一路"发展中国家左翼政党研究：一是重点研究"丝绸之路经济带"沿线中东欧七国的政党；二是重点研究"21 世纪海上丝绸之路"沿线和中国周边发展中国家左翼政党；三是开展中外政党比较研究，充分展示中国共产党新型政党制度的优越性，传播中国共产党治国理政的先进经验。

2021 年中国共产党成立 100 周年之际，《世界政党政治发展研究报告（2021—2022）》编写出版，是国内第一部集政治性、时效性、学术性于一身的世界政党政治发展年度研究报告。本次出版的《世界政党政治发展研究报告（2022—2023）》是世界政党政治发展研究系列报告的第二部，出版过程与第一部基本相同，浙江（嘉兴）中外政党研究中心精心组织策划并征求政党研究中心学术委员会意见后，确定了各章目录，盛情邀请长期从事相关领域及区域国别研究的专家学者撰稿。需要说明的是，第一部中，中东、北非与非洲地区国家在同一章里进行分析，因研究对象和内容太多，本次将中东及非洲地区分别撰写。从字数上看，第二部比第一部略少。因第一部已对各区域国别的政治体制、政党及政党制度发展历史进行了综合扼要的说明，因此这些内容不再重复。在本书的撰写统编过程中，各位专家学者努力克服种种困难，经过半年的研究鏖战、精心撰写，终于在2023年上半年完成稿件。在出版社编辑和撰稿作者的共同努力下，从人名、地名乃至具体议会席位数目等方面的确认无误到观点结论的推敲，经数月辛勤劳动、多次往返的修订和锤字炼句，终于使得本书进入付梓出版阶段。

这一工作将会持续下去。世界政党政治发展研究系列报告对于学界了解世界各国政党及政党政治发展最新情况和态势，为读者提供开拓视野的参考，具有重要作用。本书的创新意义在于，每年对世界各国政党和政党政治发展进行深刻研究，为国内外提供系统性、权威性、学术与时政密切有机结合并填补相关领域文献空白的系列著作。

三、框架结构和主要特点

本书由序言和十四章正文组成。第一章至第十二章按照区域国别对世界各国政党政治2022—2023年度的发展演变现状和基本特征进行阐述和研究。其中，第七章对国外非执政共产党的类型和2022—2023年发展状况进行研究。第十三章叙述和研究2022年中国共产党的对外工作发展。因2022年是中国共产党第二十次全国代表大会召开之年，故第十四章研究国外政党如何看中共二十大。

本书主要特点如下：

一是运用世界政党政治发展的最新资料和切实数据。系列研究报告是对已经发生并正在持续发展的世界政党政治进行研究。在互联网等媒体技术高度发达的当今世界，关于各国政党政治的情况有浩如烟海的资料和数据，本书通过由此及彼、由表及里的认真考证和去伪存真的客观分析，选用最新资料与切实数据，总结分析政党政治发展状况，力求做到深刻透彻、论证有力。

二是叙事客观、观点突出。注重政治性、时效性与学术性的有机结合，在夹叙夹议中阐述理论观点，同时对国内外的相关理论观点予以介绍，进行恰如其分的表述和评价，作出具有一定高度和深度的概括归纳。

三是结构合理、逻辑性强。首先，各章概括这一地区国家2022—2023年度政党政治总体情况，指出这些国家政党和政党政治在历史发展基础上的现实特点。其次，就这些国家在2022—2023年度发生的新情况、新问题作具体介绍，如政党轮替、议会席位变更、执政党变化等。再次，研究分析这些国家主要政党在政治纲领、政策主张等方面的变动和调整。最后，对这些进展进行分析，并对该地区国家政党政治的发展态势作出预判。

总的看来，中国特色社会主义进入新时代，中国学术界也需要构建中国特色政党政治学的学科体系和话语体系，填补世界政党政治相关研究的空白，为学界提供更为详细和严密的知识基础、分析框架、概念理论，为有关世界各国政党政治发展制度性、规律性的研究提供参考。

周淑真

2023年9月20日于北京西郊时雨园

目录 CONTENTS

序言

第一章 东北亚地区国家政党政治发展与研究 / 1
郭定平　冯斐斐　张　磊

第二章 东南亚地区国家政党政治发展与研究 / 34
许利平

第三章 南亚地区国家政党政治发展与研究 / 63
胡仕胜等

第四章 中东地区国家政党政治发展与研究 / 103
朱泉钢

第五章 非洲地区国家政党政治发展与研究 / 131
沈晓雷

第六章 拉丁美洲地区国家政党政治发展与研究 / 161
袁东振

第七章 非执政共产党政党政治发展与研究 / 186
余维海

第八章　独联体国家政党政治发展与研究／227
陈新明

第九章　中东欧国家政党政治发展与研究／255
鞠　豪

第十章　美国、英国和加拿大政党政治发展与研究／281
谢　韬　郭馨怡

第十一章　大洋洲国家政党政治发展与研究／316
郭春梅　等

第十二章　欧洲国家政党政治发展与研究／340
林德山

第十三章　2022年党的对外工作发展与研究／372
余科杰　齐天赐　李　阳

第十四章　国外政党政要看中国共产党第二十次全国代表大会／400
赵　超　冯　瑾

后记／421

第一章
东北亚地区国家政党政治发展与研究

郭定平　冯斐斐　张　磊*

东北亚地区包括中国、日本、朝鲜、韩国、蒙古国和俄罗斯的远东地区。鉴于中国、朝鲜、俄罗斯已经在其他部分有专题研究，本章仅聚焦于日本、韩国和蒙古国的政党政治发展，对其在2022年的发展与特点进行分析和探讨。从比较政治学视角来看，这三个国家目前均实行多党制，但是在历史发展演变、政党竞争格局、治国理政绩效等方面存在较大差异。

2022年，这三个国家政党政治总体发展稳定，均在各自的政治制度框架内运作。日本参议院选举后，自民党继续保持明显优势，与公明党联合执政；韩国大选之后，国民力量党候选人尹锡悦当选新一届总统，政权平稳更迭；蒙古人民党继续维持对政权的全面掌控。同时，三国政党政治面临较为突出的问题，安倍晋三遇刺引发日本政坛地震和政界分化；尹锡悦的右倾保守路线引发朝野斗争；蒙古民主党进一步分裂。下面将对三国政党政治发展

---

* 本报告由郭定平、冯斐斐、张磊合作撰写，得到了日本早稻田大学张望准教授的支持。郭定平，复旦大学国际关系与公共事务学院政治学系主任、教授、博士生导师；冯斐斐、张磊，复旦大学国际关系与公共事务学院博士研究生。

予以具体论述。

一、日本政党政治发展与研究

日本政党政治自明治维新以来经历了漫长曲折的历史发展过程,但是在二战之后特别是"55年体制"[1]形成之后,日本政党政治格局长期维持自由民主党(以下简称"自民党")的一党独大。1993年,虽然自民党的一党独大终结,随后也出现了多党联合执政和反对党上台,但是自民党很快重新取得了优势与支配地位。2022年,日本政党政治在继续维持自民党优势与执政地位的同时,也呈现了一些引人注目的新发展和新特点。

(一)参议院选举中的政党竞争

根据日本现行宪法,日本实行两院制,众议院和参议院共同组成国会,是国家权力的最高机关。在两院之中,虽然众议院具有一定的优越性,具有比参议院更大的权力,但是在某些事项上,参议院拥有相对优势。例如,众议院议员的任期是四年,到期全部改选;而参议院议员的任期为六年,每三年改选一半。在众议院解散期间,参议院有权召开紧急会议,并作出临时决议。这样的任期制和紧急会议权使参议院能够在日本政治中发挥独特的重要作用。[2]因此,继2021年10月的众议院大选之后,2022年的第二十六届参议院选举就受到高度关注,并吸引日本多个政党全力投入,争取获得上佳的成绩。

日本参议院现有248个议员席位,按照每三年改选一半的规则,2022年选举中共有124个改选议席和1个补选议席。自民党和公明党执政联盟(以下简称"自公执政联盟")把取得参议院过半席位(125席)看作胜选的基

---

[1]"55年体制"指日本政坛自1955年出现的一种体制。
[2]杨建顺编著:《日本国会》,北京:华夏出版社,2002年版,第97—98页。

本目标,两党此时拥有69个非改选席位,这就是说他们必须在这次大选中至少取得56席,方能过半。如果考虑到首相岸田文雄希望增强党内向心力并巩固自己的政权基础,自公执政联盟的选举目标就应该是争取改选加补选总席位过半数的63席。执政党已经在众议院拥有多数席位,如果在参议院也维持过半数席位的话,基本上可以通过所有法案并稳定执政。以自民党为首对修改宪法态度积极的修宪势力能否维持在国会提议修宪所需的三分之二以上议席也是本次大选的焦点之一。

参议院的选区划分为以全国为单位的比例区和以各个都道府县为单位的选举区。参议院选举制度实行小选举区比例代表并立制,在改选定额为1人的选举区实行小选举区制,在改选定额为2—5人的选举区实行中选举区制。[1] 选区设置虽然原则上以都道府县为单位,但为调整每一名议员所代表的选民数量的差距,鸟取县和岛根县、德岛县和高知县在六年前已经合并为一个选区,而每名议员代表选民最多的埼玉县则增加一个议席名额。这次参议院选举是在45个选举区选出75名议员,其中包括在神奈川选举区补选一个非改选议席的空缺,在比例代表制下选出50名议员。

2022年7月10日,日本举行第二十六届国会参议院选举。次日,最终选举结果正式揭晓。各党派获得的具体议席数为:自民党63席,立宪民主党17席,公明党13席,日本维新会12席,国民民主党5席,日本共产党4席,令和新选组3席,社会民主党1席,NHK党1席,无党派或其他6席。从选举结果来看,无论是自民党还是自公执政联盟,均取得了压倒性顺利,自民党单独获得本次选举争夺议席的过半数,在32个改选定额为1人的选区获得了28个席位,高于上次的22个席位;败选的只有青森、山形、长野和冲绳四县;在复数选区,自民党推选的候选人全部当选。自公执政联盟赢

---

[1] 徐万胜:《冷战后日本政党体制转型研究——1996年体制论》,北京:社会科学文献出版社,2010年版,第72页。

得了 76 个席位，大大超过了选前确定的胜败线 56 席，与改选前的 69 个席位相比也有显著增加。立宪民主党远未达到改选前的 23 个席位数，而日本维新会则从改选前的 6 个议席增至 12 个议席，席位数翻倍。于是，在参议院，立宪民主党和日本维新会将争夺在野党内的主导权。

另外一个引人瞩目的选举结果是修宪势力的增长。近年来，日本的修宪问题在安倍晋三等右翼政治家的推动下引起广泛关注。但是，修宪并非易事，日本宪法明确规定，宪法的修订首先需要众议院和参议院各自议员总数的三分之二赞成，然后由国会提出修宪动议，并将宪法修正案提交国民投票并获得过半数赞成票。在战后相当长的一段时间，日本国内的和平运动和护宪运动比较强大，虽然有少数政客主张修宪，但是修宪始终未成气候，因此日本国宪法从 1947 年通过以来一直没有任何修改。冷战结束后特别是进入 21 世纪以来，日本国内右翼保守势力不断扩张，原来主张护宪的左翼政党迅速萎缩甚至改旗易帜，主张修宪的政治势力大幅增长。参议院选举前，自公执政联盟拥有 139 席，选举后增加到 149 席，再加上另外两个支持修宪的日本维新会和国民民主党，参议院修宪势力的议席就达到了 178 席，超过了总席位的三分之二。修宪势力在众议院中已拥有 334 席，超过总席位（465 席）的三分之二，此次参议院大选中，修宪势力再次得势，因此日本国会可以启动修改宪法的程序。当然，修宪是否能够推行取决于很多因素，需要密切观察和专题研究。

此次自民党和自公执政联盟获胜有多方面原因，其中最主要的因素之一是岸田政权的温和保守路线及相关社会经济政策和外交安保政策。日本的各项民意调查显示，选举中民众关心的基本议题是经济政策和社会保障，特别是新冠疫情影响下的经济恢复问题和民众生活保障问题。岸田上台之后，在适度控制疫情的情况下努力发展经济，保障民众的正常生活秩序。同时，针对长期以来受新自由主义经济政策影响而产生的失业问题和贫富差距扩大问题，岸田打出了"新资本主义"的旗号，引发众多关注和好评。在俄乌冲突爆发之后，岸田政权反应灵敏，在与西方主要国家协调一致制裁俄罗斯的同时，注重加强日本自身安保，提升防卫能力，得到了多数国民的支持。

自民党获胜的另外一个加分项是安倍遇刺这一突发偶然因素。安倍晋三历任日本第九十届、九十六届、九十七届、九十八届内阁首相，是日本历史上连续在任时间最长的首相（2799天），不仅在任期间位高权重，直接决定日本重大政治经济外交政策，即便离任之后，凭借其深厚的政治根基和庞大的人脉关系网络，安倍晋三对日本政治仍然具有重要的影响力。参议院选举投票前的7月8日，安倍晋三来到奈良选区为自民党候选人佐藤启助选，正当他在一个地铁站发表拉票演讲时被一名刺客开枪击中，抢救无效当天宣布身亡，举世震惊。安倍遇刺后，自民党参加参议院选举的各个候选人团队暂停8日的街头拉票活动，9日，自民党干事长茂木敏充宣布选举照常进行。于是，自民党进入日本选举政治史上的所谓"哀悼之战"，大量的同情票被自民党收入囊中，特别是一些中间选民所掌握的流动票自然地流向自民党。与此同时，一些选民担心安倍遇刺会引发政局不稳，因此也倾向于把选票投向执政的自民党。

（二）安倍遇刺后的党派分化

政治强人的离去引发政治舞台上的连锁反应，这应该是世界各国政治发展的普遍规律。安倍晋三是日本政治史上的一代强人，其遇刺已经并将继续对日本政治发展和政党格局产生重大而深远的影响。

首先是对日本政治发展走势的影响。近年，日本政治总体保守化趋势明显，其核心目标是追求政治大国化和军事大国化。虽然这些概念有值得商榷之处，但是其针对性已非常清楚，就是要摆脱战后国际秩序和战败国地位，迈向所谓的"正常国家"，就是通过政治大国化、军事大国化实现正常国家化，安倍晋三堪称这一总体保守化倾向的总代表。从比较政治学的一般理论来看，现代国家的本质特征是国家主权，包括国家对内的最高权和对外的独立权。在此意义上，很多日本人认为日本并不能称为一个正常国家。这是因为，其一，日本受到宪法第九条专守防卫的内部制约；其二，日本作为美国的附庸国，受到美国的外部制约。安倍执政期间的着力点之一就是推动日本的正常国家化，因此可以认为，安倍去世的直接后果是日本的正常国家化步伐放缓。

安倍执政期间，不断增强日本的防卫能力是其政策重点之一，一个突出表现即是防卫厅升级为防卫省，享有独立的预算和编制。此外，日本在2014年首次通过《国家安全保障战略》，并在2015年强行通过"新安保法案"。这些进一步掀起了修改宪法第九条的讨论。有人认为，日本正常国家化的部分原因是对美国怀有不安情绪，希望通过提升日本维护自身安全的独立性来满足未来美国军事缺失情况下日本维护自身安全的需要。2022年上半年，安倍曾借助电视媒体公开提出核共有论，强调希望与美国共享核武器，引起国内外舆论哗然，这与2022年2月爆发的俄乌冲突密切相关。俄乌冲突激起了日本对自身安全的担忧。日本政界部分人士认为，日本不能坐以待毙，安倍即是其中的主要代表。他在几个月内多次演讲，呼吁大幅增加日本国防预算，并指出日本自卫队的短板，即缺乏续战能力、弹药不足和军队高龄化。但上述言论遭到了民间和平主义人士的反对，显示出日本精英层所奉行的现实主义与日本民间所奉行的和平主义之间的冲突。安倍借俄乌冲突期间日本的舆论氛围，抓住机会进一步推动日本的正常国家化。虽然安倍的言行也代表了日本要求走向正常国家化的一部分舆论，但是安倍遇刺身亡将会使日本的正常国家化步伐随着安倍和安倍派势力的衰微而失去一定的动力支持。

其次是对日本自民党派阀政治发展的影响。自民党从1955年成立以来一直派阀林立，各派自立门户，在自民党内纵横捭阖、争权夺利。安倍晋三成为一代政治强人本身就是自民党派阀政治的产物。安倍成长于政治世家，自民党内的安倍派（"清和政策研究会"，以下简称"清和会"）可以追溯到自民党成立时的前民主党核心成员岸信介和鸠山一郎，岸信介是安倍晋三的外祖父，当时的岸信介派就是自民党内所谓"八大师团"中最大的派系，冷战时期一直坚持亲美反共的保守立场。现在的清和会由前首相福田赳夫创立，先后由福田赳夫、安倍晋太郎、三塚博、森喜朗、小泉纯一郎、町村信孝和细田博之担任会长。福田赳夫和安倍晋三的父亲安倍晋太郎均对该派有重大影响。安倍晋三是在清和会会长细田博之出任众议院议长后，以卸任首相身份继任会长的，清和会随之由细田派改称安倍派。本次参议院选举后，自民党派系实力对比发生了新的变化，在自民党籍众参两院议员中，隶属安倍派的有96人，茂木派和麻生派各拥有51人，二阶派42人，岸田派41人，森山派7人。除了这6个派系外，党内还有3个议员集团，分别是聚集在前首相菅义伟周围的20人、在前自民党总裁谷垣祯一身边的12人及追随前干事长石破茂的9人。另外不属于任何派系的52人，则是各派争相拉拢的对象。

安倍遇刺之后首当其冲的就是安倍派。安倍为了确保自己的超强地位，始终不肯培养派系接班人，以防抢班夺权，因此一旦派阀首领去世，安倍派便沦落到群龙无首的境地。安倍派内部本来有所谓"四大天王"，分别是担任安倍派代理会长的下村博文（前自民党政调会长）、担任事务总长的西村康稔（前经济再生大臣）、担任内阁官房长官的松野博一和经济产业大臣萩生田光一。但是，这"四大天王"在派内无一例外地缺乏凝聚力和号召力，不仅能力不足、威望不够，而且时常互不服气、互相拆台。由于缺乏具有足够实力和威望的会长人选，在派阀大佬森喜朗的斡旋之下，安倍派暂时确立了一种由七人组成的集体领导体制，成员除了上述"四大天王"之外，还有安倍派另一位代理会长盐谷立（前文部科学大臣）、参议院安倍派会长世耕弘成（前经济产业大臣）和安倍派副会长高木毅（自民党国会对策委员长）。

更为严重的是，安倍派内部历来缺乏团结，自清和会成立伊始，福田赳夫属下的福田系与安倍晋太郎属下的安倍系就屡有龃龉，是清和会的一个不稳定因素。2012年，清和会推举町村信孝竞选自民党总裁，安倍晋三不听森喜朗的劝说，执意参选。派内意见分歧，或听从森喜朗指示支持町村，或坚决支持安倍，两派人马在安倍当选后所获职务待遇也有差别，致使"安倍系"与"非安倍系"离心离德。原来在安倍晋三的强势领导下尚且能够维持表面上的一致，在安倍遇刺身亡之后，福田系与安倍系之间的矛盾明显加剧，长此以往，安倍派会否走向分裂而被其他各派吸收，成为人们关注的焦点，这也是岸田政权维持稳定需要处理的重大问题。[1]

最后是对日本政教关系的影响。政教关系是日本政治中一个非常敏感的问题。二战以前，日本政治受神道教影响巨大，天皇被奉若神明，日本国也被吹捧为"神国"。战后，日本宪法明确规定了政教分离的原则。宪法第20条规定：所有宗教团体不能享受国家的任何特权，也不能行使任何政治权力；国家及其权力机关均不能开展宗教教育及其他一切宗教活动；因此国家禁止向各种宗教组织和团体支付国家公共资金。[2] 可是，战后日本政治中一直有政教关系不清的问题。其一是公明党与创价协会的"暧昧"关系，其二是日本首相屡次参拜靖国神社的问题，为此曾经发生过以违反政教分离原则为由的著名诉讼。安倍晋三遇刺再一次暴露出日本政教关系的深层问题。刺杀安倍晋三的凶手山上彻也供认，他的母亲因被韩国统一教逼缴会费而破产，他认为安倍晋三与该宗教团体有关，于是蓄谋行凶。随后，韩国统一教日本分部会长田中富广承认，这家宗教团体与刺杀安倍的案件有关。一石激起千层浪，在随后的调查中，日本自民党与统一教相互利用与勾结的复杂关系浮出水面。

统一教是早年由日本右翼头目岸信介与统一教创始人文鲜明联手引入日本的，其目的是帮助日本右翼对付日本共产党等左翼势力，随后成立韩国统一教日本支部，势力不断扩张并向政商各界渗透。为了掩人耳目，自民党政

---

[1] 吴寄南：《岸田能否驾驭安倍身亡后自民党派系博弈乱局》，载赵全胜主编：《海外看世界》，微信平台，2022年7月20日。
[2] 芦部信喜：《宪法》（新版），岩波书店，1997年版，第147页。

治家并不直接与统一教发生联系,而是与一个叫世界和平协会的宗教友好团体密切来往,该宗教友好团体与统一教均为文鲜明一人创立。在安倍晋三等人的支持下,统一教以独立宗教法人的名义发展壮大,不断扩充教众、收取会费,在选举的时候则充当自民党的选举动员工具,帮助拉票。根据已经披露的信息,自民党议员中有100多人与统一教有关联,包括安倍晋三等自民党领导人在内,他们以参加活动、致辞、致贺电等各种方式卷入统一教活动之中,并形成相互支持的利益共同体。正因如此,刺客山田彻也才把矛头对准安倍晋三,将其刺杀。

对于安倍遇刺的政治影响,著名日本问题研究学者杨伯江指出,安倍遇刺身亡对自民党内力量格局、派系分野的深刻冲击大于对社会政治的直接影响,并牵扯出统一教与日本政界特别是自民党议员非法勾连、利益输送的内幕,暴露出该党违反政教分离原则的冰山一角。[1]

(三) 岸田政权下的政党斗争

岸田文雄从上台伊始就一直面临党内外的严峻挑战,岸田政权被普遍认为是"没有安倍的安倍政权"。在此背景下,岸田和安倍一直保持着微妙的距离感,二者存在一定程度的权力斗争。一方面,他们同属自民党,岸田政权需要安倍本人和安倍派的支持;另一方面,岸田有自己的执政理念,不能样样照抄照搬,同时也需要培植自己的政治势力,扩大执政基础,为长期执政做准备。自安倍去世后,特别是在岸田的领导下自民党先后赢得众议院和参议院两场大选之后,岸田政权面对的政治形势发生了重大变化,岸田本人的威信得以提升,岸田政权的基础得以巩固,党内外的政治斗争出现了新趋势。

第一,自民党内围绕重要人事调整展开斗争。为了解决安倍遇刺暴露出

---

[1] 杨伯江:《日本:经济遇困、政治不安、战略转型提速》,载《世界知识》,2022年第24期,第31页。

的自民党议员与统一教的不合理关系，也为了贯彻自己的执政理念，构筑岸田执政班底，为长期执政打好基础，岸田在8月进行了自民党和内阁的党政重要人事调整。舆论普遍关注的是安倍派的去向和岸田阵营的布局。由于很多安倍派议员被曝出与统一教有勾连，加上七人组成的集体领导体制难以有力协调，安倍派在人事调整过程中被进一步边缘化是意料之中的事。8月10日，自民党召开临时总务会决定党的高层人事调整结果，除了岸田总裁、麻生副总裁之外，干事长茂木敏充留任，选举对策委员长远藤利明（谷垣派协调人，作为选举对策委员长为2021年10月众议院选举和2022年7月参议院选举的获胜作出重要贡献）任总务会长，经济产业相萩生田光一任政调会长，代理总务会长森山裕任选举对策委员长，高木毅任国会对策委员长。岸田总裁考虑到党内最大派阀安倍派的影响，任用了属于该派的萩生田光一、高木毅，以及与森喜朗关系亲近的远藤利明。为重视党内团结、保持派系平衡，自民党高层人事任命中无岸田派人员。

8月10日，新内阁名簿公布，第二次岸田改组内阁正式启航。新内阁除首相岸田之外，共有19名成员，其中五人留任，分别是官房长官松野博一（安倍派）、外相林芳正（岸田派）、财务相铃木俊一（麻生派）、经济再生担当相山际大志郎（麻生派）、国土交通相齐藤铁夫（公明党），尽可能保持内阁的稳定性和政策的连续性。九人首次入阁，包括环境相西村明宏（安倍派）、总务相寺田稔（岸田派）、法务相叶梨康弘（岸田派）、文部科学相永冈桂子（女，麻生派）、地方创生担当相冈田直树（安倍派）、农林水产相野村哲郎（茂木派）、国家公安委员长谷公一（二阶派）、少子化担当相小仓将信（二阶派）、复兴相秋叶贤也（茂木派）。五人再次入阁，分别是防卫相浜田靖一（66岁，无派阀，曾任麻生内阁防卫大臣）、数字相河野太郎（59岁，麻生派，前外相）、经济安保相高市早苗（61岁，无派阀，自民党政调会长、前总务大臣）、厚生劳动相加藤胜信（66岁，茂木派，曾两次在安倍内阁担任厚生劳动大臣）、经济产业相西村康稔（59岁，安倍派，前经济再生大臣)。从内阁成员所属派系来看,在新一届内阁20名成员(包括岸田首相)中,岸田派、安倍派、麻生派各四人,茂木派三人,二阶派二人,无派阀二人,公明党一人。自民党各个主要派阀均有人员入阁,意在保持派系平衡、巩固党内团结,努力实现长期政权。

虽然如此,但细心观察仍不难看出,岸田阵营不断稳定扩大,安倍派开始萎缩。岸田派仅为自民党内第四大派阀,一直联合党内第二、第三的茂木派和麻生派组成"AKM联盟"(Aso, Kishida, Motegi),力图制衡第一大派阀安倍派。通过此次改组内阁,自民党主流派"麻生-岸田-茂木"共有11人入阁,确保以"AKM联盟"为核心的"保守本流"主导政权。作为第一大派阀的安倍派入阁人数仅与岸田派、麻生派平起平坐。另外一个具有象征意义的变动就是安倍的胞弟、前防卫相岸信夫未能留任,而是被任命为负责安保的首相辅佐官,虽然仍在首相官邸决策核心之中,但是首相辅佐官不止一人,且仅发挥咨询作用。2023年2月3日,岸信夫因身体欠佳向众议院议长提出议员辞呈,并同时辞去首相辅佐官一职。

第二,朝野之间围绕内阁阁僚问题与重大政策问题展开攻防战。在2021年的众议院选举和2022年的参议院选举中,自公执政联盟均获得大胜,因此,日本各在野党在国家大政方针和重要立法事项上的发言权变得非常有限。但是在近年的政治改革中,日本废除了政府委员制度,试图加强政治主导,提升国会作为国家政治活动和政策辩论中心的作用,国会中的回答不再由中央省厅的高级官僚进行,而改由大臣等政治家进行答辩。日本著名政治学家山口二郎认为:"废除政府委员制度,以总理大臣以下的大臣和在野党首间的互相辩论为中心进行委员会审议,这意味着国会并不是狭义的立法机关,而是执政党、在野党间展开政治竞争的场所。"[1]于是,在野党就可

---

[1] 山口二郎著,吕耀东等译:《日本内阁制度》,北京:社会科学文献出版社,2017年版,第147页。

以利用国会这一政治舞台对执政党进行批评和攻击。执政党的各位大臣必须在国会面对在野党的批评和攻击并进行答辩。由于各位大臣的任用多半是派系平衡的结果，并非真正对应各个省厅的政策通，因而在答辩的过程中就不免出错，从而给在野党进一步批评与攻击的把柄。日本国内的新冠疫情防控、经济恢复，国际方面的俄乌冲突、亚太安全、经济安保等问题就是国会辩论中朝野争论的重大议题。

日本朝野攻防的另一个方面是内阁阁僚问题。在岸田改组内阁之后，新内阁阁僚接二连三曝出各种问题，引发在野党的批评与攻击。首先是前经济再生担当大臣山际大志郎被曝出与统一教有牵连而被迫辞职。随后是前法务大臣叶梨康弘，他在11月9日的一场日本国会议员聚会上说"（法务大臣）就是在死刑（命令）上盖章，能上新闻头条也只有这种时候，是个不显眼的职位"，还说"当了法务大臣也筹不到钱和选票"。在反对党和国民舆论的压力下，叶梨康弘被迫辞职。11月20日晚，日本总务大臣寺田稔向岸田首相提交辞呈，因为他被曝光涉嫌伪造文书、偷逃税款和收取不当政治献金。因为这些阁僚辞职，岸田首相不得不在记者会上向国民道歉，并承担在阁僚任命上的政治责任。在野党理所当然抓住机会追究首相的责任。

受政策失误和阁僚丑闻的影响，《每日新闻》于12月17日和18日在日本全国范围内开展的舆论调查结果显示，岸田内阁支持率为25%，比11月的31%下降6个百分点，是2021年10月岸田政府上台以来的新低。内阁不支持率为69%，比上次的62%增加7个百分点。在日本政治中，当内阁的支持率跌破30%的时候，就意味着政权进入了"危险水域"，首相周围的人就有可能造反，日本民众就会呼吁"首相下台"。可以说，岸田首相在施政过程中可谓举步维艰。

（四）总结与展望

2022年，日本政党政治继续维持自民党一党独大、自民党与公明党联合执政、多党竞争的基本格局。岸田上台以来，虽然一度面临"没有安倍的安倍政权"的尴尬局面,但是在2021年的众议院选举、2022年的参议院选举获胜,特别是安倍遇刺身亡之后,岸田政权不断得到巩固,岸田在自民党内的掌控能力和主导地位均有所提升。特别是经过2022年8月的党政人事调整之后,岸田派的执政班底更加强大,安倍派逐渐式微,为岸田的长期政权准备了更加有利的条件。于是有人提出岸田政权的黄金三年。从目前的形势来看,自民党不用担心在野党的挑战,自民党内部虽然派阀林立,但岸田阵营能够维持基本的团结,其他派阀对其并不构成重大威胁,因此可以预计岸田和岸田政权在未来的一段时期基本稳定。但是也不是没有任何风险,内阁阁僚的丑闻、安倍派系的分裂或暴走、重要经济社会安保政策的失误等,都可能对岸田政权形成新的打击,导致内阁支持率下滑。若其内阁支持率下降到20%以下,将面临极大的党内不满。如此一来,2024年自民党总裁选举换相的可能性不能排除,进而步入后岸田时期的党内竞争。

2022年是中日邦交正常化50周年。2021年10月8日,在与中国国家主席习近平通话时,新上任的日本首相岸田文雄明确表示希望"以明年日中邦交正常化50周年为契机,共同努力构建契合新时代要求的建设性的、稳定的日中关系"[1]。这一高层通话传递的信息确实给中日两国人民和国际社会带来了一些希望。

然而,2022年中日关系丝毫未见转机,不仅中日邦交正常化50周年的庆祝氛围淡薄,而且在政治安全、经贸关系、国民感情等诸多方面不时传来阵阵寒气。在政治安全层面,日本明显依靠日美同盟,并借助与西欧的盟友关系,企图构筑对华包围圈,遏制中国发展。安全战略的外向型、进攻性调整加速。在经贸关系层面,日本以"经济安保"为借口,与欧美西方国家一起,进行对华经贸关系脱钩和技术交流封锁,试图在供应链、产业链上遏制

---

[1]《国家主席习近平10月8日同日本首相岸田文雄通电话》,央广网北京2021年10月8日电。

中国。

安倍遇刺身亡之后，原来安倍力推的修宪、强军等正常国家化步骤可能有所放缓，但是日本国内的总体保守化趋势依然如故。特别是俄乌冲突爆发之后，岸田政权在加强日美同盟的同时，增加防卫费开支以强化自身安保防卫能力并提升对敌基地攻击能力。因此，中日关系面临的危机是现实的和紧迫的，要避免中日关系不断恶化，特别是阻止灾难性后果的产生，需要中日两国都展现更加高超的外交智慧和更大的政治勇气。

二、韩国政党政治发展与研究

2022年是韩国第二十届总统大选之年，如何在经济下行和新冠疫情防控的环境中，顺利完成政权交接，开启新的国政治理，是摆在尹锡悦和国民力量党面前的严峻任务。韩国政治已在民主化轨道上运行了近40年，跨党派合作与国民团结始终在进行中。下文将在回顾韩国2022年政党政治重大事件的基础上，分析韩国政党政治的基本特征、主要变化和未来前景，以把握韩国政党政治运行的基本逻辑。

（一）韩国政党政治的制度架构与运行特色

现行韩国"第六共和国宪法"于1987年10月29日颁布，仿照美国政治制度，规定韩国实行议会制总统制和三权分立体制，实行以多党竞争和民主选举为基本原则的政治制度。该宪法具有四大特征：确立国民主权、实行三权分立与总统中心制、增加国民的民主权利、确立违宪审查制度。[1]

韩国各个政党的主要政治活动是参加总统选举和国会选举，总统候选人由党内公推产生。韩国《政党法》规定，政党的功能在于推荐或支持候选人，服务于民主的基本秩序。政府可向宪法裁判所起诉申请解散政党，政党

---

[1] 任晓：《世界各国政治体制——韩国》，兰州：兰州大学出版社，1998年版，第36页。

根据宪法裁判所的判决可以解散。2022年，韩国政治舞台上的主要政党包括执政党国民力量党，在野党共同民主党（最大在野党）、正义党、国民之党等。

韩国2018年1月1日正式实施的《政党法》规定，政党组织的成立要向中央选举管理委员会注册，提供所成立政党的宗旨、名称、事务所所在地、发起人及其代表的姓名和地址等重要信息，经过中央选举管理委员会批准后方可成立。[1] 政党中央部门也要设立代议机关及其执行机关、议员总会和预算结算委员会等机构。[2]

政党组织结构方面，政党内部成立选举委员会和政策委员会，党内最高领导人为党首。党首负责团结党内成员，组织选拔总统候选人，并代表党派出席活动，开展党际交往。当前韩国政党组织结构层次分明，各有分工。以国民力量党为例，除处理日常党务的组织部门外，中央党部还包括最高委员、中央党务工作办公室和常务顾问，并设立了青年委员会。[3]

韩国政党政治是东亚政治传统与欧美民主政治的结合体，具有鲜明特色，党内权威主义和宗派色彩浓厚，选举动员中具有强烈的地域主义倾向，政党频繁改名并不断分化，政党及其主要领导人与财阀关系密切。政治斗争中的清算与报复周而复始，不断循环。[4]

（二）总统大选与政权交接

1. 总统大选与朝野力量对比

2022年3月9日，韩国第二十届总统大选投票结束，提前投票率为36.95%，最终投票率达到77.1%，投票率创下历史新高。国民力量党候选人尹锡悦以48.56%的支持率险胜共同民主党候选人李在明，于4月13日正

---

[1] 蔡永浩等译：《韩国政党法规和党内法规选译》，北京：社会科学文献出版社，2018版，第3—4页。
[2] 同[1]，第11页。
[3] 国民力量党官方网站，http://www.peoplepowerparty.kr。
[4] 李成日：《清算与报复：韩国政治怪圈又一轮循环？》，载《世界知识》，2022第18期，第33页。

式当选为韩国第二十届总统。韩国政坛出现了"朝小野大"的局面，最大在野党共同民主党占据172个国会席位，依然是国会第一大党，对总统和国民力量党形成制衡。

尹锡悦在胜选致辞中提出"只追随民心"。他认为上届总统文在寅背弃了与国民的约定，没有以实现国民幸福为目的，反而致力于派系人事安排和煽动党派对立，因此，最终被选民抛弃。广大民众要求政权更迭，希望新总统能凝聚国民共识、实现党派合作、落实民心承诺。

本次大选鲜明地体现出地域分歧、世代区别和性别差异。[1] 湖南与岭南地区的地域分化仍在继续，李在明在湖南地区占据优势，而尹锡悦则赢得了岭南地区选民的支持。支持者年龄方面，在20—40岁年龄段的选民中，李在明与尹锡悦的支持率相差不大；在40—60岁年龄段的选民中，李在明与尹锡悦的支持率分别为60.5%和35.4%，李在明的支持率高于尹锡悦；在60—80岁年龄段的选民中，尹锡悦的支持率远高于李在明，这表明中老年选民群体理念的世代区别。[2] 在20多岁的青年群体中，年轻女性更支持李在明，而尹锡悦赢得了更多青年男性的支持。[3] 评论者认为，尹锡悦顽固强硬的作风和主张废除"女性家庭部"的言论，失去了年轻女性的偏爱。[4]

除了总统大选，韩国地方选举也导致朝野政党力量对比发生变化。6月2日，第八届地方议员和地方政府各级领导选举（以下简称"地选"）结束，国民力量党在12个地区获胜，取得压倒性胜利，而共同民主党仅在5个地区获胜。在与地选同时举行的国会议员补选中，国民力量党与共同民主党分别获得5个和2个席位。国民力量党取得地选胜利，进一步巩固了总统和执政党的执政地位。然而，两党的国会议席数量分别分为114个和169

---

[1] 李永春：《以第二十届总统选举为中心分析韩国政党政治》，载《东北亚学刊》，2022年第4期，第58-59页。
[2] 吴炳祥：《尹锡悦当选人应从大选中读懂的民心》，载《中央日报》，2022年3月10日。
[3] 《尹锡悦世代矛盾的导火索》，载《民族日报》，2023年3月16日。
[4] 同[2]。

个,"朝小野大"的局面没有改变。共同民主党在 6 月 7 日推举禹相虎担任党内紧急对策委员会委员长,主导选举失败后的党务和改革工作。

2. 对文在寅政府的评价

文在寅在任期间继承卢武铉的政治理念,以清廉、诚信、公正、亲民、沟通的新总统形象推动韩国发展。经济上,文在寅政府推行"租赁三法"和"综合房地产税",平抑过热的房地产市场,打击房产腐败;推进财阀改革,营造公平、清明、法治的市场环境。2017 年 8 月,韩国法院以参与前总统朴槿惠亲信干政事件为由,将三星集团实际领导人李在镕送上法庭。2018 年,韩国法院以贪污受贿和滥用职权罪起诉前总统李明博。2022 年,文在寅特赦李明博和朴槿惠,以兑现 2017 年就职演说中的"国民团结"施政理念。2021 年 7 月,韩国人均国内生产总值达到 3.4 万美元,联合国正式认定韩国为发达国家。2021 年年初,文在寅政府借助完善的检测系统、充足的医疗资源和先进的预防理念,推出"K 防疫",迅速控制疫情蔓延,成为发达国家应急管理的"优等生"。

然而,全球经济衰退、新冠疫情冲击、物价暴涨和人口危机使文在寅政府的改革举措难以从根本上解决韩国的经济困境。韩国失业率不断攀升,贫富差距日益悬殊,国民的被剥夺感加剧。此外,文在寅政府设立重大案件调查厅以制衡检察院的权力,导致政府与检察机关之间斗争不断。共同民主党凭借议会多数席位的优势,强推法案,招致了"立法独裁"的恶名。在疫情防控后期,文在寅政府不顾经济形势和政府债务剧增的现实,滥发疫情补贴,未能合理安排政府支出结构,招致批评。

整体而言,文在寅政府未能根本上解决经济发展困境和恶性党争,但是,他对韩国经济发展、社会公正和法治化建设作出了重要贡献,成为韩国少数在执政末期保有较高支持率的总统之一。

3. 尹锡悦政府的国政课题

尹锡悦意识到经济民生是执政的首要问题。他坚持以培育民间市场为主要动力的经济政策，从房地产政策、芯片开发、劳资关系改革等方面入手，提振韩国的经济和科技。在5月10日的就职演说中，尹锡悦把扩大自由作为解决危机和难题的关键，未提到"统合"，因此，可以看出新政府并不着力推进韩国政坛亟须的对话和协商。

2022年，韩国面临着高利率、高汇率和高物价叠加的经济困局，尹锡悦意识到，新政府要在短期内迅速抑制物价、保障民生。尹锡悦的改革集中在养老金、劳动和教育三大领域，他的经济政策以自由市场、快速增长和科学技术为关键词，提出"民间主导、政府扶持的活力经济"的口号，旨在创造以民间主导的经济增长为方向，以帮助企业发挥革新力量为目标的经济环境。8月12日，尹锡悦正式赦免三星领导人李在镕，敦促经济巨头大力发展，以高新科技和外贸带动国民经济发展和就业。此外，尹锡悦着力改善劳资关系，避免劳资纠纷演变为政治斗争问题，大力解决工会腐败、工会贵族等损害国家经济发展和劳工权利等问题。韩国货运工人罢工影响国民经济和社会秩序的正常运行，尹锡悦政府强力敦促工人复工。他意识到工会的行动危害着对内和对外贸易，导致经济损失巨大，民众也反对工会把私人利益置于国家利益之上，因此，尹锡悦对工会的强硬态度提升了民众对他的支持率。在其他课题中，废除"脱核电"政策、房地产政策正常化、推进养老年金改革、培养未来战略产业、全方位的监管规制改革等政策同样引人注目。

随后，尹锡悦与国民力量党将经济政策具体化。截至2022年7月，韩国国家债务比达到50%，超过警戒线。朝野各党意识到国家需要坚实的财政资金和科学的财政结构，因此进行强度较大的财政结构调整。尹锡悦在财政战略会议上，提出把当前财政政策转换为健全财政。7月19日，国民力量党召开党政协商会议，实行以法人税改革为核心的税收革新措施，助力企业扩大投资和雇佣；拓展个税的免纳税区间，减轻劳动者和个体户的税负压力；在房产税方面，纠正上届政府的惩罚性保障房措施；给予工薪族餐费税额优惠。7月26日，企划财政部正式推出《2022年税制修正案》，扩大了房产税的优惠范围。8月中旬，尹锡悦政府出台首个住房供应政策，并计划建设"整建区"，助力民间主导的住房供应。在12月15日的国政课题检查会议上，尹锡悦主张国民持有多套房产，允许租赁业主申请住房抵押贷款，号召政府放宽税赋限制等，完善房屋租赁市场环境。在能源政策上，尹锡悦大力提倡发展核电，拟将核电列入韩版的绿色金融分类标准，减少温室气体排放，以清洁能源和可再生能源产业发展来提升经济实力。

不过，尹锡悦政府的经济改革成效不足，经济纲领与政策落实有所脱节。更重要的是，检察官出身的尹锡悦非常依赖法律界亲信，然而他们的从政和经商经验不足，缺乏基本的国政知识，难以避免地导致支持率下滑。

（三）朝野相争的焦点议题

1. 执政集团内部丑闻

如何规范总统及其亲信的权力，是韩国政党政治发展的重要课题。尹锡悦因亲属丑闻饱受在野党和大众舆论的批评。1月初，关于总统夫人金建希插手总统大选的争议，暴露出韩国政治中亲信干政的弊端。此外，金建希涉嫌操纵德国汽车公司股价案，表明政治裙带关系依然困扰着韩国政坛。大选期间，尹锡悦的岳母杨平在公兴地区的债务问题及骗取医保金案，导致尹锡悦的支持率一度下跌。11月底，金建希的50亿元俱乐部事件持续发酵，需要检察机关以中立客观的态度详加调查。

国民力量党内部的负面消息不断发酵。7月，原党首李俊锡涉嫌教唆销毁性贿赂证据，引发党内震动，为尹锡悦和执政党带来严重危机。李俊锡因此被解除党首职务，党鞭权性东暂代党首职务。随后，因其针对李俊锡的短信被曝光，以及针对总统室人事问题的不当发言等，权性东自行辞职。至此，他代理党首职务仅20天。国民力量党的内部丑闻降低了民众对执政党的信任度，亲李派与亲尹派的斗争损害了党内凝聚力，削弱了尹锡悦的执政基础。

2. 人事任命

尹锡悦在就任初期，大力提拔检察机关出身的精英人士。4月13日，他提名韩东勋担任法务部部长，但此举被视为程序不合法，侵犯了民主政治的传统。韩东勋女儿涉嫌履历造假、学术不端，违背了公平正义的考试理念，触动了韩国国民对阶层固化的敏感神经，因此，韩东勋的人事任命引发在野党和民众的强烈反对。6月，尹锡悦任命前首尔北部地方检察厅部长检察官李卜铉为金融监督院院长。8月18日，尹锡悦提名李沅石为新检察总长，被视为完成了"政权直接控制检察机关的机制"，李沅石能否与拥有推荐权和任命权的韩东勋进行平等协商，也是未知数。

从尹锡悦就任初期的主要人事任命来看，他在中央和首尔地区重要政府部门任命检察机关出身的人员，使得在野党和民众担心新政府把韩国带入"检察共和国"。尹锡悦的"心腹"韩东勋在上任法务部部长之后，迅速完成了中央和首尔检察机关主要职位的人事任命，强行推动人事安排，使检察机关丧失了独立性和中立性，极易成为强行贯彻总统个人意志和党派攻伐的工具。总统办公室的人事任命也多是熟人，新旧政权之间的党派攻击不断，曾经承诺的协同治理意志并没有体现出来，因此，国民逐渐失望。从政经验不足的尹锡悦需要尽快建立宽容、和谐的政治文化。新政府也应当着力推动党派协商的政治文化，促进多元主体的政治参与，共同致力于完善国政。

3. 检察侦查权

共同民主党自大选初期便主张剥夺检察机关的检察侦查权，文在寅在担任总统期间没有明确表态。4月15日，共同民主党推行旨在剥夺检察侦查权的《检察厅法》修订案和《刑事诉讼法》修订案，试图强行实施剥夺检察机关六大犯罪侦查权（腐败、经济、公职人员、选举、防卫事业、大型事故）的法案。4月17日，文在寅亲自任命的检察总长金浯洙为抗议共同民主党"完全剥夺检察侦查权"的法案而递交辞呈。金浯洙认为，强行通过法案违背宪法程序，会破坏党派团结合作的政治文化。共同民主党和文在寅政府并未加以阻拦,暴露出共同民主党内部的意见不一。共同民主党强硬派不顾党内异议和党外舆论反对,强行通过法案。国民力量党并不赞同这一举措,因为法案如果获得通过,会导致警方被赋予过多权力,同时对监察机关的限制减少。检察机关则因自身权力被剥夺而表示强烈不满。法院系统也指出,缺乏对警察机关权力的制约,会损害民众权利,且共同民主党的立法独裁违背了民主宪法精神。即便面临重重反对,共同民主党最终仍于4月30日和5月3日在国会表决通过了《检察厅法》修订案和《刑事诉讼法》修订案,削弱了检察机关的权力。

4. 总统府搬迁

尹锡悦在正式就任总统后,将韩国总统办公室从青瓦台搬迁到首尔龙山区的国防部大楼,开启了韩国政治的"龙山时代"。尹锡悦认为,青瓦台是帝王宫殿,象征着总统帝王般的权力,为了推进韩国民主政治发展,必须彻底告别专制帝王权力的象征,建立与国民沟通的民主政府。但是,结束专制政治的关键并不在于总统府的位置,而是培育出限制总统权力的政治制度与政治文化,让帝王般的总统权力受到民主法治的实质性制约与监督。国民支持尹锡悦的重要原因之一是希望政权更迭为国家发展带来新气象。

总统府搬迁的争议体现在四个方面。第一,尹锡悦不顾国民和在野党反对,执意推行总统府搬迁计划,体现出新总统的傲慢和独断专行。把总统府搬迁作为执政后的首要课题,说明尹锡悦尚未提出鲜明的执政纲领。既然尹锡悦的胜选主要受益于国民对政权更迭新气象的期待,而不是对其竞选纲领和执政能力的认可,因此,尹锡悦必须着力提升执政能力。第二,在野党和民众认为,总统府搬迁耗资巨大,占用大量公共资源,损害了民主化转型的成果。第三,交接不通畅,韩国主要机关本已忙于新旧政权交接,再加上总统府搬迁事项,国政的既定事项和顺序被打乱,国家机关选址和搬迁问题阻碍了政治的日常运转。最后,旧址更名与功能转换问题。有官员希望青瓦台对公众开放,用于旅游观光和政治教育目的,巩固民主化成果。也有学者指出，青瓦台并不是一个单纯的历史纪念建筑，而是有着深刻的政治史中心意义，见证了韩国民主共和制的真正建立，因此，需要发掘出青瓦台更有意义的其他功能，不是单纯作为市民开放空间。

5. 权力的监督与制约

8月23日，韩国监察院开始就文在寅政府"脱核电"政策的推进过程、新冠疫情初期移交采购延迟事件和统计厅数据造假等事件展开国政监察。共同民主党党首李在明牵涉大庄洞贪腐案。10月中旬以来，李在明的亲信金湧和郑镇相相继被拘留起诉，并被证实存在非法获取政治资金的不法行为；共同民主党对党部被搜查表示抗议，宣布中断国政监察来捍卫党部。11月19日，亲李在明的共同民主党议员参加了要求尹锡悦总统下台的烛光晚会。作为回击，共同民主党继续炒作梨泰院事件。朝野两党恶性攻击不断升级，妨碍了司法调查。11月30日，共同民主党联合其他议员提出罢免李祥敏的撤职建议案，并于12月11日获得国会通过。总统室对此表示，先查清事实真相，再讨论是否罢免。

在针对李在明的司法调查上，国民力量党拒绝妥协。两党内部强硬派比协商派更占优势，因此走向和解之路困难重重。李在明依靠共同民主党在国会的优势地位，多次回避其在大庄洞事件中的贪腐和包庇嫌疑。在"朝小野大"的格局下，共同民主党利用拥有国会半数以上席位的优势，在10月中旬单方面表决通过《粮食管理法》和《广播法》修订案。

两党斗争从党务蔓延到国政。10月25日，尹锡悦发表2023年政府预算案施政演说。共同民主党指责国民力量党仰赖总统的支持大肆攻击李在明，因此拒绝配合通过国会预算案。共同民主党缺席预算案讨论会，扰乱了民主政治的正常开展。朝野两党关于国会预算案的争议核心在于"法人税下调"等问题，12月25日，国会终于通过了凝聚两党共识的预算案。但是，恶性党争强化了选民的政治疲劳感。

6. 灾难应对

8月初的首尔暴雨和10月底万圣节前夜的梨泰院踩踏事件，暴露了韩国在大城市治理和灾害事故应对方面的缺陷。

8月9日，首尔突降暴雨，主要交通干线和市中心瘫痪，导致12人死亡、7人失踪。受暴雨冲击最严重的是最弱势群体，失去政府部门的天气提醒，他们在"半地下室"的困境中孤立无援。11月初，在梨泰院踩踏事件发生后，尹锡悦政府迅速公布事故现场情况，建立了包括总统、国务总理、地方政府、警方和民间救援组织等多元主体参与的救援机制。韩国设定国家哀悼日，积极建立经济补偿和心理安抚机制，启动问责程序，着手完善灾难应对机制。

梨泰院踩踏事件暴露出地方政府和警察等部门配合不足的问题，同时也表明建立跨党派协作对话与合作机制的必要性。行政安全长官李祥敏逃避发言，没有正面回应灾难应对机制中的不足和隐患，进一步激化了国民不满。在灾难应对过程中，执政团体要真正担负起对国民的责任，及时确定事件原因和相关责任人，明确应对机制，安抚国民情绪，而不是把事件调查扭曲为党派间互相攻击的政治斗争。警方和地方政府在事前事后都犯了调查不力的错误。地方政府推诿塞责，要求警方进行大力度的改革。警方也试图消除证据。相关部门官员不负责任的行为，堵塞了民众求援的国家系统。

随着梨泰院事件的调查卷入政治斗争之中，事件的起因和责任变得模糊化、政治化。媒体未经同意公开受害者名单，对受害者及其家属造成二次伤害。政府和执政党应注意关注灾后心理疏导工作，防止社会舆论对幸存者和受害者家属造成进一步伤害，并从灾难中吸取团结和进步的力量。

（四）总结与展望

2022年韩国第二十届总统选举中，尹锡悦当选，保守派重新掌权。在朝野党争、疫情冲击、经济困顿、人口老龄化日趋深化的多重危机下，尹锡悦政府能否团结国民、共克时艰，是检验韩国政党能力的重要标准。韩国央行发布的国民经济报告显示，2022年韩国经济增长率为2.6%，高通胀、高物价和强势美元的冲击使得韩国经济和民生面临重重困境。

在社会层面上，韩国于4月中旬逐步放开疫情管控。在后疫情时代，贫富分化、全球供应链重组及社会不安心理的扩散，需要执政集团凝聚国民共识。如何团结带领国民共克时艰，选出更具宏观把控能力和统领才能的政治领导人，是国民对民主选举的期待。

梳理2022年韩国政党政治的主要事件，我们发现，韩国政党政治的民主化在不断发展。尹锡悦胜选后，败选的李在明承认选举结果。然而，韩国政党政治中固有的党同伐异、道德攻击等症结依然存在。一方面，各政党力量对比明显，"朝小野大"格局导致执政党频频遭遇在野党的掣肘，尹锡悦与在野党均单方面强势推行法案和人事安排，恶性攻击和僵持不下破坏了团结信任的民主政治成果，各党未能兑现团结合作的竞选承诺。另一方面，政党内部丑闻接连不断，暴露出党内权力运行的领袖中心主义没有发生实质性改变，法制对领导人的监督作用依然有限。如何平衡权力制约与党派合作，实现经济振兴与国民团结，是摆在韩国各大政党及其领导人面前的重要课题。

三、蒙古国政党政治发展与研究

蒙古人民党（以下简称"人民党"）作为一个拥有百年历史的政党，在2020年和2021年的"选举年"中接连获胜，先后将大呼拉尔、政府和总统三个最主要国家机构的要职收入囊中，实现了对政权的全面掌控。随着新任总理和新任总统在2021年相继就位并推出施政纲领，人民党政权顺利完成交替和过渡，为施政打下了坚实基础。与人民党形成鲜明对比的是，落败的民主党处境愈发艰难。在大呼拉尔选举和总统选举连续失利后，民主党两次陷入分裂。在2022年的党主席选举中，党内斗争再次延续，民主党原党主席辞而不退，致使领导层的重建和统一半途而废，民主党重返国家政权之路遥遥无期。

（一）人民党在蒙古国政党政治中的地位和作用

在 20 世纪近 70 年的发展历程中，人民党前身——人民革命党曾经是蒙古国社会主义事业的开创者和领导者，也是唯一合法的执政党。80 年代末 90 年代初，东欧剧变、苏联解体、社会主义道路出现困境时，人民革命党引导蒙古国实现政治体制转型。在转型后的头 30 年，虽然人民革命党也曾遭遇在野和失败，遭遇分裂和复合，但是它依然是多党制中发挥主导性作用的政党。

2020 年 5 月 13 日，议会选举投票前夕，蒙古国大呼拉尔审议通过了由时任人民党政府办公厅主任奥云额尔登主持研究、编定和提交的"远景 2050"长期发展政策。该文件总结了蒙古国过去 30 年发展的经验得失，并确定了未来 30 年以"经济独立"为目标的发展模式。更重要的是，它以立法形式把人民党的施政纲领转化为国家意志，把人民党谋求长期执政的愿景同国家未来发展进程紧密结合起来。在 2020 年继续执政后，为落实"远景 2050"推出的头十年实施战略——"新复兴政策"，人民党做出了极大努力，政权稳固。

回顾蒙古国政党政治发展历史，有非常清晰的四个阶段，分别是转换过渡、摇摆轮替、僵持平衡和一党独秀。也就是说，蒙古国在实行多种政党政治形式后，找到了更适合于自己国情的政党政治形式，即建立在两大主要政党竞争基础上的人民党一党长期执政。其主要特点如下：

一是一个政党在关节点上能否有适应社会需要、推动改革发展的勇气，在蒙古国历史发展中意义重大。从最初果断放弃苏联模式，通过"休克疗法"改行自由市场经济和多党议会政治，到最近在"远景 2050"中反思以往发展障碍和顽疾，规划长期发展模式，说明人民党在适应社会发展、主动调整执政纲领、推动国家改革时，能够上台执政乃至连续执政。当人民党陷入平庸、趋于保守时，如在摇摆轮替和僵持平衡阶段那样，就会遭到选民的抛弃。

二是党内斗争和腐败问题是人民党自身建设过程中面临的长期挑战。就党内斗争导致分裂的事件来讲，前有2011年时任党主席恩赫巴亚尔另组新党人民革命党，与改名后的人民党分道扬镳；后有2017年两任党主席恩赫包勒德、呼日勒苏赫在大呼拉尔中围绕总理和议长职位展开派系角力和对等反制，引发党内剧烈动荡。同时，人民党的腐败问题由来已久，据罗萨比教授的研究，转换过渡阶段的人民党党员已经在国有资产私有化过程中大量腐败，摇摆轮替阶段的腐败现象也没有减轻。[1] 如何治理腐败是人民党面临的一大考验。

三是强势领袖对人民党稳定和国家发展具有重要作用。如恩赫巴亚尔曾担任九年人民党主席和11年新注册的人民革命党主席，十年间先后出任政府总理、大呼拉尔主席和总统，可谓蒙古国政坛常青树。呼日勒苏赫则是上任人民党主席、上任政府总理和现任总统。他们在任期间，人民党两次（2000年、2019年）强力推进修宪，实现了历史上迄今仅有的两次（2000—2004年、2021至今）议长、总理、总统三权归于一党。人民党执政过程中，蒙古国扭转经济发展颓势，止跌回升。

（二）2022年蒙古国政党政治变化

1. 人民党政府的"新复兴政策"和内政外交

2022年的蒙古国政党政治发展应从2021年12月说起。2021年12月6日，人民党第30次代表大会召开，推出从口岸复兴、能源复兴、工业复兴、城乡复兴、绿色发展复兴、国家效率复兴六个方面促进经济独立的"新复兴政策"，开启了新十年发展的序幕。2022年，人民党利用其同时掌握议长、

---

[1] 莫里斯·罗萨比著,陈高华摘译：《蒙古人民革命党的转变》,载《国外理论动态》,2010年第4期,第24—26页。

总理、总统三权"全面"执政的有利时机,将工作重心放在"新复兴政策"的实施和落实上。3月下旬,人民党政府就"新复兴政策"中的六个方面先后进行预备讨论会,并在4月7日召开中断了两年的蒙古国经济论坛。奥云额尔登总理出席,向国内外嘉宾推介有关"新复兴政策"的年度十大工作清单。奥尤陶勒盖地下铜矿作为工业复兴部分的重点项目,经过人民党政府同外资公司近两年的艰苦谈判,历史债务被免除,于2022年初重现生机、启动建设,在2023年投入运营,有望使蒙古国跻身世界高科技铜业国家。9月和11月,口岸复兴两个重点工程——"塔旺陶勒盖煤矿—嘎舒苏海图口岸"铁路和"宗巴彦—杭吉"铁路相继建成通车,基本建设运输的进出口节点被打通,中蒙边境口岸运输能力大幅加强。

与此同时,蒙古国受到外部因素的一定影响。俄乌冲突导致全球食品和能源价格上涨,给蒙古国的物价和民众生活稳定带来压力。中国抗击新冠疫情的举措影响蒙古国通关口岸运能和能源矿产出口,给蒙古国贸易总额和预算收入带来负面影响。为把外部不利因素的影响降到最低,推动疫情后经济复苏,人民党政府在内政外交方面做出了多重努力:

内政方面,人民党政府通过一系列立法和政策。2月,蒙古国实施了10万亿图格里克的经济复苏计划,向6.4万家企业发放4.73万亿图格里克贷款。在4月20日召开的政府例会上,人民党政府将2022年国家预算总收支都减少了2453亿图格里克,并通过《预算节约法》,对各类公务活动进行强制性限制,将节约资金用于保障公民收入。据蒙古国媒体报道,奥云额尔登总理10月中旬出访德国时,为节约公务经费,乘坐普通民航航班出行,以身作则。国家大呼拉尔于4月29日通过了《关税豁免法》,免除即日起至年底期间糖、植物油和大米等主要食品的进口关税,以稳定产品供应、储备和价格。

外交方面,人民党政府把"新复兴政策"同各国战略、各国际组织倡议对接,开展了广泛经贸交流合作。2022年,呼日勒苏赫总统、赞丹沙塔尔议长、奥云额尔登总理和巴特策策格部长的出访足迹遍布欧亚非，也邀请和接待了多国领导人和国际组织负责人到访乌兰巴托，其中包括同中俄两大陆邻国深化全面战略伙伴关系。与多国发展友好关系和多点开花的外交成果有力缓解了国内紧张局势，尤其是11月底《中蒙关于新时代推进全面战略伙伴关系的联合声明》和16项双边合作文件的签署，为蒙古国经济社会发展注入活力。

2. 人民党政府的内阁调整

自2021年任政府总理以来，奥云额尔登主要沿用前任总理呼日勒苏赫的政府内阁，同时根据社会经济发展需要设立了电子发展与通信部和经济发展部。到了2022年，随着"新复兴政策"的全面推行和新部门的运作，对政府进行改组已势在必行。奥云额尔登总理在多个公开场合的表示，在一党执政、三权合一的背景下，进一步获得议会支持力度、加强"议行"协调力、提高行政效率，是政府改组的方向。

根据2019年11月通过并于2020年5月生效的蒙古国宪法修正案，政府成员由国家大呼拉尔根据总理提名予以讨论、任命和罢免，包括总理在内的政府官员"议行交叉"任职不超过两名。因此在2022年8月对宪法规定进行了修正，规定由总理同总统和国家大呼拉尔协商后直接任命和罢免，规定总理和由国家大呼拉尔议员兼任的政府成员不超过四名。2022年8月25日，国家大呼拉尔审议通过了以人民党议员恩赫包勒德等为首的62名议员联名提交的删除第39条第一款之规定的宪法修正案，有关"议行交叉"任职的名额限定被提高，为奥云额尔登总理改组政府提供了法律支持。其实，人民党主导的修宪活动自2022年年初就已展开，20余个政党就宪法修正案先后举行八次会谈，部分小型政党还进行了广泛的游行抗议活动。最终在6月9日，各政党就修正案达成一致，并签署《政治宣言》，于是才有8月国家大呼拉尔对宪法修正案以98%的高票通过。

8月29日，人民党领导委员会召开会议研究审议奥云额尔登总理改组政府的意见，于当天提交国家大呼拉尔并获得通过。从政府改组的最终结果来看，新组建的奥云额尔登政府共22名成员，其中14人兼任国家大呼拉尔议员。新政府保留了副总理和九名原部长，重新任命了办公厅主任和七名部长，新增了三名分管政府事务但不设部的部长。

2022年8月对宪法修正案的再修改是人民党在一党执政背景下试图进一步提高政府执行力的体现。"议行交叉"任职限额的变动，体现一种对议行关系的弹性调整，增加了总理根据实际情况进行自由选择的空间，议会和政府的机构和权力依然是分开的，是一种非典型的分权制衡关系。行政权执行力的强弱受到多重因素的影响，还要根据议会中政党政治结构来具体确定。

3. 民主党主席选举

过去五年，分裂和斗争似乎已经成为民主党党内生活的常态。无论是2017年巴特图勒嘎竞选总统，还是2020年大呼拉尔大选和2021年额尔登竞选总统，都相继失败，民主党内围绕候选人推荐和成败得失展开派阀斗争，进入不稳定局面。2022年3—4月间的党主席选举亦是如此。虽然外界由此看到了民主党摆脱困境的努力，但是选举结果再一次证明民主党仍没有走出泥潭。

2022年民主党主席选举的背景要从2020年6月说起。民主党在大呼拉尔选举中落败后，党主席额尔登根据党章引咎辞职，并将党的印章转交图旺。民主党随即分裂为代主席图旺派和前主席额尔登派。2021年3月，额尔登接受采访时表示，鉴于新任党主席一直没有经选举产生，他已取回并仍然手握着象征党主席权力的印章。尽管他承诺在党主席选举产生之后就移交印章，但是在两派各自选出互不承认的党主席、最高法院以党内分歧为由拒绝承认它们各自的注册申请后，移交印章始终无法成行。在法律认定生效之前，额尔登仍然作为民主党负责人活动，并被民主党推荐为候选人参加6月份的总统大选。

2022年3月初，民主党开始在全国范围内筹备党主席竞选，民主党前总统巴特图勒嘎通过前民主党办公厅主任努尔泽德，将竞选申请提交民主党内部选举委员会主任孟赫扎尔嘎拉。另一位参与党主席竞选的是大呼拉尔议员巴特苏日。在3月16日拿到竞选资格证书后，巴特图勒嘎从更好发挥民主党在议会中的作用和维护多党制的角度表达了此次竞选目的。4月3日选举当天，有74.9%的民主党注册党员参加了投票，巴特图勒嘎获得了其中约96%的选票，以113 598票高票当选党主席。据报道称，巴特图勒嘎之所以获得绝大多数选票，与巴特苏日在选举投票前退出竞选有关。不出意外，与巴特图勒嘎对立的额尔登派，照例拒绝承认选举结果，拒不移交党主席印章。民主党不得不重新制作了新的印章，并在几天后的新任主席就职仪式中授予巴特图勒嘎。

如前所述，2021年同期，最高法院最终没有认定民主党主席选举的合法性。2022年党主席选举后，民主党照例将巴特图勒嘎当选事宜提交最高法院认定。然而也许是民主党意料到最高法院会再次给出相同判决，也许是最高法院已经提前就不予认定的初步意见同民主党进行了沟通，民主党在最高法院终审当天撤回了认定申请。

民主党连续两年的党主席选举都以不了了之结局，成为全党上演的一系列闹剧，政党信誉和形象受到极大损害。在最高法院认定的新主席产生之前，额尔登仍将长期担任民主党唯一合法的党主席。在党内因分裂和斗争而无法达成共识的情况下，民主党如果继续就重大议题和人事选举展开行动，只会更加助长内耗。如果无法解决党内统一问题，不仅党内选举的合法性无法得到承认，而且参加全国性选举的候选人资格也会成为问题。党内统一问题无法解决带来的另一个可能危机是，重要人物带领派内党员退党组建新党，诱发党员大规模流失，这一情形在民主党过往历史中曾经出现过，应当引起足够警惕。

4. 民主党的院外斗争

作为议会少数党，民主党对人民党的重要活动起到钳制作用，抓住人民党政府工作中的短板和不足，在院外以社会监督和抗争的形式做文章。

10月17日，民主党举行新闻发布会，向赞丹沙塔尔议长和奥云额尔登总理提出两个政治诉求。一是要求人民党政府撤回已向国家大呼拉尔提交审议的下一年度财政预算草案，指责该草案具有为后年大选做准备的特定目的，应当依法征求民意作重新修改。二是要求大呼拉尔议长和政府办公厅主任、财政部长等相关政府部长和负责人辞职，以对日渐困难的蒙古国经济和民生负责。

民主党如此这般的抗争行动几乎每年上演，但对人民党政权的稳定性影响有限，此次针对预算的抗争也不例外。11月11日，财政预算草案最终在国家大呼拉尔全体会议上获得通过。值得注意的是，2023年年度预算赤字是人民党自2020年连续执政后持续下降的第四年，已从2020年的4.4万亿图格里克减少到2023年的1.4万亿图格里克。人民党政府根据经济形势积极缩减收支和节俭办公的行动方案积极地回应了民众诉求，得到了比较好的社会反响。民主党反对预算的声音已不再代表选民的核心利益，因此也没有产生实质性波澜。民主党如果仍将公开质疑的对象集中在自己曾经无法解决的问题或人民党正逐步解决的问题上，不仅难以提升社会支持度，反而会影响其政党作用的发挥。

（三）2023年蒙古国政党政治发展

2022年是人民党中期执政阶段。这一年，人民党政府顺利完成调整，民主党主席选举有始无终，就结果而言，整体朝着有利于人民党继续执政的方向发展。2023年，蒙古国政党政治进入到人民党执政后期，"新复兴政策"能否顺利推进，经济发展能否持续向好，对于人民党准备2024年大选至关重要。

然而，2022年年末，蒙古国政坛爆发了一枚重磅"炸弹"，从12月4日开始，针对十年来国有煤炭盗卖腐败问题，首都乌兰巴托的学生和民众连日在国家宫外苏赫巴托中央广场举行集会和游行示威活动，持续时间之久、参与人数之多、抗议程度之烈，在近些年极为少见。示威活动爆发伊始，有当地媒体爆出呼日勒苏赫总统提出解散国家大呼拉尔和政府的意见，奥云额尔登总理亲自出面澄清才止住谣言，但仍不免让外界对本届议会和政府的命运产生担忧。

12月13日，蒙古国反腐败局公布了有关盗卖煤炭案件的初步调查结果，从披露的17名涉案国家公职人员来看，煤炭盗卖腐败已突破了党派和职级界限，呈现出系统性和坍塌性之势。曾于2022年4月高票当选民主党主席的前总统巴特图勒嘎及其两任总统办公厅主任涉案。是否还有更多的国家公职人员牵涉其中，有待更进一步调查结果的公布。就案件影响而言，国家大呼拉尔和政府目前并没有到自行解散的危险境地，但在两个方面对2023年蒙古国政党政治产生影响。

第一，国家大呼拉尔议员补选工作。2021年上半年，苏木亚巴扎尔和呼日勒苏赫先后当选首都地区行政长官和总统之后，均依法辞掉大呼拉尔议员。2021年下半年，国家大呼拉尔总选举委员会在辞任议员所在的两个选区开展补选工作，吸引了各党派和独立候选人共14人参加。最终，两位人民党候选人成功当选，使人民党在大呼拉尔议席数重新恢复到63席。

目前来看，至少已有7名现任议员涉及煤炭盗卖腐败案，其中人民党议员5名，民主党议员2名。根据蒙古国宪法规定，被法庭裁决为犯罪的议员将被撤销议员资格。2023年进行的议员补选将是本届议会的第二次补选，议会构成将面临变动，这对于民主党和其他小党来说是一次难得的重生机会，但对政党政治总体格局影响有限。对于人民党来说，由于被调查名单中还包括两名现任政府部长，因此，已于2022年完成重建的奥云额尔登政府还将再次经历调整。当然，这需要根据案件最终结果和议员补选情况来决定。对于民主党来说，议员补选是一把双刃剑，能否守得住原有阵地还是未知数。如果保不住基本盘，或者有更多本党议员被调查的话，议会党团也有再次被撤销的危险，这对于民主党议员保持集体行动而言显然是不利的。

第二，总统、议长和总理间的关系。尽管蒙古国最重要的三权都掌握在人民党手中，但是就政党政治的实际运作而言，依然具有较为浓厚的个人色彩。从呼日勒苏赫出任蒙古国总理伊始，赞丹沙塔尔和奥云额尔登就先后担任呼日勒苏赫内阁的政府办公厅主任，可谓左膀右臂。正是呼日勒苏赫在2017年下半年，在同时任人民党主席恩赫包勒德的斗争中胜出，才使得他们后来有成为议长和总理的机会。因此，呼日勒苏赫总统在议长和总理面前具有一定的权威性。

随着任职年限和阅历的增长，他们之间的关系难免会出现微妙变化。奥云额尔登成为总理的2021年，基本沿用了呼日勒苏赫政府的成员和政策。但是到2022年，奥云额尔登重新组建了自己的内阁，成员构成发生了较大变化，两人之间产生了一定的距离。值得注意的是，4月初，学生抗议通胀和物价的游行爆发后，呼日勒苏赫总统曾在国家安委会上当众对赞丹沙塔尔议长和奥云额尔登总理的工作给予严厉批评。12月初，煤炭盗卖腐败案的抗议游行爆发后，有媒体报道，总统和总理之间早已有嫌隙。尽管奥云额尔登对此出面澄清，但是呼日勒苏赫总统还是对议会和政府的危机应对能力表达不满，做出了比上半年更猛烈的批评，并警告此事如果处理不及时得当，议会和政府将面临提前下台的局面。

当然，在总统的支持下，议会和政府近两年在立法和人事等方面配合较为默契，赞丹沙塔尔和奥云额尔登能否继续通力合作打赢煤炭盗卖腐败案这场硬仗，转危为机，在很大程度上决定着蒙古国2023年的政党政治走向。

第二章
东南亚地区国家政党政治发展与研究

许利平[*]

2022年，东南亚地区国家政党政治仍然表现为动荡与稳定交织，保守与变革、求稳与求变并存。东帝汶、菲律宾和马来西亚三国相继举行大选，平稳完成了政权交接和政党轮替。越南共产党强力反腐，两位副总理被罢免，国家主席辞职，将从严治党提升到前所未有高度。2023年，东南亚地区迎来三场大选，即泰国大选、柬埔寨大选和缅甸大选，并成为观察分析2023年东南亚地区政党政治变化的重要风向标。

一、东帝汶总统选举及其政党政治格局

自2018年以来，东帝汶政局陷入动荡之中。重建全国大会党（以下简称"大会党"）和东帝汶独立革命阵线（以下简称"革阵"）之间斗争不断，造成总统与议会对立。2018年5月，东帝汶提前举行议会选举。选举

---

[*] 许利平，中国社会科学院亚太与全球战略研究院研究员、东南亚研究中心主任。

后，组成了由大会党、人解党、繁荣党组成的执政联盟——改革进步联盟。由于时任总统卢奥洛迟迟不任命大会党提出的七名部长人选，造成政府不能有效运转，2020年1月，大会党退出执政联盟，改革进步联盟解体，革阵遂与人解党和繁荣党组成新的联合政府。同年，时任总统卢奥洛提出国家预算案，遭到议会否决，并且政府出台的多项政策都遭到议会质疑，[1] 总统与议会矛盾不断加深，加上新冠疫情影响，东帝汶经济雪上加霜。不仅如此，大会党和革阵的支持者还发生武装冲突。

在此背景下，2022年东帝汶总统选举试图破解政局不稳定状态。本次总统选举为五年一次的大选，是东帝汶独立以来的第五次总统选举。根据东帝汶选举委员会统计，本次总统选举登记选民为86万人，其中10万人首次参加选举[2]，约20%的选民为年轻人[3]。本轮总统选举共有16位候选人参加，其中4位为女性候选人。3月19日，第一轮投票举行，结果是前总统拉莫斯·奥尔塔获得46.58%的选票，时任总统卢奥洛获得22.16%的选票，排名第二。按照东帝汶宪法，若首轮投票中没有候选人获得50%以上的选票，将举行第二轮投票。

2022年4月19日，东帝汶举行第二轮投票，拉莫斯·奥尔塔获得62%的选票，赢得总统选举，卢奥洛获得37%的选票，承认败选，并承诺将移交总统权力。5月20日，在东帝汶独立20周年之际，拉莫斯·奥尔塔就任第五任总统。

拉莫斯·奥尔塔是东帝汶资深政治家，也是东帝汶独立运动创始人之一，在东帝汶拥有良好的群众基础。他曾在2002—2006年担任外交部长，2006—2007年担任总理，2007—2012年担任东帝汶第二任总统，拥有丰富

---

[1] Pilpres Timor Leste,"Bisakah jadi momen atasi krisis sosial-ekonomi walau didominasi tokoh kemerdekaan dari Indonesia?",https://www.bbc.com/indonesia/dunia-60812318.
[2] 同[1]。
[3] "Timor Leste Gelar Pilpres di Tengah Konflik Politik Berkepanjangan",https://news.detik.com/dw/d-5991333/timor-leste-gelar-pilpres-di-tengah-konflik-politik-berkepanjangan.n.

的从政经历。在东帝汶争取独立斗争中，拉莫斯·奥尔塔长期流亡海外，一直担任流亡政府的发言人兼外交部长，拥有很高的国际知名度。1996 年，他获得诺贝尔和平奖。

在这次总统竞选期间，他表示，一旦当选总统，将解散议会并举行议会选举，恢复国家宪法秩序。但 5 月 20 日正式就任总统之后，鉴于 2022 年东帝汶并不乐观的经济形势，他放弃了这一主张，将主要精力放在恢复国家经济上。2022 年，东帝汶非石油国内增长率为 3.9%，比 2021 年 2.9% 有所提升，[1] 但与其他东南亚邻国相比，显得较低。根据国际相关机构统计，东帝汶 40% 人口处于贫困线以下，50% 的 5 岁以下儿童缺乏营养[2]。对于拉莫斯·奥尔塔总统来说，恢复经济并不是一件容易的事情，但他的重新当选有助于政局稳定，毕竟他拥有崇高威望，这是经济恢复的前提条件。

2023 年 6 月，东帝汶迎来议会选举，大会党和革阵是竞争的主要对手。最终，大会党在议会选举略胜一筹，以 41.6% 的得票率赢得选举。展望东帝汶未来政党政治发展，随着其加入东盟的步伐加快，日益繁重的国际交往事务需要更加年轻的政治家来发挥作用，活跃在政坛的老牌政治家可能慢慢退出政治舞台，而这一现象或许会在五年后的总统大选中得以体现。

二、菲律宾大选及其政党政治新格局

2022 年 5 月 9 日，菲律宾举行六年一度的大选。本次大选为全国和地方选举同步进行，即总统、副总统、国会议员、地方行政长官及地方议员选举合并在同一天举行，实际上为"五合一"选举。根据菲律宾选举委员会计票

---

[1]《东帝汶经济复苏势头增强》，http://tl.china-embassy.gov.cn/ddwrzzg/202301/t20230106_11003028.htm。

[2] "Pilpres Timor Leste, Bisakah jadi momen atasi krisis sosial-ekonomi walau didominasi tokoh kemerdekaan dari Indonesia?", https://www.bbc.com/indonesia/dunia-60812318.

结果，代表联邦党的费迪南德·罗慕尔德兹·马科斯（俗称"小马科斯"）以3110万选票赢得总统选举，而代表基督教穆斯林民主力量党的莎拉·齐默尔曼·杜特尔特-卡彪（以下简称"莎拉"）则以3156万张选票赢得副总统选举。[1]这是自1986年以来，菲律宾总统和副总统候选人首次以绝对优势获得大选胜利。二者作为杜特尔特总统同一阵营候选人高票胜选，表明杜特尔特总统的执政成绩得到选民认同，杜特尔特政治遗产有望得到继承和发扬。

（一）艰难而复杂的选举

历史上，菲律宾建立了第一个亚洲共和国，曾被称为"亚洲民主橱窗"，其民主选举具有悠久的历史。即便如此，菲律宾选举制度既传统又现代，体现了菲律宾政治转型的独有特点。一方面，选举制度继承了美国最初的选举设计，即总统和副总统分开竞选，其结果是当选后的总统和副总统很可能分属不同政治阵营，造成他们在公开场合"相互拆台"，比如时任总统杜特尔特和副总统罗布雷多。另一方面，选举借助现代科技，计票系统借助电子科技进行扫描和统计，但有时因计票系统技术故障影响选票统计，甚至有可能遭遇黑客攻击。

根据菲律宾选举委员公布的数据，2022年5月9日的大选，有近48 000个人和党团候选人竞选18 100个职位。这些职位包括总统和副总统各1名、参议员12名、党团代表63名、众议员253名、省长81名、副省长81名、省议员782名、市长1634名、副市长1634名，以及市镇议员13 558名。[2]其中，有10位总统候选人、9位副总统候选人和170多个党团组织候选人参加选举。选举从早上6点开始到晚上7点结束。共有6575万菲律宾登记选

---

[1] "Halalan 2022 Philippine Election Results", https://halalanresults.abs-cbn.com/.

[2] Dona Z. Pazzibugan, "Comelec: Nearly 48,000 File COCs for 18,100 Elective Posts", https://newsinfo.inquirer.net/1500524/comelec-nearly-48000-file-cocs-for-18100-elective-posts.

民，1 697 215 人是海外选民。[1] 如何有序地组织这么庞大的选举，对于选举委员会来说是一个不小的挑战。

首先，按照既定程序，选举委员会规定了竞选时间表，规范候选人的竞选活动。根据菲律宾选举委员会第 10695 号决议，整个大选周期长达 5 个月，即从 2022 年 1 月 9 日开始到 6 月 8 日结束，选举职位类别不同，竞选周期不同。总统、副总统和党团候选人的竞选期为 2022 年 2 月 8 日至 5 月 7 日。众议院和地区、省、市和县市级职位候选人的竞选活动在 3 月 25 日正式开始，并且必须在 2022 年 5 月 7 日结束。其间，2022 年 4 月 14 日和 15 日的星期四黄昏和耶稣受难日禁止开展竞选活动。

其次，根据以往的惯例，政府颁布了多项禁令，防止出现暴力活动。包括：

第一，禁枪。禁枪令将在整个选举期间生效。这意味着，除非得到选举委员会的书面批准，否则禁止携带、装载或运输枪支及其他致命武器。

第二，禁酒。禁酒令从 2022 年 5 月 8 日（大选前一天）开始生效，直到选举日结束。这意味着禁止出售、提供、购买，主要是为防止选民酗酒闹事，违反者将最高判监 6 个月，不得缓刑。

第三，禁选。选举日前夕至选举日当天禁止开展竞选活动，包括：提供或接受免费交通、食品或饮料或有价物品；在投票场所或其 30 米范围内为候选人或任何政党拉票或进行任何宣传；在投票场所 30 米半径范围内开设摊位或档口销售商品或点心；举办集市、斗鸡、拳击、赛马或任何其他类似运动。

第四，其他禁令。禁止候选人使用保安或保镖，除非得到选举委员会的书面授权；禁止组织或借用反应部队、罢工部队或其他类似部队；禁止改变

---

[1] Jauhn Etienne Villaruel, "Philippines Holds 'Historic' First National Election in Pandemic", https://news.abs-cbn.com/news/05/09/22/philippines-holds-historic-first-national-election-in-pandemic.

一个选区的边界或建立一个新的选区；禁止官员和公务员的调动或移动；禁止地方官员暂停地方选举。

再次，打击黑客组织，保证选举机器的安全性。2019年中期选举时，曾发生选举服务器瘫痪7个小时事件。为此，本次大选委员会更新了选举服务器系统，并将10.6万投票站的选票数据分批发送到选举服务器。2022年4月24日，菲律宾网络调查与协调中心逮捕了试图攻击服务器的三名黑客。

最后，出台应对疫情的措施。选民在投票时需要佩戴口罩，但不必出示核酸和疫苗接种证明。新冠患者可在隔离区投票。即使新冠患者不在隔离区，也允许其在常规投票站投票。这在法律上保证了每一个合法投票者的投票权力。

传统上，菲律宾大选充满了"3G"政治，即枪杆子（Gun）、暴徒（Goons）、金钱（Gold）。在竞选期间，想要赢得选民必须通过发放财物、提供服务（基础设施建设、卫生和药品，以及福利）来证明他们是一个很好的庇护者。随着选举日期的临近和压力的上升，有些候选人及其追随者转而诉诸暴力，骚扰和威胁他们的对手及其支持者，还恐吓市民和选举官员。[1]为了保证大选顺利进行，菲律宾武装部队出动4万军人在全国14个城市和105城镇的投票站进行重点安全保卫，这些地区被标为红色地区，历史上曾因选举出现暴力活动。此外，在全国范围内，菲律宾政府调派超过10万名军警维持现场秩序，此外还有1.2万名警察待命以应对突发状况。[2]

（二）总统竞选异常激烈

本轮选举共有10位总统候选人，其中最有希望赢得总统竞选的有五位候选人。这五位候选人"非富即贵"，都具有一定实力。

---

〔1〕 约翰·芬斯顿主编，张锡镇等译：《东南亚政府与政治》，北京：北京大学出版社，2007年版，第248—249页。

〔2〕《菲律宾全国和地方选举投票正式开始》，http://www.xinhuanet.com/world/2022-05/09/c_1128631975.htm。

费迪南德·罗慕尔德兹·马科斯，俗称"小马科斯"，现年64岁，是马科斯与妻子伊梅尔达唯一的儿子。1986年随父亲马科斯流亡美国夏威夷。1991年随母亲伊梅尔达回到菲律宾。马科斯家族重返菲律宾后，小马科斯先后当选老家北伊罗戈省副省长、省长，以及众议员和参议员。他在2016年尝试竞选副总统，最终以微弱的差距败北。小马科斯主要优势在于从政经验丰富，为人低调，来自马科斯家族，得到杜特尔特阵营支持。

莱妮·罗布雷多，时任副总统。其丈夫林柄智为阿基诺三世内阁中的内政部长，后因飞机失事去世。2016年竞选副总统，得到前总统阿基诺三世的极力推荐和大力支持。她与杜特尔特总统政治立场相左，因此在竞选中大打"反杜"牌，攻击杜特尔特的"禁毒"政策及抗疫政策，抹黑杜特尔特的南海政策，敦促杜特尔特执行南海仲裁案。宣布竞选总统后，她立即与美国驻菲临时代办会晤，承诺一旦当选将加强与美国的海上安全合作，"媚美"心态十分明显。大选前，根据菲律宾几大民意调查机构的调查，她的支持率约为8%—23%，上升幅度较快。莱妮·罗布雷多的主要优势是形象清新、没有负面新闻，在年轻人、教会、大学生等群体中有众多支持者。美国对其竞选全力支持。

莫雷诺，46岁，时任马尼拉市长。他从小生活在贫民窟，靠后天的勤奋努力和英俊形象获得今天的成就。他曾是知名广告演员和影视明星，投身政治后长期在马尼拉市任职，2019年当选马尼拉市长。在任期间，他因大力推行城市清洁措施而受到好评，是菲律宾颇受关注的政治明星。

帕奎奥，42岁，是国际拳坛历史上唯一一名获得过八个级别世界冠军的职业选手。作为菲律宾体育界标志人物，他的人气颇高，早年便投身政坛，两次当选众议员并在2016年当选参议员。帕奎奥说，如果当选，他将以"正直、同理心和透明度"领导国家，"不论在拳击台上，还是台下，我都将是一名斗士。"帕奎奥2016年支持杜特尔特总统，并加入执政党民主人民力量党，担任领导职务。后来，由于其执意竞选总统，与杜特尔特矛盾公开化，造成执政党内部分裂。

拉克松，73 岁，出身警界，1999 年至 2001 年担任菲律宾国家警察总监，2001 年当选参议员，2004 年一度竞选总统。拉克松把选举当成生意来做，他在警察系统拥有很高的支持度，获得许多财团的支持，资金雄厚。

在上述五位候选人中，竞争最为激烈的是小马科斯和莱妮·罗布雷多。竞选开始时，小马科斯以超过60%的支持率遥遥领先，而莱妮·罗布雷多的支持率不超过10%，后来莱妮·罗布雷多后来居上，与小马科斯差距初步缩小。5月2日，菲律宾权威民意调查机构亚洲脉动（Asia Pulsa）公布 4月16—21日的民意调查结果，小马科斯保持了 3 月份56%的支持率，而副总统莱妮·罗布雷多的支持率则比 3 月份下降 1 个百分点，即获得23%的支持率。[1]

小马科斯大幅度领先其他候选人，面对众多获选人的"围攻"，其竞选团队采取以下竞选策略，以提高选民的认可度和支持率。

首先，大打"团结"牌。2022 年 5 月 7 日，在选举前最后一次竞选集会上，小马科斯再次强调，团结是解决目前菲律宾困境、推动菲律宾进步的关键。[2] 一方面，他主动淡化争议性话题，避免争议性话题成为舆情焦点。这次大选中，出现了支持小马科斯和反对小马科斯的对立两派，菲律宾社会撕裂严重。这主要在于其父亲 22 年的统治特别是颁布戒严令，引发菲律宾社会许多争议性评价。国际特赦组织称，在此期间，约有 70 000 人被监禁，34 000 人遭受酷刑，超过 3200 人被杀。[3] 菲律宾许多 65 岁以上的人对这段非常时期记忆较深，他们大都对马科斯家族重返权力中心表示反感和憎

---

[1] Rose Carmelle Lacuata, "Are GenZs, Millennials Underrepresented in Pulse Asia Surveys? Holmes Responds", https://news.abs-cbn.com/news/05/03/22/pulse-asia-head-responds-to-ex-nscb-chiefs-views-on-pulse-asias-feb-surveys.

[2] CNN Philippines Staff, "Presidential Bets Woo Voters One Last Time as Campaign Season Closes", https://www.cnnphilippines.com/news/2022/5/7/presidential-bets-miting-de-avance.html.

[3] Tom Allard and Karen Lema, "Marcos Could Control Hunt for Family Wealth as Philippines leader", https://www.reuters.com/investigates/special-report/philippines-election-marcos-fortune/.

恨。一些人甚至发誓，一旦小马科斯上台执政，他们要发动第三次人民力量运动，将小马科斯拉下台。为此，小马科斯刻意避开传统主流媒体主持的辩论，淡化民众对其父亲争议的认知。

另一方面，小马科斯利用各种资源拓宽朋友圈，争取他们对其竞选总统的支持。由于小马科斯拥有丰富基层工作经验，他利用丰富的地方人脉资源，争取地方官员对他的大力支持。大选前夕，至少有90%的省长（81位省长中的73位省长）支持小马科斯竞选总统。[1] 地方官员拥有绝大多数当地"铁杆"支持者，这对小马科斯稳住地方盘十分重要。

政党支持十分重要，联邦党和基督教穆斯林民主力量党分别是小马科斯和萨拉所在的提名政党，其影响力不可小觑。2022年3月22日，执政党菲律宾民主人民力量党库西派宣布支持小马科斯竞选总统。库西派认为，小马科斯的理念与杜特尔特总统相似，因此决定支持小马科斯。虽然该党元老派皮门特尔派称小马科斯是"篡位者"，但改变不了该党主流派对小马科斯的支持。后来，变革联盟、国民党、菲律宾大众党和国家团结党等相继加入支持小马科斯—莎拉竞选联盟，进一步增强了小马科斯竞选总统的政党基础。

宗教界支持十分关键。2022年5月3日，菲律宾最有影响力的宗教组织之一基督堂教会宣布支持小马科斯和莎拉分别竞选总统和副总统。根据2015年的全国人口普查，该组织在菲律宾拥有超过260万成员。[2] 基督堂教会以集体意志投票，被各派候选人竞相争取。2016年，该组织支持杜特尔特竞选总统，结果如愿。因此，基督堂教会的支持作为菲律宾大选的风向标之一，进一步增加了支持小马科斯选民的信心与决心。

---

[1] Kristina Maralit and Jomar Canlas, "90% of Governors Support Marcos", https://www.manilatimes.net/2022/04/12/news/national/90-of-governors-support-marcos/1839768.

[2] John Gabriel Agcaoili, "INC Endorses Bongbong Marcos, Sara Duterte-Carpio for #Halalan2022", https://news.abs-cbn.com/news/05/03/22/inc-endorses-bongbong-marcos-sara-duterte.

第二章　东南亚地区国家政党政治发展与研究

其次，巧用社交媒体。2016年菲律宾大选证明了社交媒体在其中扮演的重要角色。在新冠疫情大流行、户外交往受到限制的情况下，社交媒体在传播信息和动员选民等方面扮演着十分重要的角色。根据"我们是社会"调查机构的统计，2021年，菲律宾有8900万社交媒体用户，比2020年增加了22%。菲律宾社交媒体用户数量相当于总人口的80.7%。[1] 不仅如此，菲律宾是全球互联网使用率最高的国家之一，菲律宾人每天浏览社交媒体的平均时长超过四小时。受新冠疫情影响，此次选举中，候选人纷纷将竞选宣传转到线上，更使社交媒体成了选民获取资讯的主要管道。[2]

在几大社交媒体中，小马科斯拥有众多的订阅用户。他在短视频平台上拥有超过120万粉丝，在油管上拥有约200万订阅者，在脸书上拥有530万粉丝。[3] 在2017年的一项调查中，85%的受访者"同意"或"强烈同意"脸书很重要，70%的受访者认为脸书影响了他们的投票。[4]

小马科斯的竞选团队利用社交媒体，将其父亲塑造为历史上"菲律宾最好的总统"，从而巧妙地掩盖了其父亲以往执政中令人讨厌的部分。海内外的菲律宾人纷纷转向脸书和推特等社交媒体平台，表达对小马科斯的支持。[5] 那些怀念马科斯"黄金时代"的人纷纷支持小马科斯。这是美西方媒体及菲律宾主流媒体对小马科斯竞选活动最为诟病的地方。

小马科斯拥有丰富的从政经验，这些经验是其竞选总统的重要资本。他的竞选团队通过社交媒体，不断向选民宣传这些经验，从而证明小马科斯拥有担任总统的能力。小马科斯在他的家乡北伊罗戈省当了三年的副省长、12

---

[1] Aries A. Arugay, "Stronger Social Media Influence in the 2022 Philippine Elections", https://fulcrum.sg/stronger-social-media-influence-in-the-2022-philippine-elections//.

[2] 王俞文：《学者：大规模散播假信息 靠社媒洗白家族贪腐 小马可斯强势崛起》，https://www.zaobao.com/news/sea/story20220503-1268770》。

[3] Chad De Guzman, "Why Bongbong Marcos, a Philippine Dictator's Son, Leads the Race for the Presidency", https://time.com/6162028/bongbong-marcos-philippines-president-popular/.

[4] 同[1]。

[5] 黄栋星：《菲律宾大选小马科斯遥遥领先、巧用社交媒体洗刷父亲负面形象》，载《亚洲周刊》，2022年第19期。

年省长、六年众议员和六年参议员。他建立了许多农作物储存设施，改善灌溉技术，提供了资金、贷款和肥料，并加强研发，为该省带来了丰收，2000年，该省成为粮食安全第1区的最高成就者。短视频平台上关于小马科斯的视频点击播放量达到14亿人次，远远超过其他总统候选人。[1]

菲律宾选举委员会专员乔治·加西亚认为，首投族将成为本轮选举"游戏的改变者"，而首投族有700万。[2]根据亚洲脉动的社会调查，年轻选民特别是45岁以下的选民，更愿意支持小马科斯。[3]其中，71%的18—24岁选民、63%的25—34岁选民和63%的35—44岁的选民，明确表示支持小马科斯。[4]因此，吸引首投族特别是年轻人，成为小马科斯竞选团队在社交媒体上利用各种小视频扩大点击率的重要目的。

再次，聚焦经济复苏议题。新冠疫情对菲律宾经济的负面冲击十分重大。疫情之前，菲律宾经济增长领跑东南亚地区，但疫情使菲律宾经济大幅萎缩。2020年，菲律宾国内生产总值萎缩9.5%，这是1946年以来菲律宾经济最大规模的降幅。大流行造成的封锁和限制导致65.9%的公司暂时关闭，1.1%的公司永久关闭。根据亚洲开发银行的数据，这些数字是东南亚地区最高的数字之一。[5]由此带来了失业率高企，2020年失业率为10.5%，即450万人失业，这是2005年以来菲律宾的最高失业率。[6] 2022年1月，失

---

[1] 黄栋星：《菲律宾大选小马科斯遥遥领先，巧用社交媒体洗刷父亲负面形象》，载《亚洲周刊》，2022年第19期。

[2] Christia Marie Ramos, "New Voters will be 'Game Changers' in 2022 Polls-Comelec Exec", https://newsinfo.inquirer.net/1592729/fwd-new-voters-the-game-changers-in-2022-polls-comelec-exec?utm_source=gallery&utm_medium=direct.

[3] Dean Dulay, "Allen Hicken, Ronald Holmes and Anil Menon, Who's Voting for 'Bongbong' Marcos to be the Next Filipino President?", *The Washington Post*, May 06, 2022.

[4] Rose Carmelle Lacuata, "Are GenZs, Millennials Underrepresented in Pulse Asia Surveys? Holmes Responds", *ABS-CBN News*, May 02, 2022.

[5] Cristina Eloisa Baclig, "Study Says Duterte Successor Needs to Change Spending Priorities", https://newsinfo.inquirer.net/1591686/study-says-duterte-successor-needs-to-change-spending-priorities?utm_source=gallery&utm_medium=direct.

[6] Future Learn, "The Philippines Economy and the Impact of COVID-19", https://www.futurelearn.com/info/futurelearn-international/philippines-economy-covid-19.

业率为6.4%，即293万人失业，比2021年同期减少104万，但就业不足率为14.9%。[1] 虽然失业人数有所下降，但就业不足率仍然处于历史高位。

而在竞选中，小马科斯打出"重新崛起"口号，承诺当选后将采取发展基础设施、推动工业化、给年轻人增加就业等务实举措，契合了广大选民的内心渴望，为其最终赢得选举打下了基础。

相反，其主要竞争对手莱妮·罗布雷多则以"诚信政府"为口号，号召选民"与我一同战斗，走向美好未来"，更多强调公正与廉洁，显得较为空洞，难以抓住大部分选民的内心。虽然她的竞选吸引了一大批志愿者，采取"挨家挨户"推销莱妮·罗布雷多的方式，掀起一股"粉红色"浪潮，但毕竟规模有限，没有深入到广阔的农村地区，注定竞选败局。

而其他几位候选人，不断攻击小马科斯的"逃税案"和"家族资产案"，并没有拿出令选民信服的执政纲领，反而更加激起选民对小马科斯的同情，增加小马科斯的支持率。选举前后，不少反对小马科斯的个人和公民团体向选举委员会提交请愿书，要求取消小马科斯竞选资格，结果被选举委员会以证据不足一一驳回。2022年5月17日，一公民团体向最高法院提交请愿书，要求最高法院取消小马科斯的总统候选人资格，阻止国会在5月23日进行总统选举计票程序。[2] 由于法律事实清楚，这些请愿书更多是政治操弄，加上小马科斯获得了绝大多数民意支持，最高法院驳回了这些请愿书的申请。不过，这体现了菲律宾的民主程序，也是选举的重要组成部分。

（三）大选之后的菲律宾政党政治格局

大选之后，菲律宾政党政治形成新格局，特点如下：

第一，行政权力由小马科斯强势主导。按照菲律宾宪法，总统由选民直

---

[1] Dennis S. Mapa, "Unemployment Rate in January 2022 is Estimated at 6.4 Percent", https://psa.gov.ph/content/unemployment-rate-january-2022-estimated-64-percent.

[2] Tetch Torres-Tupas, "Petition to Reverse Comelec Decision on Bongbong Marcos' DQ Case Reaches SC", https://newsinfo.inquirer.net/1598713/petition-to-reverse-comelec-decision-on-bongbong-marcos-dq-case-reaches-sc?utm_source=gallery&utm_medium=direct.

接选出，任期六年，不能连选连任。总统拥有行政权，是国家元首、政府首脑兼武装部队总司令。在内政和外交政策方面，总统拥有行政特权。这次小马科斯以超过50%的支持率赢得总统选举，创造了自1986年人民力量运动以来当选总统支持率的新高。这就预示着小马科斯当选代表着主流民意，将强势主导行政权。

宪法规定副总统为虚职，但经过总统提名，可以兼任内阁部长职务。这次莎拉也以绝对优势获得副总统竞选胜利，与小马科斯为同一阵营，避免了总统和副总统分属不同阵营、造成政府内耗的局面。但是，为了维护政府团结，小马科斯将分享一部分权力给莎拉。如果未来六年小马科斯执政成功，将有助于莎拉竞选下一任总统。因此，莎拉的配合十分关键，她应该是小马科斯在行政上的帮手，而不是与小马科斯争夺行政权力的人。

第二，把持立法权的参、众两院由支持小马科斯—莎拉组合的政党联盟控制。在参议院，这次新当选的12名参议员中只有1人来自反对党，其他11位都是支持小马科斯—莎拉组合的政党联盟候选人。在留任的12名参议员中，绝大多数支持小马科斯—莎拉组合，其中包括小马科斯的姐姐艾米参议员。由此，在24位议员组成的参议院中，支持小马科斯—莎拉组合的议员就占绝大多数，为小马科斯执政奠定了政治基础。

在众议院的316名议员中，支持小马科斯—莎拉组合的八大政党联盟的议员占据多数，其中基督教穆斯林民主力量党66个议席，民主人民力量党41个议席，国民党37个议席，民族团结党36个议席，民族主义人民联盟34个议席，联邦党2个议席，人民改革党2个议席，民主行动党1个议席。根据菲律宾选举"赢者通吃"的传统，众议院当选的议员为了获得政府对其选区资助项目的支持，将纷纷改换门庭，跳槽到执政联盟。新一届众议院议长由小马科斯的堂兄马丁·罗慕亚尔德斯担任。他来自基督教穆斯林民主力量党，并得到前总统阿罗约及执政党民主人民力量党和国民党等的大力支持。

第三，司法权延续杜特尔特总统的影响力。菲律宾的司法权属于最高法院和地方各级法院。最高法院又称大理院,是最高司法机关,拥有最高司法权。它拥有对重大案件、违宪案件、中级法院上诉案件的审理权,对国内法律的解释权,对引起争议的法律、条约、国际条约、行政协定或总统颁布的法令、公告、命令、指示、条例等的最终裁决权等。最高法院由1名首席大法官和14名陪审法官组成。现任15名大法官中,有13位由杜特尔特总统任命,2位由阿基诺三世任命。不排除小马科斯将任命更多支持其本人的法官。

此外,武装部队在菲律宾政治中一直扮演特殊角色。虽然总统是武装部队总司令,但日常事务掌握在武装部队总参谋长手中。上台伊始,小马科斯就任命巴托洛梅·巴卡罗中将为总参谋长。巴卡罗上台五个月,就展现了亲美姿态,他代表菲律宾军方与美国签署了包括增设美军军事基地等一揽子协议,相当于菲律宾主动给美国提供了更大的直接干预南海问题的空间。实际上,这与小马科斯对华友好政策不一致。2023年1月10日,小马科斯撤掉了上台仅五个月的巴卡罗,换上了杜特尔特时代的总参谋长安德烈斯·森蒂诺中将。森蒂诺中将奉行平衡外交政策,没有明显偏向美国,这更加符合小马科斯总体外交战略。这一重要人事变更充分展现了小马科斯对武装部队的掌控能力,以免武装部队过于亲美而坐大,对小马科斯政权造成威胁。毕竟菲律宾历史上发生过多起军事政变。

三、马来西亚大选及其政党政治新趋势

2022年11月19日,马来西亚举行了第十五届大选。本次大选包含国会选举和三个州选举。大选有945位候选人竞争222个国会议席,其中有108人为独立候选人,人数创造历史之最。大选之后,马来西亚政党政治呈现以下趋势。

第一,政党日益碎片化。自2018年马来西亚第十四届大选以来,马来

西亚政党就呈现日益碎片化趋势。第十五届大选加剧了这一趋势。具体表现为：

其一，无任何政党取得超过国会半数席位。本届大选中，伊斯兰党出人意料地获得43个议席，成为国会第一大政党，但只占国会222个议席的19%。曾经主导马来西亚政治半个多世纪的巫统，这次只获得26个席位，占国会总议席的11%。其他主要政党民主行动党、人民公正党和土著团结党分别获得国会议席的40席、31席、31席，分别占国会总议席的18%、13%、13%。

其二，政党进一步分裂。第十四届大选之后，不断有巫统和人民公正党的国会议员脱离两党加入土著团结党。土著团结党成为政党分裂的最大受益者。同时，为了应对第十五届大选，部分政党精英脱离原来所属政党，创立新党，力图在马来西亚政治版图中获得更高地位。参加本次大选的65个政党中，有三个新党获得了国会议席。这三个新党都是政党进一步分裂的结果，分别是：

全民党，于2021年10月27日成立，由沙捞越工人党更名组成。该党的核心成员来自人民公正党和土著团结党。在第十五届大选中，其党主席孙伟瑄获得唯一的国会议席。

统民党，全称为马来西亚民主联合阵线，于2020年9月成立。该党由赛沙迪创立，是马来西亚第一个以青年为主的政党。赛沙迪原来是土著团结党的青年团团长，后成立统民党。在第十五届大选中，赛沙迪赢得该党唯一的国会议席。

社会民主和谐党，于2022年2月18日在沙巴哥达基纳巴卢成立，创始人为彼特·安东尼和朱益·努丁。两人原为民兴党重要成员，因不满民兴党西渡西马的决定而脱离民兴党，另成立新党。在第十五届大选中，获得1个国会议席。

第二，政治两极化在松动。种族政治一直左右着马来西亚政治格局，并造成政治两极化趋势，即大选中选民以左右界限将选票分别集中在左派政党和右派政党的两极，形成政治两极尖锐对立。在传统马来西亚政治话语中，民主行动党被看成维护华人利益的政党，被归于左派政党，而伊斯兰党、土著团结党以及巫统则被看成维护马来人利益、捍卫伊斯兰地位的右派政党。在本届大选中，约87%的马来人将选票投给伊斯兰党、土著团结党和巫统[1]，只有0.05%的华人将选票投给伊斯兰党和土著团结党[2]，而至少90%的华人将选票投给了民主行动党[3]。马来人和华人选民的政治选择两极态度彰显了种族政治在马来西亚政治中的主导地位。

与此同时，在本届大选中，多元族群政党的支持率和影响力也在不断提升。人民公正党被视为多元族群政党。这次人民公正党获得31个国会议席，成为国会第三大政党。其主席安瓦尔担任第10任总理。统民党、全民党和社会民主和谐党的表现也引人注目。这些都体现出多元族群政党的力量正在增强。

尽管种族政治仍然占据马来西亚政治的主流，短时间难以彻底扭转这一趋势，但多元族群政治意识越来越被更多的马来西亚选民接受，特别是得到更多城市中产阶级的支持。毕竟马来西亚是东盟的一员，建立以人民为中心的东盟是其目标，各族群一律平等是以人民为中心的基本要求。在此背景下，种族政治似乎越来越与东盟目标相冲突，并越来越受到政治现实的挑战。

正是基于对大势的判断，安瓦尔担任总理未满100天，就提出了"文明马来西亚"理念。这一理念有别于过去巫统推崇的"马来民族主义+资本主

[1] "PRU15：Suara Umat Melayu Islam Kini Diwakili PN"，https://harakahdaily.net/index.php/2022/12/02/pru15-suara-umat-melayu-islam-kini-diwakili-pn/.

[2] "Pasca PRU15：Inilah Punca Bukan Melayu Takut PN"，https://suaramerdeka.com.my/pasca-pru15-inilah-punca-bukan-melayu-takut-ph/.

[3] 《部分地区98%华裔选民支持行动党 陆兆福誓言要获得全民认同》，https://www.orientaldaily.com.my/news/nation/2022/12/14/533665。

义"的右倾保守主义路线，旨在从文明融合与文明交流的视角，重塑马来西亚的意识形态，超越种族政治，以多元族群共存、共荣为目的，建设一个现代、文明的马来西亚。

第三，王权进一步强化。王权是指最高元首和各州苏丹的权力。马来西亚实施的是君主立宪制，最高元首和各州苏丹分别为国家和各州的立宪君主。最高元首为国家权威的象征，拥有行政、立法、司法名义上的最高权力。最高元首任期五年，采取轮流坐庄制，由统治者会议从九个州的世袭苏丹中按资历投票选出。

按照马来西亚联邦宪法，最高元首是伊斯兰领袖和马来人特权的守护者，神圣不可侵犯，这是王权的重要法律基础。在马哈蒂尔执政的22年中，王权进一步被削弱，在"强势总理"执政模式中，最高元首几乎完全听从总理意见，王权成为行政权力的"橡皮图章"。随着马来西亚政治转型进入深水区，"弱势总理"成为政治生活的常态，这给最高元首发挥积极作用、扩大王权提供了空间。

2018年以来，最高元首和各州统治者时常扮演超越其礼仪地位的角色，这与统治者权力在宪法中模糊表述有着密切关系。"在宪法中，统治者的确切权力仍然是模糊的，因为宪法对统治者在什么情况下必须服从内阁部长的建议，在什么情况下可以运用他自己独立的判断并没有清晰的表述。马来的传统习惯和给予统治者的特殊责任显示了很大范围的自主性权力，使统治者得以在州和联邦两个层面上在政府和政治领导中发挥积极的作用。"[1]

具体来说，最高元首任命总理是一项主要的权力，但如何有效地运用这一权力，具体如何操作，马来西亚宪法对此表述较为模糊。根据《马来西亚联邦宪法》第40条第2款规定，最高元首可以根据自己的判断任命总理和

---

[1] Gordon P. Means, *Malaysian Politics: The Second Generation*, Oxford: Oxford University Press, 1991, p.113.

否决解散国会。同时，《马来西亚联邦宪法》第 43 条第 2 款还规定，最高元首首先任命在国会里最大可能获得多数议员信任的国会议员为总理负责组阁。而"判断力"和"最大可能"则是一种较为模糊的表述，这为最高元首发挥作用留下了较大空间。

这次大选后，马来西亚首次出现五天的悬浮国会，即五天时间里，国会中没有任何政党或政党联盟获得多数议席并组阁成功。特别是国会的三大政治阵营，彼此均无意与对方联合组阁。希望联盟与国民联盟、希望联盟与国民阵线在大选中势不两立，并且，大选后，国民联盟和国民阵线公开宣称绝不与希望联盟组成联合政府，而国盟和国阵组成政府则附带若干条件，国阵难以接受，组阁陷入僵局。在此背景下，最高元首阿卜杜拉积极斡旋，听取各个政党联盟的意见，谕令各个党派为了人民利益组成大团结政府。结果，国会悬浮五天之后，希望联盟与国民阵线终于达成组阁共识，11 月 24 日，经过统治者会议讨论决定，最高元首阿卜杜拉任命安瓦尔为第 10 任总理。

这是历史上首次出现的组阁危机，最高元首发挥了"一锤定音"的积极作用，体现了王权在政治危机中的稳定器与定航者的角色，使任命总理的礼仪角色变成了主导角色。

第四，东马政治地位提高。当 1963 年马来西亚联邦建立时，包括沙巴、沙捞越在内的东马地区享有"邦"属的地位，在政治上比西马的"州"属地位要高，享有高度自治权。为了防止沙巴和沙捞越像新加坡一样脱离联邦，加强联邦中央政府的权力，1976 年 7 月，马来西亚国会通过宪法修正案，正式将东马"邦"属地位降为"州"属地位。2021 年 12 月，国会通过了新的宪法修正案，全面落实《1963 年马来西亚协议》，并准备恢复沙巴和沙捞越"邦"属地位。

同时，全面落实《1963 年马来西亚协议》需要消除许多法律障碍，因为"协议"涉及土地权力、移民主权、大陆架与边界和资源等。这些领域涉及一些法律修订，包括 1966 年《大陆架法案》，2012 年《领海法案》，1974

年《石油开发法案》，1976年通过的第354号法案等。这些法律的修订将考验团结政府的协调能力，也是检验东马政治地位提升的试金石。

马来西亚国会现有222个议席，沙巴25席，沙捞越31席，二者占整个国会议席26%，是各大政治势力争夺的目标。尤其是马来西亚政党日益碎片化的背景下，合纵连横成为各大政党联盟的主要政治手段，而东马无疑是各大政党联盟竞相争取的对象。

在这次团结政府组阁中，东马政党的分量提升。在55个部长和副部长职位中，东马占了13席，约占整个内阁成员的24%，并且东马还占据了两个副总理职位中的一个。

为了落实"协议"，2023年，团结政府第一次内阁会议做出决定，将低于5000林吉特的基础设施工程行政权全权下放给沙捞越和沙巴政府。虽然沙捞越和沙巴都有公共工程局，其工程建设得到联邦政府的拨款，但许多工程的立项和建设还需要联邦政府的行政审批，这一决定将大大加快东马的地方发展。

同时，团结政府同意将沙巴天然气的监管权转移给沙巴政府，这是落实"协议"的重要举措。在这一权力转移之后，沙巴天然气的定价和新供应协议将由州政府而不是联邦中央政府来决定。沙捞越政府早在2021年6月1日就可以全权监管沙捞越天然气的分销活动。

此外，联邦中央政府将逐步提高对东马的年度特别拨款，拟从现有1600万林吉特逐步提升到3亿林吉特，并进一步落实沙巴泛婆罗洲公路项目，改善东马的基础设施。未来，联邦中央政府将可能下放更多的行政权给沙巴和沙捞越政府，缩短东马和西马的发展鸿沟，确保沙巴、沙捞越和西马人民共同发展。

第五，反腐进一步深化。反腐是本次大选中选民关注的焦点议题之一。政治人物的贪腐案成为引导大选议题的风向标，成为各大政党攻击对手的"弹药"。2022年8月23日，马来西亚联邦法院终审驳回前总理纳吉布的上诉，裁定维持吉隆坡高等法院对其所涉多项贪腐罪名处以12年监禁和2.1亿林吉特（约合3.2亿元人民币）罚款的判决。2022年9月，巫统主席扎希德涉40项外国签证贪污案被判无罪，但其所涉健康思维基金会47项贪污、洗钱和失信的案件仍然在审理之中。巫统政治精英的贪污腐败案使许多马来人对巫统渐渐失去了信心，是巫统在大选中接连失利的重要因素。

长期以来，巫统一党独大，垄断国家权力，与利益集团形成了深厚关系。备受诟病的"阿里巴巴"工程招标制就是典型的案例，即土著精英获得工程，再将工程转包给非土著获得高额利润。在政策具体执行过程中，一向打着保护马来人利益口号的巫统使政治精英成为最大利益受益者，而普通马来人受益较少，造成马来人之间贫富差距悬殊，普通马来人对执政者愈加失望和不满，巫统逐渐失去民心。

当前，马来西亚反腐即将进入新阶段，即深化制度反腐，如，改革反贪委员会成员遴选程序、司法委任委员会成员任命机制、制定政治献金法案、推动工程承包公开招标等。这些制度层面的改革有助于规范政党和政治精英的行为，净化马来西亚政治生态，消除不稳定政局的深层次矛盾。但这些制度化反腐尚处于初级阶段，还没有进入制度设计阶段。

四、越南共产党从严治党进入新阶段

越南作为社会主义国家，越南共产党自我革命、自我净化显得尤其重要，这涉及社会主义制度安全和越南共产党执政安全等战略性问题。其中，从严治党、严惩腐败是一条重要路径。2022年是越南贯彻落实越共十三大决议的第二年，也是越南共产党从严治党进入新阶段具有转折意义的关键一年。2022年年底和2023年年初，越南共产党高级领导干部因腐败案件被问责，并相继被罢免，这在越南共产党历史上并不多见，体现了反腐败的长期性和复杂性。正如越共中央总书记阮富仲在越共十三大新闻发布会上强调的:"反腐败是一场长期、艰难和激烈的斗争。近年来的反腐败成就只是减少和防止腐败的一步。"[1]

(一) 对高级领导干部实施严格问责制

腐败问题被视为越南面临的四大危机之一,甚至被称为"国难"。特别是越南实行定向社会主义市场经济以来,权钱交易等腐败现象频发、高发。如何实现"改革不褪色、融入而不融化"是越南共产党执政面临的一道难题。而对高级领导干部实施严格问责制则是破解这一难题的关键举措之一。

受防疫腐败案的影响,越南两位副总理同时被问责,并相继被罢免,体现了对高级领导干部问责制的严肃性和权威性。2022年12月30日,越南共产党第十三届中央委员会召开特别会议,同意范平明辞去越共第十三届中央政治局委员、中央委员职务,武德儋辞去越共第十三届中央委员职务。2023年1月5日,越南国会举行第十五届国会第二次特别会议,罢免范平明、武德儋国会代表和副总理职务。

受两位副总理被罢免事件影响,2023年1月17日,越南共产党第十三届中央委员会召开会议,同意阮春福辞去中央政治局委员、越共第十三届中央委员会委员、越南社会主义共和国主席、国防与安全委员会主席(任期2021—2026年)等职务。2023年1月18日,越南国会举行第十五届国会第三次特别会议,以无记名投票方式表决通过了有关免去阮春福的2021—2026年任期越南社会主义共和国主席职务和终止其第十五届国会代表资格的决议。

越南共产党第十三届中央委员会认为,阮春福要对其多名下属干部,包括两位政府副总理、三位部长违规并造成非常严重的后果负责。最终,两位

---

[1]《越共中央总书记、国家主席阮富仲:反腐败是一场长期、艰难和激烈的斗争》,越通社河内2021年2月1日电。

副总理辞职，两位部长、多位干部受到刑事处分及作为负责人的政治责任。[1]

（二）重点查处大案要案

"越亚公司案"和"救援包机案"波及面较广、牵涉高级干部较多、破坏性大，越南社会非常关注，属于越南共产党重点查处的大案要案。

越亚公司是一家注册资本只有8000万越南盾（约合人民币2.3万元）的小公司，员工仅十余人，规模很小。2020年年初，在新冠疫情肆虐时期，越亚公司利用政府对科技公司研发检测试剂政策的红利，"打点"时任科技部长朱玉英和卫生部长阮青龙，在上市注册证编号、价格谈判、订单审批等方面为其大开方便之门。随后，该公司公开在社会上宣称"该产品符合紧急使用标准""得到世卫组织认可"，使得其产品在短短两年占领越南检测市场80%的份额。

此后，事件发生重要转折。2021年下半年，"德尔塔"变异毒株传入越南，引发全国性疫情。为了应对疫情，越南卫生部不得不指示各省疾控中心在获得授权的情况下自行招标，并"动态"确定试剂盒采购价格。结果，普通群众在与其他检测试剂盒比较后发现，越亚公司的产品价格贵不少，是其他产品的1.2—2.6倍，甚至是进口产品的1.6倍多，引起了舆论轩然大波。

2021年12月初，越南警方开始对包括河内、胡志明市在内的16个省市展开调查。结果发现，越亚公司的检测试剂盒参考价格虚高了45%，并且该产品根本没有得到世卫组织的认可。

2021年12月18日，越亚公司创始人兼董事长潘国越及公司多名管理层人员被逮捕。根据潘国越事后供认，试剂盒销售总额达4万亿越南盾（约合人民币11.5亿元），公司至少从中获利5000亿越南盾（约合人民币1.45亿

---

[1]《阮春福同志辞去职务并退休》，https://cn.nhandan.vn/阮春福同志辞去职务并退休-post108040html。

元）。为了顺利进入越南全国各地市场，该公司花 8000 亿越南盾（约合人民币 2.3 亿元）重金贿赂越南各级卫生部门及医疗机构，被称为是"越南司法史上从未有过的巨额回扣"。

2022 年 6 月，牵涉上述案件的阮青龙、朱玉英等人被开除党籍、革除职位，并被立即逮捕起诉，将可能面临长达 15—20 年的最高刑期。而作为分管医疗、科技等领域的副总理，兼任越南国家新冠疫情防控指导委员会主任，武德儋对此案件负有不可推卸的责任。

"救援包机案"则是另外一起轰动国际的大案。全球新冠疫情暴发之初，越南政府组织多部门协调安排航线和隔离措施，指定企业和航空公司承运包机，通过两年规划近 2000 架次救援包机，将 60 多个国家和地区的 20 多万越南公民接回国内。其中，不少越南驻外使馆外交官通过"救援包机"大量非法走私商品，引起了警方的注意。

2021 年年底至 2022 年年初，越南警方开始对"救援包机案"进行调查。2022 年 1 月，越南外交部领事司司长阮氏香兰及其副手因涉"救援包机案"成为首批被逮捕的官员。此后，多家航空服务公司、旅行社、投资咨询公司的高管接受调查。2022 年 7 月，公安部移民局多位负责官员被捕，"救援包机案"的完整腐败链条逐渐被揭开。截至 2022 年 12 月底，"救援包机案"牵涉官员达 30 多人，包括外交部副部长、驻外大使、副总理助理、侨务事务负责人等。

根据越南媒体的报道，搭乘"救援包机"回国的越南公民在手续、机票、隔离上花费的费用是正常费用的 5—8 倍。越南公安部表示，扣除运营费用，腐败案的获利者每完成一次"救援包机"飞行就能获利超过 10 亿越南盾（约合人民币 30 万元）。甚至有的人在整个"救援包机"案中获利高达数万亿越南盾。范平明作为主管外交事务的常务副总理，应对"救援包机案"负责，被国会罢免职务。外长裴青山受纪律处分。

(三) 完善制度，深化党建工作

自越共十三大以来，越南共产党把完善制度作为深化党建工作的重要抓手。2021年10月，越共十三届四中全会集中讨论了党建工作，防止党内各种"自我演变""自我转化"现象，并对党员禁令进行修订、补充。会议再次强调了党的建设的重要意义，党的建设工作事关党和社会主义制度的生死存亡。

完善制度是2022年越南党建工作的亮点之一，越南共产党及时发布了多项重要指示和决议，以满足实践要求。2022年，越共中央颁布了有关建党整党的两项决议，其中包括关于在新时期巩固和建设基层党组织及提高党员素质的第21号决议和关于革新党的领导方式的第28号决议。

首先，加强基层党建。2022年5月，越共召开十三届五中全会，越共中央总书记阮富仲在闭幕会议上强调，基层党组织是党的基础，也是党群之间的桥梁，发挥着政治核心作用，要把各基层党组织政治任务执行情况和人民满意度作为衡量其领导力和战斗力的标准。会议同意成立省级反腐败指导委员会。

其次，强化党员的纪律意识。2022年10月，越共召开十三届六中全会，越共总书记阮富仲在闭幕式上强调，要坚持党的组织和活动的各项原则特别是民主集中制原则，坚持党的集中统一领导，全体党员干部必须在党纪国法的约束下活动。

总之，越南共产党通过对高级领导干部实施问责、重点查处大案要案和完善制度、深化党建等措施，提升执政党自我革命、自我净化能力，维护社会主义制度安全。

五、2023年东南亚地区国家政党政治发展动态

伴随着日益不稳定和不确定的国际局势，2023年东南亚地区政党政治也

面临诸多挑战。

首先是地缘政治博弈的冲击。美国及部分西方国家以盟伴体系和经济诱饵，不断对东南亚执政当局施压，让其"选边站"，加剧东南亚政局的不稳定性。比如美国不断加强与菲律宾军方合作，使得军方势力有可能进一步做大，威胁小马科斯政权的稳定性。

其次是地方选举的冲击。2022年，马来西亚虽然组成了团结政府，各大执政的政党联盟签署了合作协议，但2023年的地方选举是考验团结政府的试金石。地方选举结果显示，虽然执政联盟保住了三个州的执政权，但其支持率明显下降。

再次是宗教政治化问题。随着全球化遭遇逆流，宗教保守主义势力抬头，使得宗教政治化成为影响政党政治走向的重要因素。第十五届马来西亚大选表明，伊斯兰党正在崛起，宗教政治化趋势凸显。2023年，印尼进入"政治年"，为了备战2024年大选，各大伊斯兰政党以伊斯兰捍卫者身份自居，试图通过身份政治获得更高支持率。宗教政治化成为影响2023年印尼各大政党合纵连横的风向标之一。

此外，2023年东南亚地区三场重要选举充满悬念和挑战，值得密切关注。

第一，泰国大选。本届泰国国会于2023年3月届满。按照泰国相关法律，于2023年5月举行新一轮大选，产生新的国会和政府。本轮大选有儿大悬念：

一是为泰党是否重回泰国权力中心？选举前，根据泰国各大民意调查数据，为泰党暂时领先其他各党派。为泰党推出他信的小女儿佩通坦·西那瓦作为总理候选人参选，吸引了不少渴望改变的年轻选民和中间选民。同样，代表前进党参选的皮塔提出经济平权、王室改革、公投以修改宪法等较为激进的政纲，得到了很多渴望改变政治保守主义的年轻人的拥护。

此次国会下议院选举，改选全部500个议席，根据正式确认结果，前进

第二章 东南亚地区国家政党政治发展与研究

党共拿下 151 席，成为下议院第一大党。为泰党、自豪泰党分别以 141 席和 71 席位列第二、第三位。

二是巴育能否赢得连任？经历了 2022 年任期内的争议之后，巴育的执政基础受到了一定削弱。2022 年 12 月 23 日，巴育表示，他加入新党统一泰建国党，并作为该党唯一总理候选人参加 2023 年大选，这意味着巴育已经离开 2019 年支持他当选总理的人民力量党。此次选举中，人民力量党推选其党魁巴威为总理候选人。巴育和巴威作为昔日盟友同台竞争，势必分散巴育的部分选票。

最终，巴育所在统一泰建国党获 36 席，前进党皮塔成为泰国大选的胜利者。

三是大选后泰国是否会保持政治稳定？在巴育执政的八年里，泰国社会的政治结构、社会结构与利益结构并没有发生根本性改变。再加上，虽然前进党在大选中成为国会下议院第一大党，但在 7 月泰国国会就选举新总理举行的两次联席会议中，皮塔因未获超半数议员支持而落选总理，并被国会投票否决了总理候选人提名资格。在 8 月 22 日举行的国会上下两院联席会议投票中，赛塔·他威信当选新一任泰国总理。此后，泰国政局是否还会重复大选-动乱-军事政变-大选这一恶性循环，还存在一定的悬念。

第二，柬埔寨大选。按照柬埔寨相关法律，2023 年第七届国会选举在 7 月 23 日举行。柬埔寨总理洪森曾表示，他对柬埔寨人民党在国会选举中获胜充满信心。但是，面对内外压力，柬埔寨大选仍面临不少挑战。

柬埔寨实行君主立宪制。国王是国家最高元首，国会是最高权力机关和立法机构，参议院有权审议国会通过的法案。政府首脑由赢得国会议席 50%+1 简单多数的政党候选人担任。

现任总理洪森自 1997 年掌握最高权力后，带领国家走进以稳定和发展为主要特征的时期。近 10 年来，柬埔寨在全球需求放缓的外部环境下，始终保持 7% 以上的经济增长率，巩固了政府执政基础。2018 年，洪森领导的人民党在大选中再次获胜，赢得国会全部125个议席。洪森在柬埔寨威望较高，其治理国家的方式具有威权主义色彩。目前，柬埔寨政局保持相对稳定。

2023年，洪森已71岁，执政近40年，是整个亚洲执政时间最长的领导人。柬埔寨的政治稳定高度依赖这位政治强人。洪森曾经表示："还要带领柬埔寨发展10年。"

根据柬埔寨国家选举委员会发布的统计数据，洪森领导的执政党人民党赢得125个议席中的120席，以压倒性优势再次成功连任。剩余的五个席位由柬埔寨西哈努克太皇创立的奉辛比克党获得。

第三，缅甸大选。自2021年2月1日缅甸军方接管政权以来，军方何时举行大选还政于民，成为国际社会十分关注的话题。两年多来，缅甸在东盟的成员资格基本被冻结，东盟峰会举行时，缅甸军方领导人被禁止参加。缅甸驻联合国常驻代表仍然是民盟政府时期的代表。缅甸军方政府面临着越来越复杂的国际环境。2023年大选有以下两大悬念等待揭晓。

其一，大选能否举行？自缅甸军方接管政权的那天起，缅甸国防军总司令敏昂莱一直声称，军方完全按照缅甸宪法行事。按照缅甸宪法，全国紧急状态最多可持续两年，首次期限为一年，此后每半年可延长一次。此前，国防和安全委员会分别于2022年1月31日、7月31日和2023年2月1日宣布将全国紧急状态延长6个月。2023年7月31日，缅甸召开国防和安全委员会会议，决定再次延长全国紧急状态6个月，原定于2023年8月举行的大选再次推迟。

2023年1月23日，敏昂莱在内比都表示，由于国家实行多党民主制度，无论发生何种情况，都将坚持在全国举行自由公正的选举，让广大民众在不受威胁的情况下自由投票。[1] 这表明缅甸军方承诺将举行大选,以证明其合法性。根据缅甸媒体《妙瓦底日报》发布的国防和安全委员会会议报告,只有在全国范围内举行大选、人民能够独立投票,以及全国保持和平等条件满足时,才会考虑举行大选。报告还特别强调:"大选不能提前仓促举行,而是要有系统地做好准备。"[2]

其二,选举结果能否得到国际社会承认?如何进行选举、选举后的结果能否得到国际社会承认,是缅甸选举的重要悬念。按照敏昂莱的说法,缅甸将颁布修订后的《政党登记法》,审批政党登记时,不许存在违反《宪法》规定的政党。这就意味着,以民盟为代表的反对派政党能否参加大选是一个未知数。目前看来,民盟很难参加由军方主导的大选,由于双方矛盾尖锐对立,妥协的空间有限。

针对缅甸大选,2022年11月11日,印尼总统佐科在金边出席东盟峰会时公开表示,东盟不支持非包容、不建立在全国对话基础之上的大选。[3] 负责美国对缅外交事务的国务院参赞乔莱特曾表示,这一选举不可能是自由和公平的。[4] 与此同时,如何有效落实东盟与缅甸达成的五点共识是大选结果得到承认的前提,特别是缅甸有关各方应尽快启动建设性对话。

2022年12月23日,联合国安理会通过首个关于缅甸问题的决议,对缅甸军方宣布的全国紧急状态表示深切关注,敦促其"立即释放所有被任意拘押的囚犯"。鉴于缅甸问题的复杂性和长期性,缅甸问题没有速效解决办法,更没有外部解决方案。2023年缅甸大选如能举行,更多是代表民主转型和民族和解的起点,但离终点还有相当长的路。

---

[1]《国管委重申:无论发生何种情况 都将坚持举行全国选举》,http://www.mmgpmedia.com/static/content/YW/2023-01-24/1067459256875356160.html。

[2] 陈晓阳:《缅甸全国紧急状态再次延长》,载《光明日报》,2023年8月5日,第8版。

[3] "Presiden Sampaikan Sejumlah Poin Penting Terkait Isu Myanmar", https://www.kominfo.go.id/content/detail/45609/presiden-sampaikan-sejumlah-poin-penting-terkait-isu-myanmar/0/berita.

[4]《美拟推动加大施压缅甸军政府决议》,https://www.zaobao.com/realtime/world/story20220923-1315920。

六、总结

受国际和各国国内因素影响，2022 年东南亚地区政党政治在曲折中发展。在多党竞争国家，政党联盟成为维系政权的主要选择。政党碎片化预示着政治转型进入深水区，政权脆弱性可能成为中期常态。对于东南亚地区社会主义国家执政党越南共产党来说，从严治党越来越成为其重要的生存法则。面对日益复杂多变的国际环境，2023 年东南亚地区政党政治面临诸多考验，泰国、柬埔寨、缅甸三个国家的大选成为检验东南亚地区政治成熟程度的试金石。

第三章
南亚地区国家政党政治发展与研究

胡仕胜等*

2022年,南亚地区政党政治状况呈现"冰火两重天"。一方面,印度人民党(以下简称"印人党")的执政地位日益巩固,一党独大势头更劲;另一方面,其他诸多南亚党争政斗尖锐,经济危机触发政治危机,乱象纷呈。这种反差在2023年继续充当南亚地区政党政治底色。

一、印度政坛一党独大更加凸显

2022年,印度政坛强者愈强、弱者愈弱的政治马太效应愈发强烈。年初,印人党在五邦选举中赢得四邦执政权,捍卫了执政底盘;年末,印人党在古吉拉特邦选举中毫无悬念地巩固了本党大本营;尽管在德里市政选举中

---

* 本章由中国现代国际关系研究院南亚研究所南亚政党政治课题组撰写。课题组成员包括:胡仕胜(主笔)、王世达、王海霞、林一鸣、张书剑、王瑟和徐琴。

败于平民党[1]，但印人党所获选民支持率同比略有提升。截至2022年年底，印人党除执政中央外，还在19个邦执政，统辖59%的人口。[2] 不仅如此，印人党长期执政中央的前景较好，继续扩大执政邦数量的概率较大。相较之下，百年老党国大党在内外夹击下继续分裂，元气大伤，如今其所执政的地方邦只手可数；[3] 以地方政党和左翼党派构成的第三阵线也是一盘散沙。

纵观2022年，印人党多管齐下，政治香火越烧越旺。

（一）驯化权力机制，加强内外集权

一方面，强化党内集权。莫迪总理执政以来，不断强化印人党"十一人议会委员会"职权与地位，使其成为党内权力中心：重要职位人选，包括地方邦首席部长、邦立法会主席、立法机构反对党团领袖等人选，概由该委员会最终定夺；从中央到地方、从竞选到执政，任何事关印人党与其他政治力量的联盟组建、盟友选择等重大决定，也概由该委员会最终定夺。另一方面，操控选举机器与选举规制。随着一党独大地位日益巩固，印人党不断加强对印度选举委员会的操控力度。印度选举委员会曾在多党联合执政的联盟政治（1989—2014年）时期享有独立"裁定权""监督权"。但2014年以来，选举委员会几被架空，在诸如确定选举时间、制订政党行为准则、处理选举违规逾矩等方面，权限大幅弱化，日益受到印人党及莫迪团队的干扰与

---

[1] 作为印度首都，新德里有三个权力中心，即平民党主政的德里地方政府、印人党主政的中央政府及2022年举行了换届选举的德里市政厅（拥有250个选区，相当于我国街道办）。2017年，市政厅选举270个席位，平民党获48席，得票率为25.08%。印人党181席，占市政厅总席位的39.03%。国大党获30席，得票率为21.02%。其他政党赢得11个议席，占比14.99%。但在2022年12月进行的250席的市政选举中，平民党获134席（占比达42.05%），印人党获104席（占比为39.09%，比上次略有提升），国大党仅获9席（占比11.68%），其余政党获所剩的3席（占比7.18%）。由此，平民党既掌控着德里地方政府，又主导着德里市政厅。此前，在2020年的德里邦议会选举中，平民党的得票率为53.8%，印人党为38.7%，其余政党仅获余下的4.3%。

[2] 依行政划分，印度共有28个邦和9个联邦属地。印方行政划分包含有中国不承认的伪"阿鲁纳恰尔邦"，即藏南地区，以及中巴均不承认的"拉达克联邦属地"和"查谟和克什米尔联邦属地"。

[3] 截至2022年12月，国大党仅在切蒂斯格尔邦、拉贾斯坦邦和喜马偕尔邦主政，在恰尔肯德邦和泰米尔纳德联合执政，但首席部长一职均由地方政党出任。

左右。例如，这几年，选举委员会往往要坐等印人党政府推出福利政策后才能最终确定全国或地方选举日期，实为变相助力印人党将其福利政策转化为胜选资源；再如，针对印人党候选人的种种选举违规行为，选举委员会要么大事化小，要么选择性失明。这种情况在国大党独步政坛期间（1952—1988年）也曾出现过。那时，印度选举委员会的作用特别是对国大党的监督与制约作用也十分有限。由此看来，这恰恰是印度政治"风水轮回"的一种折射，三十年河东，三十年河西。

此外，印人党各级政权还加强对舆论的监督，"净化"国内外社交媒体平台，强行要求平台迅速删帖并提供发帖人详细信息。有数据显示，自2011年以来的十年里，谷歌已收到印度政府近14 000项内容删除请求，特别是莫迪2014年执政以来的官方删帖频率越来越高；从2012年1月到2021年6月，推特也收到了来自印度官方17 000多项删帖请求，约占其全球删帖请求的7%。[1]

为使删帖的要求"有法可依"，莫迪政府于2021年针对社交媒体监管强行出台新规《中介机构指导方针》，将注册用户超过500万的媒体机构统统界定为重要社交媒体平台，一并纳入印度政府监管范围。根据新规，重要社交媒体平台需任命印度合规官。该官员将管理投诉、监测内容，如果内容令人反感，则将其删除。2021年5月25日，新规生效当天，德里警察特别行动小组突击检查了推特公司驻德里办公室。2022年7月5日，印度信息技术部长阿什维尼·瓦什诺对记者表示，让社交媒体担责"已成为一个迫在眉睫的问题"[2]。

---

[1] Rina Chandran, "Analysis: Twitter Battles India for Control of Social Media Content", https://www.reuters.com/legal/litigation/twitter-battles-india-control-social-media-content-2022-07-06/.
[2] 同[1]。

(二) 逆转"党团"关系，打造强大选举机器

莫迪执政以来，印人党政府转变"党建"工作思路，大力"收编"国民志愿服务团（以下简称"志愿团"），利用其在基层社会的广泛触角，开展精细化、专业化的选民工作。

致力于弘扬印度教民族主义的志愿团成立于1925年，在印全国形成了广泛布建，分支机构"沙卡"遍布全国。2014年莫迪上台之时，志愿团即在全国拥有"沙卡"近4万个。此外，志愿团还为大约30个附属团体提供意识形态养分与网络支持，这些团体包括印人党本身、全国最大的工会组织、活跃于各高校的学生会及印度教寺庙机构，基层动员能力超强。但在2014年之前，印人党和志愿团的关系却是时有摩擦，且"团强党弱"。志愿团不但以印人党的"母体组织"自居，甚至公开孤立印人党。但莫迪总理上台以来，特别是2019年以来，为打造并巩固印人党长期执政地位，相继采取三个措施，加大对志愿团的"收编"与整合力度。

第一，大力落实印度教民族主义议程。2019年以来，通过逐一实现志愿团的几大主要诉求，包括修宪（废除克什米尔特殊政治地位）、建庙（在印度教大神罗摩诞生地修建罗摩神庙）、统一公民身份、去除"异质"文化痕迹等，莫迪领导的印人党政府博得了志愿团上下"团员团干"的拥戴。

第二，改善物质待遇。莫迪执政期间，印人党政府不断增加对志愿团的资金支持，各地"沙卡"的办公设施都"鸟枪换炮"，甚至"如酒店般的带有空调装置"，"团干"穿戴也明显改善。[1]特别是2014年以来，在印人党政府的大力支持下，志愿团的分支"沙卡"逐步增多，布建速度翻倍。2019年，"沙卡"数目已猛增至8.4万，2022年更是增至10万余，团干部增至超

---

[1] Dhirendra K. Jha, "Bhagwat Eclipsed: In Modi's Shadow, the Sangh Leader is No Longer Supreme", https://caravanmagazine.in/politics/bhagwat-modi-supreme.

过600万名。[1]

第三，提升政治地位。莫迪执政的两届政府决策圈构成中，"团干挂帅"色彩日益浓厚。莫迪第一任期（2014—2019年）中，66名部长、阁僚中有41位出身国民志愿服务团；第二任期（2019—2024年）中，53位部长里有38位拥有国民志愿服务团背景。从执政党党魁到国家总理再到内阁部长、防长等重臣均出身国民志愿服务团。议会里，"团派"成员越来越多。以2019年产生的议会为例，在印人党303位人民院（下院）议员中，出身国民志愿服务团的有146名，占比48%；在印人党82名联邦院（上院）议员里，出身国民志愿服务团的有34人，占比41%。[2] 正是基于印度政治右倾化加剧这一特性，西方社会做出"莫迪利用印度教民族主义计划，令甘地和尼赫鲁治下的世俗和多样化印度成为历史"这样的判断。[3] 印度政策圈甚至一度戏称："首都已从新德里迁往那格浦尔（志愿团总部所在地）"[4]。但实际上更为贴切的说法应为：那格浦尔搬到了新德里，服务于新德里的政治需求。

三举并用的结果就是，"党弱团强"的格局被逆转，逐渐形成了印人党发号施令、"团干"服从命令的新格局；莫迪本人更是成为"团干"的最大膜拜对象，甚至志愿团现任领导人帕格瓦特也追随莫迪总理。最鲜明的例证就是，帕格瓦特将每年"十胜节"（印度教重大节日）讲话的重点放在了为

---

[1] "Under its Expansion Plan, RSS to Double the Number of Shakhas, Activities", https://www.newindianexpress.com/nation/2022/feb/25/under-its-expansion-plan-rss-to-double-the-number-of-shakhas-activities-2423620.html.

[2] Neelam Pandey and Shanker Arnimesh, "RSS in Modi Govt in Numbers—3 of 4 Ministers are Rooted in the Sangh", https://theprint.in/politics/rss-in-modi-govt-in-numbers-3-of-4-ministers-are-rooted-in-the-sangh/353942/.

[3] Salil Tripathi, "75 Years After Independence, A Changing 'Idea of India'", https://foreignpolicy.com/2022/08/15/india-independence-anniversary-modi-gandhi-nehru-democracy-bjp-history/; Christophe Jaffrelot, *Modi's India: Hindu Nationalism and the Rise of Ethnic Democracy*, Princeton University Press, August 2021.

[4] Devanik Saha, "Has Nagpur replaced Delhi as the De-Facto Capital?", https://www.rediff.com/news/column/has-nagpur-replaced-delhi-as-the-de-facto-capital/20160711.htm.

莫迪总理"鼓掌喝彩"和"歌功颂德"上。[1]

在思想上、物质上完成对志愿团的"收编"后，印人党政府不断将其打造为一部精细化、专业化的"选举机器"。印人党及莫迪团队鼓动志愿团不断深入基层，走街串巷，下乡访村，甚至挨家挨户为印度教民族主义及莫迪执政功绩开展"地毯式"宣传，并在这种宣传中不断细化对选民的科学分类，因类施策，扩大印人党长期执政票仓，同时最大限度地分流、分化反对党票源。不仅如此，印人党政府鼓励志愿团的基层干部直接参与竞选（过去"团干"奉行不参政原则），并参与投票站的管理工作。

由于"沙卡"往往能与当地选民打成一片，印人党的福利政策也借由"沙卡"直接惠泽当地选民。这是党团双赢格局，使选民的获得感更真切、更实在，继而更易转化为对莫迪总理、对印人党的拥戴，同时，基层"团干"借发放福利之机与选民加强联络，形成一种"选民有事找团干"的新型关系。[2] 这使得印人党福利政策的选票效应得到了极大发挥。

这场大"收编"、大整合使印人党政府博取了两大收益：一是拥有了理想信念更为坚定的党员干部队伍，其他政党处于下风；二是拥有了比反对党更为发达的基层政治动员网络。

（三）全面挤压反对党，打造"选举型专制"政治生态

近年来，特别是 2022 年，印人党从中央到地方，全方位打压以国大党为首的反对党及有影响力的地方政党，甚至不惧被西方贴上"选举型专制"的政治标签，以期在国内制造一个"不存在反对力量"的印度政治生态。[3] 其具体做法如下：

---

[1] Dhirendra K. Jha, "Bhagwat Eclipsed: In Modi's Shadow, the Sangh Leader is no Longer Supreme", https://caravanmagazine,in/politics/bhagwat-modi-supreme.

[2] Niranjan Sahoo and Ambar Kumar Ghosh, "Uttar Pradesh Elections: Will Welfarism Triumph over the Identity Politics?", https://www.orfonline.org/expert-speak/uttar-pradesh-elections/.

[3] Ashutosh, "Reasons Why Opposition isn't Fighting Modi", https://www.ndtv.com/opinion/3-reasons-why-opposition-seems-all-out-of-steam-before-2024-3192653.

一是强力打压意识形态"异己"的社团组织。重点打击左翼和穆斯林两大类社团。2019年以来，莫迪政府动用执法力量大肆抓捕左翼活动家，特别是打压校园里的左翼学生组织，甚至将活跃分子"收监"。打掉左翼学生团组，在一定程度上阻碍左翼思想传播，从而制约了左翼政党——长期以来为印度政坛第三阵营"领头羊"——的发展空间。这一轮打压已于2022年前完成。2022年开始，莫迪政府全力于打击穆斯林社团组织。其中，"印度人民阵线"（以下简称"人阵"）成为重点打击目标。经过多年发展，人阵已在印度17—18个邦建有分支机构。莫迪政府对外宣称，人阵主要在中东石油国家筹措活动经费，致力于在建国百年即2047年之际将印度建成一个伊斯兰国家。

为实现对人阵的全方位清理，莫迪政府抬出反恐大旗，指控人阵和一些暴恐组织，如印度伊斯兰学生运动（被印度政府列入恐怖组织名单）、孟加拉圣战者组织（地区恐怖组织）和"伊斯兰国"（国际恐怖组织）等存在勾连，并涉嫌在印从事政治暗杀、煽动骚乱等暴恐活动，危及印度的"团结、主权和安全"。为此，2022年9月27日，莫迪政府宣布，为维护国家安全，根据《非法活动预防法》，对人阵及其相关联的八个组织施行"禁止活动五年"。随后，莫迪政府又动用国家机器，如国家调查局、执法局（经济执法机构）、邦反恐小队、研究分析局（对外情报机构）、中央后备警察部队及各地警方等，在全国范围内搜查、逮捕、关押了数百名人阵相关成员，查封其在各地的办公室和资产，立案数量超过1400件。[1] 因此，包括人阵领导人在内的印度穆斯林领袖和反对党均声称，印人党领导的印度教右翼势力借

---

[1] "Over 1,400 Cases Against PFI Leaders, Activists", https://www.thehindu.com/news/national/over-1400-cases-registered-against-pfi-leaders-activists-and-affiliates-over-the-years/article65946901.ece；"PFI ban: What is Popular Front of India and Why has India Outlawed it?", https://www.bbc.com/news/world-asia-india-63004142.

由反恐来加码迫害印度穆斯林群体,"建立并巩固印度教专政"。[1]

二是否定国大党的"建国理念"。为能彻底打垮百年老党,即最大反对党国大党,莫迪领导的印人党政府从逐渐淡化圣雄甘地、尼赫鲁等早期国大党领导人的"印度观""治理理念"着手,努力以印度教民族主义、爱国主义、民粹主义来替代尼赫鲁主义,且不断矮化甚至否认圣雄甘地的历史地位。这从2022年9月8日晚莫迪总理在印度门附近高调地为鲍斯立像举行揭幕仪式可见一斑。苏巴斯·钱德拉·鲍斯虽与圣雄甘地和尼赫鲁同为"建国三杰",但却颇具争议,因为鲍斯为赶走英国殖民统治,曾一度寻求与德日法西斯政权合作。因此,印度历届政府——包括此前的印人党联合政府——都不会开展如此高调的礼赞鲍斯活动。如今的印人党政府为彻底打垮国大党,开始公开认同国内以志愿团为代表的右翼势力长期以来的主张,即印度的独立与其说是圣雄甘地"非暴力不合作"运动的结果,不如说是鲍斯在日本人帮助下对英开展武装斗争的结果。[2] 此次莫迪总理大张旗鼓地为当年与国大党"建国路线"对着干的鲍斯塑造等身像,并放置在原来英国君主乔治五世塑像的位置(乔治五世塑像早在1968年即被拆除),既为莫迪政府近年来的"去殖民化"运动掀起一个高潮,同时借机从精神上碾压国大党的建国功勋与治国理念,特别是通过确立鲍斯的"民族英雄"地位而将圣雄甘地赶下"神坛"。

不仅如此,莫迪执政团队也不吝言辞公开质疑、否定、抨击国大党的治国理念。例如,2022年9月,在出席联合国大会及在美进行外交活动期间,外长苏杰生公开强调印度建国以来犯下的三大错误,即印巴分治、推迟核选择和延后经济改革。显然,苏杰生是在明里暗里指责国大党的"执政"过

---

[1] Anshuman Behera, "Will the PFI Ban Curb the Growing Radicalisation in India?", https://www.orfonline.org/expert-speak/will-the-pfi-ban-curb-the-growing-radicalisation-in-india/.

[2] 实际上,很多印人党党员干部、国民志愿服务团成员一直都站在圣雄甘地的对立面,并习惯性地称鲍斯为"领导者"。

失，突显印人党政府特别是莫迪执政以来的"卓越政绩"。这种宣扬实效显著。2022年8月的印度"国民情绪调查"显示，45%的受访者认为莫迪是独立以来的"最佳总理"（选尼赫鲁的仅5%），且有53%的受访者首选莫迪作为"下任总理人选"（排名第二的国大党前主席、尼赫鲁重孙拉胡尔仅获9%）。[1]

三是通过政治手段压缩其他政党生存空间。在马哈拉施特拉邦，印人党被指控支持该邦湿婆军（一地方政党）籍议员辛代反对湿婆军领导人（同时也是该邦时任首席部长）萨克雷，并导致萨克雷下台、湿婆军分裂，新裂变出来的湿婆军在印人党支持下组建新的邦政府。在比哈尔邦，首席部长尼提什·库马尔领导的人民党（联合派）与印人党本是政治盟友，20世纪90年代以来长期合作无间。但近一年来，印人党不断设陷挖坑，制造人民党（联合派）党内矛盾与分裂，两党不睦早已公开化。此外，在泰米尔纳德、阿萨姆、曼尼普尔、安得拉等邦，印人党在2022年频被指控"践踏一切联盟准则"，肢解地方政党，以期在新政治疆域、非传统阵地开辟、扩大印人党政治影响力。[2] 不过，印人党着力最多的仍是寻找一切时机，打压和撕裂国大党，甚至利诱国大党党员干部宣誓效忠印人党。例如，2022年9月中旬，果阿邦的地方国大党11名立委中竟有8名集体脱党，加入了在该邦执政的印人党。

总之，在印人党全面且强势的打压、诱压下，其他政党特别是反对党阵营面临前所未有的生存危机，即便百年老党国大党也正在被边缘化。

---

[1] 该调查由《今日印度》与民调机构CVoter共同完成，涵盖印度19个主要地方邦逾1.2万人。参见：https://www.indiatoday.in/mood-of-the-nation。

[2] "From AIADMK, Shiv Sena to JD (U)-How BJP is Growing at the Cost of its Allies as well as Rivals", https://theprint.in/politics/from-aiadmk-shiv-sena-to-jdu-how-bjp-is-growing-at-the-cost-of-its-allies-as-well-as-rivals.1037227/.

(四）大搞多数主义民选政治，夯实执政根基

将印度教民族主义、精准施策的福利主义与不断完善的"赢者通吃"选举机器相结合，铸牢印度教选民的政治忠诚与身份认同，弱化突发事件对民意的扰动。

基于印度教信众占印度人口总量近八成的国情，莫迪团队和印人党的执政思路就是"抓多放少"，凡是有利于团结印度教信众的资源就多投入，凡是不利于争取印度教信众的政策就废弃。可以说，莫迪政府的选举策略带有身份政治和福利政治的双重特性。

一方面，高举印度教民族主义意识形态大旗，大搞身份政治。除印度西北角和东北角几个人口较少的小邦之外，印度腹地各邦不但人口众多，且印度教信众占据各邦人口的多数。这使得任何党派只要获得大多数印度教信众的选票，即可稳操胜盘。具体而言，任何党派只要耕耘好印度中部和北部大邦，即可在全国大选中稳操胜券。其中，北方邦最为重要。该邦是印度人口最大邦，也是产生人民院（下院）最多席位的邦（80席，约占人民院总席位545席的14.7%）。北印度贫困人口广布、宗教热情高涨（印度教），极利于莫迪及其领导的印人党政府大肆推进印度教民族主义议程和各项福利政策。

为在选民中打造印度教民族主义身份政治，2019年以来，莫迪凭借超高人气和果敢手段，强势推进印度教民族主义议程，加速"国族重塑"，强化超越民族、种姓、阶级、地域等身份标识的"印度认同"。如，将文化沙文主义和宗教宗派主义结合，立足印度教经典文献，宣扬"罗摩盛世"，主张通过讲印地语、改清真寺为印度教神庙、地名复古（主要是恢复穆斯林和殖民统治之前的地名）等进行"文化净化"；安排印度教民族主义骨干把持历史研究理事会、大学拨款委员会、主要公立大学、修改教科书等，按印度教民族主义意识形态"重塑史观"，彻底改变历史叙事与公共话语；为刺杀甘地者等人正名，将宣扬印度教特性的萨瓦尔卡公开尊称为民族主义英雄；大兴印度教寺庙，整修印度教宗教场所，隆重庆祝各种印度教宗教节日。9月8日，莫迪总理出席这场运动的高潮是2022年"国王大道"更名仪式，将英殖民者命名的"国王大道"（其地位犹如北京的长安街）更名为"责任大道"。这条大道一头连接着纪念建国英雄的"印度门"，另一头则是总统府、政府部委、议会大厦。印度每年在此举行"独立日"阅兵庆典。"国王大道"这一旧名在印度教民族主义者看来，代表着殖民时期的英国王权，是印度人被奴役与被压迫的象征。这次更名将莫迪政府的"文化净化"运动推向高潮。凡此种种，印人党赢得了大批印度教信众的追随，大大巩固了印度人民党长久执政的民众基础，特别是打破了印度地方政治版图长期以来基于"亲不亲，种姓分"和"亲不亲，区域分"的身份政治藩篱。

另一方面，高举福利主义大旗是莫迪政府最有效的策略。这种福利主义政策有两个层面。一是间接惠泽民众，即在印人党执政的邦加大交通设施、产业园区建设等，创造就业机会，稳固选民根基。以2017年印人党首次执政的北方邦为例，过去五年里，该邦实施的大型项目涉及交通设施、产业园区、教研机构、科技实验室等，项目的数目与规格都远超以往任何政府。二是直接惠泽民众，特别是在贫困人口集中的印度北部各邦，莫迪政府的福利政策屡创奇效。莫迪政府利用数字与信息技术，建立覆盖全印的民众生物识别身份系统、个人银行账户和"全国统一支付系统"，从而将政府的各类福利精准便捷地直接发放给目标选民。2022年7月4日，莫迪在古吉拉特邦首府甘地纳加举行的2022年数字印度周开幕式上宣称，通过直接福利转移，在过去八年中，超过23万亿卢比直接转移到受益人的账户中。"通过互联网技术，印度有23万亿卢比免于落入'坏人'之手。"莫迪还表示，"数字印度"把政府带到了人民的家门口和手机上。目前，有超过12.5万个普通服务中心和农村商店，农村商店是由印度公共服务中心推出的一项电子商务计划，针对农村地区的在线商品订购和交付，把电子商务推广到印度农村地区。莫迪表示："只需通过一次点击，我们就已经将数千亿卢比转入全国妇女、农民、劳工的银行账户。在'一国一配给卡'的帮助下，我们已经确保了八亿多农村人口的免费配给额度。"[1]

总之，福利政策在争取选民上颇有成效，甚至超过了基于印度教民族主义意识形态宣扬所着力打造的身份政治的功效。由于这些福利政策能精准快速对接目标选民，有效地在印人党与选民之间建立起"恩庇关系"，为印人党赢得了广泛且牢固的社会基础，从而有效克服了选票政治中时常出现的"反现任"怪相。

比如，在印度贫困人口最多的北方邦，中央政府和地方印人党政府联手推出多项福利计划，包括但不限于：带薪就业保障计划、每家每户免费天然气接入工程、日用品平价票证制度、砖瓦房修建的总理计划、全印厕所修建计划、保障农民最低收入的总理计划、新冠疫情现金救济计划、医保计划、用于现金转移的妇女账户计划、低保家庭每月一罐液化天然气的总理计划、免费电表联网和自来水管网建设计划等等。其中，仅仅是农民最低收入保障的总理计划及低保家庭每月一罐免费液化天然气的总理计划，即让北方邦3900万人口受益。而且，在2022年北方邦选举之前，北方邦的印人党政府还发起了提供免费粮食、发放新冠疫情救济、免费发放中小学校服和课本等新计划。[2]正是得益于这些福利、补贴，印人党2022年在北方邦地方选举中再度取胜。印人党由此成为过去40余年里第一次在北方邦连选连任的政党。北方邦的邦议会选举常常被视为印度议会选举前的半决赛，故有"夺北方邦者夺天下"的政治流行语。

（五）争取财团支持

当前的莫迪政府拥有大财团的强有力支持，一是支持莫迪政府的经济政

---

[1] "Digital India: PM Modi Says India has Eliminated All Queues by Going Online", https://www.theweek.in/news/india/2022/07/04/india-has-eliminated-all-queues-by-going-online-says-pm-modi.html.

[2] Niranjan Sahoo and Ambar Kumar Ghosh, "Uttar Pradesh Elections: Will Welfarism Triumph over the Identity Politics?", https://www.orfonline.org/expert-speak/uttar-pradesh-elections/.

策，二是为印人党党建提供资金支持。这种关系被西方学者所批判，称之为印人党—莫迪主义的裙带资本主义，其本质是将莫迪总理与关键的印度商业利益联系起来，形成一系列网络。这既是一种政治手段，也是一种商业手段。他们认为，土耳其总统雷杰普·塔伊普·埃尔多安和俄罗斯总统普京也以类似方式进行政治运作。美国政党也是如此。[1]

莫迪与当前印度第一、第二大财团信实集团、阿达尼集团之间的政商关系极其紧密。两大财团总裁都是莫迪乡党（古吉拉特人）。在21世纪头20年里，两大财团完成了对长期以来一直支持国大党的传统财团塔塔集团等的赶超。究其原因，主要得益于莫迪从古吉拉特邦（作为邦首席部长）到新德里（作为国家总理）的一路政策性"照顾"。这些政策极大地便利了大财团垄断地位的形成。例如，在莫迪实施的《破产法》刺激下，印度企业加快重组并购，在提升经营正规化与生产效率的同时，大企业、大财团不断涌现。据麦肯锡估计，印度前600强企业的生产率是全印平均水平的11倍。[2]

这些大财团自然也投桃报李，积极对印人党进行政治捐款。[3] 根据民主改革联合会2022年7月推出的一份报告，印人党是这类政治捐款的最大收益方。2017—2018年间，印人党共收到21亿卢比的政治捐款，占此类捐款的95%，且每年递增，2018—2019年为145亿卢比，2019—2020年为256亿卢比。[4] 不仅如此，大财团对莫迪"新印度"的积极参与极大提高了印度整体经济表现，增添了选民对莫迪团队的执政信心。

---

[1] Cameron Abadi and Adam Tooze, "What Accounts for the Economic Gap Between China and India?", https://foreignpolicy.com/2022/10/04/china-india-economic-gap-tooze/.

[2] McKinsey Global Institute, "India's Turning Point: An Economic Agenda to Spur Growth and Jobs", August, 2020, MGI-Indias-turning-point-Executive-summary-August-2020-vFinal.pdf; "India is Likely to be the World's Fastest-Growing Big Economy this Year: Can the Expansion Continue?", https://www.economist.com/briefing/2022/05/14/india-is-likely-to-be-the-worlds-fastest-growing-big-economy-this-year.

[3] 印度允许政治献金者通过购买"选举债券"对政党进行匿名捐款。

[4] Sanjeev Ahluwalia, "Regulating Political Parties and Opaque Election Finance", https://www.orfonline.org/expert-speak/regulating-political-parties-and-opaque-election-finance/.

由于大企业的再投资率很高，莫迪政府通过政策优惠鼓励大财团在基础设施建设及产业发展上发挥领头羊作用。这是韩国成为发达经济体的一种模式，也是拜登政府2022年夏通过"芯片法案"的产业逻辑。莫迪总理将其作为印度加速基建网络建设与产业化大发展的重要路径。

在莫迪政府的大力支持下，印度"四大巨头"各有分工，纷纷加大参与国家基建的力度，阿达尼集团聚焦于印度能源和运输建设，信实工业公司聚焦于电信、化工和能源建设，塔塔集团聚焦于信息技术、能源和汽车产业发展，JSW聚焦于钢铁生产，等等。未来的五至八年，仅这四家公司即计划在印度的基础设施和新兴行业领域投资2500亿美元以上。随着大财团的加入，长期制约印度制造业发展的"五流不畅"（劳动力流、土地流、物资流、科技流、资本流）难题不同程度地得到缓解。例如，莫迪政府在基建方面设计了一种相对高效且能多方共赢的政府和公共资本合作模式，即混合年金模式，以鼓励财团积极参与交通基建项目。此举大大加快了印度的道路建设。2017年以来，印度每年新增公路里程万余公里，是国大党时期的2—3倍。截至2021年12月31日，在"印度花环"基建计划（莫迪政府2017年提出的10.6万亿卢比的公路建设计划）下已经批准和授予的公路项目中，多达42%的里程项目为混合年金模式，未来有望提升至60%。总之，2014年莫迪总理执政以来，印度国家公路长度增长50%以上，航空货运量增长44%，移动电话基站数量翻三倍，物流水平明显提升。

二、南亚其他国家政党斗争激烈

与印度形成明显反差的是，南亚中小国家的多党民主政治纷纷陷入不同程度的乱象之中，执政地位不稳、政治决策弱化、发展前景堪忧等情况多发。而且，政治问题与经济问题相互作用，导致国家陷入治理与发展困境。

（一）尼泊尔完成三级选举，政治碎片化加重

2022年是尼泊尔选举年。这一年里，尼先后举行了2015年新宪法生效以来的第二次地方、省、联邦三级选举。[1] 全年的政党政治基本围绕着三级选举展开。

其中，地方行政机构选举于5月13日举行，选出乡（460个）、镇（276个）、市（11个）和大都市（包括首都在内共有6个）四类地方政府的753位行政长官及其副手，以及6743位村长、街道主任。[2] 选举结果是，由尼泊尔大会党、尼泊尔共产党（毛主义中心）[以下简称"尼共（毛中心）"]等五党组建的民主和左翼联盟取得绝大部分胜利，第二大政党尼泊尔共产党（联合马列）[以下简称"尼共（联合马列）"]候选人在诸多选区失利。七个省议会和联邦议会选举同时于11月20日举行。七个省议会的选举结果是，尽管执政的大会党表现尚可，但未达单独组建省政府所需的席位数。经过一番协商，所有省政府均由左翼政党联合组建。这种结果与上次省议会选举结果相差无几。不过，三级选举中，联邦议会选举最为重要，攸关新一届中央政府的产生。根据12月6日晚尼泊尔选举委员会公布的大选结果，无一政党在总计275席的联邦议会中取得过半席位（138席）。三级选举折射出尼泊尔当前政党政治的两大特点。

一是政治稳定性明显趋弱。主要由于尼共的分裂，2022年三级选举结束后，尼泊尔政治版图重回2015年新宪法生效之前的碎片化格局。以联邦议会为例，主要政党均未达到过半议席数，意味着只能组建联合政府。但联合政府的稳定性面临着三种挑战。其一，反对党的挑战。虽然最大反对党大会

---

[1] 具体而言，三级选举分别产生753个地方行政机构负责人、7个省议会和1个联邦议会。经由选举产生的三级政府均享有相对独立自主的行政大权，不存在行政隶属关系，但地方政府和省级政府的有效运转严重依赖联邦政府的财政与人事支撑。联邦政府对地方行政机构和省政府的财政划拨都是7%左右。

[2] 参见：https://www.orfonline.org/expert-speak/local-elections-to-decide-the-future-of-nepal/.

党在针对新政府的信任投票中投了赞成票，但大会党毕竟是议会第一大党（坐拥89席，几乎占联邦议会三分之一议席，因组阁未果而成为最大反对党），其扰局乃至组局的能力最强。其二，执政联盟力量[1]的严重分散。截至2023年1月31日，联合政府中，尼共（联合马列）78席、尼共（毛中心）32席、民族民主党14席、民意党6席、公民自由党3席，力量分散，任何一个党派中途退出都会影响政府稳定和有效运转。实际上，执政联盟的民意党已公开表示对其内阁职位安排不满，公民自由党在远西省拒绝支持尼共（联合马列）出面组成省政府，这些暴露出执政联盟的内部失和问题。其三，总理权力分享协定潜藏隐患。联盟成员"出身"各异，其结盟主要基于权力资源的临时搭配，而非基于执政理念的求同存异，联合政权的稳固性"先天不足"。依照两大左翼政党达成的联合执政协议，尼共（毛中心）领导人普拉昌达将在五年任期过半后将总理一职交由尼共（联合马列）领导人奥利。这种安排在尼泊尔多党政治中并非首创。但历史经验表明，政权交替往往充满变数。

二是"政治素人"表现抢眼。纵观三级选举，虽然大会党、尼共（联合马列）和尼共（毛中心）仍是主要竞争者，但新生政党、独立候选人的表现也可圈可点。例如，在联邦议会选举中，于2022年7月1日才正式在选举委员会注册的民族独立党表现不俗，一举夺得联邦议会20席，并与尼共（毛主义）和尼共（联合马列）组建联合政府。这种半年之内实现从组建到参选再到执政的"三级跳"佳绩，在世界政党政治史上十分罕见。再如，在三级选举中，不少独立候选人有惊艳表现。如：联邦议会选举中，独立候选人赢得5个议席；省议会选举中，独立候选人夺得12个议席（总共550席）；地方行政机构选举中，独立候选人赢得大都市加德满都市市长及

---

[1] 执政联盟原本有七党，除文中所列党派之外，还有第四大党民族独立党（拥20席）。然而，2023年1月27日，该党党主席的公民身份被最高法院裁定无效，继而，其联邦议会议员身份及在新政府内担任的副总理兼内政部长职务也被一并撤销。民族独立党最终退出联合政府。

另两市市长职位。没有党派归属、资源支撑、意识形态倾向的独立候选人能取得良好成绩,体现出尼泊尔选民对传统党派政治的失望情绪,这从投票率明显下降也可见一斑。自2008年迈入民主共和体制后,尼泊尔前三次大选平均投票率达71.44%[1],但2022年三级选举的投票率均在60%上下,降幅明显。

(二) 孟加拉国虽政局稳定,但政党斗争暗流涌动

2022年虽不是孟加拉国大选年,但各政党围绕2024年1月大选的竞逐号角已吹响。执政的孟加拉人民联盟(以下简称"人盟")对内固权、对外打压反对派,谋求强势控局;主要反对党民族主义党(以下简称"孟民党")频繁发起反政府集会。政党斗争主要特点如下。

一是人盟持续夯实执政优势。得益于最大反对党孟民党对2014年、2018年两届大选的连续抵制,人盟自2009年以来独霸孟加拉国政坛十余年。而且,在与执政党人盟的持续斗争中,反对党特别是孟民党的实力日渐衰弱,使孟加拉国多党民主政治呈现出"反对党虚无"现象。人盟除牢牢把控民政和执法机构外,还左右立法机关。反对党则多分裂且虚弱无力,街头政治缺乏冲击力。

二是围绕选举改制的政治抗争不断。自人盟政府2011年废除宪法中的看守政府条款以来,孟加拉国一直实施现任政府监督选举的制度。这是反对党最为诟病的制度,也是孟民党连续抵制两届大选的主要原因。如果不改革这一制度,那么执政党再次获胜的概率较大。[2]而且,孟民党担心,若其在现行制度下参加2024年大选,除可为人盟增加选举合法性外,不会改变人盟胜选这一结局。[3]

---

[1] 尼泊尔采取共和体制以来共举行了三次大选。其中,2008年大选的投票率为58.52%,2013年77.57%,2017年为78.24%。参见:https://www.electionguide.org/countries/id/201/。

[2] Ali Riaz,"Bangladesh's Quiet Slide into Autocracy",https://www.foreignaffairs.com/articles/bangladesh/2022-04-29/bangladeshs-quiet-slide-autocracy.

[3] "EIU Country Report, Bangladesh",https://country.eiu.com/bangladesh.

实际上，一些西方国家已对人盟政府领导下的大选合法性提出质疑。[1] 2022年，美、日、德、欧盟等不断施压人盟政府，要求其确保下一届大选"自由、公平和包容"。2022年4月，美国政府发布的人权报告质疑人盟政府的执政合法性，认为2018年大选存在填充选票和恐吓选民等情况，是一届不自由、不公平的选举。[2] 为此，孟民党在2022年不断组织政治抗争。1月，孟民党拒绝人盟政府提出的组建选举委员会的会谈邀请，并表示要寻求与其他政党会谈，合力推翻人盟统治；9月，孟民党敲定"九点要求"草案，提出现任政府移交权力给看守政府、解散议会、改组选举委员会等要求[3]；在12月10日的达卡分区集会上，孟民党又提出包括前述核心内容的"十点要求"[4]；进入12月份后，孟民党积极与新成立的两大反对党联盟——"12党联盟"和"志同道合的民族主义者联盟"——相配合，商讨发起"同步运动"事宜。

三是家族政治面临后继乏人的窘境。人盟和孟民党既是长期统摄孟加拉国政坛的两大传统政党，同时也代表着孟加拉国两大政治家族。然而，两大家族式政党均面临着政治接班难题。就人盟而言，党主席、政府总理哈西娜已经75岁，但其儿女接班的可能性不大。其子乔伊因与美国公民结婚而在事实上放弃了对家族领导权的角逐；其女普图尔定居迪拜，活跃于国际舞台，长期缺席国内政治。

孟民党主席卡莉达·齐亚2018年因贪污罪入狱，其后代也遭到一系列政治打压，长子塔雷克·拉赫曼流亡英国，次子阿拉法特·拉赫曼亡故。加

---

[1] Shafi Md Mostofa, "Government-Opposition Confrontation Looms in Bangladesh", https://thediplomat.com/2022/11/government-opposition-confrontation-looms-in-bangladesh/.

[2] Shafi Md Mostofa, "US Human Rights Report Raps Bangladesh on the Knuckles", https://thediplomat.com/2022/04/us-human-rights-report-raps-bangladesh-on-the-knuckles/.

[3] Mohammad Al-Masum Molla, "BNP Working at a Synchronous Movement", https://www.thedailystar.net/news/bangladesh/politics/news/BNP-working-synchronous-movement-3124176.

[4] Star Digital Report, "BNPD haka Rally Ends with 10-Point Demand", https://www.thedailystar.net/news/bangladesh/politics/news/BNP-dhaka-rally-ends-10-point-demand-3192491.

之孟民党长期缺席执政,难以有效掌控政坛话语权与政治资源。这导致孟民党为下届大选出面组建跨党派联盟的实力与感召力较弱。

(三) 斯里兰卡家族政权垮台,小党挂帅拉大车

受疫情防控、政策失误及俄乌冲突的连番冲击,斯里兰卡爆发独立以来最严重经济危机。经济危机旋即延烧至政治领域,街头政治暴力成为斯里兰卡2022年上半年政党政治的主要表现。2019年总统选举以来,斯里兰卡的政治稳定局面不复存在,发展前景也充满不确定性。

一是经济危机击垮强势政权。2022年年初以来,斯里兰卡经济形势急剧恶化,演变为独立后最严重经济危机,并引发政局动荡。进入5月,斯里兰卡外汇储备严重不足、物价飞涨、生活必需品特别是食品、药品和燃油奇缺,导致政局"自由落体式恶化"。5月6日,斯里兰卡千余工会、商会和行业协会联合举行规模空前的全国大罢工,参与者包括产工商学社会各界,系斯里兰卡近70年来最大规模反政府示威。尽管斯里兰卡政府一再宣布进入国家紧急状态,但民怨愈加沸腾,多次发生暴力冲突和社会骚乱。民众无视禁令,围攻总统、总理和执政党议员府邸。愈演愈烈的暴力冲突造成至少包括1名执政党议员在内的5人死亡、逾200人受伤;示威者于7月9日冲入总统府逼迫总统下野。最终,在国会占据三分之二多数的人民阵线党政权及如日中天的拉贾帕克萨(以下简称"拉氏")政治家族轰然坍塌,不仅拉欣达总理被迫辞职,戈塔巴雅总统最终也被迫出走,直至9月初才结束自我流亡、重返斯里兰卡。人民阵线党在重压下再度分裂,13名议员因不满拉氏家族统治而脱党,其中包括人民阵线党党主席、前外交部长佩里斯。

二是"无冕之王"出面组建新政府。这场建国以来的最大复合型危机使得在议会仅拥一席的统一国民党领袖维克勒马辛哈(以下简称"维氏")

成为最大受益者。他先是在5月临危受命，出任总理，又于9月就任总统[1]，成为斯里兰卡第八任总统。此前，维氏曾六度出任总理，却从未正式担任总统一职，被称为斯里兰卡政坛"无冕之王"。

维氏当选总统后欲邀请统一人民力量等主要反对党组建联合政府，但后者自认代表民意，不愿与其合作，并继续鼓动民众举行反政府示威。这种情势之下，维氏只好寻求议会最大政党人民阵线党的大力支持。而拉氏家族也积极鼓动人民阵线党议员力挺维氏，以防家族彻底失势甚至被反对派"反攻倒算"。于是，维氏推动其所领导的统一国民党与人民阵线党达成执政联盟，并任命拉氏家族亲信担任包括总理在内的要职。[2] 尽管反对派并未停止舆论攻势和街头政治，但在当前宪政体制下，只要执政联盟内部不分裂，解散现议会并提前大选的可能性不大。

（四）巴基斯坦政局再陷动荡，新旧阵营陷入"拉锯战"

当前的巴基斯坦政党政治中存在新旧两大势力，即以巴基斯坦穆斯林联盟（谢里夫派）[以下简称"穆盟（谢）"]和巴基斯坦人民党（以下简称"人民党"）等为代表的传统政党势力，以及以巴基斯坦正义运动党（以下简称"正运党"）为代表的新兴政党势力。两大势力的"拉锯战"纵贯2022年全年，且斗争异常激烈。这期间，还夹杂着来自美国拜登政府对巴基斯坦政策的干扰。

一是正运党政府被联合绞杀。一方面，正运党的雄起迫使旧政治势力加紧联合应对。2022年开始，穆盟（谢）、人民党和贤哲会（法）构建的反对党联盟"巴基斯坦民主运动"便加大"倒阁"力度，并在4月以"不信任案"实现政权更迭，迫使正运党主席伊姆兰·汗成为巴基斯坦历史上首位被

---

[1] 根据斯里兰卡宪法，鉴于前总统戈塔巴雅主动辞职，斯里兰卡议会将通过无记名投票选举一名议员完成辞任总统的剩余任期。最终，统一国民党领袖、现政府总理兼临时总统维克拉马辛格以134票简单多数（斯里兰卡实行一院制，议会共225席）胜选，成为斯里兰卡第八任总统。

[2] 2022年7月22日，维氏组建新内阁并任命人民阵线党盟人民统一战线党党首古纳瓦德纳担任总理。

议会罢免的总理。随后，反对党联盟出面组建新政府，穆盟（谢）主席夏巴兹·谢里夫当选总理。反对党联盟此番"倒阁"成功，除自身加强协同之外，还成功利用了军队及拜登政府这内外两大因素，以及法律斗争这一手段。

其一，反对党抓住了伊姆兰与军队的高层矛盾。2018年，伊姆兰领导的正运党胜选上台与军方的倾向性立场不无关系。但在执政后期，伊姆兰自视为军队的"唯一合作对象"，而在外交政策、军队人事等问题上不断挑战军方权威，从而招致军方高层不满。加之，穆盟（谢）、人民党等对军方态度出现明显软化，试图成为军方可以合作的对象。尤其是2022年以来，穆盟（谢）内部逐渐放弃了"反军方、促民主"的政治斗争路线，进一步拉近了与军方的关系，并最终促成了倒阁成功。

其二，反对党利用了拜登政府对伊姆兰政权的疏离。拜登政府既恼怒于伊姆兰政权在阿富汗问题上未能提供美方所期待的帮助，更恼怒于伊姆兰政权不断拉近与俄罗斯关系，甚至伊姆兰总理在俄乌冲突爆发当天还如期抵俄访问。从拜登2021年1月上台至伊姆兰2022年4月去职，两国领导人从未通话，更未谋面，这在美巴关系史上前所未有。但4月中旬，以夏巴兹为总理的新政府甫一组建，美巴关系迅速正常化，高层互动不断。美方还积极回应巴方有关诉求。这也是伊姆兰在其执政末期及政权垮台后不断抛出"美国干涉论"的重要原因。

其三，新旧势力斗争持续全年。伊姆兰政府垮台不仅不是巴基斯坦政局动荡的结束，反而是引爆政局新一轮更大动荡的导火索。一方面，"倒阁"成功后，穆盟（谢）乘势不断利用执政资源加大对伊姆兰及正运党的打压。8月，其向议会控告伊姆兰"未如实申报收受公务礼品"；10月21日，巴基斯坦选举委员会援引宪法第62条"诚信条款"及《选举法》取消伊姆兰议员资格，并于24日发布正式裁决令。另一方面，不甘坐以待毙的伊姆兰不断反击，不断在各地举行集会。例如，10月22日，伊姆兰在各大城市发起大规模示威，并宣布于 28 日组织从拉合尔到首都伊斯兰堡的"长征大游行"。11 月 3 日，在由拉合尔向伊斯兰堡的政治大进军中，伊姆兰突遭枪击，巴基斯坦政治斗争进一步激化。

二是正运党和伊姆兰仍具选举号召力。政府被推翻后，伊姆兰和正运党迅速发起反击，通过大规模街头运动和选举竞争，及时止损并稳住阵脚。从政府垮台后举行的两场补选结果来看，伊姆兰与正运党的民意基础依然强大。

在联邦政府发生更迭后，旁遮普省作为巴基斯坦第一大省，迅速成为朝野争夺的目标。现执政党穆盟（谢）在旁遮普省议会推动罢免案时，得到 25 名正运党籍省议员的倒戈相助。此后，这批议员因"叛党"而被取消任职资格，从而造成省议席空缺，需要及时补选。7 月，旁遮普省议会对其中 20 个普选议席进行补选（另外五席为按得票率分配的保留席位），正运党赢得 15 席，穆盟（谢）却在自视为本党大本营的旁遮普省仅获四席。选后，正运党再次超过穆盟（谢）成为省议会第一大党。在省议会随后举行的首席部长选举中，巴基斯坦穆斯林联盟（领袖派）候选人佩尔韦兹·伊拉希在本党和正运党的共同支持下当选首席部长。此外，由于正运党有部分议员在伊姆兰被罢免后辞去联邦议员职务，10 月，现政府组织了针对国民议会（联邦议会）九个普选议席的补选活动。结果，与 7 月一样，正运党再次获胜，赢回七席，进一步巩固了政治基础。

两次补选的结果说明，正运党在这些选区已建立起属于本党的政治影响力，而不依赖特定政客。在议席补选中，执政党穆盟（谢）鼓励投靠过来的原正运党籍议员参加补选，结果是大部分议席未能保住。这表明，选民将支持票投给了正运党和伊姆兰。特别是考虑到正运党赢回的选区还包括拉合尔、费萨拉巴德等穆盟（谢）此前长期耕耘的"铁票仓"，正运党的选举实力表现出明显增长，可见正运党及伊姆兰依然具备选票吸引力。

三是政治转型呈现不确定性。巴基斯坦新旧势力对垒尚未定出明显输赢。一方面，军方仍发挥着"看不见的手"作用，各政党虽然对这只手的无所不在感到忌惮甚至不满，但又对这只手的政治魔力难以抗拒。正运党政府倒台后，伊姆兰迁怒于军方，甚至向军队领导人发难，与此前反对党的做法如出一辙，但同时又采取种种手段试图干预军队新一届最高领导人的任命，以维持与军方长久互动。另一方面，政党斗争仍具有鲜明的阶级属性。城市平民与工商业主、地主、部落上层等传统世家大族之间的矛盾，不断诠释着巴基斯坦新旧势力的政斗党争。尽管巴基斯坦城镇化、年轻化趋势在一段时间内不会逆转，青年和城市平民的政治影响力从中长期来看将持续增长，但现阶段从本质上看，世家大族势力在政坛上的"造王者"作用反而更甚，拥有城市平民广泛支持的正运党为了胜选也需要吸纳和利用部分世家大族。特别是在旁遮普省、信德省的广大农村地区，几个家族长期把持着某个选区，这部分政客往往不依赖某个政党，而是依据政治局势"选边站队"。

2018年大选中，正运党的胜利离不开一批世家大族势力的加入，这也成为正运党选票中较易破碎的"泡沫"。伊姆兰被罢免总理职务后，这批世家大族势力下的政客并未脱离正运党，但很大程度上他们不是依赖于正运党的选举资源，而是选择"持仓投资"正运党的政治前途。这反映出城市和少数族群仍不足以造就新旧政治力量对比的质变。至少现阶段，正运党既要应对外部政治旧势力的打压，又要克服内部新旧势力的张力，其代表的新势力的崛起不会一蹴而就，政治转型仍呈现不确定性。

（五）马尔代夫政治斗争加剧，党内与党际斗争同频共振

为备战2023年大选，马尔代夫党派政治提前进入大选季，党际斗争和党内斗争于2022年均呈现加剧状态。现总统萨利赫有意谋求二次连任，同属执政党马尔代夫民主党的现议长纳希德（曾担任过总统）也有意参加总统竞选；作为最大反对党马尔代夫进步党领导人的亚明更是积极备战大选。

一方面，执政党内部围绕总统萨利赫和议长纳希德形成两大派系，抢夺党内职权。2018年，还是民主党主席的纳希德因受时任总统亚明领导的进步党政府指控，无法成为总统大选候选人，转而支持萨利赫作为民主党候选人竞选总统。2022年，纳希德不断显示其竞选下任总统之意。年中，围绕民主党主席及党内妇女工作、学生工作负责人的换选问题，纳希德主动挑起与萨利赫的激烈竞争，虽以失败而告终（萨利赫支持的人选全部当选），但至少实现了为参加大选预热的目的。作为议长的纳希德频频质疑、批评萨利赫总统的诸多政策，公开亮出两人在政治制度、腐败、极端主义等问题上日益增大的政治分歧。例如，纳希德公开质疑萨利赫的政治联盟策略，认为民主党已在总共87个议席的议会里独享65席，没必要与另外三个小党[1]组建执政联盟；萨利赫希望继续实行总统制，但纳希德希望改为议会制。不仅如此，纳希德还公开质疑萨利赫的执政能力，12月底，纳希德在苏丹公园的特别集会上宣称，萨利赫当年赢得2018年大选靠的是联盟力量而非个人能力，2023年他将无力再组联合政府。其用意不言自明，那就是为自己竞选总统造势。

另一方面，在党际斗争中，执政集团与反对党集团间的斗争从未间断。亚明领导的马尔代夫进步党－人民国大党反对党联盟通过开展反印活动，给亲印的萨利赫政府制造麻烦。2022年伊始，亚明即在全国开展"印度出去"（India Out）运动。这场反印运动一开始聚焦于质疑新德里对马尔代夫选举委员会的渗透与操控，后又逐渐聚焦于担忧印度在安全领域对马尔代夫的影响甚至掌控[2]，不断给萨利赫政府及马印关系制造难题。2022年4月，萨利赫发布行政命令，强行禁止"印度出去"运动，称抗议活动是"意图破坏马印长期双边关系及地区和平与安全的有组织运动"；反对党则抨击萨利

---

[1] 指正义党、亿万富商加西姆·易卜拉欣领导的共和党和前总统加尧姆领导的改革运动党。

[2] 2013年总统大选时，前总统亚明曾公开指责马尔代夫选举委员会，称其雇用了一支与印度公共部门有关联的信息技术组，以操控产生对他不利的选举结果。这也是亚明后来胜选上台后对印度心有不满的重要原因。2022年，亚明在马尔代夫掀起的"印度出去"运动，意在提醒国人警惕印度操控马尔代夫安全事务。该运动期间，亚明尤为质疑印马两国签订的防务协定，称其或已使马尔代夫"失去主权"。参见：N. Sathiya Moorthy, "Maldives: Solih Declares Re-Election Bid", https://www.orfonline.org/expert-speak/maldives-solih-declares-re-election-bid/。

赫政府此举为剥夺"人民表达反对印度军队在马尔代夫非法驻扎的言论自由"。不仅如此，为彻底压制亚明"东山再起"势头，萨利赫政府再次"以法打压"。实际上，这场政斗一直就夹杂着司法斗争。2019年11月，马尔代夫刑事法院以洗钱罪判处前任总统亚明五年监禁，亚明随后遭逮捕。但两年后，马尔代夫最高法院2021年11月宣布，刑事法院作出的亚明犯洗钱罪的判决不成立，裁定立即释放。但到了2022年12月下旬，刑事法院再度裁定亚明犯有洗钱和受贿罪，判处其11年监禁并罚款。当地时间2023年9月30日，马尔代夫总统选举第二轮结束。根据马尔代夫选举委员会公布的结果，马尔代夫进步党穆伊兹获得超过50%的选票，当选马尔代夫新一任总统。

（六）阿富汗政坛政党角色继续缺失

在阿富汗塔利班（以下简称"阿塔"）治理下，阿富汗政治文化凸显无党派色彩。

一是阿塔政权的包容性较为欠缺。当前的阿塔政权呈现"普什图化"和"坎大哈化"两大特征。一方面，普什图人占据政权的绝对主导。阿富汗缺少主体民族，普什图族是第一大民族，占阿总人口42%。然而，从阿塔政权现有53个部长及副部长的民族成分来看，普什图人占据其中的40个职位，且囊括所有重要部门；另有4名塔吉克人（第二大民族，占阿富汗总人口27%）、2名乌兹别克人（第四大民族，约占9%）、1名土库曼人（第五大民族，约占3%）、1名哈扎拉人（第三大民族，约占10%）、1名努里斯塔尼人（少数民族，占比1%以下）和1名夸贾人（少数民族，占比1%以下）入阁。若从阿塔政权内阁33名核心成员分析，除了副总理哈乃菲为乌兹别克人，另有2名部长是塔吉克人之外，剩余30名内阁要员全部为普什图人。在普什图人中，核心权力掌控在阿塔成员手中，只有极少数如贸易部长和卫生部长由非阿塔成员担任，前政府力量基本被排除在现政权之外。

另一方面，随着越来越多的阿塔高层领导"移居"坎大哈，阿塔权力与决策中心逐渐"坎大哈化"，喀布尔变成了一个政策执行中心。阿塔最高领袖阿洪扎达作为宗教领导人拥有最高权威，这也意味着国际社会难以绕开在坎大哈的阿洪扎达来影响喀布尔政府的内政外交走向。

二是种族对抗仍是阿富汗政治文化底色。作为国家主导性执政力量，阿塔本身即是以普什图人为主体的政治和军事组织。实际上，这是阿富汗政治文化的历史传承。历史上的喀布尔政权基本由普什图人掌控，即使美军占领期间建立的民选政府，其领导人也须为拥有普什图血统之人。可以说，阿塔于 2021 年 8 月 15 日重新上台执政，意味着对于普什图人在阿富汗政治主导地位的再确认。同时，阿塔政权的主要反对力量基本是非普什图的政治力量。以反阿塔政权的全国抵抗阵线为例，其基本以北方民族，尤其是阿富汗第二大民族塔吉克族为种族底色。当前，阿富汗境内塔吉克族人数约为塔吉克斯坦主体民族塔吉克族人口的三倍，且全国抵抗阵线主要领导人也在塔吉克斯坦藏身。显然，这种政治对抗格局凸显了阿富汗政治斗争以族群为基础进行结盟对抗的特点。

三是阿塔意识形态存在混杂性。阿塔虽以伊斯兰意识形态立国，但仍存在其他执政思想与理念来源。《古兰经》和圣训中的沙里亚法为首要来源，乌里玛的共识、类比和推论为次要来源，部落传统和世俗做法为第三来源。从教法教义和理论上分析，阿塔执政期间，若后两个来源与首要来源相违背，须以首要来源为主。然而，阿塔还必须考虑国内政治稳定问题，为此不得不在某些问题上依循保守部落传统，以确保部落民众的支持，导致治国理政思想不能一以贯之。这一点尤其体现在妇女教育问题上。伊斯兰宗教经典明确规定："教育对于所有的男性和女性穆斯林而言，不只是一种权利，更是一项义务。"但实践中，阿塔在女性教育问题上的立场很大程度上受传统部落习俗影响。当前，阿富汗绝大部分地区仍反对女性接受教育，受长老与男性主导。阿塔意识形态上的这种混杂性也增加了当前阿政治文化的复杂性。

三、外部势力对南亚地区政党政治的影响

对南亚中小国家而言，国家外交政策越来越成为政党斗争的一大焦点。同时，一些外部势力借此对这些国家施加影响。由此，一些南亚中小国家的政局稳定与党派团结在一定程度上取决于其政党如何在国内政治与对外关系中——特别是在南亚地区大国及美西方之间——营造某种平衡。

（一）外交政策成为党派争夺的方便之门

马尔代夫现总统萨利赫、现议长纳希德为首的民主党及其政府自2018年胜选上台执政以来，奉行"印度优先"的外交政策，突出马印特殊友好。萨利赫总统已三访新德里，并反复重申，对他的国家和政府而言，"印度是最高优先"。9月底，穆伊兹上台，称要裁撤印度在马驻军，削弱印度影响力。

马尔代夫反对党也坚持抵制"印度优先"的外交政策。反印与亲印因此成为马尔代夫政党斗争的一大焦点。前总统亚明领导的反对党联盟不断掀起反印政治运动，利用宗教、身份政治等开展反印政治活动。

（二）印度加大对南亚邻国的政治影响力

印度加大对南亚邻国政党工作力度，特别是政党领导人的工作力量，意在最终影响其政治生态，为印度南亚主导权服务。为此，印度拉打结合、恩威并举。[1]

以斯里兰卡为例。2015年1月大选中，前总统马欣达·拉贾帕克萨在占据优势的情形下意外失手，部分原因在于印度对斯里兰卡政党实施了"分而治之"策略。2019年，拉氏重新执政后，奉行谨而又慎的对印政策，特别

---

[1] 胡仕胜等：《南亚地区国家政党政治发展与研究》，载周淑真主编：《世界政党政治发展研究报告（2021—2022）》，北京：当代世界出版社，2022年9月版，第148—151页。

是该国领导人的首次出访定在印度。重新奉行"印度优先"的外交政策后,斯里兰卡在应对2022年的严重经济危机时,获得了新德里的慷慨援助。莫迪政府先后向斯里兰卡提供近40亿美元援助,形式包括直接物资援助、优惠信贷额度、信贷展期、货币互换等。[1]

2022年,印人党启动了一项名为"了解印人党"动议。在这一动议下,印人党不断地精准加强其与南亚邻国主要政党间的互动。

第一,印度展开对尼泊尔政党的外交攻势。2022年,莫迪政府不仅邀请尼泊尔总理德乌帕访印,印人党主席纳达还邀请德乌帕以尼大会党领导人的身份访问印人党总部。这是两国建交以来尼泊尔总理首访印人党总部。此外,2022年7月中旬,尼共(毛中心)主席普拉昌达也应印人党主席纳达之邀,专访印人党总部,讨论如何加强两党关系。在普拉昌达访印期间,印度外长苏杰生和国家安全顾问多瓦尔均与其举行会谈。普拉昌达在2022年12月下旬再度出任总理后即公开宣布,其"首访"对象定为印度。由此可见,印人党开展党际外交重在服务政府外交。

第二,"以经促政"成为莫迪政府的重要手段。这一点主要体现为莫迪政府对孟加拉国人盟政权的大力支持。莫迪政府不断加强印孟经贸关系特别是不断加大对孟加拉国投资,持续夯实人盟在孟加拉国的长期执政基础。这与莫迪总理执政第一任期内(2014—2019年)不断干涉尼泊尔、斯里兰卡的政党政治形成了鲜明反差。究其原因,孟人盟及其领导人哈西娜奉行亲印政策,印度乐见这样的强势政权的存在。

印度在孟人盟两次选胜(2014年和2019年)中均发挥着重要作用。为支持哈西娜及其领导的人盟政权赢得2024年年初的大选,莫迪政府在2022年加大对孟加拉国的经济援助力度,助力哈西娜政府增添执政业绩。例如,

---

[1] "India Spent Billions in Aid for Sri Lanka. How this can Now Help Counter China," *the Hindustan Times*, December 27, 2022.

哈西娜9月访印时，莫迪政府尽显慷慨，在跨境水资源、能源分享、互联互通等领域与孟加拉国达成了七项合作文件，为印孟合作特别是孟加拉国的未来发展擘划更美好前景。然而，一个不争的事实是，这一系列重大项目的最终落实要落到大选后的新政府肩上。[1] 由此，将孟加拉国选民的"美好前景"与人盟胜选连任巧妙地结合在一起。

（三）美国明显加大对南亚政党政治的影响力度

拜登任总统以来，奉行"全政府打压、全领域对冲、全盟伴整合"的制华战略，把南亚看作是"塑造中国周边战略环境"的重要一环。2022年，美国利用南亚国家内部党派斗争，威逼利诱南亚中小国家在中印、中美之间选边站队，实际上是利用南亚诸国的政党斗争进行地缘战略博弈。这种博弈在一定程度上妨碍了南亚地区一些国家政党政治走向成熟。

对尼泊尔，为落实"千年挑战公司"的援尼项目及推进美尼安全合作的"州伙伴计划"，2022年，美对尼展开了史所罕见的上层外交：2月底和7月底，美负责南亚和中亚事务的助理国务卿唐纳德·卢两度访尼，面对面与尼大会党领导人德乌帕磋商并敲定美尼战略合作事宜，还先后与尼大会党主席德乌帕、尼共（联合马列）主席奥利、尼共（毛中心）主席普拉昌达电话"沟通"。卢在电话中威胁称，如果尼方不批准"千年挑战公司"的对尼援助计划，美将不得不严肃考虑双边关系的未来走向，包括削减对尼各项援助，乃至通过双边及多边机构削弱甚至中断对尼的支持与投资。关键是，在电话中，卢还意味深长地对这些政党领导人提及美方所"关心"的尼政坛腐败问题、人权问题。这实际上是在提醒尼方政要，美国人手里可攥着他们的"把柄"，如果不合作，将会对其下重手。7月中旬，德乌帕赴美访问，成为20年来首位访美的尼总理。此外，德乌帕于2022年2月接任尼泊尔总理一

---

[1] Sohini Bose, "Will Sheikh Hasina's Foreign Policy Boost her Re-Election Bid?", https://www.orfonline.org/expert-speak/will-sheikh-hasinas-foreign-policy-boost-her-re-election-bid/.

职后，美国务卿布林肯还曾高调致电祝贺，鼓励尼与印度加强战略合作，称印是美最可靠战略伙伴；美驻尼大使贝里还密集会见德乌帕及尼主要政党领导人，呼吁尼国内各方支持尼印关系回暖，劝说尼搁置与印领土争端，聚焦尼印发展合作。

在美施压下，尼议会不顾国内反对浪潮高涨，甘冒有损国家主权之代价，批准实施"千年挑战公司"计划。尽管尼美"州伙伴计划"暂时搁置，但美方并未放弃努力。在普拉昌达组建新政府后的两个月里，继副国务卿纽兰（2023年1月29—30日）访尼之后，拜登政府于2月7日派出美国际开发署署长鲍威尔、2月14日派出国务院中南亚事务局助理国务卿阿克特尔先后访尼，落实相关经济援助项目，加强尼泊尔"民主治理"能力，挑动各方力量，避免普拉昌达政府"倒向中国"。美方对尼泊尔高规格拉拢攻势前所未有。

对斯里兰卡，美2022年外交政策前硬后软，判若霄壤。在前期，由于拉氏家族主导的政权相对友华，美即利用3月以来的斯里兰卡经济困境密集干扰其内政。例如，美曾不断以"打击腐败""推翻专制""民主自由"等为幌子煽风点火，成为斯街头政治愈演愈烈、政局动荡的最大外部干扰。但一俟拉氏政权垮台，美方对新政府态度立即转变。总统拜登、国务卿布林肯先后公开表态将向斯提供援助，国际发展金融公司和美国际开发署先后资助斯里兰卡中小企业融资并向其提供紧急援助；参议院外交关系委员会主席更是向美日印澳四国外长发出公开信，呼吁四国联手帮助斯里兰卡渡过难关，并动用四国在东京峰会上建立的"美日印澳人道主义救援和灾害防护机制"，为斯提供紧急援助。9月，鲍威尔访斯，宣布在此前3175万美元援助基础上再提供6000万美元紧急援助[1]，并与斯签订价值6500万美元的五年长期

---

[1] 其中2000万美元为紧急人道主义援助，4000万美元为发展援助，用于帮助斯里兰卡农民购买化肥。

援助协议[1]。

对孟加拉国，拜登政府也是"打拉结合"。2021年年底，美对孟首施人权制裁，迫使孟与美走近。2022年，美孟两国重启因疫情中断两年的伙伴关系对话，美敦促孟尽快签署《军事情报保护协定》和《相互提供物资和劳务协定》；2月，在慕尼黑安全会议上，美印再次"建议"孟加入"印太四边机制"；年中，美孟举行第二届高级别经济磋商，会后发表的联合声明中有关基础设施和贸易合作部分提及美孟共享印太愿景。美向孟介绍印太经济框架，孟亦表示欢迎其中有关弹性供应链和脱碳支柱的更多信息。[2] 在美（获印默许）攻关下，哈西娜领导的人盟政府已表达了与美加强海上安全合作意愿，包括同意美承建海底电缆、允许美"和平队"时隔16年重返孟加拉国等。

对巴基斯坦，美态度犹如过山车般起伏变化。前3个月，美方利用巴经济困顿，最终促成不听美国话、且奉行对华对俄友好政策的伊姆兰领导的巴正运党政权垮台。在伊姆兰执政的最后一年特别是2022年垮台前的几个月里，美巴关系可谓跌至冰点。然而，4月中旬，以穆盟（谢）领导人夏巴兹为总理的新政府组建后，美巴关系迅速正常化，高层互动不断；作为执政联盟重要成员之一的人民党领导人也是新政府外长的巴拉瓦尔则公开强调美巴关系的重要性。新政府成立后，美方积极回应巴有关诉求。如，巴基斯坦爆发特大洪灾后，美向巴提供超过6600万美元援助；9月，美宣布恢复对巴军F-16战机的升级维护，以及4.5亿美元的军事援助。

美国对南亚中小国家政党政要的软硬兼施手段收效显著。例如，尼泊

---

[1] USAID, "USAID Signs New Five-Year Agreement with Sri Lanka", https://www.dailymirror.lk/breaking_news/USAID-signs-new-five-year-agreement-with-Sri-Lanka/108-245057.

[2] USAID, "The United States Announces more than $170 Million in Additional Humanitarian Assistance for Vulnerable People in Burma and Bangladesh", https://www.usaid.gov/news-information/press-releases/sep-22-2022-united-states-announces-more-170-million-additional-humanitarian-assistance-vulnerable-people-burma-bangladesh.

尔、不丹、马尔代夫、孟加拉国、斯里兰卡均在联合国大会有关俄乌冲突的议题上投票支持美国及一些西方国家的提案，与俄切割；巴基斯坦夏巴兹政府也有意疏远与俄关系，甚至因忌惮美方，不敢像印度等国那样去购买廉价的俄油，以缓解国内能源危机。

四、南亚地区民主政治出现多种"异化"

一方面，印度、孟加拉国呈现一党执政；另一方面，南亚中小国家政党斗争加剧，对经济社会发展的推动作用削弱。

（一）印孟两国出现"选举型专制"政治生态

在印度，近年来，特别是2022年，印人党及其执政盟友全方位打压国大党及其他反对党，以期营造一个"不存在反对力量"的印度政治生态。[1]为此，印人党政府双管齐下。一是强力打压意识形态"异己"的社团组织。莫迪政府执政以来，动用执法力量大肆抓捕左翼活动家，特别是打压校园里的左翼学生组织；2022年开始，依据《非法活动预防法》，打击对印人党基层政治建设构成最大威胁的穆斯林社团组织"印度人民阵线"，在全国范围内搜查、逮捕、关押"印度人民阵线"数百名骨干，并查封其在各地的办公室和资产。[2]二是印人党政府利用执政资源特别是执法机器，"坐实"对反对党重点人物的贪腐、侵犯人权指控。其中，印人党政府频繁发起针对反对党和批评人士的经济犯罪调查，还对被调查者恩威并施，顺则许以高官厚禄，逆则以"贪腐""偷税漏税"等罪名予以打压。

在孟加拉国，人盟政府火力全开，全面打压反对党。一是提起诉讼。据孟加拉国治理研究中心报告显示，自《安全法》发布以来至2022年4月，

---

[1] Ashutosh, "3 Reasons Why Opposition isn't Fighting Modi", https://www.ndtv.com/opinion/3-reasons-why-opposition-seems-all-out-of-steam-before-2024-3192653.

[2] 摘自《今日印度》网站、美国之音和《印度教徒报》。

孟加拉国共有890起相关案件,其中人盟及其附属机构提交206起[1];9月,孟加拉国法院以在2017年故意破坏财物和袭警为由对包括党主席顾问阿曼在内的51名孟民党成员提出指控[2],12月9日,以煽动袭警和引燃爆炸物为由逮捕孟民党秘书长米尔扎·法赫鲁尔和常务委员米尔扎·阿巴斯。[3] 此外,警察频繁针对参与公众集会的孟民党成员采取调查和诉讼,但对袭击反对派的人盟党成员则"视而不见"。[4] 二是阻碍集会。为削弱反对党力量,警方通常会在集会前大规模逮捕和突袭反对党成员住所,并强势镇压反政府游行,仅在2022年8月22日孟民党就能源短缺问题举行系列抗议至10月初这段时间内,警方、孟民党支持者和人盟支持者之间的冲突中便造成至少有四人死亡,数百人受伤。[5] 人盟政府还通过拦截车辆、阻断交通等方式削减孟民党集会规模。[6] 三是舆论围剿。人盟政府一方面强调自身执政成就和民众福利,另一方面搜集反对党"黑料",如孟民党和伊斯兰大会党在2001—2006年联合执政期间"镇压"和"酷刑"的证据。[7] 此外,人盟指责孟民党和伊斯兰大会党联盟雇佣游说公司向美传播孟加拉国虚假负面信息,称其为促使美国减少对孟加拉国的援助并对孟加拉国快速行动

---

[1] TBS Report, "Most DSA Cases Filed by Ruling Party People: Study", https://www.tbsnews.net/bangladesh/most-dsa-cases-filed-ruling-party-people-study-408398.

[2] Daily Sun, "Aman, Khokon and Sohel Among 51 BNP Men Indicted in Violence Case", http://www.daily-sun.com/post/644636/Aman-Khokon-and-Sohel-among-51-BNP-men-indicated-in-violence-case.

[3] PTI, "Bangladesh Police Arrest Two Top Opposition Leaders", https://www.thehindu.com/news/international/bangladesh-police-arrest-two-top-opposition-leaders/article66242183.ece.

[4] Human Rights Watch, "Bangladesh: Crackdown on Political Opposition", https://www.hrw.org/news/2022/10/10/bangladesh-crackdown-political-opposition.

[5] 同[4]。

[6] Anowar Hossain, "AL Mulls over Strategies to Thwart BNP Big Rally", https://en.prothomalo.com/bangladesh/politics/1yic9htcoh.

[7] Ariful Islam Mithu, "Political Parties Gear up for Info Wars Ahead of Next Elections", https://www.tbsnews.net/features/panorama/political-parties-gear-info-wars-ahead-next-elections-510546.

营发起人权制裁的"幕后推手"。[1]

(二) 中小国家民主政治面临诸多问题

多数国家陷入多党联合执政怪圈：执政联盟忙于争抢执政资源，反对党阵营则"为反对而反对"。党派政治吸引力衰减，选民政治参与度降低。但这些国家尽管施政效率下降，甚至出现政治动荡，但政局变动、政党斗争基本上都在体制内完成，未出现根本性政治革命。

一是"反叛候选人"现象增多。本来，政党是政客实现政治抱负的主要平台。但近年来，党内与党际斗争使得不少政客为实现个人政治抱负宁愿脱党单干。

例如，在孟加拉国，人盟执政长达十余年，党员人数增加明显，但另一方面，权力资源分配"僧多粥少"。十余年前，人盟内部围绕一个议席有约三至四名候选人争抢参选资格，但当前有意且有资格参与每个议席竞夺的人盟候选人达10—15名之多。[2] 结果，各级选举期间，许多有实力但却未获人盟提名的基层领导人往往选择独立参选，成为"反叛候选人"。近两年，"反叛候选人"现象在孟加拉国愈演愈烈。据孟加拉国《曙光报》统计，2021年的乡议会选举中有超过2000名基层领导人因"反叛"而被驱逐出党。[3] 在2021—2022年开展的各阶段地方选举中，人盟所提名候选人成功当选的比例因"反叛候选人"的竞争而不断下降，从第一阶段的76%降至第五阶段的不足50%。[4]

"反叛候选人"现象在2022年尼泊尔三级选举中也有所体现。一些因竞

---

[1] Bangladesh Awami League, "BNP's Lobbying in the US", https://www.albd.org/articles/video/38417/Evidence-of-BNP's-anti-state-lobbying-in-the-US.

[2] Ali Asif Shawon, "Inside Awami League: Everyone Wants to be a Leader, Hold a Post", https://www.dhakatribune.com/bangladesh/2022/11/16/awami-league-takes-number-of-crucial-party-decisions.

[3] UNB, "A Year of Challenges for Awami League", https://en.prothomalo.com/bangladesh/politics/2021-a-year-of-challenges-for-awami-league.

[4] " 'Independent' Candidates Overtake 'Boat' in UP Polls", https://en.prothomalo.com/bangladesh/politics/independent-candidates-overtake-boat-in-up-polls.

选联盟的选席分配制[1]落选的党员干部选择"退党",以独立候选人身份参加竞选。尼泊尔上半年的基层行政机构选举以及年底的联邦议会选举,均出现不少独立候选人参选。在地方选举中,9%的竞选者为独立候选人,在联邦议会选举中,36%的竞选者为独立候选人。

二是"小党拉大车"现象屡现。政治版图碎片化极易带来"小党造王"现象,"以小博大""以少赢多"的政治戏码频繁上演,其所催生的政权带有脆弱性。这种现象在2022年的尼泊尔、斯里兰卡和巴基斯坦政坛有所体现。

2022年,尼泊尔选前与选后两届政府均为"小党拉大车"式联合政府。2022年2月,德乌帕政府就是一个有赖盟党支撑方能运转的大会党联合政府,因为执政联盟内最大政党尼大会党在275个议席的联邦议会里仅拥63席。同样,年底产生的普拉昌达联合政府也是"小党拉大车"。普拉昌达所在的政党尼共(毛中心)在联邦议会仅拥32席。党主席普拉昌达之所以能出任总理一职,主要是与拥有78个联邦议席的第二大政党尼共(联合马列)领导人达成轮流坐庄、总理任期一人一半的共识。实际上,在新旧两任政府中,作为政坛第三大政党的尼共(毛中心)先后成为大会党和尼共(联合马列)的拉拢对象,成为典型的"造王之党"。这种联合政府施政效率较低。

伊姆兰政府垮台后的巴基斯坦政坛亦如是。伊姆兰领导的正运党是国民议会最大反对党,所拥议席几近过半(议员大规模辞职之前,该党在国民议会342席中有149席)。在正运党的掣肘之下,纠合了一众政党而组建的夏

---

[1] 竞选联盟各成员党基于各自选区选情与自身竞争实力重新分配参选选区,每一选区共推一名候选人,避免"盟友"内部厮杀,确保联盟候选人的胜选概率。例如,在2022年年底的联邦议会大选中,大会党牵头的五党竞选联盟为避免内斗,在选席分配上进行了互谅互让的安排。大会党角逐165个选区中的90个,尼共(毛中心)47个,尼共(联合社会主义者)19个,独立社会主义党7个,全国人民阵线2个。这种安排可以避免盟友厮杀,但也导致不少政客因难以获得提名而失去竞选资格。于是,一些政客选择退党,以独立候选人资格参选。参见:Hari Bansh Jha, "Voters' Apathy in Nepal Elections: A Potential Threat to Democracy", https://www.orfonline.org/expert-speak/voters-apathy-in-nepal-elections-a-potential-threat-to-democracy/.

巴兹联合政府只能勉强度日，遑论化解国家面临的日益严重的经济衰退和安全危机。不仅中央政权如此，地方政府也出现类似境况。例如，旁遮普省政府首席部长是巴穆斯林联盟（领袖派）领导人佩尔韦兹·伊拉希，而领袖派只是一个在该省议会中议席数不足3%的小党，他之所以能组建省政府，主要在于领袖派与正运党（省议会解散前，正运党在371个议席中拥179席）的政治联合。

在斯里兰卡，维克拉马辛哈总统本人所在的政党统一国民党仅在国会拥一个议席，即维氏本人。[1]

三是政党"去意识形态化"或成气候。南亚地区国家诸多政党日益"去意识形态化"。政党政治不以意识形态划线，能否结盟主要看重胜选概率。传统政党凝聚力持续下滑，政治忠诚度大打折扣，"叛党脱党"与"政治收买"随时可能出现，民主政治劣质化现象突出。这既体现为印度议会中犯罪议员数量居高不下，也体现为尼泊尔政治结盟的毫无原则。

在印度体现为政党政治的普遍"带病作业"。依据印度选举委员会收集的数据以及根据非营利性组织"民主改革联合会"的分析，"刑事官司缠身"的议员人数逐届攀升。在2004年大选后产生的第十四届人民院里，24%的当选议员在竞选期间至少面临着一项刑事案件指控，其中12%受到严重刑事案件起诉，一旦定罪，至少要入狱两年；在2009年产生的第十五届人民院里，身负刑事案件起诉的新当选议员占比30%；在2014年产生的第十六届人民院里，34%的新当选议员至少牵涉一件刑事犯罪起诉；在2019年产生的第十七届人民院（2019—2023年）里，"身负刑事案件起诉"的当选议员占比高达43%，其中26%为重案指控。也就是说，印度现行人民院里有

---

[1] Daily Mirror, "Choosing Ranil as President a Right Choice: Basil", https://www.dailymirror.lk/breaking_news/Choosing-Ranil-as-President-a-right-choice-Basil/108-249863.

四成多议员为牵涉刑事案件的嫌疑人。[1] 人民院如此，邦立法会亦如此。2022年3月，印度主流媒体报道称，在人口最多的北方邦立法会里，有案底的议员占比高达50%。印度最高法院对此痛斥："犯法者成了立法者。"[2]

印度议会出现如此政治怪相的原因多种多样。一是印度司法效率低下且腐败严重，执法成本较高，很多诉讼或不了了之或束之高阁。二是"带病"议员的胜选率高。一方面，这些牵涉刑事案件的候选人往往将自己扮成罗宾汉式的英雄好汉，同时他们往往还在所在选区"积德行善"，使选民对其颇有好感。他们只要参选，往往一选一中，连选连中；另一方面，这些人竞选期间能够用钱进行贿选。印度人民院很多议员即是亿万富翁。例如，2004年，人民院有30%的议员是千万级别的富翁；15年之后的2019年，高达88%的人民院议员自我宣称为千万富翁，议员人均资产2.1亿卢比。[3] 有印度学者做过一项社会试验，对比研究"清白的"和"有犯罪记录的"两组议员的参选情况。结果发现，"有犯罪记录的"议员下次大选中再度当选的概率为18%，而"清白"候选人的概率仅为6%。研究人员还用同样的方法对2003—2009年间的邦选举进行了调研，结果发现，有案子缠身的候选人更容易当选。[4] 三是从政是一项回报丰厚的职业。2013年的一项调查显示，现任议员在当选后的一个任期内，平均财富增加了222%。那些再度参选的

---

[1] Time of India,"2014 vs 2019: A 26% Rise in MPs with Criminal History", https://timesofindia.indiatimes.com/india/almost-half-of-newly-elected-mps-have-criminal-cases-against-them-adr/articleshow/69508179.cms; E. Sridharan and Milan Vaishnav, "Safeguarding Democracy: The Election Commission of India @ 75", https://www.orfonline.org/expert-speak/safeguarding-democracy-the-election-commission-of-india-75/.

[2] Ronojoy Sen, "Has the Indian Parliament Stood the Test of Time?", https://www.orfonline.org/expert-speak/has-the-indian-parliament-stood-the-test-of-time/.

[3] E. Sridharan and Milan Vaishnav, "Safeguarding Democracy: The Election Commission of India @ 75", https://www.orfonline.org/expert-speak/safeguarding-democracy-the-election-commission-of-india-75/.

[4] "2014 vs 2019: A 26% Rise in MPs with Criminal History", https://timesofindia.indiatimes.com/india/almost-half-of-newly-elected-mps-have-criminal-cases-against-them-adr/articleshow/69508179.cms.

候选人，包括落败者和获胜者，他们在 2004 年大选时的平均财富是 26.4 万美元，而到了 2013 年，则是 61.8 万美元，增加了 134%。[1]

在尼泊尔体现为政治结盟的随意性。2022 年的三级选举存在着两大对立的竞选阵营：一方是以大会党为首的五党联盟，另一方是以尼共（联合马列）为首的四党联盟。但两大阵营的组合与意识形态和内政外交政策选择无关，更像是基于选举胜率及选后权力分配而临时搭建的政治拼盘。两大左翼政党竞选期间分属两大对立的阵营，两大马特西人[2]的政党也分属两大对立的政治阵营；以尼共（联合马列）牵头的政治联盟里有亲印度教、亲王权的民族民主党。并且，除了内部划分竞选选区之外，竞选联盟尚未推出统一的竞争纲领。特别是，尼共（毛中心）竞选期间曾与大会党等五党共同组建民主和左翼联盟，但省议会和联邦议会完成选举后，尼共（毛中心）在省政府和联邦政府的组建方案上与大会党彻底闹翻，并旋即与对立阵营"领头羊"尼共（联合马列）达成了权力分配方案，组建新的执政联盟。

五、2023 年南亚地区国家政党政治发展动态

南亚地区政党政治在 2023 年呈现"冰火两重天"的政治景象。一是印人党将继续为 2024 年实现三连胜营造良好政治条件，将印人党打造为"政教合一"的政治集团。其他政党特别是反对党阵营难以有效发挥反对党角色，这些政党或将更多地寻求与印人党"休战"，甚至被"收编"。但百年老党国大党仍是一个例外，将千方百计地挽救颓势。纵观 2022 年，国大党已经"逢莫迪必反、逢印人党必反"，对莫迪政府造成一定影响。

---

[1] "2014 vs 2019: A 26% Rise in MPs with Criminal History", https://timesofindia.indiatimes.com/india/almost-half-of-newly-elected-mps-have-criminal-cases-against-them-adr/articleshow/69508179.cms.

[2] 就人口而言，马特西应为尼泊尔最大的民族。尼七省中有一省即称"马特西省"。

二是南亚其他国家政坛持续震荡。巴基斯坦、孟加拉国政党都将围绕大选展开激烈博弈。由于多党政治退化，新旧政局均会因"小党造王"现象而呈现或显或隐的脆弱性。

斯里兰卡政局平静中暗流涌动，执政联盟貌合神离且面临诸多棘手难题，一旦拉氏家族恢复政治元气与政治自信，维氏政府即会面临内部压力。实际上，在2022年5月至7月期间，时任总理维氏曾与时任总统戈塔帕雅多有龃龉，二者合作不畅。这期间，两人经常就同一问题发出不同指示。据此可预测，双方合作关系的可持续性始终存在问题，提前大选也未可知。

孟加拉国选举委员会拟定于2024年1月初举行下一次大选，这使得2023年成为孟加拉国真正的竞选之年。各政党将围绕大选展开激烈竞争。由于人盟把控议会、警察和司法部门，其领导地位大概率难以撼动，但若出现经济危机，人盟政府控局能力将面临重大考验。

巴基斯坦围绕2023年大选的政党斗争已经开始。

在尼泊尔，因2022年年底尼共（毛中心）与尼共（联合马列）再度联手执政，且获得了最大反对党大会党及第四大党民族独立党的支持，普拉昌达领导的联合政府至少在2023年拥有相对稳定的政治局面，但可能会因内部政见分歧而出现行政效率不高的问题。

三是南亚政坛的新旧势力继续缠斗。2023年，南亚地区新旧势力博弈或能给南亚政党政治带来更多变化。与旧势力的最大不同在于，新力量不再以地域、族群、教派、家族等打造身份政治认同，而是基于其颇具人民性的价值观来打造政党感召力，并形成对传统大党的有力冲击。这方面，印度平民党和巴基斯坦正义运动党是其中的佼佼者。

在印度，反腐起家的平民党如今不仅在德里连续执政，且阵脚相对稳定，还通过2022年地方选举在农业大邦旁遮普邦打败了基于家族政治认同的国大党和基于族群政治认同的锡克人政党，实现了将反腐运动的全国化转化为政党建设的全国化，由地方性政党上升为全国性政党，并给莫迪领衔的印人党造成一定压力。

在巴基斯坦，正义运动党已经发展成为全国性政党。正义运动党的崛起得益于打造超越地域、族群、宗教、家族及传统农商阶层的身份政治认同，抓住巴基斯坦城镇化发展大势，抓住反腐倡廉大旗，抓住平民阶层、职场人士的政治诉求。正义运动党不但在国家层面是现国民议会第一大党，拥有近半数议席，且在巴旁遮普省、开普省和北部的吉巴特区是第一大党和地方执政党。可以说，正运党是巴基斯坦当前唯一一支全国性政党，其大选选情看好。

第四章
中东地区国家政党政治发展与研究

朱泉钢*

长期以来，西方学界和政界受"西方中心主义"和"西方优越论"的影响，无视中东地区政党和政党政治的一般性、特殊性，发展出"中东政党例外论"等话语。这种话语存在学理谬误和经验错误，并在学术研究领域和外交实践领域造成严重消极影响。事实上，中东地区政党政治不仅折射出中东社会结构和政治发展特征，而且在中东国家的内政外交中发挥着重要作用。

本章主要包括三个部分：第一部分对中东地区政党政治研究的"例外主义"话语进行介绍和评价；第二部分结合中东地区五个国家的2022年全国性议会大选，详细分析2022年中东国家政党政治发展状况；第三部分结合中东政党政治的新特点，简要展望中东地区政党政治的走向趋势。

---

* 朱泉钢，中国社会科学院西亚非洲研究所助理研究员、中东治理与发展研究中心副主任，研究方向为中东政治、中东国际关系和军政关系。

一、中东政党"例外论"话语及其批判

在中东政治研究中,长期存在着一股"中东例外论"的风潮,包括"中东现代化例外论""中东民主例外论""中东政党例外论"等。其中,"中东政党例外论"不仅不利于对中东地区政党和政党政治的客观学理理解,而且造成了巨大的政策实践灾难。究其原因,西方学界对"中东政党例外论"话语体系中的事实性和学理性缺陷难辞其咎。

(一)"中东政党例外论"话语的产生及影响

长期以来,西方世界一直质疑中东地区的政党作用,其主要理由是在中东地区普遍存在的威权主义政府中,政党很难发挥作用。具体原因包括以下方面:在大多数中东国家,总统或国王作为行政机构的主导者,往往在国家权力结构中发挥着关键主导作用,而作为政党发挥作用主要平台的议会则政治权力有限;进行多党自由选举的中东国家不多,政党竞争所承担的政府问责功能很难有效发挥;中东国家的很多政党缺乏现代政党和政党政治组织及实践,如政党领导人个人主导和缺乏党内民主、政党与选民之间盛行的庇护主义、政党政治运行的派系主义等;三分之一的中东国家不允许政党存在,这一比例远高于全球其他地区。[1] 因此,西方学界产生了关于中东政党政治的"不重要论""例外论""落后论"等话语。其中,影响最大的是"中东政党例外论",而"不重要论"和"落后论"可视为"例外论"的延伸和具体呈现。这些话语的预设前提是西方政党和政党政治是"正常"的,与西方不完全一致的中东政党和政党政治就是"不正常"的,即"例外"的。

"中东政党政治例外论"话语导致了学术和实践两个方面的后果。一是

---

[1] Raymond Hinnebusch, Francesco Cavatorta and Lise Storm, "Political Parties in MENA: An Introduction", in Francesco Cavatorta, Lise Storm and Valeria Resta eds. *Routledge Handbook on Political Parties in the Middle East and North Africa*, Oxon and New York: Routledge, 2021, p.2.

第四章 中东地区国家政党政治发展与研究

在学术研究中，长期以来，对于中东政党问题的相关研究很少，客观系统的相关学理性分析并不多见，这导致很难准确理解中东国家政党和政党政治的运行规律。相较中东政治中的军队、伊斯兰运动、部落等行为体，学界对于中东政党的关注明显偏少。直到 1994 年，英语学界才出版了关于中东政党的第一部著作，即弗兰克·塔豪主编的《中东和北非地区的政党》。作为格林伍德世界政党历史百科全书系列的中东分篇，这本巨著详细考察了 19 个中东国家中各个政党的形成、演变和影响，重事实而轻分析的特征使得这本书具有重要的资料价值，但学理价值略显不足。[1] 严格来讲，2006 年，迈克尔·蓬纳·安格利斯特的《现代中东的政党建设》可以说是有关中东政党政治研究的第一部学术专著，本书采用制度主义的研究方法，解释了中东国家不同政党制度产生的原因，并考察了中东国家不同政党制度对于形塑政权类型的影响。[2] 之后，凯·劳森和萨阿德·艾丁·易卜拉欣合著的《政党和民主：阿拉伯世界》也从制度主义视角考察了阿拉伯政党与民主政治的关系问题。[3] 阿拉伯剧变的爆发揭露了"中东政党研究例外论"话语谬误，使中东政党政治研究不足的问题有所改善。英语学界先后出版了有关中东政党问题的三本编著：《阿拉伯世界的政党：延续和变化》《中东的政党》和《劳特里奇中东北非政党手册》。[4]

二是在具体实践中，美国等西方国家总是致力于依照西方模式改造中东

---

[1] Frank Tachau ed. *Political Parties of the Middle East and North Africa*, Westport, CT: Greenwood Press, 1994.

[2] Michele Penner Angrist, *Party Building in the Modern Middle East*, Seattle: University of Washington Press, 2006.

[3] Kay Lawson and Saad Eddin Ibrahim, *Political Parties and Democracy: The Arab World*, New York: Praeger, 2010.

[4] Francesco Cavatorta and Lise Storm eds. *Political Parties in the Arab World: Continuity and Change*, Edinburgh: Edinburgh University Press, 2018; Siavush Randjbar-Daemi, Eskandar Sadeghi-Boroujerdi and Lauren Banko eds. *Political Parties in the Middle East*, London and New York: Routledge, 2020; Francesco Cavatorta, Lise Storm and Valeria Resta eds. *Routledge Handbook on Political Parties in the Middle East and North Africa*, Oxon and New York: Routledge, 2021.

国家的政治制度和政党政治实践，导致一些中东国家陷入持久的政治动荡和"剧变长波"。一方面，美国积极通过公共外交和非政府组织向中东国家渗透，试图在中东国家建立亲美政党和美国模式的政党政治。美国以公共外交为幌子，在中东大肆宣扬美国价值观，包括打造有影响力的广播电台和电视台、扶植亲美政党等。此外，美国还以支持非政府组织为幌子，在中东国家筛选并培训亲美领导人，鼓励活跃分子建立网状联系，建立亲美的青年网络和政党等。[1] 另一方面，美国在中东地区直接或间接发动战争，颠覆反美政权，强行移植美式民主和多党政治。美国在2003年发动伊拉克战争，2011年参加利比亚战争，并且在叙利亚、也门等地参与代理人战争，试图推翻反美政权并建立亲美政权，扶植亲美力量和运动，输出美式政党政治，其实质是在中东地区拓展美国霸权。美国的"大中东民主倡议"不仅没有为中东国家带来稳定、发展和繁荣，反而将伊拉克、叙利亚和利比亚等国推向了政治失稳、发展倒退和内战"深渊"。[2]

（二）"中东政党例外论"话语的缺陷

事实上，"中东政党例外论"话语之所以会造成消极的政策性和学理性后果，原因在于这类话语本身存在着严重的事实性和学理性缺陷。一方面，中东国家政党政治实践虽然与西方政党政治运行有所差别，但其对中东国家的历史发展进程同样重要。政党是复杂的组织机器，很难用普适性框架简单定义，更不能单纯用理解西方式政党和政党政治的框架、方法和观点看待中东政党实践。

长期以来，西方世界将政党看作代议民主制度的重要组成部分或其同源

---

[1] 埃里克·德塞纳等，王朔等译：《阿拉伯"革命"隐藏的另一面》，北京：中信出版社，2020年版。
[2] 朱泉钢：《美国发动伊拉克战争严重损害伊斯兰世界的利益》，载《红旗文稿》，2021年第15期，第38—39页；朱泉钢：《新的十年已至 阿拉伯能否迎来春天？》，载《新民晚报》，2021年1月7日，第23版。

第四章　中东地区国家政党政治发展与研究

物。[1] 在西方政治史上，政党最初是精英阶层进行有组织政治活动的平台，随后，中产阶级和工人阶级也逐渐围绕特定时期的政治斗争、身份认同和社会经济利益而聚合成政党，并参与政党政治。在这些国家的发展进程中，政党及其成员围绕限制专制主义、捍卫私有财产和自由贸易、扩大议会代表权和选举权、保障工人权利、促进土地和财富再分配等进行斗争，因此，政党政治深刻影响了西方国家的政治统治制度、经济发展政策和社会结构变迁等。

在中东地区的大多数国家，政党一直是现代国家体系的重要组成部分，政党政治也是现代国家政治运行的重要领域。政党虽然是舶来品，具有明显的外源性特征，但其对中东国家的政治发展进程具有重要影响。[2] 中东政党和政党政治发展大体经历了四个阶段：第一阶段是20世纪上半叶，民众从加入秘密组织，或通过行业协会、乡村长老、城市名流、神职人员等传统方式实现政治参与，逐渐过渡到通过加入现代政党的方式参与政治。政党作为聚合群体利益、联通精英和民众关系的工具，越来越被视为一种引导政治行动、提供庇护、提出政治要求的组织，并对中东国家反帝反封建运动、社会结构和社会观念转变、政治结构从传统向现代转变发挥了重要作用。第二阶段是20世纪50年代到20世纪70年代，中东地区大多数阿拉伯国家建立一党制，并利用政党进行政治社会化和政治动员。非阿拉伯国家以色列和土耳其则经历了从两党制向多党制的过渡。这一时期，政党发挥了系统改造传统社会、建立现代国家体系、提升国家治理能力的作用。第三阶段是20世纪70年代到2010年年末的阿拉伯剧变。从20世纪70年代开始，在内忧外患之下，阿拉伯共和制国家和君主立宪制国家逐渐向有限多党制过渡，非阿

---

[1] Siavush Randjbar-Daemi, Eskandar Sadeghi-Boroujerdi and Lauren Banko, "Introduction to Political Parties in the Middle East: Historical Trajectories and Future Prospects", *British Journal of Middle Eastern Studies*, Vol. 44, No. 2, 2017, p. 155.

[2] 李艳枝:《中东政党政治的演变》,北京:中国社会科学出版社,2015年版,第1页。

拉伯国家以色列和土耳其则实现了比较稳定的多党制。其中，政党政治的参与性、竞争性和代表性有所提高，但是一党制时期与政府关系密切的政党仍处于主导性政党的地位，这既增加了民众的政治参与意愿，又造成了民众对政治开放不足的不满，两者之间的内在张力成为阿拉伯剧变爆发的重要原因。第四阶段是阿拉伯剧变以来，中东地区阿拉伯国家政党政治进入过渡阶段，多数阿拉伯国家经历了不同类型的政党政治实践，虽然整体上逐渐向剧变之前的有限多党制转变，但是阿拉伯世界的政党制度仍未尘埃落定。在非阿拉伯国家以色列、土耳其和伊朗，多党政治运行良好，但政党政治整体右倾趋势明显。[1]

可见，中东政党和政党政治虽然受到中东国家政治制度的制约，但是其对中东国家政治发展和社会变迁具有重要影响。因此，不能认为中东政党和政党政治不同于西方的运行、作用和实践，就得出中东政党和政党政治不重要、落后和例外的结论，而是要回到中东政治实践本身，去观察、判断其功能和作用。

另一方面，"中东政党例外论"话语存在着诸多学理性问题，是立场先行和意识形态主导的观点论断。对于中东政党和政党政治不重要、落后、例外等的判断，均是基于当前西方政党政治特征做出的，并没有考虑中东地区历史和实际，其背后反映的是"西方中心主义"和"西方先进论"的虚妄心理和优越心态，以及西方国家凭借先发优势向全球扩展其发展模式和霸权秩序的具体实践。这些话语不承认中东国家政党政治发展的历史性，不尊重中东国家政党政治发展的特殊性，不理解人类政党政治发展的实践性，因而存在巨大学理局限性。下文结合政党政治研究的经典议题和方法，阐释其对

---

[1] Raymond A. Hinnebusch, "Political Parties in MENA: Their Functions and Development", *British Journal of Middle Eastern Studies*, Vol. 44, No. 2, 2017, pp. 159-175；沈晓雷、朱泉钢、孟瑾：《中东与非洲国家政党政治发展与研究》，载周淑真主编：《世界政党政治发展研究报告（2021—2022）》，北京：当代世界出版社，2022年版，第153—156页。

第四章 中东地区国家政党政治发展与研究

中东地区的适用性,批驳"中东政党例外论"等观点。

政党政治研究的结构功能主义方法主要关注政党发挥的政治功能和作用,包括聚合利益、招募精英、构建政治认同、组建和支持政府等,以及考察执行这些功能的具体实践和相关结构问题。[1] 这种方法不仅可以理解西方政党,而且对于理解中东政党政治同样适用。考察中东政党承担重要政治功能的能力、承担功能的相关机制及政治体系中是否存在替代政党的相关主体,可以判断政党在政治体系中的重要性。例如,在纳赛尔时期的埃及,军队取代政党成为精英招募的重要途径,政党的作用急剧下降;在2003年之后的伊拉克,政党成为组建和支持政府的关键力量,政党政治对于伊拉克政治运转十分重要;在当前的也门,民兵明显取代了政党功能,成为政治体系中的决定性力量,政党的作用有限。

政党政治研究的组织方法主要考察政党的规模、代表性、组织结构和动员能力等问题。[2] 通常来讲,政党的党员人数增加反映其政党政治化程度提升、能够更有效应对政党间的激烈竞争,并对政党政治制度化提出了更高要求。政党的复杂性和制度化是衡量它们联结精英和大众能力的重要指标,包括考察政党成员的规模和类型,如精英党、同志党和大众党等;政党组织的集中性或松散度,影响政党对社会的渗透程度和动员能力;政党融资方式和渠道是党费还是外部捐助,是否拥有辅助性社会组织,议会中的党员是否对群众党员负责,议会中的政党是表现得纪律严明还是充满了派系斗争,是影响政党在议会中能力的重要因素。在中东地区,政党普遍从最初的精英党发展到后来的大众党,但议会中的党员与群众党员关系往往并不密切,其融资主要依赖于外部资助。可见,政党政治研究的组织方法对于中东政党同样

---

[1] 加布里埃尔·A. 阿尔蒙德等著,曹沛霖等译:《比较政治学:体系、过程和政策》,北京:东方出版社,2007年版。

[2] Joseph LaPalombara and Myron Weiner, *Political Parties and Political Development*, Princeton: Princeton University Press, 1966.

适用。

政党政治研究的制度主义方法主要考察两个问题，一是一国的政治制度设计如何影响政党的行为及其效力。在中东地区，不少研究关注这一问题，即考察政权类型、选举制度和政党制度对政党发展和政党竞争的影响。整体上，此类研究认为，中东多数国家的政治体制限制了政党竞争，影响了政党作用。[1] 二是政党制度对于中东国家政治发展的影响，主要是讨论政党数量对于民主化进程的影响。时至今日，考察这一问题对于回应中东政党的作用仍具有重要意义，包括一党制是否意味着完全没有政治包容性，多党制是否一定造成政治不稳定，以及两党制对于巩固民主的作用是否更加积极等。[2] 可见，制度主义方法适用于来考察中东的政党问题。

综上可知，在学理层面上，中东政党和政党政治并不是例外。研究政党和政党政治问题的基本理论和方法可以很好地运用到中东地区的案例中，只不过其很可能得出不同于西方国家的具体结论。然而，这种结论差异只能证明中东政党政治问题的特殊性，并不能否认中东政党政治所具有的全球范围内政党政治的一般性特征，更不能成为支持"中东政党例外论"的理由。

二、2022年中东国家政党政治发展情况

2022年，黎巴嫩、以色列、突尼斯、巴林和科威特五个中东国家举行全国性议会大选，折射出这些国家的政党政治变化及其背后的政治制度、社会

---

[1] James A. Bill and Robert Springborg, *Politics in the Middle East*, New York: Harper Collins, 1994, pp.84-105; Kay Lawson and Saad Eddin Ibrahim, *Political Parties and Democracy: The Arab World*, New York: Praeger, 2010; Lise Storm, "Parties and Party System Change", in Inmaculada Szmolka ed. *Political Change in the Middle East and North Africa: After the Arab Spring*, Edinburgh: Edinburgh University Press, 2017, pp.63-88.

[2] Michele Penner Angrist, *Party Building in the Modern Middle East*, Seattle: University of Washington Press, 2006; Raymond A. Hinnebusch, "Political Parties in MENA: Their Functions and Development", *British Journal of Middle Eastern Studies*, Vol.44, No.2, 2017, pp.159-175.

思潮、政治力量的权力对比等特征。

（一）黎巴嫩：教派主义、协合民主、微弱变化

2022年5月15日，黎巴嫩举行国民议会选举，718名候选人争夺128个议会席位。此次选举显示出黎巴嫩政党政治的以下特点：

第一，政党政治的教派主义特征依旧。教派主义是黎巴嫩政治体系的核心特征，在黎巴嫩1.0452万平方公里的土地上，存在着官方承认的18个教派，为了约束教派敌对和确保民族团结，教派因素根植于黎巴嫩的国家制度，反映在国家权力分配和宪法法律中。[1] 在实践中，黎巴嫩的政治精英主要依托教派身份组建政党，并参与政党竞争。因此，黎巴嫩的政党具有混合性特征。

一方面，政党是黎巴嫩教派权力分享体系中的重要制度性力量。在一定程度上，他们在议会立法和辩论中发挥着关键作用。另一方面，黎巴嫩政党以教派为基础，在其支持群体中拥有大量的非正式权力，政党与特定教派群体存在非正式契约关系。最终，教派精英与本教派民众通过政党发展出垂直的庇护关系，教派精英为民众提供一部分国家资源，包括公共服务、就业机会、社会福利等，作为交换，民众在选举中支持教派精英进入议会和内阁。[2] 黎巴嫩教派型政党包括：以基督教徒为基础的黎巴嫩力量党、自由爱国运动和长枪党；以德鲁兹派穆斯林为基础的进步社会主义党；以逊尼派穆斯林为基础的未来运动；以什叶派穆斯林为基础的阿迈勒党和真主党。

就此次选举结果来看，在黎巴嫩政治格局中居于主导地位的仍然是教派型政党。其中，得票排名前六位的政党无一不是教派型政党，黎巴嫩力量党获得21席，自由爱国运动获得18席，阿迈勒党获得15席，真主党获得13

---

[1] 朱泉钢：《阿拉伯国家军政关系研究：以埃及、伊拉克、也门、黎巴嫩等共和制国家为例》，北京：社会科学文献出版社，2020年版，第169页。

[2] A. Nizar Hamzeh, "Clientalism, Lebanon: Roots and Trends", *Middle Eastern Studies*, Vol. 37, No. 3, p. 167.

席，进步社会主义党获得八席，未来运动获得七席。[1] 与政党的教派政治特征密切相关的是家族政治，即政党精英往往是家族式的，权力通常只在家族成员内部传递，比如主导进步社会主义党的琼布拉特家族，主导长枪党的杰玛耶勒家族，主导未来运动的哈里里家族。这也反映在黎巴嫩2022年议会选举中，超过80%的当选议员仍然是之前的议会议员。

第二，协合民主是政党政治运行的制度基础。黎巴嫩是一个协合主义框架下的议会民主制国家，教派型政党相互制衡并有限合作。黎巴嫩具有民主制度的基本特征，如定期选举、司法独立、竞争性政党体系和个人自由等，但教派在民主制度中的地位又赋予其独特性。阿伦·利普塞特认为，协合民主适用于规模相对较小的多元社会，能够在族群精英之间实现权力分享。他指出，大联盟、相互否决、比例代表和部门自治是权力分享安排的四个显著特征，而该制度良好运转的前提是区块分离、精英协作、多元平衡、体系负载不能过重。[2] 在黎巴嫩，作为国家行政机构，马龙派担任总统，逊尼派出任总理，什叶派担当议会议长。作为立法机构的议会席位按照特定比例在穆斯林与基督徒之间，以及不同教派之间分配。因此，在议会大选中，虽然特定政治力量的得票会有升降，但整个教派之间的权力分配相对固化。

2005年，黎巴嫩前总理拉菲克·哈里里被暗杀之后，黎巴嫩政党围绕着叙利亚问题形成了两个对立的政治集团，即亲叙利亚的"3月8日联盟"和反叙利亚的"3月14日联盟"，前者主要包括真主党、阿迈勒党和自由爱国运动等，后者主要包括未来运动、长枪党、黎巴嫩力量党和进步社会主义党

---

[1] "Lebanon Election Results 2022 in Full：Which Candidates and Parties Won？" https://www.thenationalnews.com/mena/lebanon/2022/05/17/lebanon-election-results-2022-in-full-which-candidates-and-parties-won/.

[2] 阿伦·利普哈特著，刘伟译：《多元社会中的民主：一项比较研究》，上海：上海人民出版社，2013年版，第47页。

等。[1] 从2022年选举结果来看，两大政治力量得票仍然势均力敌。在128席中，真主党及其盟友共获得61席，虽然低于2018年议会选举所获的71席，并且失去了议会中的多数地位，但是真主党的影响力仍然不容低估。真主党拥有多种影响黎巴嫩政治的资产和手段，包括其强有力的军事分支、广泛的政治盟友、庞大的公共行政资源。尤其是考虑到黎巴嫩的协合民主政治体系，真主党和阿迈勒党主导着什叶派议会代表，他们可以借此否决任何议会决定。此外，真主党的绝对得票并未减少，反而比2018年增加了16%，但由于存在着空前数量的废票，仅在南二选区的废票就有约6000张，真主党增长的得票被极大抵消。

第三，民众求变的心理十分明显。一是此次大选投票率较低。上次议会选举的投票率为49%，而此次大选投票率仅为41%。自2019年以来，黎巴嫩经济几近崩溃，在新冠疫情、贝鲁特港口大爆炸、政治深陷僵局等问题的冲击下，黎巴嫩货币贬值严重，通货膨胀率居高不下，民众生活十分困苦。此次议会大选的低投票率表明，民众对近年黎巴嫩愈发严重的政治精英腐败、政府治理失效和国家经济崩溃较为失望。

二是大量独立候选人的获胜值得关注。庇护关系盛行导致黎巴嫩新的政治力量很难在大选中获取席位[2]，然而，来自传统政治结构之外的独立候选人在此次议会大选中赢得的席位创下了黎巴嫩历史新高。共有约30名新当选议员声称代表"变革运动"，其中有13名来自非传统的政党和政治集团。2019年10月，黎巴嫩爆发规模空前的民众抗议运动。抗议者呼吁废除黎巴嫩以教派为基础的政治模式和政党政治，其中一些人甚至主张建立基于国家发展议程、社会公共福利和民众整体利益的政党。由于黎巴嫩教派政治

---

[1] Tamirace Fakhoury and Fidaa Al-Fakih, "Consociationalism and Political Parties in the Middle East: The Lebanese Case", in Francesco Cavatorta, Lise Storm and Valeria Resta eds. *Routledge Handbook on Political Parties in the Middle East and North Africa*, Oxon and New York: Routledge, 2021, pp.183-184.

[2] 丁隆、刘国熙：《黎巴嫩治理困境的根源探析》，载《西亚非洲》，2022年第1期，第143页。

体系的约束，超越教派身份的政党在竞选中很难表现良好，然而，大量独立人士和亲"变革力量"的候选人胜选这一事实表明民众积极求变的意愿[1]，这些独立候选人可能会在议会中成为一股不同于传统政党的新势力。

三是居住在海外的黎巴嫩人在大选中投票十分积极。尽管黎巴嫩海外侨民约达1400万人，但大多已经不再拥有黎巴嫩国籍，也就不具备黎巴嫩议会大选的投票权。因此，只有225 114名散居海外的黎巴嫩侨民登记参加2022年选举，这与上次选举登记的82 000人相比增加了近两倍。2017年《选举法》规定，黎巴嫩海外侨民拥有六个席位，但他们的选票仍在国内选区内计算。据报道，生活在48个国家的黎巴嫩海外侨民参加了此次大选投票。

这些变化虽然不足以彻底颠覆极具活力的黎巴嫩传统教派政党政治，但其仍具有重要的里程碑意义，因为它表明，黎巴嫩选举不再是一种简单的在教派政党精英之间重新分配国家资源的制度机制。黎巴嫩政治体系和政党政治的根本变革不是线性的，也不会轻而易举实现。黎巴嫩民众和进步精英明白，包括政党制度在内的国家政治制度需要系统变革，否则无法应对黎巴嫩愈发严重的国家治理危机，但是黎巴嫩根深蒂固的族群教派分权体系，以及与此相关的一系列制度安排和"非制度契约"使黎巴嫩国家改革障碍重重。[2] 由于每一教派都被赋予一定程度的否决权，因而需要建立联盟性的内阁，保证政府有序运转。然而，国家政治体系运转过于依赖集体共识，并且深受单方面否决的制约，不仅导致政治体系容易陷入瘫痪，而且极易造成教派之间的权力僵硬和极化，继而影响国家的政治稳定。

黎巴嫩大选之后，由于严重的政党对立和极化，国家未能打破政治僵

---

[1] Elie Abouaou, "Lebanon's Election Offers Lessons for Now and the Future", https://www.usip.org/publications/2022/06/lebanons-election-offers-lessons-now-and-future.

[2] Amal Bourhrous, Shivan Fazil, Meray Maddah and Dylan O'Driscoll, *Reform Within the System: Governance in Iraq and Lebanon*, Stockholm: SIPRI, 2021, p. 35.

局。一方面，由于议会成员一直未能就看守总理纳吉布·米卡提提出的内阁名单达成一致，黎巴嫩政府一直处于看守状态，权力受到严重限制。另一方面，前总统奥恩10月底任期届满卸任总统后，黎巴嫩议会在两个月时间里已就选举新总统进行了10轮投票，但由于自由爱国运动、真主党等党派频频投下空白票，导致候选人无法获得三分之二多数而成为总统。由于国家政治制度陷入瘫痪，黎巴嫩的社会经济状况继续恶化，本国货币已贬值逾95%，通货膨胀问题严峻，民众缺乏电力、清洁水、药品和其他基本生活必需品。

（二）以色列：高投票率、政党碎片化、右翼主导

在中东地区，以色列的政党政治比较成熟，呈现出多党林立、竞争激烈、分合频繁等特征。[1] 政党政治既是以色列社会发展演变的反映，又对以色列民主政治产生重要影响。2022年11月1日，以色列迎来2019年4月以来的第五次全国议会大选，政党政治具有以下特征：

第一，民众投票率高，但有不平衡性。此次议会大选，民众投票率高达70.6%，比2021年议会大选高出3.2%，也是2015年以来的最高水平。此次大选的投票率虽然低于1973年至1999年议会选举78.8%的平均投票率，但也保持在相对较高的水平。高投票率不仅反映了以色列较为成熟的民主文化，而且表明民众试图改变近年来持续的国家政治僵局。

然而，以色列大选中的投票率并不是均衡分布的。整体上讲，右翼选民的投票率更高，阿拉伯选民的投票率偏低。一方面，在2022年选举中，右翼选民的投票热情明显更高。相较2021年选举，传统上被认为属于右翼政党票仓的一些城市在2022年选举中的投票率明显上升，如阿什克伦、贝尔谢巴和迪莫纳的投票率分别增加了3.2%、4.6%和6.9%。与之相比，属于中左翼政党票仓的一些城市，民众投票率与2021年差别不大，如特拉维夫、

---

[1] 王彦敏：《以色列政党政治的多维考察》，载《阿拉伯世界研究》，2018年第6期，第44页。

吉夫阿塔伊姆和赫兹利亚的投票率分别增加了0.4%、0.3%和0.3%。

另一方面，阿拉伯选民的投票率为53.2%，远低于全国平均水平。2021年议会大选中，阿拉伯民众的投票率为44.6%，达到历史最低水平。本次选举中，阿拉伯民众的投票率虽有所回升，但仍低于2020年议会大选64.8%的投票率。这次议会选举中，阿拉伯政党的得票率从2021年的8.6%上升到10.8%，但其政治影响力并没有明显上升，主要是因为阿拉伯民族主义政党巴拉德党所获选票没有达到3.25%的议会门槛。然而，阿拉伯民众的民族意识愈发强烈。1992年以色列议会大选中，52.3%的阿拉伯选民支持犹太复国主义政党，20.6%的阿拉伯选民支持工党。此次大选中，80%以上的阿拉伯选民支持阿拉伯政党[1]，反映出阿拉伯民众对巴勒斯坦民族身份的认同程度上升。

第二，政党竞争激烈，碎片化特征明显。根据以色列议会网站的信息，以色列1947年建国以来共进行了25次议会选举，政党制度具有典型的多党竞争特征。每次选举的参选政党在14—40个之间，能进入议会的政党在10—15个之间。[2] 2022年议会选举中，有40个政党参与大选，其中14个政党以10个团体的形式进入议会。内塔尼亚胡领导的利库德集团获得32席（+2），拉皮德领导的未来党获得24席（+7），宗教犹太复国主义联盟获得14席（+8），民族团结党获得12席（-2），沙斯党获得11席（+2），此外，联合托拉犹太教党、"以色列是我们的家园"党、以色列阿拉伯人联合名单、阿拉伯联合名单和工党分别获得7席（0）、6席（-1）、5席（+1）、5席（0）、4席（-3）。[3] 此次选举结果和2021年大选结果相比，整体形势没有大的变化，但有两个政党以微小差距错过进入议会的资格。一个是传统左翼

---

[1] Ori Wertman and Meir Elran, "The Israeli Electorate from the Perspective of the 2022 Elections", https://www.inss.org.il/publication/israel-elections-2022/.

[2] "History of the Knesset", https://main.knesset.gov.il/EN/About/History/Pages/Lobby.aspx.

[3] "Understanding Israel's Election Results", https://israelpolicyforum.org/wp-content/uploads/2022/11/Israeli-Election-Results-Explainer.pdf.

政党梅雷茨党,该党自1992年成立以来首次没有获得议会席位,是以色列议会中唯一明确反对占领的犹太复国主义政党,并持续关注以色列的公民权利和人权问题。另一个是新成立的阿拉伯人政党巴拉德党,该党反对以色列的犹太人国家属性,寻求在1967年边界内将以色列变成一个双民族国家,其上升的政治影响或许会显现在街头政治中或议会之外。

第三,右翼政党力量继续上升,左翼政党力量持续衰退。在120个议席中,前总理内塔尼亚胡领导的右翼集团共获64席,达到了议会多数,而看守总理拉皮德领导的竞选联盟仅获51席。可见,近20年来,在以色列政府持续推进以色列族群民族主义和扩张主义议程下,以色列社会右倾化趋势明显。再加上2021年5月,以色列国内多地爆发犹太人和巴勒斯坦人之间的严重暴力冲突,支持两个族群分开生活的群体从50%上升到60%,进一步助长了民众对右翼政党的支持。此外,反内塔尼亚胡的政治力量并不团结,执政的八党联盟由于意识形态分歧并未形成紧密联盟,这也是2022年6月联合政府倒台的原因。反观以色列的右翼力量,其意识形态较为接近,较易形成政治联盟。其中,居于主导地位的右翼政党是利库德集团。极右翼政党复活党、犹太人力量、诺姆党组成的宗教犹太复国主义联盟获得14席,比上次大选增加了八席,一跃成为以色列第三大政治力量。犹太人力量的领导人伊塔玛·本·格维尔的崛起更是引起了以色列国内的广泛争议,因为他不仅极端支持定居点政策,倡导种族主义,甚至支持恐怖主义,他的政党在竞选中的口号是"(犹太人)是时候成为我们国家的老板了!"此外,两个极端正统派政党——沙斯党和联合托拉犹太教党表现良好,他们主要代表对宗教极度虔诚的犹太人,这些人一般社会经济地位较低,但倾向于生育更多孩子,并作为一个集团进行投票。这两个政党主要关注宗教和国家的关系问题，以及他们群体获得国家补贴的问题，而不是巴勒斯坦问题。[1]

与此同时，以色列左翼政治力量存在持续衰退和分裂的趋势。一些左翼政党为了应对近年来以色列社会较为明显的右倾化趋势，不得不在某些竞选政策上向右调整。然而，大多数左翼选民无法接受左翼政党这种改变自身意识形态的做法，并且这种政策微调也难以吸引右翼选民的支持，最终导致左翼政党得到的支持越来越弱。此外，近年来，以色列左翼政党碎片化愈发严重，他们即便在整体的政治谱系上接近，但在具体的理念和政策上差异颇大。例如，在耶路撒冷问题上，不同左翼政党具有不同的优先诉求。如：美国前总统特朗普在2017年宣布将美国大使馆迁至耶路撒冷时，时任工党领袖阿维·加贝表示"一个统一的耶路撒冷比巴以和平更重要"。而其他一些左翼政党领导人虽然认为统一的耶路撒冷十分重要，但却更加优先考虑与巴勒斯坦人达成和平协议。如前梅雷茨党主席泽哈瓦·加隆和阿拉伯联合名单领导人艾曼·奥德担心，美国搬迁大使馆不仅将导致统一的耶路撒冷不复存在，更重要的是，可能会进一步阻碍以色列与巴勒斯坦达成和平协议。[2]最终，以色列左翼政党在此次选举中继续衰落。

第四，以色列政党政治将带来内政外交新变化。2022年12月29日，以色列成立新一届政府，内阁成员主要来自右翼的利库德集团、宗教犹太复国主义联盟、沙斯党等，新政府也被视为以色列历史上最右倾的政府，而内塔尼亚胡第六次出任总理。就内政来讲，联合政府意识形态接近，并且这些政党占据议会63席，将为联合政府的生存和稳定创造坚实的基础，很可能会改变2019年以来以色列政府的脆弱态势。此外，右翼政府将继续提升宗教在国家中的地位，进一步限制巴勒斯坦人的权利，促进极端正统派犹太人的

---

[1] Mairav Zonszein and Daniel Levy, "Israel's Winning Coalition: Culmination of a Long Rightward Shift", https://www.crisisgroup.org/middle-east-north-africa/east-mediterranean-mena/israelpalestine/israels-winning-coalition.

[2] Ilyssa Tuttelman, "The Crumbling Israeli Left-Wing and Netanyahu's Power", https://www.washingtoninstitute.org/policy-analysis/crumbling-israeli-left-wing-and-netanyahus-power.

利益等,力推以色列国家和社会继续向民粹主义、保守主义和右倾主义发展。同时,政府还将推动以色列的司法体系改革,包括限制司法体系权力、修改刑法,很可能会撤销对内塔尼亚胡腐败的指控。

此外,以色列新政府也将对以色列外交带来一系列影响。其一,以色列可能采取更强硬的巴勒斯坦问题政策,包括对约旦河西岸的以色列定居人口采取更宽容的态度,这可能使以色列国内的犹太人和阿拉伯人关系恶化,甚至加剧以色列境内的暴力冲突。其二,美国与以色列的友好关系可能受到影响。在奥巴马政府时期,美国与内塔尼亚胡领导的以色列在巴勒斯坦问题、定居点问题和伊朗核问题等方面矛盾重重。美国国务院已经暗示,他们拒绝与极右翼的伊塔玛·本·格维尔合作。然而,鉴于美以友好关系的惯性和复杂的利益联系,双方特殊关系仍将维持。其三,在地区政策上,右倾化的以色列政府将加大对伊朗的遏制和对抗力度,伊朗与以色列的关系将持续紧张。同时,以色列将进一步缓和与广大阿拉伯世界的关系,不断推进《亚伯拉罕协议》的执行。

(三) 突尼斯:从半议会制转向总统制,政党作用下降,超低投票率

突尼斯是 2010—2011 年阿拉伯剧变开始的国家,也被西方国家视为阿拉伯国家民主转型最成功的国家。然而,阿拉伯剧变后,其政党政治历经波折,民众对政党政治的不满不断加剧。2021 年 7 月以来,突尼斯逐渐从半议会制转向总统制,政党的作用进一步下降,这在 2022 年年底的全国议会大选中表现明显。

第一,阿拉伯剧变以来的政党政治历经波折。2011 年,统治突尼斯 22 年之久的本·阿里总统在民众抗议中黯然下台,突尼斯进入政治转型阶段,政党制度从之前的一党独大制转变为多党制。总体来看,阿拉伯剧变以来,突尼斯的政党政治经历了三个阶段。第一个阶段是 2011—2013 年,伊斯兰主义政党崛起,世俗政党和伊斯兰政党矛盾增大。2011 年议会大选中,伊斯兰主义政党复兴运动党赢得议会 217 席中的 89 席,成为议会第一大党,并与获得29席的保卫共和大会党和获得26席的争取工作和自由民主论坛组成联合政府。[1] 然而,围绕着宪法起草问题,伊斯兰主义者和世俗主义者在2012—2013年两极分化严重。2013年2月,左翼政治家乔克里·贝莱德遇刺身亡后,突尼斯各界对复兴运动党的信心骤降。在突尼斯劳工总联合会等社会组织的协调下,突尼斯教俗之间的矛盾得以缓解。

第二阶段是2014—2019年,世俗政党呼声党和伊斯兰政党复兴运动党组成联合政府。2014年,突尼斯的教俗两大力量通过妥协、包容和克制,通过了一部新宪法,用一个技术官僚内阁取代了时任政府,并成功地进行了阿拉伯剧变后的第二次全国议会大选,呼声党和复兴运动党在大选中排名前两位,分别获得85席和69席。两党选择分享权力,力图搁置意识形态分歧,共同应对恐怖主义和腐败,解决国家治理、经济发展等方面的问题。突尼斯两个最大政党的共识模式虽然确保了政治稳定,但是不仅没能解决国家治理和经济发展挑战,反而加剧了政府在腐败、责任不明和权力缺乏有效制约等方面的问题。

第三阶段是2018年至今,政党政治引发不满。2018年,呼声党宣布终止与复兴运动党的联盟关系。同时,民众对政党政治失望加剧,爆发了大规模街头抗议。在突尼斯,除了复兴运动之外,其他主要政党几乎都没有发展出成熟的政党组织和政治经济纲领,因此很难有效回应民众的经济和政治诉求。根据2018年非洲晴雨表的调查,81%的突尼斯人认为"感觉不到与任何政党有亲近感",79%的突尼斯人称,自己在选举中要么不会投票,要么不知道给哪个政党投票。[2] 2019年议会选举中,凯西·赛义德当选总统,他拒绝加入和组建任何政党,但其诚实的声誉赢得了大量民众尤其是年轻人

---

[1] 王凤:《突尼斯政权变更和政治走向》,载杨光编:《中东发展报告 No.14(2011~2012):中东政局动荡的原因和影响》,北京:社会科学文献出版社,2012年版,第21页。

[2] Sarah Yerkes and Zeineb Ben Yahmed, *Tunisia's Political System: From Stagnation to Competition*, Washington, D.C.: Carnegie Endowment for International Peace, 2019, pp.6-11.

的支持。

第二，政体转向总统制，政党政治重要性持续下降。2021年7月以来，突尼斯政体从半议会制逐渐转变为总统制，政党在政治事务中的作用明显下降。2021年7月25日，凯西·赛义德解除总理迈希希的职务，并暂时冻结议会职权。9月，他宣布了一项部分中止2014年宪法的总统令，之后他多次发布总统令管理政治事务。除了行政权力之外，他还不断扩展总统的司法权力，逐渐将最高司法委员会和最高独立选举委员会置于总统直接控制之下，并在2022年6月授予了总统罢免法官的权力。2022年7月25日，突尼斯举行新宪法公投，投票率为30.5%，支持率超过94%。至此，突尼斯从宪法层面确立了总统制。[1] 为了应对凯西·赛义德改变突尼斯政治体制的行为，突尼斯的一些政治力量在2022年4月成立了"救国阵线"，主要包括社会组织及复兴运动代表的政党，然而由于赛义德支持基础强大且反对力量分歧严重，"救国阵线"并没有对其构成太大制约，反映出突尼斯政党政治作用有限，重要性下降。

新宪法进一步限制了突尼斯立法机构的权力和在政治上的作用，进一步降低政党的作用。突尼斯立法机构包括全国议会和全国地区委员会。新宪法规定，如果一个总统任期中，立法机构两次对政府提出不信任案，总统就有权解散全国议会或全国地区委员会。虽然议会对总统有监督权，但其不信任投票的通过需要获得三分之二的议员支持，这是一项很难达到的标准。更重要的是，立法机构对行政部门的制约作用被严重削弱，议会不再具有撤销总统的动议权。这表明，议会及其中的政党权力被极大削弱。[2] 此外，为了降低政党作用，在2022年12月的议会选举中，突尼斯不允许政党参选。

---

[1] Isabelle Werenfels, "No Time to Lose as Tunisia's President Consolidates Authoritarian Turn", https://www.swp-berlin.org/en/publication/no-time-to-lose-as-tunisias-president-consolidates-authoritarian-turn.

[2] Yasmine Akrimi, "The 2022 Tunisian Legislative Elections: Itinerary of a Debacle", https://www.bic-rhr.com/research/2022-tunisian-legislative-elections-itinerary-debacle.

第三，政党政治缺失导致超低投票率。根据选举法，突尼斯议会的最终选举结果于2023年3月第二轮选举后公布，易卜拉欣·布达尔巴拉成为突尼斯议长。突尼斯政府公布的数据表明，突尼斯议会大选首轮投票率为11.22%，是1945年以来全球范围内全国大选投票率第二低纪录。即便是纵向对比，相比突尼斯2019年总统选举时55%的投票率，此次投票率也可以说相当之低。正如突尼斯政治问题专家夏朗·格雷瓦尔所说："赛义德总统视域下的没有政党的政治也会造成突尼斯没有参与的政治。"[1]

突尼斯此次大选投票率如此之低，主要有以下三个原因：其一，总统及其支持者对于议会选举并不重视。与2022年7月的宪法公投不同，凯西·赛义德及其支持者并不认为此次议会大选能对其统治地位产生重要影响。凯西·赛义德没有自己的政党，也没有在这次选举中支持任何候选人。因此，总统没有采取任何明确的措施鼓励公民投票。此外，赛义德的许多支持者认为，突尼斯需要一个强力总统，进行议会选举的意义不大，因此缺乏投票积极性。2021年秋，阿拉伯晴雨表调查显示，85%的赛义德支持者认为"突尼斯需要一个领袖，在必要时可以变通规则"。其二，政党和竞选行动被严重边缘化。根据规定，政党不允许参加此次竞选，也不得对候选人提供资金资助，导致此次选举很难推出合适的候选人，在161个选区中，有10个选区仅有1名候选人，还有7个选区没有候选人。此外，由于资金不足，多数候选人很难进行高质量的竞选活动。这从反面证明了政党政治对于突尼斯的政治参与具有重要影响。其三，多数选民对于候选人名单存有异议，导致其投票意愿较低。为了与过去的议会选举形成鲜明对比，突尼斯政府放弃了之前的一些候选人规定，包括政党列表中必须包括50%的女性、25%的年轻人（35岁以下）等。最终，此次选举候选人中，只有4%是年轻人，11%是女

---

[1] Sharan Grewal, "Tunisia's Parliamentary Election Draws a Collective Shrug", https://www.brookings.edu/blog/order-from-chaos/2022/12/21/tunisias-parliamentary-election-draws-a-collective-shrug/.

性，使一些选民认为候选人名单缺乏代表性和包容性，因此拒绝投票。[1]

虽然不少西方学者从民主和专制的角度看待突尼斯近期政治发展和政党政治状况，但是突尼斯的政治动荡更多反映的是国家治理问题。阿拉伯剧变以来，突尼斯经济发展状况不佳。对比2010年突尼斯"茉莉花革命"爆发时和近期政治动荡发生前的2020年的诸多经济指标，突尼斯经济状况不仅没有好转，反而呈现明显恶化趋势。其中，国内生产总值增长率从3%下降到-8.9%，政府财政赤字占国内生产总值的比重从0.9%上升到13.1%，外债总额从224.72亿美元增加到384亿美元，外汇储备从94.62亿美元下降到63.3亿美元。与此相关，突尼斯民众的生活压力增大，2010—2020年间，失业率从13%上升到17.4%，青年失业率从30%上升到35%，消费价格指数增长率也从4.4%上升到6%，而人均收入水平仅从10 393美元上升到10 608美元。[2] 再加上突尼斯政府应对新冠疫情不力，2020年年末，突尼斯成为全球新冠疫情死亡率第二高的国家。[3] 面对严重的国家治理危机，突尼斯政治精英相互扯皮，政党间愈发敌对，引起民众的普遍不满。因此，2021年7月以来，总统改变国家政体，提升总统权力和地位，削弱政党作用和议会权力，得到了安全部门、司法部门和普通民众的支持，有着较强的民意基础。

（四）科威特和巴林：准政党、政治中介、作用下降

在讨论中东地区的政党政治问题时，学术界较少关注阿拉伯半岛的君主制国家。的确，如果按照西方意义的政党概念，这些国家或许很容易被认为缺乏政党政治实践。然而，20世纪90年代以来，在内外压力下，科威特和

---

[1] Yasmine Akrimi, "The 2022 Tunisian Legislative Elections: Itinerary of a Debacle", https://www.bic-rhr.com/research/2022-tunisian-legislative-elections-itinerary-debacle.

[2] 王凤：《中东剧变以来突尼斯的经济状况及前景分析》，载《中东研究》，2021年第2期，第175—178页。

[3] Sarah Feuer, "Political Crisis in Tunisia: U.S. Response Options", https://www.washingtoninstitute.org/policy-analysis/political-crisis-tunisia-us-response-options.

巴林两个君主制国家积极开展选举政治，一些政治组织充当政治中间人的角色，在一定程度上具有明显的政党特征，使得这两个国家的政治运行具有某种政党政治的色彩。[1] 然而，考虑到这两个国家的法律规范中禁止政党存在，因此这些政治组织被称为"准政党"或许更为合适。阿拉伯剧变之后，海湾君主制国家一定程度上收窄了"准政党"的政治活动空间，其政治作用有所下降。

在巴林和科威特，"准政党"的出现及其进入选举政治的过程，都与两国 20 世纪 90 年代的重大事件和随之而来的政治自由化密切相关。在巴林，哈马德·本·伊萨·阿勒哈利法成为新国王，他面临着 20 世纪 80 年代的低油价导致的经济衰退和民众骚乱（也被称为"巴林起义"）问题。为了应对日益高涨的政治变革呼声、维护政权稳定，哈马德国王开启了自上而下的政治自由化进程，其中的重要措施就是允许成立政党形式的政治组织，并准许这些政治组织参与全国立法机构和市政地方选举。这些组织在巴林被普遍称为"政治社团"（Political Societies），并且受到 1989 年关于结社、社会和文化俱乐部的 21 号法令，以及 2005 年有关政治社团的法律保护。[2] 在此背景下，巴林出现几十个政治社团，并在阿拉伯剧变之前呈现出多党政治的特征。

在科威特，其选举政治历史悠久，甚至可以追溯到独立早期。然而，直到海湾战争之后，科威特才形成一定程度的"政党政治"。民众寻求变革和要求民主的呼声愈发强烈，个人主义、自由主义、民主主义思潮逐渐兴起，科威特王室和政府为了增强政权稳定性，以及通过"分而治之"的策略实现政治主导，逐渐开启了自上而下的政治自由化进程。虽然官方层面仍禁止政

---

[1] Andrej Kapiszewski, "Elections an Parliamentary Activity in the GCC States: Broadening Political Participation in the Gulf Monarchies", in Abdulhadi Khalaf and Giacomo Luciani eds. *Constitutional Reform and Political Participation in the Gulf*, Dubai: Gulf Research Centre, 2006, p. 88.

[2] Katja Niethammer, "Opposition Groups in Bahrain", in Ellen Lust-Okar and Saloua Zerhouni eds. *Political Participation in the Middle East*, Boulder, CO: Lynne Rienner, 2008, p. 147.

党的存在，但是自1991年开始，科威特允许成立"准政党"组织，并允许其参与国家、地方及协会选举。1992年，有几十个准政党参与了科威特全国议会大选。

在巴林和科威特，受制于君主制，"准政党"虽然对总理任命和政府构成缺乏实质影响力，但是他们能够直接参加议会选举，并成为民众与政府之间的政治中间人。在2002年、2006年、2010年、2014年、2018年、2022年的巴林众议院选举中，政治社团在议会40席中分别获得20席、29席、23席、5席、6席和5席。在1992年、1996年、1999年、2003年、2006年、2008年、2009年、2012年2月、2012年12月、2013年和2016年，"准政党"在科威特需要竞选产生的国民议会50席中分别获得22席、13席、20席、14席、13席、12席、10席、11席、5席、4席、5席。[1] 议会选举折射出两国政党政治的两个特征：一是阿拉伯剧变之后，巴林政治社团和科威特"准政党"的政治影响明显下降；二是同样是在君主制国家，巴林政治社团的政治活跃度高于科威特。

有三个因素可以解释上述两个特征：第一，准政党制度、选举制度和社会结构的影响和制约。在巴林，政治社团被允许直接获得资金支持，并且政治社团的参选资格也相对宽松。但在科威特，准政党不仅要提交50人的选举人名单，而且很难获得充足的资金支持。因此，以部落为基础的科威特社会很少通过"准政党"寻求在议会的代表权，选民普遍认为"准政党"不仅组织上无力，而且对政府组成和国家政策缺乏实质影响力。他们主要通过"部落初选"选择议会成员，而"准政党"也不得不通过吸收部落精英赢取

---

[1] Hendrik Kraetzschmar, "Political Intermediation in the Arabian Peninsula: Partisan Organisations, Elections, and Parliamentary Representation in Bahrain, Kuwait, and Yemen", in Francesco Cavatorta, Lise Storm and Valeria Resta eds. *Routledge Handbook on Political Parties in the Middle East and North Africa*, Oxon and New York: Routledge, 2021, p. 118.

部落民众的投票支持。[1] 第二，一些"准政党"抵制选举和联盟选择。例如，2011年前，巴林政治社团所获议会席位的变化，就受到这部分政治组织的决策影响。在2002年和2010年，巴林一些主要政治社团，包括什叶派的伊斯兰民族团结协会选择抵制选举，给亲政府的独立人士留下了广阔的胜选空间。2006年选举中，政治社团创纪录地获得了73%的议席，得益于穆斯林兄弟会（以下简称"穆兄会"）性质的伊斯兰民族论坛社团和萨拉菲性质的伊斯兰真理社团达成的非竞争协议。[2] 第三，两国政府在阿拉伯剧变后均加强了对"准政党"政治活动的限制。阿拉伯剧变之后，维护政权安全成为海湾阿拉伯国家政治治理的首要问题。在巴林，国家以民众起义为理由，根本上改变了国内的选举制度，大量政治社团被取缔，议会基本由亲政府的独立人士控制。在科威特，本就水平不高的"准政党政治"在2011年之后进一步下降。2012年，政府修改了选举法，引起一些"准政党"对2012年12月和2013年7月议会选举的抵制，使得"准政党"的政治作用继续下降。

2022年，科威特和巴林举行全国议会大选，"准政党"所获席位很少。2022年9月29日，科威特举行2012年以来的第六次国民议会选举，显示出内阁与议会之间的持续紧张关系。这次选举的候选人为350名，投票率约为50%，反对派候选人表现良好，获得了议会50席中的30席。同时，2020年大选中当选的议员仅有23人胜选，另有16人是首次当选议员，反映了科威特民众的求变心态。[3] 此外，2012年选举法规定，选民投票选取候选人的数量从四个降低到一个，此后，准政党的作用就一直较低，此次选举也不例

---

[1] Hendrik Kraetzschmar, "In the Shadow of Legality: Proto-Parties and Participatory Politics in the Emirate of Kuwait", in Francesco Cavatorta and Lise Storm eds. *Political Parties in the Arab World: Continuity and Change*, Edinburgh: Edinburgh University Press, 2018, pp. 230-251.

[2] Marc Valeri, "Islamist Political Societies in Bahrain: Collateral Victims of the 2011 Popular Uprising", in Henrik Kraetzschmar and Paola Rivetti eds. *Islamists and the Politics of the Arab Uprisings: Governance, Pluralisation and Contention*, Edinburgh: Edinburgh University Press, 2018, pp. 166-181.

[3] Oliver B. John, "Will Kuwait's New Parliament Resolve its Political Impasse?", https://www.mei.edu/publications/will-kuwaits-new-parliament-resolve-its-political-impasse.

外，穆兄会相关的准政党伊斯兰宪法运动仅获三席。2022年11月，巴林举行众议院选举。通过两轮投票选出40名议员，首轮投票率创下了73%的历史新高，八名女性候选人当选也创下了历史纪录。新当选的议员中仅有12人是前议员，表明巴林民众在积极求变。然而，来自政治社团的候选人仅有五人当选，其中，四人来自进步论坛，还有一人来自民族团结大会,[1] 反映出政治社团在巴林政治活动中的作用持续下降。

可见，科威特和巴林权力结构的底层逻辑是有限立宪君主制，这里以科威特进行说明。科威特宪法规定，"科威特是一个世袭的酋长国，埃米尔的继承权应由已故穆巴拉克·萨巴赫的后代继承。在埃米尔提名和国民议会批准后，应通过一项埃米尔法令使其任命生效，国民议会应在特别会议上以其成员的过半数投票进行确认"。可见，科威特属于二元君主立宪政体。科威特国家权力是一种融合了王权和民权的混合性权力，代表民权的议会具有一定的权力，但王权处于更优势的地位。宪法规定，议会能够对政府政策进行审查、施压和反对，并能对内阁部长进行不信任投票，但是议会对部长的不信任投票需由国家元首——埃米尔最终决定，且内阁需向埃米尔"集体负责"。这意味着，政府最终并不是向议会负责，而是对君主负责，这也是科威特议会限制政府权力的能力相对有限的原因。知名海湾问题专家丹尼尔·布鲁姆伯格认为："科威特的政治体系是一个复杂的混合体，允许国家管理下的多元化和选举竞争，同时赋予埃米尔及其主要盟友执掌国家的最终权力。当王权和民权发生冲突时，埃米尔可以使用宪法赋予的权力阻碍议会中人民意志的实现。"[2]

---

[1] "2022 Final Election Results", https://www.citizensforbahrain.com/2022/11/20/2022-final-election-results.

[2] Daniel Brumberg, "De-Liberalization in Kuwait: The Limits of Power-Sharing in a Difficult Neighborhood", https://pomed.org/wpcontent/uploads/2016/06/POMED_Report_Brumberg_Final.pdf.

三、2023年中东地区国家政党政治发展前景

综观近年来中东国家政党政治发展，可以看出以下趋势：中东国家传统政党地位依旧重要，但民众对其不满加剧；政党政治在不同国家政治中的活跃程度不一，但整体上呈现下降趋势；执政党普遍面临严峻的国家治理问题，但治理绩效受多重因素制约。

第一，中东国家民众对传统政党不信任度持续升高。近年，中东国家的大选投票率普遍偏低，只有少数国家大选投票率能超过50%。2021年阿尔及利亚国民议会选举投票率只有23%，2022年黎巴嫩议会大选投票率为41%，表明中东国家民众对政党和政党政治的不满。

德国智库阿登纳基金会根据2020年对摩洛哥、阿尔及利亚、黎巴嫩、约旦、利比亚和突尼斯六个中东国家的民意测验指出，中东地区民众的政党信任度较低。[1] 其中，对政党信任程度较高的国家是摩洛哥（46%），主要是因为该国的政党政治相对自由和活跃，但也只有不到一半的民众信任政党。居于中间水平的是阿尔及利亚（37%）和黎巴嫩（28%），前者的执政党在国家发展中居于主导地位，但其国家治理绩效不佳，后者的教派分权体系赋予政党活跃地位，但严重的党争破坏了政府的国家治理能力。因此，虽然政党在国内仍有一定的社会支持基础，但是民众对于政党的作用并不满意。在约旦（23%）、利比亚（22%）和突尼斯（18%）三国，仅有20%左右的民众对政党信任。与此形成鲜明对比的是，六个中东国家的民众对于社会组织的信任度明显较高，除黎巴嫩外，另外五个国家均有超过50%的民众表达了对社会组织的信任。

---

[1] "Trust in Political Institutions in the Middle East and North Africa", https://www.kas.de/en/single-title/-/content/trust-in-political-institutions-in-the-middle-east-and-north-africa.

中东国家民众对于传统政党信任度低的原因是复杂的，一方面，从参与角度来讲，中东国家传统政党普遍存在腐败严重、代表性不足和制度建设不力等问题，难以很好地反映民众诉求；另一方面，从治理角度来讲，中东国家的政党在国家治理中的作用普遍有限，难以很好地维护民众利益。

第二，中东政党政治活跃程度整体下降。在中东地区，以色列和土耳其两国属于接近西方模式的多党竞争政党制度，政党政治十分活跃且竞争有序，伊拉克和黎巴嫩属于教派分权政党制度，政党政治虽然活跃但容易陷入政党极化。当前，这几个国家的政党政治依旧活跃。阿拉伯剧变之后，一些阿拉伯国家经历了短暂的政党政治活跃度上升期，但随着国家转型陷入困境，政党政治活跃度较前一阶段有所下降。例如，在突尼斯，随着国家从半议会制转向总统制，政党政治作用明显下降。与此同时，两个海湾国家——科威特和巴林的"准政党政治"的作用也在下降。

这种变化背后有着深刻的社会根源，即中东民众对于西方模式的民主制度普遍失望，对作为民主制度重要内容的多党政治兴趣下降。根据阿拉伯晴雨表2021年的研究，2018—2019年，12个阿拉伯国家中只有7个国家的70%以上民众认为民主制度最优，而2010—2011年，10个阿拉伯国家中有8个国家的70%以上民众认为民主制度最优。[1] 该组织2022年7月的数据显示，民众对于西式民主的失望更加严重，在9个被调研的阿拉伯国家中，有6个国家超过一半的民众认为民主不利于经济发展、政治稳定和政府决策，这与十年前阿拉伯民众对西式民主的坚信、迷恋和狂热形成鲜明对比。[2]

第三，民众对政党提高治理能力的诉求很高。当前，中东多数国家面临

---

[1] Abdul-Wahab Kayyali, *Arab Public Opinion on Domestic Conditions Findings from the Sixth Wave of Arab Barometer*, Princeton: Arab Barometer, 2021；朱泉钢：《2021～2022年中东政治形势及展望》，载王林聪编：《中东发展报告No.24(2021-2022)：中东国家的发展规划及其前景》，北京：社会科学文献出版社，2022年版，第57—58页。

[2] Michael Robbins, *Democracy in the Middle East & North Africa*, Princeton: Arab Barometer, 2022.

严重的治理赤字。2010年以来，中东地区深陷"剧变长波"之中，该地区的多数国家面临着越来越严重的社会经济问题，包括贫困、不平等、腐败、气候变化和经济转型等。受新冠疫情、俄乌冲突、国家转型困境等多重因素的叠加影响，中东国家民众生活压力较大，要求政府和执政党提高治理能力的呼声很高。此外，中东地区安全形势依然严峻，民众安全压力较高。一是常规战争和非常规冲突频繁发生，地区国家面临严重安全威胁。中东地区的国家间战争虽有所下降，但外部军事干预、内战、暴恐袭击等传统形式的安全问题依旧突出，并呈现出混合性战争、代理人战争、"灰色地带"冲突等新型冲突形态，对中东国家安全构成严重威胁。二是传统安全与非传统安全问题交织叠加，地区国家承受较大安全压力。中东国家不仅面临多重的传统军事安全、国土安全、政治安全挑战，而且承受日益加剧的经济安全、网络完全、环境安全、粮食安全、水资源安全、生物安全等非传统安全压力，且两者相互纠缠、彼此叠加，增大了中东国家的安全风险。

中东民众对于政府和执政党在经济、安全和政治治理中的作用失望日增，对政府和制度化的政治参与渠道的信任下降，甚至不惜选择进行体系外政治抗议。卡内基基金会"全球抗议追踪"项目的资料显示，2022年，发生规模超1000人民众抗议的中东国家包括伊朗、摩洛哥、苏丹、突尼斯、土耳其、巴勒斯坦等。[1] 面对此起彼伏的民众抗议，中东国家的政府和执政党也在努力提高治理能力，积极回应民众的变革诉求，包括制定并推行中长期发展战略，进行渐进式政治改革，提高政府公共服务能力等。然而，系统性的国家改革很难一蹴而就，执政党往往还面临着内外部因素的掣肘和制约。

因此，如何更好代表、维护和拓展民众利益，回应民众诉求，提高民众生活质量，仍是中东国家的政党需要认真对待的问题。

---

[1] "Global Protest Tracker", https://carnegieendowment.org/publications/interactive/protest-tracker.

第五章
非洲地区国家政党政治发展与研究

沈晓雷*

非洲大陆共有 54 个国家，根据地理分布，可划分为北部非洲、东部非洲、南部非洲、西部非洲和中部非洲，其中，北部非洲通常被纳入中东地区，东部非洲、南部非洲、西部非洲和中部非洲则被统称为撒哈拉以南非洲。本章涉及的非洲国家是撒哈拉以南非洲的 48 个国家，分别为埃塞俄比亚、安哥拉、贝宁、博茨瓦纳、布基纳法索、布隆迪、赤道几内亚、多哥、厄立特里亚、佛得角、冈比亚、刚果（布）、刚果（金）、吉布提、几内亚、几内亚比绍、加纳、加蓬、津巴布韦、喀麦隆、科摩罗、科特迪瓦、肯尼亚、莱索托、利比里亚、卢旺达、马达加斯加、马拉维、马里、毛里求斯、莫桑比克、纳米比亚、南非、南苏丹、尼日尔、尼日利亚、塞拉利昂、塞内加尔、塞舌尔、圣多美和普林西比、斯威士兰、苏丹、索马里、坦桑尼亚、乌干达、赞比亚、乍得和中非共和国。

---

* 沈晓雷，中国社会科学院西亚非洲研究所副研究员，主要研究方向为非洲政治、非洲民族和中非关系研究。

自20世纪90年代多党民主化以来，尽管有些国家仍受到政局动荡尤其是内部冲突和军事政变等因素的影响，但非洲政党政治总体呈现良性发展态势，突出表现为多党选举已基本实现制度化、政党间竞争日趋激烈、政党纲领性日益凸显等方面。政党政治的良性发展已经且将继续为非洲国家政治稳定、经济发展与社会安宁奠定良好基础。基于此，本章对非洲政党政治发展进行研究。本章将首先概述近年来非洲国家政党政治整体发展态势，并在此基础上以选举为主要视角，对2022年肯尼亚、安哥拉、赤道几内亚和南非等重点国家的政党政治发展进行较为详细的分析。

一、非洲国家政党政治整体发展态势

自20世纪80年代末非洲开启政治民主化进程以来，非洲国家的民主政治发展有了长足进步，民主政治的诸构成要素，包括政党政治与多党选举等也日渐成熟。尽管如此，近年来，非洲民众对多党选举的支持略呈下降态势，更为重要的是，非洲一些国家的政局动荡尤其是有所回潮的军事政变，对非洲国家政党政治产生了较大冲击。

（一）非洲国家政党政治发展日益成熟

20世纪80年代末，非洲开启政治民主化最为重要的标志是各国纷纷放弃一党制或军事统治，放开党禁，实行多党制并举行多党选举。经过30多年的民主化进程，到目前为止，除实行君主制的斯威士兰和一党制的厄立特里亚，以及仍处于政治过渡期的南苏丹外，其他51个非洲国家均已顺利举行多轮选举，且选举已经成为非洲各国权力更替的主要手段。

多党选举的顺利进行进一步推动非洲国家政党政治发展并使其日渐成熟，民主变量数据库在这方面提供了充足的数据支撑。民主变量数据库对世界各国政党政治设置了一系列指标，其中包括是否限制组建政党，是否禁止政党活动，反对党的独立性和自主性如何，政党的组织水平或制度化水平如何，以及政党在各地区的竞争性如何等。通过该数据中各项指标的变动情况可以发现，非洲各国持续放宽对组建政党的限制，持续减少禁止政党活动的各项措施，反对党的自由度明显提高，政党组织水平得到明显改善，政党在各地区的竞争性也得到了较大提升。云南大学非洲研究中心主任张春综合衡量该数据库政党组建障碍、政党禁止、反对党自由度和政党组织水平四个变量，得出了非洲政党发展指数。该指数得分区间为-1—1，得分越高，政党发展水平越高。如图1所示，1991年非洲政党发展指数不到-0.2，此后该指数不断攀升，到2000年超过0.6，在2011—2018年间一直维持在0.8以上，2019年之后虽有所下滑，但仍在0.75以上。

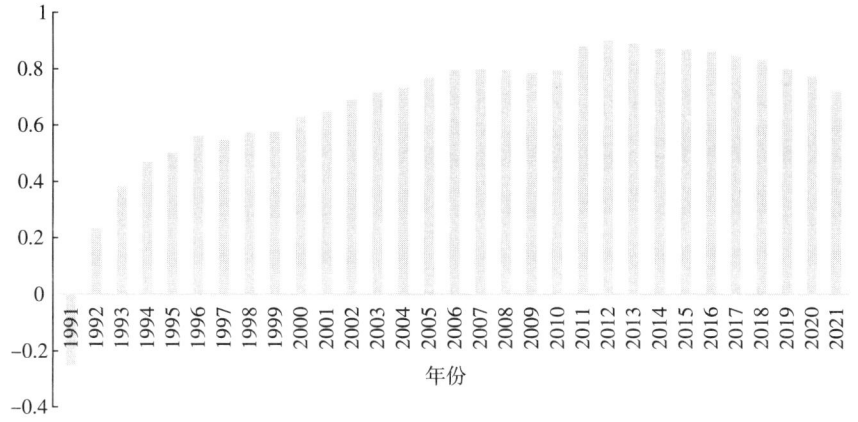

图1 非洲政党发展指数（1991—2021年）

资料来源：张春根据民主变量数据库数据制作。

政党变量数据库也提供了政党政治发展的两个指数，一是反多元主义指数，即一个政党选举前在多大程度上缺乏对民主规范的承诺，该指数得分区间为0—1，得分越低，对民主规范的承诺越高。二是民粹主义指数，即一个政党的代表在多大程度上使用民粹主义话语，该指数得分区间也是0—1，得分越低，说明越少使用民粹主义话语。综合分析非洲各国主要政党的得分情况发现，随着时间的推移，绝大多数政党尤其是执政党在选举前对民主规范的承诺越来越高,使用民粹主义话语越来越低,有不少政党在这两项指数上的得分已经在0.5以下。以非洲政党政治发展较为成熟的南非为例,其执政党非洲人国民大会在2019年的得分分别为0.194和0.693,主要反对党民主联盟分别为0.052和0.487。与这两个政党相比,另外一个主要反对党经济自由斗士则分别高达0.933和0.973。这反映了在当前一些非洲国家,有些反对党为了获取更多支持而采取民粹主义策略。[1]

非洲政党政治发展日益成熟的另外一个重要标志是政党间的竞争日趋激烈。一是大多数国家的选举都呈现势均力敌的局面,获胜者的得票率很难大幅领先于败选者。二是一些国家实现了政权在执政党与反对党之间的更替。2020年以来,非洲共有24个国家举行总统选举。其中,几内亚比绍、多哥、马拉维、布基纳法索、几内亚、塞舌尔、加纳、赞比亚、尼日尔、圣多美和普林西比、乌干达、冈比亚、安哥拉和肯尼亚等14个国家的获胜者得票率不到60%,占举行选举国家总数的58.33%。此外,在上述24个国家中,马拉维、塞舌尔、赞比亚、索马里和肯尼亚实现了政权在执政党与反对党之间的更替。

(二)非洲民众对多党选举的支持率有所下降

尽管非洲政党政治呈现日益成熟的态势,尤其是多党选举已经成为非洲政治发展常态和政权更替与遴选领导人的主要方式,但近年来,非洲普通民众对多党选举的支持却呈现出下降态势。著名调查机构非洲晴雨表对非洲民众对多党选举的支持度开展了持续性调查,根据其对18个国家的调查结果,在2005—2006年第三轮调查中,支持或强烈支持多党选举的民众占比为82%。在2011—2013年第五轮调查中,支持率升至83%。此后,非洲民众对多党选举的支持率开始下滑,2017—2018年第七轮调查中降至74%,下降了近10个百分点。与之相比,在2005—2018年间,支持以其他方式遴选领

---

[1] V-Party Database, https://www.v-dem.net/data/v-party-dataset/.

导人的比例从16%上升至24%，如图2所示，上升约8个百分点。在2019—2021年对34个国家的第八轮调查中，多党选举的支持率为75%，比第七轮调查结果略有上升。从国别角度来看，非洲晴雨表通过追踪30个国家2011—2021年对多党选举的支持情况，发现仅有塞拉利昂、埃塞俄比亚、坦桑尼亚和几内亚对多党选举的支持呈上升趋势，其他26个国家则呈现出不同程度的下降态势，由此导致它们的整体下降幅度达到8个百分点，其中莱索托和南非下降幅度超过20个百分点，马拉维、斯威士兰、赞比亚、莫桑比克、塞内加尔、津巴布韦、科特迪瓦、喀麦隆、博茨瓦纳、加纳和佛得角均在10个百分点以上。[1]

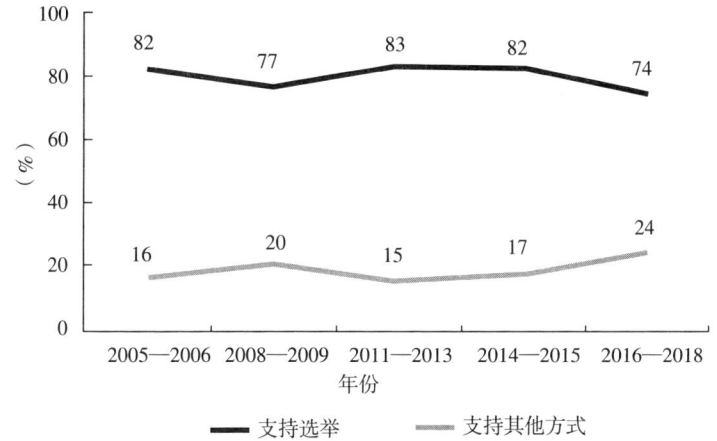

图2 非洲民众对多党选举的支持度变化（2005—2018年）

资料来源：Michael Bratton and Sadhiska Bhoojedhur,"Africans Want Open Elections-Especially if They Bring Change", *Afrobarometer Policy Paper*, No. 58, 2019, p. 7。

除了对多党选举进行调查外，非洲晴雨表还对非洲民众对多党竞争的态度进行了调查，此项调查的选项有三个，一是"支持多党竞争"，因为多个

---

[1] Fredline M'Cormack-Hale and Mavis Zupork Dome, "Support for Elections Weakens Among Africans; Many See Them as Ineffective in Holding Leaders Accountable", *Afrobarometer Dispatch*, No. 425, 2021, p. 10.

政党可保证这个国家的公民能够真正选择谁来统治他们;二是"不支持多党竞争",因为过多政党产生分歧和混乱,因此没有必要;三是"均不选择/不知道/拒绝回答"。根据2019—2021年的第八轮调查结果,在34个非洲国家中,平均有63%的民众支持多党竞争,35%的民众认为多党竞争没有必要。就单个国家而言,支持率最高的是加蓬,为78%;支持率最低的是莱索托,为36%。从非洲晴雨表对30个国家的跟踪调查来看,在2011—2021年间,其对多党竞争的支持率出现小幅上涨,从62%上升为63%。就具体国家而言,上涨幅度最大的是斯威士兰、博茨瓦纳和肯尼亚,分别为24%、11%和10%;下降幅度最大的为莱索托、利比里亚和加纳,分别为34%、19%和10%。[1]

非洲民众对多党选举和多党竞争的支持率有所下降,与他们认为多党选举成效一般有关。在第八轮调查中,44%的民众认为多党选举能使投票者赶走表现不好的领导人,而持否定态度的民众占比为50%。如图3所示,从2008—2009年第四轮调查以来的情况来看,在非洲晴雨表持续跟踪调查的19个国家中,对这一问题持肯定态度的民众占比从46%小幅上升为47%,但持否定态度的民众占比却从41%上升为47%。

---

[1] Fredline M'Cormack-Hale and Mavis Zupork Dome, "Support for Elections Weakens Among Africans; Many See Them as Ineffective in Holding Leaders Accountable", *Afrobarometer Dispatch*, No. 425, 2021, pp. 12-13.

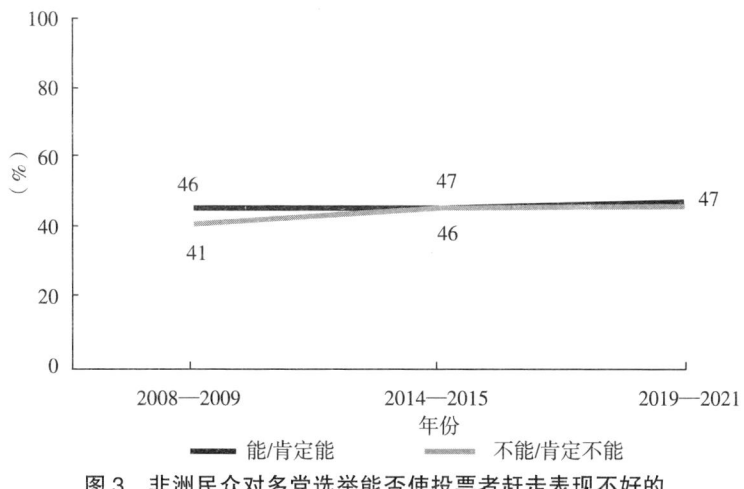

**图 3　非洲民众对多党选举能否使投票者赶走表现不好的
领导人的看法（2008—2021 年）**

资料来源：Fredline M'Cormack-Hale and Mavis Zupork Dome, "Support for Elections Weakens Among Africans; Many See Them as Ineffective in Holding Leaders Accountable", *Afrobarometer Dispatch*, No. 425, 2021, p. 7。

然而，与非洲民众对多党选举成效不太认可相比，他们对多党选举质量，即多党选举是否自由与公平的看法要正面得多。如图 4 所示，在非洲晴雨表 2019—2020 年对 34 个非洲国家的第八轮调查中，分别有 41% 和 22% 的民众认为，最近一次多党选举"完全自由与公平"或"自由与公平但存在小问题"，只有 13% 和 16% 的民众认为"自由与公平但存在大问题"或"不自由与公平"。不过从 2011—2013 年第五轮调查以来的情况来看，在非洲晴雨表持续调查的 30 个非洲国家中，非洲民众对多党选举质量的看法仍有所下降。如图 5 所示，认为"完全自由与公平"或"自由与公平但存在小问题"的比例 2011—2013 年的 66% 下降为 2019—2021 年的 65%，认为"不自由与公平"或"自由与公平但存在大问题"的比例则从 24% 上升为 27%。

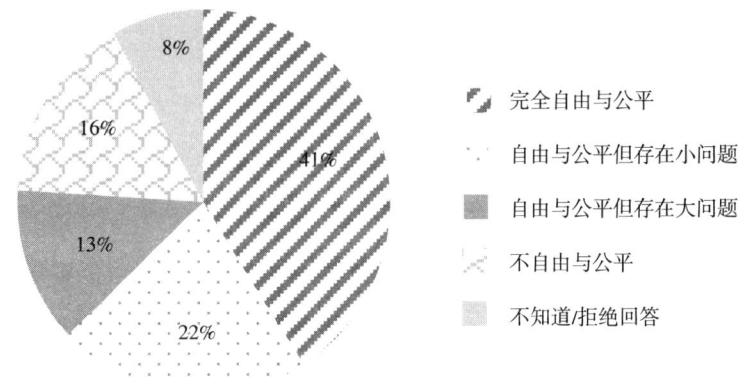

图4 非洲民众对最近一次多党选举是否自由与公平的看法(2019—2021年)

资料来源：Fredline M'Cormack‐Hale and Mavis Zupork Dome, "Support for Elections Weakens Among Africans; Many See Them as Ineffective in Holding Leaders Accountable", *Afrobarometer Dispatch*, No.551, 2022, p.17。

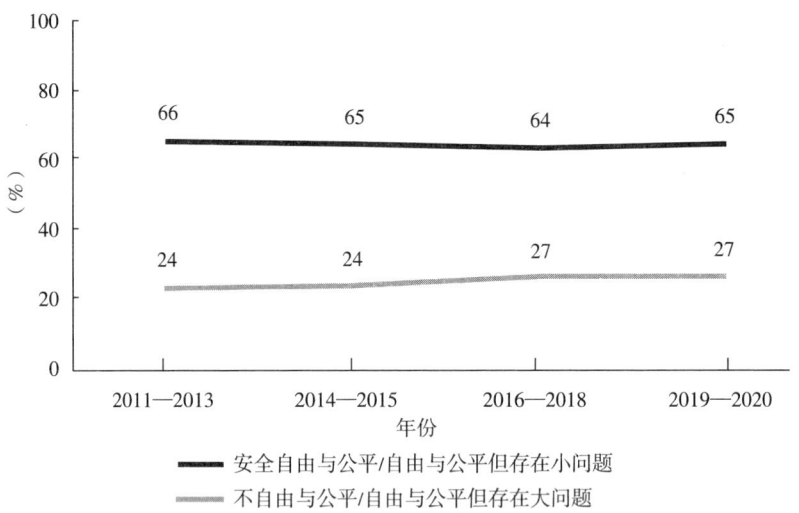

图5 非洲民众对最近一次多党选举否自由与公平的看法(2011—2021年)

资料来源：Fredline M'Cormack‐Hale and Mavis Zupork Dome, "Support for Elections Weakens Among Africans; Many See Them as Ineffective in Holding Leaders Accountable", *Afrobarometer Dispatch*, No.551, 2022, p.17。

第五章　非洲地区国家政党政治发展与研究

（三）多国政局动荡对非洲国家政党政治产生冲击

2020年以来，受新冠疫情、俄乌冲突、恐怖主义、粮食短缺和民生问题等多重因素的交互影响，非洲多个国家政局动荡，包括埃塞俄比亚军事冲突，马里、苏丹、几内亚和布基纳法索军事政变，以及乍得政权更替等。这些政局动荡对相关国家的政党政治产生重大冲击，严重阻碍其政党政治的良性发展。

在埃塞俄比亚，2019年下半年，其总理阿比·艾哈迈德（以下简称"阿比"）推动执政联盟埃塞俄比亚人民革命民主阵线向单一国家政党转变，并最终在12月1日将其改为繁荣党。[1] 执政联盟成员党奥罗莫人民民主组织、阿姆哈拉民族民主运动和南埃塞俄比亚人民民主阵线，以及五个附属政党阿法尔民族民主党、索马里人民民主党、贝拉人民民主运动、本尚古勒-古马兹人民民主党和哈拉里人民联盟加入繁荣党，但执政联盟另一成员党提格雷人民解放阵线（以下简称"提人阵"）拒绝加入，因此与阿比政府和繁荣党产生矛盾。2020年3月，埃塞俄比亚选举委员会因新冠疫情而推迟原定于8月29日的大选，提人阵控制下的提格雷州则坚持在9月9日单方面举行选举，引起联邦政府严重不满，双方矛盾不断升级，并最终在11月4日引发埃塞俄比亚联邦政府与提人阵之间的军事冲突。

这场军事冲突从2020年11月4日开始，一直持续到2022年11月2日，冲突双方才在非洲联盟的协调下，在南非比勒陀利亚签署永久停火协议，宣布"永久停火以结束在埃塞俄比亚北部地区长达两年的冲突"，并表示埃塞俄比亚只有一支国防军，双方同意解除提人阵武装。[2] 在此期间，埃塞俄比亚在2021年10月举行大选，繁荣党获得议会绝大多数席位，党主席阿比

---

[1] Daniel Beyene, "Prosperity Party Officially Formed, No Earthly Power Deters Ethiopia from Transforming, Prospering: Premier", *The Ethiopian Herald*, December 3, 2019.

[2] "Delegations of Peace Talks Released Joint Statement Following Agreement to Disarm TPLF and End Conflict", https://www.fanabc.com/english/delegates-of-peace-talks-released-joint-statement-following-agreement-to-disarm-tplf-and-end-conflict/.

连任总理职务。目前，埃塞俄比亚联邦政府正在与提人阵就停火协议细节、如何解除提人阵武装，以及提人阵的未来政治地位等问题举行谈判。只有永久和平协议得到顺利实施、提人阵地位得到妥善解决，埃塞俄比亚政党政治才能进入良性发展轨道。

在马里，2020年8月18日，马里发生军事政变，总统易卜拉欣·凯塔被抓并被扣押到军营后，宣布辞去一切职务，同时解散国民议会和政府。19日，政变军人成立权力过渡机构"拯救人民全国委员会"，政变领导者阿西米·戈伊塔担任拯救人民全国委员会主席。马里此次军事政变的原因之一是，2020年3月和4月举行的两轮议会选举存在选举舞弊和选举暴力，遭到反对派抵制并引发政局动荡。9月，经有关各方协商，马里达成政治过渡安排，前国防和退伍军人部长巴·恩多被任命为过渡总统，戈伊塔被任命为过渡副总统，马里进入为期18个月的政治过渡期。然而，马里在过渡期并没有保持政局稳定，2021年5月24日，马里再度发生军事政变，过渡总统恩多被解除职务，过渡副总统戈伊塔接任过渡总统。马里再次发生军事政变后，政治过渡期安排成为其政党政治发展的核心问题，因此，西非国家经济共同体（以下简称"西共体"）先后在2021年11月和2022年1月，以马里临时政府无法在2022年2月完成政治过渡为由对其实施制裁。在西共体的压力之下，2022年6月7日，戈伊塔签署总统令，宣布从2022年3月26日开始进入为期24个月的政治过渡期，至2024年2月结束。[1]当前，马里正着手制定新宪法。宪法公投原定于2023年3月举行，后推迟至6月。初步结果显示，宪法公投投票率为39.4%，以97%的赞成率获得通过。

在苏丹，苏丹政局动荡始于2018年12月爆发的大规模民众抗议活动，该活动在持续4个月后，引发军方在2019年4月11日发动政变并逮捕前总

---

[1]《马里过渡总统签署总统令宣布马里政治过渡期》，http://www.news.cn/2022-06/07/c_1128721015.htm。

统巴希尔。此后，在军方与反对派联盟的相互妥协下，苏丹在2019年9月5日成立以阿卜杜拉·哈姆杜克为总理的过渡政府，并进入为期39个月的过渡期。然而，由于在过渡期间军方与过渡政府之间存在矛盾，再加上民众仍然抗议不断，2021年10月25日，苏丹再次发生军事政变，哈姆杜克遭到软禁，苏丹主权委员会主席兼苏丹武装部队总司令法塔赫·布尔汉宣布国家进入紧急状态，并解散主权委员会和过渡政府。11月11日，布尔汉发布宪法法令，宣布成立过渡主权委员会，由其本人担任委员会主席。布尔汉此举遭到国内各政党和反对派，以及非洲联盟和苏丹问题"三驾马车"美国、英国与挪威的反对，在内外压力之下，其在11月21日与哈姆杜克达成政治和解并签署政治宣言，其中包括哈姆杜克恢复过渡总理一职并组建由技术型官员组成的独立内阁，以及完成过渡时期国家相关机构组建等。但哈姆杜克组阁未果并在2022年1月2日宣布辞职。此后，联合国、非洲联盟、东非政府间发展组织"伊加特"成立三方机制，推动苏丹军方同有关政党开展直接对话。经过各方努力，2022年12月5日，苏丹军方与最大的反对派联盟自由与变革力量中央委员会、部分政党、专业组织和协会及武装运动团体签署政治框架协议，确定苏丹新一轮政治过渡期的相关安排，包括军方退出政治进程并组建文官政府，以及自总理任职起开始为期24个月的政治过渡进程等。[1]

在几内亚，2021年9月5日，几内亚发生军事政变，以特种部队司令马马迪·敦布亚为首的军人扣押总统阿尔法·孔戴，废除宪法、解散政府和议会、成立全国团结和发展委员会并掌权。几内亚此次军事政变与孔戴延长任期及反对党拒绝承认2020年总统选举结果并因此导致政局不稳有关。政变发生后，联合国、非洲联盟和西共体联合向政变军人施压，希望几内亚能够

---

[1]《苏丹国内各方签署政治框架协议》，http://world.people.com.cn/n1/2022/1206/c1002-32581487.html。

实现政权平稳过渡。在各方共同努力下，10月1日，敦布亚宣誓就任几内亚过渡总统，并在10月6日任命穆罕默德·贝阿沃吉为过渡总理，组建过渡政府。然而，几内亚政治过渡期时长一直悬而未决。2022年4月30日和5月11日，几内亚过渡政府先后两次宣布政治过渡期时长，分别为39个月和36个月，但遭到西共体的反对与持续制裁。10月21日，在西共体与国内民众的压力下，几内亚过渡政府宣布将政治过渡期从36个月缩短为24个月，此举得到了西共体的认可。[1] 然而，几内亚过渡政府目前仍未明确宣布政治过渡期从何时开始，这意味着其政治过渡进程仍然具有一定的变数。

在布基纳法索，2022年1月23日，布基纳法索发生军事政变，由陆军中校保罗-亨利·达米巴领导的军人次日宣布夺取国家政权，成立过渡政权拯救复兴爱国运动，解除总统克里斯蒂安·卡博雷的职务，解散政府和国民议会。1月31日，拯救复兴爱国运动宣布恢复宪法秩序并任命达米巴为过渡总统。2月16日，达米巴宣誓就任过渡总统，表示"将尊重维护宪法法律，打击恐怖主义，保卫国家安全和领土完整"[2]。3月1日，布基纳法索全国会议宣布将实施为期三年的过渡期，正在执政的军政府继续掌权三年。布基纳法索军事政变后，非洲联盟和西共体也通过暂停其成员国身份和制裁的方式向其施压，并最终迫使其将过渡期从三年缩短为两年，自2022年7月1日开始计算。但过渡政府执政期间并未改善国内反恐形势和军队待遇，由此导致布基纳法索在9月30日再次发生军事政变，政变领导人易卜拉欣·特拉奥雷上尉担任拯救复兴爱国运动主席并宣布解散过渡政府。10月14日，布基纳法索召开全国大会，通过新的过渡宪章并任命特拉奥雷为过渡总统。

---

[1] "Guinea Agrees to Shorter Transitional Timeline of 24 Months" https://www.aa.com.tr/en/africa/guinea-agrees-to-shorter-transitional-timeline-of-24-months/2718311.

[2] 田耘:《布基纳法索政变军队领导人宣誓就任总统》,载《撒哈拉视野》微信公众平台,2022年2月17日。

10月21日，特拉奥雷宣誓就任过渡总统，过渡期至2024年7月结束。[1]

在乍得，2021年4月，乍得前总统伊德里斯·代比在前线督战时去世，其子穆罕默德·代比被任命为临时国家元首，随后，乍得进入为期18个月的过渡期。2022年以来，乍得过渡期进程充满波折。过渡政府先是在5月初推迟原定于5月10日举行的全国包容与主权对话，后虽在8月20日开始与包括反对派在内的各界代表举行对话，商讨过渡期结束后制定宪法和组建政府等事宜，但却在10月1日宣布将过渡期延长两年。10月8日，穆罕默德·代比被任命为过渡总统，随后在10月10日宣誓就职，任命萨利赫·凯布扎博担任总理并组建民族团结政府。此举引发乍得多个城市出现示威活动，抗议过渡政府当局延长政治过渡期。10月20日，示威者与安全部队爆发冲突，至少造成50人死亡和300人受伤，其中包括10名警察。[2]

此外，加蓬、尼日尔等国也发生政变，局势愈发紧张。客观而言，受政局动荡影响，当前，上述国家的政党政治均处于相对停滞的状态，马里、苏丹、几内亚、布基纳法索和乍得更是如此。对于这些国家而言，顺利结束政治过渡进程、举行多党选举、还政于民，政党政治发展才有望恢复常态。但能否顺利结束政治过渡进程，还需要这些国家的过渡政府付出更多努力，尤其需要切实履行过渡时期政治安排，积极协调军队与文官之间的关系，并对国内各政党尤其是反对党及非政府组织采取更加开放的态度。

二、2022年非洲国家政党政治发展情况

2022年，非洲有九个国家举行总统和议会选举，南非举行执政党换届选

---

[1] Aurore Bonny, "Burkina Faso Junta Leader Names Lawyer as Prime Minister", https://www.aa.com.tr/en/africa/burkina-faso-junta-leader-names-lawyer-as-prime-minister/2718264.

[2] "At Least 50 People Killed in Chad Protests, UN Urges Probe", https://www.france24.com/en/africa/20221020-chad-police-clash-with-protesters-killing-at-least-five.

举。其中，索马里为总统选举，肯尼亚、安哥拉和赤道几内亚同时举行总统和议会选举，冈比亚、莱索托、刚果（布）、圣多美和普林西比及塞内加尔为议会选举。[1]

就总统选举而言，索马里前总统哈桑·谢赫·马哈茂德在议会上院和下院的共同选举中以214票对110票的优势击败现任总统穆罕默德·阿卜杜拉希·穆罕默德，当选为第十任索马里总统，成为索马里历史上第一位两次当选的总统。就议会选举而言，在实行总统制的四个国家中，有三个国家的执政党获得了绝大多数席位，其中刚果（布）执政党刚果劳动党获得国民议会151个议席中的112席，圣多美与普林西比执政党民主独立行动党获得议会55个议席中的30席，塞内加尔执政联盟共同希望联盟获得国民议会165个席位中的82席；冈比亚执政党国家人民党则获得国民议会58个议席中的18席，成为议会第一大党；在实行君主立宪制的莱索托，2022年3月新成立的繁荣革命党获得120个议席中的56席，成为议会第一大党。

如果再加上肯尼亚、安哥拉和赤道几内亚的选举结果，可以发现这些国家2022年的政党政治发展有两个方面的重要特征。一是执政党大多在执掌行政机构的同时，也能够凭借在议会中的多数席位主导立法机构。在上述国家中，安哥拉、赤道几内亚、刚果（布）、圣多美和普林西比及塞内加尔执政党均获得了议会50%以上的席位。二是随着非洲国家政党政治的逐步成熟和选举竞争的日趋激烈，执政党候选人在选举中下台的可能性越来越大，且胜选者与败选者的得票差距正在逐步缩小，如安哥拉执政党安哥拉人民解放运动（以下简称"安人运"）的得票率为51.17%，肯尼亚总统威廉·鲁托的得票率为50.49%。

（一）肯尼亚：族群仍是影响政党政治发展的重要因素

2022年8月9日，肯尼亚同时举行总统选举和议会选举。8月15日，肯

---

[1] Electoral Institute for Sustainable Democracy in Africa, "2022 African Election Calendar", https://www.eisa.org/calendar.

尼亚独立选举和边界委员会公布总统选举结果，在参加选举的四个候选人中，肯尼亚优先联盟候选人威廉·萨莫伊·鲁托获得717.6万张选票，有效得票率为50.49%，在47个郡中的39个郡获得至少25%的选票；团结纲领联盟候选人拉伊拉·奥廷加获得694.3万张选票，有效得票率为48.85%，在34个郡获得至少25%的选票；根基党候选人乔治·瓦杰科亚和阿诺党候选人大卫·威希加·姆沃尔则分别获得6.2万张和3.2万张选票。在众议院349个席位中，团结纲领联盟获得173席，肯尼亚优先联盟获得161席，其他政党及独立人士共获得15席；在参议院67个席位中，团结纲领联盟获得32席，肯尼亚优先联盟获得33席。[1]

根据这一选举结果，鲁托以微弱优势击败奥廷加当选，但后者不承认选举结果并在8月22日向肯尼亚最高法院提起上诉。9月5日，肯尼亚最高法院驳回奥廷加的上诉并确认选举结果有效。9月13日，鲁托宣誓就任总统。肯尼亚此次总统选举虽然出现了一些波折，但选举进程总体顺利，并没有出现选前人们所担心的选举骚乱。尽管如此，其背后所凸显的族群政治因素，尤其是族群对肯尼亚政党政治发展的影响，仍然值得关注。

肯尼亚的民族构成大致如下：基库尤族占17%，卢希亚族占14%，卡伦金族占11%，卢奥族占10%，康巴族占10%，其他一些较小的民族还有基西族、梅鲁族、米吉肯达族和马赛族等。[2]肯尼亚在1963年12月12日独立，在当年5月举行的独立选举中，肯尼亚非洲民族联盟（以下简称"肯盟"）战胜肯尼亚非洲民主联盟赢得选举，肯盟主席乔莫·肯雅塔成为肯尼亚独立后的首任总统。

独立以来，肯尼亚政党政治先后经历了两个发展阶段，分别为1963—

---

[1] "Kenya Elections 2022", https://elections.nation.africa/.
[2]《肯尼亚国家概况》, https://www.fmprc.gov.cn/web/gjhdq_676201/gj_676203/fz_677316/1206_677946/1206x0_677948/。

1991年的一党制时期和1991年以来的多党制时期。[1] 这两个时期的政党政治发展均具有明显的族群色彩，以致肯尼亚被视为非洲族群政党[2]和族群政治的典型国家。在一党制时期，政权一直掌握在肯盟手中。肯盟在乔莫·肯雅塔执政时期为以基库尤族为主导的多族群政党，1978年，丹尼尔·莫伊执政后，卡伦金族逐步取代基库尤族并占据主导地位，至20世纪90年代末，卡伦金族担任内阁成员和国家部委负责人的数量已经超过基库尤族。

1991年肯尼亚实行多党制后，各政党如雨后春笋般建立。各主要民族争夺国家权力，导致肯尼亚政党体系不断分化组合，每次总统选举之前更是如此。实行多党制后的两次总统选举，即1992年和1997年总统选举中，肯盟候选人莫伊均取得胜利。这一时期，为对抗莫伊领导的肯盟，肯尼亚民族解放运动领导人奥京加·奥廷加在1991年8月组建试图超越民族认同的恢复民主论坛，但因内部权力斗争，1992年8月，恢复民主论坛分裂为恢复民主论坛-肯尼亚和恢复民主论坛-阿西里。其中，前者最初为卢奥族、卢希亚族和基库尤族政客构成的派系，后逐步成为仅以卢希亚族为基础的单一族群政党，后者的支持力量则主要为基库尤族和卢希亚族。此外，同期建立的其他政党也多具有强烈的族群属性，如民主党最初被视为多族群政党，其领导层包括基库尤族、康巴族、基西族、马赛族、索马里族和梅鲁族政客，后逐步成为基库尤族占据主导的单一族群政党；全国发展党主要由从恢复民主论坛-肯尼亚中分裂出来的卢奥人组成；社会民主党的支持者主要由康巴族组

---

[1] 其中,1963—1982年为事实上的一党制时期,1982—1991年为法律上的一党制时期。参见：Christina Nyström, "Kenya: The Party System from 1963-2000", https://www.janda.org/ICPP/ICPP2000/Countries/9-CentralEastAfrica/96-Kenya/96-Kenya63-00.htm。

[2] 族群政党指的是在选举中主要从特定族群或族群集团中获取支持并为该族群或族群集团利益服务的政党。以族群为基础进行划分，非洲政党可分为单一族群政党、潜在族群政党、多族群政党和非族群政党。参见：Nicholas Cheeseman and Robert Ford, *Ethnicity as a Political Cleavage*, AfroBarometer, Working Paper No. 83, 2007, pp. 12-15。

第五章　非洲地区国家政党政治发展与研究

成等。[1]

2002年总统选举前，各政党的分化组合体现了更为明显的族群色彩。在备选阶段，为了避免肯盟中的卡伦金族与基库尤族过度竞争，莫伊推选乔莫·肯雅塔之子乌胡鲁·肯雅塔为总统候选人，此举导致此前与之联合且代表卢奥族的全国发展党退出联盟。反对党的反应则更为激烈。姆瓦伊·齐贝吉领导的民主党先是在2002年7月联合其他12个小党组建肯尼亚全国联盟，后又与拉伊拉·奥廷加领导的卢奥族政党自由民主党、恢复民主论坛-肯尼亚和国民党等在10月组建全国彩虹联盟，该党也随即成为以基库尤族和卢奥族为主的多族群政党。

齐贝吉在2002年总统选举中获胜后，全国彩虹联盟很快又陷入基库尤族与卢奥族的内斗，并因此导致其在2005年宪法全民公投后分裂，奥廷加领导的自由民主党在被驱逐出政府后，联合肯盟中基库尤族以外的力量组建橙色民主运动，该党后又在2007年8月分裂为奥廷加领导的橙色民主运动和卡隆佐·穆西约卡领导的清理者民主运动-肯尼亚；齐贝吉则先是组建全国彩虹联盟-肯尼亚，后在2007年9月携手肯雅塔组建民族统一党，该党由此也成为以基库尤族为主体的政党，而齐贝吉与肯雅塔的结盟则进一步巩固了基库尤族在政治上的优势，并因此在2007年大选中战胜奥廷加领导的橙色民主运动。

2007年总统大选结果引发了基库尤族与卢奥族和卡伦金族之间严重的族群冲突，后经国际社会调解，齐贝吉与奥廷加达成分权协议，齐贝吉任总统，奥廷加任总理。2007年总统选举及其后的族群冲突引发了肯尼亚各方对族群政治的担忧，并最终推动肯尼亚政府在2010年颁布独立以来的第二部宪法。该宪法为消除对肯尼亚族群政治做出努力：一是将原来的七个省重新

---

[1] Sebastian ELischer, *Political Parties in Africa: Ethnicity and Party Formation*, Cambridge University Press, 2013, pp.51-79.

划分为47个郡，旨在加强各民族之间的融合；二是规定新建政党必须至少有1000名注册党员，且必须来自47个郡中一半以上的地区；三是总统候选人要想胜出，除了获得50%以上选票外，还要在半数以上的郡获得25%以上的支持。[1]

但新宪法并没有彻底消除肯尼亚政党与选举中的族群属性。一方面，2012年，肯雅塔退出民族统一党，加入2000年建立的肯尼亚民族团结党并将其改名为民族团结党。2013年1月，民族团结党与威廉·鲁托领导的联合共和党及全国彩虹联盟等政党组成朱比利联盟，共同参加2013年总统选举。鉴于肯雅塔的基库尤族背景和鲁托的卡伦金族背景，朱比利联盟成为以基库尤族和卡伦金族为主导的政党。另一方面，橙色民主运动、清理者民主运动-肯尼亚和恢复民主论坛-肯尼亚等组建改革民主联盟，并推选奥廷加和穆西约卡为总统和副总统候选人参加2013年总统选举，该联盟也因此成为以卢奥族和康巴族为主导的政党。2013年，朱比利联盟在总统选举中获胜，为了进一步扩大族群代表性，各成员党联合其他一些政党共11个党在2016年9月组建朱比利党。2017年1月，改革民主联盟也在吸收一些小党后扩大为全国超级联盟。2017年总统选举主要在朱比利党和全国超级联盟之间展开，最终由代表基库尤族与卡伦金族的肯雅塔和鲁托战胜了代表卢奥族和康巴族的奥廷加和穆西约卡。

尽管肯雅塔与鲁托的组合赢得了两次总统选举，但2018年之后，朱比利党又以族群为线分裂成了两大阵营，其中以卡伦金族为主支持鲁托的阵营被称为行动派，以基库尤族为主支持肯雅塔的阵营被称为理解派。与此同时，肯雅塔与奥廷加在2018年实现和解，肯雅塔此后更是多次表示，下一届总统既不应该再是基库尤人也不应再是卡伦金人。这就意味着他将在2022

---

[1] 邓延庭：《族群政治视野下的肯尼亚政治发展》，载张宏明主编：《非洲发展报告2020》，北京：社会科学文献出版社，2020年，第236—237页。

年总统选举中支持奥廷加而不是鲁托。在此情况下，鲁托在2021年年底退出朱比利党，加入联合民主联盟[1]并被其推选为2022年总统候选人。2022年1月，联合民主联盟与阿曼尼国民大会[2]和恢复民主论坛-肯尼亚组建肯尼亚优先联盟，至4月又有八个政党加入该联盟，从而使其联盟党总数增至12个。为了获得基库尤族的支持，鲁托选择了里加蒂·加查瓜[3]为其竞选伙伴。

奥廷加在2021年12月宣布参加总统选举后，也开始着手组建政党联盟。2022年3月，奥廷加领导的橙色民主运动和肯雅塔领导的朱比利党，以及清理者民主运动-肯尼亚、联合民主运动[4]和民主行动党等至少26个政党组建团结纲领联盟并推选奥廷加为总统候选人。同样为了获得基库尤族的支持，奥廷加选择了基库尤人玛莎·卡鲁阿为竞选伙伴。

从2022年总统选举结果来看，族群仍然是影响肯尼亚政党政治发展的重要因素。鲁托和奥廷加分别在卡伦金族和卢奥族所在的郡赢得了绝大多数选票，但令人意外的是，尽管肯雅塔对奥廷加进行了支持，但基库尤族所在的郡却将绝大多数选票投给了鲁托，且朱比利党在众议院选举中仅获得28个席位，这表明基库尤族本身也出现了分裂，且其主要力量因肯雅塔支持奥廷加而站在了鲁托一方。就此而言，肯尼亚优先联盟仍是以卡伦金族和基库尤族为基础，团结纲领联盟也仍然是以卢奥族和康巴族为基础。

综合来看，族群因素对肯尼亚政党政治的影响主要体现在以下三个方面：其一，主要政党均具有明显的族群属性；其二，各政党之间与政党内部的权力斗争，与基库尤族、卡伦金族、卢奥族、卢希亚族和康巴族等主要民族之间的矛盾与纷争密不可分；其三，为在选举中获得更多选票，主要政党

---

[1] 该党由希拉里·耶根在2012年2月创建，最初名为行动党，2017年大选前改名为发展与改革党，2020年12月改名为联合民主联盟。
[2] 该党由穆萨里亚·慕达巴瓦迪在2015年建立，曾在2017年大选时支持奥廷加。
[3] 里加蒂·加查瓜是基库尤人、肯雅塔政府环境与林业部秘书和朱比利党人。
[4] 该党在1999年建立，早在2007年大选时便支持奥廷加领导的橙色民主运动。

已经从单一族群政党向多族群政党转变,这也导致相关政党之间的分裂与重新组合,进而使肯尼亚的政党政治呈现越来越复杂的态势。

无论肯尼亚优先联盟还是团结纲领联盟,都是为了 2022 年总统选举临时组建的政党联盟,在通往下一次总统选举的过程中,各政党之间还会为了争夺最高权力而进行新一轮分化组合。令人欣慰的是,尽管族群因素一直存在,但肯尼亚在最近三次总统选举中均未再出现 2007 年总统选举后的大规模族群冲突,选举结果也基本能为各方所承认,这也说明肯尼亚政党政治进入良性发展轨道,其未来所着重关切的,就是尽可能防止族群因素对政党政治发展产生负面影响。

(二)安哥拉:执政党支持率呈持续下降趋势

2022 年 8 月 24 日,安哥拉举行总统与国民议会选举。8 月 29 日,安哥拉国家选举委员会最终确认选举结果,在参加选举的八个政党和政党联盟中,安人运获得 51.17% 的选票和国民议会 220 个席位中的 124 个议席,党主席若昂·洛伦索当选连任。除安人运外,主要反对党争取安哥拉彻底独立全国联盟(以下简称"安盟")获得 43.95% 的选票和 90 个议席,社会革新党、安哥拉民族解放阵线(以下简称"安解阵")和人文主义党分别获得 1.14%、1.06% 和 1.02% 的选票,议席均为两个,其他三个政党得票率不足 1%,没有获得议席。[1]

2022 年大选是安哥拉 2002 年内战结束以来的第四次多党选举,在这四次选举中,安人运的得票率一直呈下降趋势,从 2008 年的 81.64% 下降到 2022 年的 51.17%。安哥拉政党政治格局也从安人运完全占据主导地位的一党主导型,逐步演变为安人运与安盟朝野势均力敌型。

与肯尼亚类似,安哥拉在 1975 年独立后也长期实行一党制,直到 1991 年改行多党制。但与肯尼亚不同的是,安哥拉在独立后长期处于内战状态,

---

[1] "Angola National Assembly 2022", https://www.electionguide.org/elections/id/3954/.

其中一方为安人运政府，另一方为若纳斯·萨文比领导的安盟。1989年1月，安哥拉总统若泽·多斯桑托斯改变拒绝停战的立场，呼吁政府与安盟实现停火。此后，安人运在1990年7月的中央委员会上决定从一党制转向多党制，并在当年12月的党代会上正式批准这一决议。1991年3月，安哥拉最高国家权力机构人民大会批准多党制，此举最终推动安人运政府和安盟在当年5月签署《比塞斯和平协议》，安哥拉暂时停止内战。[1]

1992年9月，安哥拉举行独立以来首次多党选举。其中，安人运总统候选人多斯桑托斯获得49.56%的选票，安盟总统候选人萨文比获得40.07%的选票；在国民议会选举中，安人运获得220个席位中的129席，安盟获得70席，民族解放阵线和解放民主党等10个政党共获得21席。选举结果公布后，安盟拒绝接受选举结果，安哥拉在当年10月再次陷入内战。此后，安人运政府虽先后在1994年11月与安盟签署《卢萨卡和平协议》，在1997年4月组建以其为主体、有安盟成员参加的安哥拉民族团结政府，但直到2002年4月，双方才正式签署停火协议并最终结束长达27年的内战。

2008年9月，安哥拉举行内战结束以来首次多党选举，共有10个政党和4个政党联盟参选。得益于2002年以来稳定的政治局面和年均10%以上的经济增长率，安人运获得了81.64%的选票和191个国民议会席位，牢牢掌控了安哥拉行政与立法权力。在安人运的强势表现面前，安盟仅获得了10.39%的选票和16个国民议会席位，社会革新党、新民主选举联盟和安解阵则分别获得3.17%、1.20%和1.11%的选票及8个、3个和2个席位，其他政党和政党联盟得票率不足1%，没有获得任何席位。[2]

2010年2月，安哥拉国民议会通过新宪法，规定总统经多党选举产生，任期为五年，可连任一次。根据新宪法，2012年8月和2017年8月，安哥

---

[1] 刘海方：《列国志·安哥拉》，北京：社会科学文献出版社，2010年版，第105—115页。
[2] "Angola National Assembly 2008", https://www.electionguide.org/countries/id/7/.

拉分别举行实行多党制以来的第三次和第四次总统大选，安人运在这两次大选中均取得胜利，且在 2017 年大选中顺利实现党内权力交接，洛伦索继多斯桑托斯后担任总统。然而，尽管安人运在这两次总统大选中均取得胜利，其得票率却分别下滑至 71.85% 和 61.08%，每次下滑 10 个百分点左右。其在国民议会中的席位也分别下滑到 175 席和 150 席。与之相比，安盟的得票率则持续上升，分别为 18.67% 和 26.68%，其在国民议会中的席位分别增加到 32 席和 51 席。[1]

安人运得票率持续下降与安盟得票率持续上升的态势，一直延续到 2022 年大选。与 2017 年大选相比，安人运的得票率再次下降近 10 个百分点，在国民议会的席位则进一步下降到 124 席，已不到全部席位的三分之二，这意味着其已经无法主导安哥拉立法进程，尤其是无法再单独凭借本党的力量修改宪法，且安人运政府将在未来执政中面对安盟等反对党更加强有力的监督。安盟得票率则再次上升至 43.95%，国民议会席位增长近一倍，达到了 90 席。2022 年大选由此成为安哥拉自 1992 年以来竞争最为激烈的一次大选。

安人运得票率之所以持续下滑，与安哥拉经济社会发展困境有关。2010 年以来，安哥拉经济增速大幅下滑，2016—2020 年间持续负增长；失业率高涨，其中整体失业率超过 30%，青年人失业率接近 60%；通货膨胀高企；腐败严重；安人运执政不力，内部派系斗争严重。事实上，早在 2022 年大选之前的民意调查中，安人运与安盟的支持率便始终不相上下，在 2022 年 3 月至 7 月的几次调查中，安盟的支持率一度超过安人运，最高时接近 60%，这也是安盟一度拒绝接受大选结果的原因之一。

安人运也认识到了自身存在的问题，并因此在 2022 年竞选纲领中提出

---

[1] "Angola National Assembly 2012", https://www.electionguide.org/elections/id/1636/; "Angola National Assembly 2017", https://www.electionguide.org/elections/id/3020/.

了反腐、行政现代化、加大基础设施公共投资和增加就业等口号。安人运之所以能够在2022年大选中险胜安盟，一是后者缺乏明确的政治纲领，二是在经历了连续五年的经济衰退后，安哥拉在2021年实现了0.8%的经济增长，而且在石油价格飙升的推动下，2022年经济增长率为2.8%，通货膨胀和吸引外资的情况均出现明显好转，这些宏观经济指标的改善对于安人运政府而言可谓恰逢其时。尽管如此，安人运政府仍在反腐、实现经济多元化和增加就业等方面面临诸多挑战，如果不能在本届任期内有效解决这些问题，其在下一次大选中很有可能面临更严峻的挑战。

（三）赤道几内亚：执政党继续夯实执政地位

2022年11月20日，赤道几内亚举行总统与议会选举。11月26日，赤道几内亚选举委员会公布选举结果。在总统选举中，执政党赤道几内亚民主党（以下简称"民主党"）候选人特奥多罗·奥比昂以94.9%的得票率再次当选。在议会选举中，民主党获得众议院全部100个席位，参议院全部55个由直接选举产生的席位。赤道几内亚宪法规定，总统任期为七年，议会任期为五年。根据任职期限，赤道几内亚在2022年举行议会选举，在2023年举行总统选举。2022年9月20日，赤道几内亚总统府颁布法令，决定在11月20日提前举行总统选举，并与议会选举和市政选举合并举行。

2022年总统选举为赤道几内亚自1991年实行多党制以来举行的第五次总统选举，在这五次选举中，民主党候选人奥比昂均以90%以上的得票率获胜。2022年议会选举为赤道几内亚自1991年实行多党制以来举行的第七次议会选举，在这七次选举中，民主党每次均获得众议院三分之二以上的绝对多数席位，尤其是2008年以来的四次选举中，最多只有一个席位为反对党所得。[1] 民主党在1987年10月由奥比昂建立，自建立以来，其执政地位

---

[1] "Democratic Party of Equatorial Guinea", https://en.wikipedia.org/wiki/Democratic_Party_of_Equatorial_Guinea.

保持稳固。2022年总统选举与议会选举结果进一步夯实其执政地位。

赤道几内亚在1968年10月独立后，首先经历了一段时期的一党制。1970年7月，赤道几内亚首任总统马西埃·恩奎马在解散全国所有政党后成立全国统一党，并在1972年当选为党的终身主席和国家终身总统。马西埃的独裁统治引发了国内民众的反抗和国际社会的谴责，最终导致时任国家革命武装力量部副部长奥比昂发动军事政变，推翻马西埃政权，成立以自己为首的最高军事委员会。奥比昂掌权后宣布解散一切政党，禁止任何政党活动，直到1986年10月才解除党禁。1987年10月，民主党建立后，成为赤道几内亚唯一政党。

与肯尼亚和安哥拉一样，赤道几内亚也在1991年实行多党制。1993年11月，赤道几内亚举行独立以来的首次多党议会选举，民主党以69.79%的得票率获得人民代表院80个席位中的68席，新成立的社会民主人民联盟、社会民主联盟和自由党分别以10.28%、7.36%和6.36%的得票率获得六席、五席和一席，其他四个参加选举的政党得票率均低于5%，没有获得任何席位。[1] 1996年，赤道几内亚举行多党民主化以来的首次总统选举，共有五位候选人，其中民主党候选人奥比昂获得97.85%的选票，社会民主人民联盟、赤道几内亚人民联盟、赤道几内亚进步党和社会民主联盟党候选人的得票率均不足1%。民主党和奥比昂经受住了多党制的冲击，确保执政地位稳固。

1996年总统选举之后到2011年修订宪法期间，赤道几内亚先后在2002年和2009年举行总统选举，奥比昂均以95%以上的得票率获胜，而在1999年、2004年和2008年举行的人民代表院选举中，民主党也获得了绝对多数席位，其中最多的是在2008年获得了100个席位中的99席，最低的是在

---

[1] "1993 Eqyatiruak Guinean Legislative Election", https://en.wikipedia.org/wiki/1993_Equatorial_Guinean_legislative_election.

2004年获得68席。[1] 民主党能够在这些选举中获胜并长期保持执政地位，与其致力于维护稳定和发展经济密切相关，尤其是在21世纪第一个10年，赤道几内亚经济年均增长率超过10%，在2001年、2002年、2004年和2007年分别达到67.8%、20.4%、32.6%和23.2%。[2] 经济高速发展为民主党巩固执政地位提供了有力保障。

2011年11月，赤道几内亚宪法修订案经全民公投通过，2012年2月，奥比昂签署法令，颁布新宪法。新宪法对总统任期与议会构成等进行改革：总统任期限定为两任，每任七年，从下一次大选开始计算，对此前不进行追溯，取消总统候选人年龄不超过75岁的限制；将议会由一院制改为两院制，人民代表院改名为众议院，为议会下院，席位为100个，全部由直接选举产生，任期五年；参议院为议会上院，席位为70个，其中55个由直接选举产生，15个由总统任命，任期五年。[3]

2013年5月，赤道几内亚举行新宪法颁布后的首次议会选举，民主党分别获得99个众议院席位和54个参议院席位。此后，奥比昂政府继续进行政治改革，包括在2014年11月召开第五次全国对话会议，在2015年5月修订《政党法》《总统选举法》《全民公决、市政和两院选举法》《游行、集会自由法》《政党融资法》等，进一步完善赤道几内亚的政治制度和政党体制。以此为基础，赤道几内亚分别在2016年和2017年举行总统选举和议会选举。总统选举中，奥比昂以92.70%的得票率获胜，议会选举中，民主党获得了99个众议院席位和55个参议院席位。

纵观赤道几内亚多党民主化以来的政党政治发展，民主党一直处于一党独大地位，主要反对党社会民主人民联盟、社会民主联盟党、赤道几内亚人

---

[1] 2004年，人民代表院席位从80个增加到100个。
[2] African Development Bank, *African Statistical Yearbook*, 2010, p.47.
[3] "Equatorial Guinea's Constitution of 1991 with Amendments Through 2012", http://www.constituteproject.org/constitution/.Equatorial_Guinea_2012.pdf?lang=en.

民行动党和公民革新党等，虽然也能够在总统和议会选举中获得一定的选票，但均无法给民主党带来实质性挑战，赤道几内亚由此成为非洲一党主导型政党体制的典型代表。

尽管如此，民主党目前仍然面临两个方面的挑战。一是国家治理尤其是经济治理层面的挑战。受国际原油价格下跌、石油产量下降，以及新冠疫情等因素影响，赤道几内亚经济增速骤然下滑，根据国际货币基金组织的统计数据，2010—2018年，其经济年均增长率为-3.1%，2019年以来，除2022年实现经济正增长外，其他年度均为负增长。[1] 长期经济衰退导致赤道几内亚财政赤字不断扩大、失业率上升、贫困问题日渐突出、医疗卫生状况恶化，国内民众对民主党和奥比昂政府的不满日增，这也是其在2022年11月提前举行总统选举的一个重要诱因。如果在一段时期内，经济发展问题仍无法解决，民主党的支持率将难以避免地受到影响。

二是民主党自身权力更替问题。奥比昂自1979年发动军事政变上台执政，至今已有44年时间，他由此成为目前非洲大陆执政时间最长的国家领导人。如卢旺达和乌干达等领导人长期执政的国家一样，赤道几内亚也面临着执政党内部权力更替问题。据报道，在2022年总统选举之前，奥比昂长子、赤道几内亚副总统奥多罗·恩圭马·奥比昂曾谋求党内提名，后经协商放弃，条件是奥比昂承诺在本届任期开始一到两年后辞职并让位于他。[2] 这件事情在一定程度上突显了民主党内部权力更替的问题，一方面，如奥比昂没有在本届任期内让权于恩圭马，可能会引发政局动荡；另一方面，即便恩奎马能够顺利掌权，能否掌控住政局，能否获得民主党乃至民众的支持，对他而言仍是一个挑战。

---

[1] International Monetary Fund, *Regional Economic Outlook*: *Sub-Saharan Africa*: *Living on the Edge*, Washington, D. C., October 2022, p. 16.

[2] "Equatorial Guinea: The Obiang Family's Secret Agreement over the Presidential Election", https://www.theafricareport.com/244743/equatorial-guinea-the-obiang-familys-secret-agreement-over-the-presidential-election/.

（四）南非：执政党在多重困难中前行

2022年12月16—19日，南非执政党非洲人国民大会（以下简称"非国大"）举行第五十五届全国代表大会。在本届全国代表大会上，非国大进行了领导层换届选举，南非总统西里尔·拉马福萨以2476票比1897票击败非国大前总司库和卫生部长兹韦利·穆凯兹，再次当选主席，其他六位执委会成员分别为副主席保罗·玛莎蒂勒、全国主席格韦德·曼塔谢、总书记菲基莱·姆巴卢拉、第一副总书记诺维拉·莫坎亚尼、第二副总书记马洛佩内·拉莫哥帕和总司库格温·拉马普戈帕。[1]

南非实行议会制，国民议会共设400个席位，赢得议会半数以上席位的政党为执政党，总统由新当选议员选举产生，执政党主席通常会顺利当选，这也是非国大换届选举引发各界关注的原因。拉马福萨继续当选党主席，意味着如果非国大在2024年大选中获胜，他能够继续担任总统职务。

1994年4月，南非首次举行不分种族的大选，共有19个政党参加，以非国大为首的非国大、南非共产党和南非工会大会三方联盟以62.65%的得票率和252个国民议会席位获胜，纳尔逊·曼德拉成为新宪法生效后的首任总统，也是南非历史上首位黑人总统。除非国大外，国民党和因卡塔自由党得票率分别为20.39%和10.54%，席位数分别为82个和43个；自由阵线、民主党、泛非主义者大会和非洲人基督教民主党得票率均不足5%，席位数分别为9个、7个、5个和2个；其他政党则没有获得任何席位。[2]

1994年大选开启了新南非政党政治发展的序幕。1994年之后，南非又先后在1999年、2004年、2009年、2014年和2019年举行了五次大选，非国大均取得胜利。然而，纵观非国大在五次选举中的表现，其得票率呈n字形变化，总体态势堪忧。在1999年和2004年两次大选中，得益于种族和解

---

[1] "South Africa: Ramaphosa Wins Second Term as Ruling Party Leader", https://allafrica.com/stories/202212190333.html.

[2] 杨立华：《列国志：南非》，北京：社会科学文献出版社，2010年版，第185页。

政策带来的社会稳定及广大黑人民众社会地位和生活水平的不断提升，非国大得票率持续攀升，分别达到65.35%和69.21%，国民议会席位分别为266席和279席。2004年之后，南非经济发展速度逐步下滑，再加上货币贬值、失业率攀升、腐败问题日益严重和反对党力量不断上升等因素，非国大在2009年、2014年和2019年大选中的支持率持续下滑，分别为65.90%、62.15%和57.10%，国民议会席位分别为264席、249席和230席。[1]

南非地方政府选举也反映出近年来非国大支持率不断下滑的态势。2000年以来，南非共举行五次地方政府选举，其中，非国大在2000年的得票率为59.39%，2006年，得票率上升至最高点64.82%，此后不断下滑，2011年和2016年分别下滑至61.59%和53.91%，2021年进一步下滑至45.59%，自新南非成立以来得票率首次不足50%。

非国大的支持率不断下滑的主要原因在于，南非各主要反对党给非国大带来越来越大的挑战。南非是非洲政党政治发展较为成熟的国家之一，政党数量众多，如在2019年国民议会选举中，就有48个政党参选并获得选票，此外还有30多个政党仅参加地方政府选举。从近年来的政党政治发展情况看，真正能够给非国大带来挑战的反对党主要是民主联盟和经济自由斗士党。

民主联盟前身为民主党，2000年6月与新国民党合并，成为民主联盟，但新国民党在2001年10月就退出了民主联盟。民主联盟主体为传统的"开明派"白人商界和知识界上层，后为壮大力量而转变战略，致力于建立包括黑人和白人党员在内的全民政党。民主联盟在2004年大选中获得12.37%的选票和50个国民议会席位，成为仅次于非国大的议会第二大党，也是最大的反对党。在此后的大选中，民主联盟得票率不断攀升，2014年大选中获得

---

[1] 本部分关于南非选举的相关数据均来自南非独立选举委员会官方网站：https://www.elections.org.za/pw/。

了 22.23%的选票和 89 个国民议会席位，在 2019 年大选中虽有小幅下滑，但也获得了 20.77%的选票和 84 个国民议会席位。此外，在 2011 年以来的三次地方政府选举中，民主联盟的得票率均超过了 20%，尤其是在西开普省选举中，其得票率超过了 50%，得以在南非立法首都开普敦单独执政。

经济自由斗士党由非国大前青年联盟主席朱利叶斯·马莱马在 2013 年 6 月建立，为南非左翼政党的代表，主张无偿征收土地进行土地改革、推进矿业国有化、发布全民免费教育医疗基金等经济政策。经济自由斗士党成立后不久便参加了 2014 年大选，并以 6.35%的得票率和 25 个席位成为议会第三大党和第二大反对党。此后，经济自由斗士党的支持率不断攀升，在 2019 年大选中获得 10.80%的选票和 44 个议会席位，在 2016 年和 2021 年地方选举中分别获得 8.19%和 10.31%的选票。

拉马福萨竞选连任非国大主席后，最重要的任务就是确保非国大赢得 2024 年大选，从南非当前政治局势、经济发展状况、民众支持率和政党政治发展态势来看，非国大将面临一定挑战。如何在大选前通过推动经济发展、创造就业和反腐提升民众支持率，是摆在拉马福萨和非国大面前的一项任务。

三、2023 年非洲国家政党政治发展

综合非洲当前政党政治发展主要态势，以及政治、经济与社会发展总体趋势，可对非洲国家 2023 年乃至未来一段时期政党政治发展做出如下展望。

第一，作为政党政治的重要表现形式和运行机制，大选仍是观察非洲 2023 年政党政治发展的重要视角。根据非洲可持续民主选举研究所收集的信息，2023 年，有 15 个非洲国家举行总统和议会选举。其中，刚果（金）、加蓬、利比里亚、马达加斯加、尼日利亚、塞拉利昂、苏丹、南苏丹和津巴布韦等国的总统选举尤其值得关注。从非洲国家多党选举日益成熟的发展态

势来看，这些国家顺利举行大选的概率较大，但随着非洲国家政党政治的发展尤其是各国政党间的竞争越来越激烈，这些国家的执政党可能会在大选中面临反对党的重大挑战，有些执政党甚至存在败选的可能。

第二，未来一段时期内，非洲的政党政治发展仍然会受到各国政局动荡，尤其是军事政变及国家、政党内部冲突的影响。一方面，马里、苏丹、几内亚和布基纳法索等国的政治过渡还存在一定未知数，在政治过渡顺利结束之前，这些国家的政党政治发展几乎陷入停滞。另一方面，受恐怖主义、民生困境、军政矛盾及军事政变示范效应影响，一些国家仍然存在军事政变的风险，一旦有国家发生军事政变，其政党政治发展很可能陷入短期停滞。

第三，随着非洲政治发展逐步成熟，尤其是各国谋求具有本土特色的政治创新意识不断增强，非洲民众对酋长等传统领导人的认知正在变得更加积极和客观，从而对非洲各国政党在基层的发展产生一定冲击。根据非洲晴雨表的调查，尽管非洲民众反对传统领导人介入政治选举，但在公众信任度、工作表现、聆听公众声音、清廉度等方面，传统领导人的得分均高于民选领导人和政府官员，且更多民众认为传统领导人可在解决地方冲突、加强地方治理和土地分配等领域发挥更加积极的作用。[1] 一方面，这表明非洲政党在基层可能面临来自传统领导人的挑战，另一方面，这表明政党要想在基层获得更多民众支持，必须与传统领导人保持良好的关系，并更加关注地区层面的国家治理。

---

[1] Carolyn Logan and Kelechi Amakoh, "African Citizens' Message to Traditional Leaders: Stay in Development, Stay out of Politics," *Afrobarometer Dispatch*, No. 548, 2022, pp. 2-3.

第六章
拉丁美洲地区国家政党政治发展与研究

袁东振*

2022年拉美地区国家政党和政党政治发展既保持连续性，又显示出一些新特点。执政党更迭继续成为2022年拉美地区国家政党政治发展进程的主基调，除尼加拉瓜、巴巴多斯等少数国家执政党实现连续执政外，多国出现执政党更替。同时，拉美地区左翼和右翼政党斗争激烈，左翼政党在多国大选中胜出并获得执政地位，拉美地区多国共产党成为重要参政党。拉美国家左右翼政党间斗争的效应外溢，日益呈现出较明显的区域性特点。拉美地区有些国家的执政党地位相对稳固，保持较高的支持率，但多数国家的执政党尤其是近年新上台的执政党普遍面临诸多执政难题和治理难题。一些拉美国家执政党加强党的建设，试图摆脱治理困境、稳固执政地位、维护国家政治社会稳定大局。2022年拉美地区国家政党在与中国共产党的关系方面也有不少新亮点。

本章分为五部分。第一部分分析2022年拉美国家政党和政党政治的动

---

* 袁东振，中国社会科学院拉丁美洲研究所副所长、研究员。

态和特点；第二部分分析当前拉美国家执政党面临的执政环境和执政压力；第三部分介绍一些拉美国家执政党加强党的建设的新动向；第四部分简介2022年拉美地区国家政党与中国共产党关系中的新亮点；第五部分关注2023年拉美国家政党和政党政治发展中值得关注的新动态。

一、2022年拉美国家政党政治动态及特点

2022年拉美国家政党和政党政治的发展，一方面保持与以往的连续性，如政党政治规则和政党制度运行基本稳定，各政党在现行体制和规则下有序参与政治进程和选举进程，选举结果基本能得到尊重；另一方面拉美地区政党和政党政治发展又显示出一些新变化和新特点。2022年拉美地区虽有少数国家的执政党实现连续执政，但多国出现执政党更迭；在2022年举行的大选中，拉美地区在延续执政党更迭势头的同时，左翼和右翼政党博弈的色彩更加明显，新老政党的激烈竞争成为政党政治的重要内容。

（一）执政党更迭成为拉美国家政党政治发展的主基调

2022年实现政府换届或举行大选的拉美国家中，只有尼加拉瓜和巴巴多斯两个国家的执政党得以继续执政。

尼加拉瓜执政党实现连续执政。2022年1月10日，丹尼尔·奥尔特加就任尼加拉瓜总统，开始为期五年的新任期。此前，尼加拉瓜于2021年11月7日举行大选，选举总统、副总统、一院制议会90名议员，以及中美洲议会20名尼加拉瓜议员。执政的桑地诺民族解放阵线（以下简称"桑解阵"）领导人、时任总统奥尔特加再次寻求连选连任，并以75.87%的得票率连任成功。奥尔特加曾于1985—1990年担任总统，2007年再次当选，此后于2012年、2017年连选连任。此次就任是他第五次出任该国总统。

巴巴多斯举行大选，执政党继续执政。2022年1月19日，巴巴多斯举行大选，这也是该国2021年脱离英联邦成为共和国后举行的首次大选。

2021年9月29日，巴巴多斯议会通过法令，决定改君主立宪制为议会制共和国，不再承认英国国王为该国国家元首；同年10月，原总督桑德拉·普鲁内拉·梅森当选为首任总统，并于11月30日宣誓就任。巴巴多斯是加勒比地区岛国，人口约30万。巴巴多斯议会由参众两院组成，参议院共21席，由总统任命，其中12席由总理提名，2席由反对党领袖提名，7席由总统在社会名流中选任；众议院共30席，均由普选产生，总统任命众议院多数党领袖为总理。自1966年巴巴多斯独立后，民主工党和工党交替执政。在2018年大选中，反对党工党赢得众议院全部30个席位，以绝对优势胜选上台，该党领袖米娅·莫特利出任该国历史上首位女总理。2022年1月的大选比宪法规定的选举日期提前18个月举行；本次大选中，工党再次获得众议院全部30个席位，莫特利于1月24日再次出任总理，任期五年。

除尼加拉瓜和巴巴多斯两国外，2022年进行政府换届或举行大选的其他拉美国家均发生执政党更迭。洪都拉斯、智利、哥斯达黎加、哥伦比亚、格林纳达、巴西六个国家发生执政党更迭，其中洪都拉斯和智利两国于2021年年底完成大选，2022年新政府就任并完成执政党轮替；其余四国在2022年完成大选并实现执政党轮替。

洪都拉斯执政党更迭。2022年1月27日，希奥玛拉·卡斯特罗就任总统，开始为期四年的任期，洪都拉斯完成执政党更迭。2021年11月28日，洪都拉斯举行大选，选举总统、副总统、一院制议会128名议员、298名市长，以及中美洲议会20名洪都拉斯议员。洪都拉斯大选只进行一轮，在总统选举中获简单多数票者即当选。新兴左翼政党自由与重建党总统候选人卡斯特罗以50.2%的得票率获胜。长期以来，国民党和自由党两大传统政党在洪都拉斯轮流执政，2010年后，国民党长期执政。卡斯特罗就任总统不仅标志着洪都拉斯实现了执政党轮替，而且结束了上述两大传统政党长期垄断国家政权的局面，也终结了国民党连续执政12年的历史。

智利完成执政党更迭。2022年3月11日，加夫列尔·博里奇宣誓就任总统，开始为期四年的任期，智利完成执政党的又一次轮替。2021年11月21日，智利举行四年一度的大选，选举总统、27名参议员和155位名众议员。没有总统候选人获得过半选票，按照该国选举法，得票居前两位的候选人于当年12月19日进行第二轮角逐，新兴左翼执政联盟"尊严制宪"（又译"赞成尊严"）候选人博里奇最终胜选并上台执政，结束了1990年以后中左翼和中右翼两大联盟在智利交替执政的局面。

哥斯达黎加大选后发生执政党更迭。2022年2月6日，哥斯达黎加举行大选，选举总统、两名副总统和一院制国会的57名议员。由于总统候选人都没有获得40%以上选票，按照该国选举法，得票居前两位的候选人，即民族解放党候选人何塞·菲格雷斯和民主社会进步党候选人罗德里戈·查韦斯进行第二轮角逐。执政的公民行动党候选人维尔麦尔·拉莫斯在首轮选举中即遭淘汰。在4月3日进行的第二轮选举中，查韦斯以约53%的得票率胜出，5月8日，查韦斯正式就任，开始为期四年的任期。

哥伦比亚大选后发生执政党更迭。2022年，哥伦比亚先后进行国会和总统选举。哥伦比亚国会选举和总统选举并不同时举行。哥伦比亚3月13日举行国会选举，选举参议院全部108名参议员和众议院165名众议员（另有若干众议院席位分配给"临时特别和平区"的内战受害者代表，以及非洲裔居民、印第安人、海外侨民等群体的代表）。共有2835名候选人参选，参选的选举联盟主要有三个：中左翼的历史公约联盟，中右翼的希望中心联盟和右翼的哥伦比亚之队联盟。哥伦比亚总统选举于5月29日举行，共有8位总统候选人参选，其中，左翼的历史公约联盟候选人古斯塔沃·佩特罗得票率为40.32%，独立参选人鲁道夫·埃尔南德斯得票率为28.15%，列前两位。执政的民主中心党等右翼力量支持的"哥伦比亚之队"联盟候选人费德里科·古铁雷斯在首轮投票中得到23.91%的选票，列第三位。按照该国选举法，如果任何候选人都没能获得超过半数的选票，得票居前两位的候选人将进行第二轮争夺。在6月19日第二轮总统选举中，佩特罗以50.44%的得票率获胜，并于 8 月 7 日就任，开始为期四年的任期。佩特罗就任总统，标志着哥伦比亚实现了执政党轮替。

格林纳达大选后实现执政党更迭。2022 年 6 月 23 日，格林纳达举行大选，反对党民族民主大会党在众议院 15 席中获得九席，战胜执政的新民族党。6 月 30 日，民族民主大会党领导人迪康·米切尔出任总理，结束了新民族党 2013 年后连续执政的局面。格林纳达是加勒比地区岛国，全国人口约 12 万。格林纳达 1974 年独立后实行君主立宪的议会制度，英国国王是国家元首，总督为国王的代表。议会由参众两院组成，参议院 13 席，由总督根据总理和反对党领袖的提名任命。众议院 15 席由普选产生，众议院中获得多数席位的政党执政。20 世纪 80 年代中期以后，格林纳达基本由民族民主大会党和新民族党轮流执政，前者于 1987 年成立，于 1990 年、2008 年和 2022 年三次赢得大选，后者 1984 年成立，于 1984 年、1995 年、1999 年、2003 年、2013 年和 2018 年六次赢得大选并执政。

巴西举行大选并发生执政党更迭。2022 年是巴西大选年，除选举总统和副总统外，还选举众议院全部 513 名议员，改选参议院 81 个席位的三分之一（27 席），选举全国 26 个州的州长和首都联邦区行政长官。总统选举很大程度是前总统伊纳西奥·卢拉与时任总统雅伊尔·博索纳罗之间的争夺。在 11 位总统候选人中，两人的民意支持率一直居前两位。在 10 月 2 日选举中，卢拉和博索纳罗分别获得 48.4% 和 43.2% 的选票。因没有候选人获得超半数选票，得票居前两位的候选人需进行第二轮较量。在 10 月 30 日总统选举第二轮投票中，卢拉和博索纳罗分别获得 50.8% 和 49.2% 的选票；卢拉最终获胜并于 2023 年 1 月 1 日就任，开始为期四年的任期。卢拉就任总统，标志着巴西完成新一轮执政党更迭。

拉美国家多国发生执政党更迭的根本原因是，在相对不利的国际环境下，拉美地区经济增长缺乏可持续性，社会形势恶化；绝大多数国家的执政党业绩不佳、治理不善、难以有效应对国家面临的经济社会难题；越来越多的民众对执政党的执政业绩和效果不满意，希望通过更换执政党，使国家走出困境，给自己带来希望。

（二）左翼和右翼激烈争斗是拉美国家政党政治发展的重要特色

2022年拉美国家的政党政治发展基本延续21世纪以来左翼和右翼激烈争斗的态势。左翼政党在拉美多国大选中胜出并取得执政地位。20世纪末21世纪初以来，拉美左翼群体性崛起，左翼政党先后在委内瑞拉、巴西、阿根廷、乌拉圭、智利、玻利维亚、厄瓜多尔、尼加拉瓜、萨尔瓦多、秘鲁等多国执政。2015年以后，受国际形势影响，拉美经济进入下行轨道，一些左翼政党执政的国家由此产生较为严重的政治社会后果，民众不满情绪持续增长，引发拉美地区接连发生"左退右进"的执政党更迭，右翼政党相继在多个拉美国家执政。2015年11月，阿根廷右翼政党赢得大选；2016年7月，秘鲁右翼政党取代左翼政党上台执政；同年8月，巴西左翼总统罗塞夫被右翼控制的议会弹劾；2017年12月，智利中右翼联盟候选人皮涅拉再次当选总统，并于2018年3月就任。受内外多重因素影响，此轮右翼执政周期持续时间并不长，2020年后，左翼政党在拉美多个国家重返执政地位，有学者称之为21世纪后拉美左翼的第二次潮流和新一轮"粉红浪潮"。[1]

继2021年左翼政党在秘鲁、智利、洪都拉斯等国大选中取胜并取代右翼政党上台执政，尼加拉瓜左翼执政党再次赢得大选并蝉联执政后，2022年，左翼政党又相继赢得哥伦比亚和巴西大选，进一步壮大了拉美地区左翼政党执政的版图和范围。2022年哥伦比亚大选中，左翼政党历史公约联盟总统候选人佩特罗在两轮投票后取胜并开始执政，打破了该国几十年来一直由右翼政党掌权的局面，极大改变了该国的政治生态。2022年10月，左翼的劳工党领袖卢拉当选巴西总统，再次改变了拉美第一大国国内政治力量对

---

[1] Angel Arellano, "¿En qué se Diferencia la Nueva《Ola Progresista》en Latinoamérica?", https://dialogopolitico.org/debates/nueva-ola-progresista-latinoamerica/.

比，也对整个拉美地区的政治生态产生重要影响。巴西左翼政党再次执政后，拉美地区出现巴西、墨西哥、阿根廷、哥伦比亚、委内瑞拉、秘鲁六个拉美地区人口最多的国家同时由左翼政党执政的局面，这在该地区历史上前所未有——左翼执政国家人口超过拉美地区总人口85%，领土面积超过地区总面积90%——左翼执政的规模超过21世纪初开启的"粉红浪潮"时期。

拉美政党左右轮替的政治周期不是孤立的，而是与经济社会发展周期有内在的关联性，是经济社会发展在政治领域的集中体现。拉美国家政党左右轮替通常发生在经济下行压力加大、社会危机加重、民众不满增多而改革又难以推进的阶段。在现阶段，拉美左翼政党上台执政，并不表明右翼政党影响力消失，右翼政党依然有各种手段对左翼执政党予以约束；同样，右翼政党执政也并不意味着左翼政党无所作为，左翼政党也有应对和反击的办法。在社会不平等严重的拉美地区，左翼政党的主张有很大号召力，左翼政党自然也有重要政治社会影响力。值得一提的是，由于多数拉美国家一直没有进行过深刻社会变革，右翼精英主义的影响力仍根深蒂固。可以预见，左右翼政党相互竞争、轮流或交替执政仍将是未来时期拉美政治发展的重要"常态"。

（三）新老政党激烈竞争是拉美地区政党政治发展的重要内容

2022年，拉美地区传统政党与新型政党激烈竞争的特色也很明显，新型政党的崛起冲击了传统政党的政治影响力，但多数传统政党仍是国家政治生活的重要参与者、引领者。民族解放党是哥斯达黎加的重要传统政党，2022年大选后，该党依然保持着议会第一大党的地位，其总统候选人虽在第二轮选举中惜败，但依然具有较为强大的政治影响力和号召力。2022年大选后，哥伦比亚组成新一届议会，传统政党自由党仍是众议院第一大党。洪都拉斯的传统政党国民党虽在2022年1月之后失去执政地位，但目前仍是该国议会第一大党，仍具有政治影响力，具有重新执政的能力和可能。

与此同时，拉美地区新兴政党兴而未起的现象较普遍，有些新兴政党虽在建党后不久就取得执政地位，展现出政治活力，但一些新兴政党往往执政一届后便迅速衰落，不仅难以实现连续执政，甚至难以顺利完成法定任期。21 世纪以后，曾相继在秘鲁执政的五个政党政治影响力都大大下降，没有任何政党蝉联执政，多位执政者未能完成法定任期。秘鲁可行党在组织上已经消亡。在厄瓜多尔连续执政 14 年的新兴政党祖国主权联盟在 2021 年大选中一败涂地，其总统候选人在选举中排名垫底，在国会选举中未能获得席位。2022 年，该党更名为"绿色、道德、革命和民主运动"[1]，其政治影响力持续减弱。哥斯达黎加新兴政党公民行动党自 2014 年以后连续执政八年，2022 年，该党在大选中惨败，其总统候选人在首轮选举中即遭淘汰，在议会中没能收获席位。

拉美地区新兴政党和传统政党之间的较量并没有以传统政党完败或新兴政党完胜而结局。当前新老政党之间的较量胶着，这两类政党之间的竞争依然是巴拉圭、危地马拉和阿根廷等拉美国家 2023 年大选的重要看点。

（四）拉美多国共产党成为参政党，丰富了该地区政党政治内涵

随着左翼政党在多个拉美国家执政，巴西、智利、乌拉圭、哥伦比亚等国家的共产党成为重要参政党，政治影响力有所扩大。巴西共产党是仅次于古巴共产党的拉美第二大共产党。在巴西劳工党执政期间，巴西共产党是劳工党的重要政治盟友，是重要参政党。劳工党 2003—2016 年执政期间，巴西共产党人曾担任联邦政府科技部长和国防部长等职务，并于 2005—2007 年间担任国会众议院议长。在 2019—2022 年博索纳罗右翼政府执政期间，巴西共产党依然保持着一定的政治和社会影响力，在参议院（共 81 席）中占有 1 席，在众议院（共 513 席）中占有 12 席，在全国 23 个州中拥有 1 个州长职位，另有 25 位州议员和 81 位市长。2022 年大选中，巴西共产党在众

---

[1] Verónica Galarza, "Alianza PAIS ahora se llama Movimiento Verde, Ético, Revolucionario, Democrático", https://www.radiopichincha.com/alianza-pais-ahora-se-llama-movimiento-verde-etico-revolucionario-democratico.

议院获得六个席位。2023年1月，卢拉就任总统后，巴西共产党主席卢西亚娜·桑托斯出任联邦政府科技部长，该党继续保持参政党地位。

智利共产党是拉美地区最有影响力的共产党之一，也是重要参政党。该党在皮诺切特军政府执政期间遭到镇压，1985年被宪法法庭宣布为非法。军政权还政于民后，该党于1990年10月恢复合法地位，2009年大选中首次获得国会议员席位，2010年首次进入国会，成为参政党。智利共产党2013年加入中左翼联盟，支持社会党人米歇尔·巴切莱特竞选总统。巴切莱特当选并于2014年3月执政后，智利共产党成为参政党，该党党员曾出任中央政府的妇女部长。智利共产党在上届议会（2018—2022年）众议院中占有九席。在2021年大选中，该党作为左翼联盟"尊严制宪"的成员，支持联盟候选人博里奇参选总统。2022年3月，博里奇执政后，多位智利共产党领导人在政府中任职，其中卡米拉·巴列霍（Camila Vallejo）出任政府秘书部长，珍妮特·哈拉（Jeannette Jara）出任劳动和社会保障部长，弗拉维奥·萨拉萨尔（Flavio Salazar）出任科技部长，智利共产党成为重要参政党。在新一届议会（2022—2026年）中，该党在众议院114个席位中占12席，在参议院59个席位中占2席。

乌拉圭共产党在较长时间内一直是参政党。该党是左翼政党联盟广泛阵线的成员，2005—2020年，广泛阵线在乌拉圭连续执政15年，乌拉圭共产党是重要参政党。2020年，广泛阵线在大选中失利并失去执政地位，但乌拉圭共产党仍保持着重要政治影响力。在新一届议会（2020—2024年）中，乌拉圭共产党在参议院30席中占2席，在众议院99席中占6席。2022年5月，该党召开第三十二次代表大会。本次代表大会本应在2022年该党建党100周年时举行，后因新冠疫情和国内政治议程延期举办。此次代表大会选举产生了新一届中央委员会，制定了该党面向2024年的战略。[1]

哥伦比亚共产党在2022年成为重要参政党。2018年大选中，哥伦比亚共产党加入左翼力量组成的正派联盟，支持首都波哥大市前市长古斯塔沃·佩特罗竞选总统。2018—2022年，该党除在众议院占1个席位外，还占据3个市长职位。2022年大选中，该党与左翼的历史公约联盟联合参选，并在参众两院各获得1个席位。2022年6月，历史公约联盟候选人佩特罗当选总统，并于同年8月开始执政，哥伦比亚共产党领导人伊内斯·拉米雷斯（Gloria Inés Ramírez）出任新政府的劳动部长。2022年12月，哥伦比亚共产党在"团结起来，巩固新政权"的口号下召开第二十三次代表大会。大会重点分析国家政治形势变化，评估党的工作计划和领导方针，制定2023—2025年党的政治路线，批准党的纲领和章程，选举新的领导机构。[2]

委内瑞拉共产党曾是重要参政党，也曾是执政党第五共和国运动和统一社会主义党的政治盟友。委内瑞拉共产党党员曾在政府和公共部门任职，还曾出任政府部长职务。近年来，委内瑞拉共产党与马杜罗政府及统一社会主义党在一些问题上分歧逐渐加深。在2020年举行的国会选举中，委内瑞拉共产党与执政党领导的大爱国中心分道扬镳，并与其他一些左翼政党组成选举联盟参选，在国会277个席位中获得一个席位。此外，该党在一些市级议会中获得一些席位。2022年11月，该党召开第十六次代表大会，重点讨论更新党的纲领和政治路线。该党新当选的总书记奥斯卡·菲格拉（Oscar Figuera）认为，此次代表大会标志着人民斗争的新方向。[3]

---

[1] Resumen Latinoamericano, "32 Congreso del PCU, de Viernes a Domingo, Elegirá Nuevo Comité Central y Definirá Estrategia Hacia el 2024", https://www.resumenlatinoamericano.org/2022/05/28/uruguay.

[2] Comunicaciones PCC, "Partido Comunista Anuncia Realización de su Congreso", https://semanariovoz.com/partido-comunista-anuncia-realizacion-de-su-congreso.

[3] Tribuna Popular, "Instalado el 16 Congreso Nacional del Partido Comunista de Venezuela", https://prensapcv.wordpress.com/2022/11/04/videos-instalado-el-16-congreso-nacional-del-partido-comunista-de-venezuela/.

拉美国家的共产党是各自国家重要的政治力量。多国共产党成为参政党，为拉美政党政治发展注入了新因素，丰富了拉美政党政治内涵。拉美国家的共产党曾长期遭受极右势力的压制和迫害，随着民主政治的发展，其生存和发展的环境和条件有所改善。目前，拉美各国共产党仍有深厚的社会基础，其政策主张对一些社会群体有较强号召力和影响力，其成长和发展的空间依然较大。然而，拉美国家共产党的未来发展仍面临诸多不利因素，发展道路并不平坦。不少拉美国家共产党的政治影响力长期局限于某些特定阶层和群体；在群众运动及其他合法斗争中，拉美国家共产党都在一定程度上面临其他左翼政党和组织的竞争；拉美地区右翼力量的反共立场并未改变，仍对各国共产党的发展形成较大制约。

（五）左右翼政党之间的斗争日益呈现明显区域性特征

如前所述，左翼和右翼政党之间的斗争成为拉美地区国家政党政治发展的重要内容和鲜明特征。拉美各国内部左右翼政党之争的外溢效应在2022年不断显现，呈现出越来越明显的区域性特点。

域内外右翼力量加强联合，试图遏制拉美地区左翼力量。2022年2月中旬，西班牙极右翼政党呼声党及其下属智库异议基金会主持召开"马德里论坛"，并在哥伦比亚首都波哥大举行第一届区域性会议，来自西班牙等欧洲国家和拉美多国的右翼政要数十人应邀与会。域内外右翼力量在民主与自由的口号下，试图联手反对拉美地区左翼政党，阻止拉美左翼力量的扩大，尤其是反对哥伦比亚左翼总统候选人佩特罗和巴西左翼的劳工党领袖卢拉在2022年大选中获胜，反对拉美地区左翼力量组成的圣保罗论坛，反对古巴、委内瑞拉和尼加拉瓜等拉美地区的左翼政府。

同时，拉美地区左翼政党加强协调合作，声援本地区的左翼政府。2022年4月底，圣保罗论坛在古巴首都哈瓦那召开中美洲和加勒比地区会议，来自该地区10个国家的左翼政党代表与会。会议谴责美国在拉美地区奉行新殖民主义和门罗主义，声援古巴革命和尼加拉瓜等左翼政府。2022年5月

27日，玻利瓦尔美洲联盟在古巴首都哈瓦那召开第二十一届峰会，古巴、委内瑞拉、玻利维亚等联盟成员国领导人及代表与会。会议谴责美国将古巴、尼加拉瓜、委内瑞拉排除出当年6月在洛杉矶举行的第九届美洲峰会，谴责美国企图在拉美地区制造分裂，谴责美国对委内瑞拉和尼加拉瓜采取单边强制措施，以及对古巴实施经济、贸易和金融封锁。由拉美及有关地区前左翼政要组成的普埃布拉集团于2022年11月10日至11日在哥伦比亚召开第八次年会，哥伦比亚前总统桑佩尔、巴西前总统罗塞夫、西班牙前首相萨帕特罗、玻利维亚前总统莫拉莱斯、多米尼加前总统费尔南德斯及来自美国、英国、巴西、墨西哥等约20个域内外国家100余名代表参会。本次年会在拉美地区多国左翼政府上台的背景下召开，重点讨论拉美左翼进步力量的发展和拉美一体化，制定地区特殊政治环境下左翼进步力量的新议程，为拉美地区的左翼执政党站台助威。[1]

二、拉美国家执政党的执政环境和执政压力

拉美国家执政党面临的执政环境和执政压力不尽相同。尽管有些执政党的地位相对稳固，执政者保持较高支持率，但多数拉美国家执政党仍面临诸多治理难题，尤其是新上台的执政党多在不同程度面临府院之争，执政压力较大。

（一）一些拉美国家执政党地位相对稳固

墨西哥执政党地位相对稳固，执政者保持较高支持率。2021年6月的中期选举虽削弱了执政党国家复兴运动党的优势地位，但仍是本届众议院（任期2021—2024年）第一大党，在500个席位中占201席，超过总席位40%；

---

[1] Prensa Latina, "Grupo de Puebla en Colombia Diseña Nueva Agenda Solidaria", https://www.prensa-latina.cu/2022/11/10/grupo-de-puebla-en-colombia-disena-nueva-agenda-solidaria.

其与盟友党劳动党、绿色生态党一起拥有278席（劳动党和绿色生态党分别占33和43席），控制议会多数席位。[1] 2022年，国家复兴运动党的执政地位进一步巩固。第一，该党在州长选举中取得优势。2022年6月5日，墨西哥六个州举行州长选举，国家复兴运动党赢得其中四个州长职位，反对党组成的联盟赢得两个。2021年6月，国家复兴运动党在中期选举中已经赢得15个州中的11个州长职位，因此，当前该党在全国32个州中占据近一半州长职位，而该党2018年12月开始执政时只占据六个州长职位。第二，执政者保持较高支持率。2022年，洛佩斯总统支持率基本稳定在60%左右。目前，国家复兴运动党的执政地位基本稳固，有利于洛佩斯总统顺利完成后半程任期，也有利于该党在2024年大选中实现连续执政的目标。

墨西哥执政党地位尽管相对稳固，但执政之路并非坦途，在重大改革议题上仍很大程度受到反对派的制约。2022年4月17日，墨西哥众议院就洛佩斯总统提出的电力改革法案进行表决。该法案主要内容是通过修改宪法相关条款，将电力掌控在国家联邦电力委员会手中，私人和外资股份不得超过46%。该法案还包括将锂矿国有化的内容。经过八个多小时激烈争论，法案最终未能得到三分之二议员的支持，以275票赞同、223票反对的结果遭否决（墨西哥众议院共500名议员，其中2人缺席当天的会议）。在此次表决中，国家复兴运动党及其盟友党绿色生态党和劳动党的议员投票支持，反对党国家行动党、革命制度党、公民运动党和民主革命党的议员则投票反对。反对党认为，该法案违背《美国-墨西哥-加拿大协定》的精神。洛佩斯总统在法案遭否决后表示，将再提出一项旨在推动锂矿国有化的矿业改革法案。由于受到反对派制约，预计该项法案的推进也不会一帆风顺。

萨尔瓦多执政党和总统地位相对稳固，执政者得到多数民众认同。2019年2月，新思想党领导人布克尔以超过53%的得票率当选总统，并于同年6

---

[1] 墨西哥议会众议院官方网站，http://www.diputados.gob.mx/。

月就职,打破了该国政坛由民族主义共和联盟和马蒂阵线两大传统政党轮流执政的局面。目前,执政的新思想党地位相对稳固。第一,执政党在议会中的影响力扩大。新思想党于2018年完成注册,因而未参加上届议会选举,在上届议会(2018年5月—2021年4月)中没有席位。2021年2月,萨尔瓦多举行议会选举,新思想党一跃成为议会第一大党。在本届议会(2021年5月—2024年4月)84个议席中,新思想党占56席,其盟友民族团结大联盟占5席,右翼反对党民族主义共和联盟占14席、民族和解党占2席,左翼反对党马蒂阵线占4席,其他党派占3席。两大传统政党的席位均比上届有较大幅度下降,由议会第一和第二大政治力量成为少数派。新思想党政治影响力上升,获得议会三分之二多数席位,执政地位更加稳固。第二,布克尔总统的支持率始终保持高位。2019年6月执政后,布克尔总统成为拉美地区民意支持率最高的总统,其支持率一直保持在75%以上,2021年一度达到97%。2022年6月,布克尔总统的支持率超过85%,稳居拉美地区首位。

有分析认为,萨尔瓦多执政党和布克尔总统之所以能维持较高支持率,并不在于其政策的尽善尽美[1],而在于其强硬的执政风格得到民众认可。联合国有关机构认为,萨尔瓦多是世界上帮派暴力及有组织犯罪活动最严重的国家之一。布克尔执政后,采取强硬手段打击黑帮犯罪等,犯罪案件数量下降,得到国内民众认可和称赞,许多人认为布克尔执政后国家变得安全了。布克尔总统在经济治理方面取得不俗业绩,也是其赢得较高支持率的重要因素。2021年,萨尔瓦多经济增长率达到10.3%,居拉美国家前列;2022年,其经济增长率与中美洲地区平均增长水平基本相当。[2] 2022年10月,有87%的萨尔瓦多民众支持布克尔总统任期届满后连选连任。

---

[1] 布克尔总统执政期间的一些政策引发争议。2021年,布克尔政府通过《比特币法》,萨尔瓦多成为世界上第一个把比特币作为法定货币的国家,此举遭到国内不少民众的反对。这一法律通过后,不少人走上街头抗议。

[2] Comisión Económica para América Latina y el Caribe, *Estudio Económico de América Latina y el Caribe*, 2022(LC/PUB.2022/9-P), Santiago de Chile, 2022, p.132.

（二）一些拉美国家执政党的执政压力增大

拉美国家的执政党普遍面临较大执政压力，最近两年上台的执政党更是面临诸多执政和治理难题。

2022年开始执政的哥斯达黎加社会民主进步党执政难度不小。2022年4月，社会民主进步党候选人查韦斯经过两轮竞争当选总统，并于5月8日宣誓就职，结束了公民行动党2014年后连续执政的局面，改变了国内政治生态和力量对比。但社会民主进步党的政治和社会根基并不坚实，在国家立法机构中不具优势，施政过程受到反对派严重掣肘，其在大选中承诺的改革很难顺利推进。第一，社会民主进步党执政根基不牢固。在2022年2月6日首轮选举中，查韦斯以16.7%得票率位列第二，传统政党民族解放党候选人菲格雷斯以27.3%的得票率位列第一。在第二轮选举中，虽然查韦斯以52.9%的得票率击败菲格雷斯（得票率47.2%），但优势并不明显，再加上第二轮选举的投票率只有56.7%，因此，投票支持查韦斯的选民不及选民总数三分之一。第二，社会民主进步党受反对派严重掣肘。在本届议会57个席位中，执政党仅占10席，低于民族解放党的19席，其他28个席位分别为基督教社会团结党（9席）、新共和国党（7席）、进步自由党（6席）、广泛阵线党（6席）。鉴于有关税收、养老金、预算等重大事项议案必须经议会三分之二或四分之三多数同意才能通过，社会民主进步党不得不接受反对派的有力制约。第三，社会民主进步党施政难度较大。社会民主进步党于2018年成立后首次参选便得到10个议席，显示出其政治活力，但作为新型政党，尚缺乏执政经验，加之该党是几十年来在议会中拥有议席数量最少的执政党，其执政难度可想而知。

2022年8月，哥伦比亚左翼政党历史公约联盟上台执政。佩特罗当选总统极大改变了哥伦比亚的政治生态，终结了右翼政党在该国长期执政的局面，但历史公约联盟同样面临右翼政党的制约和掣肘。哥伦比亚新一届议会于2022年7月20日成立，由108名参议员和188名众议员组成。在108个参议院席位中，历史公约联盟占 20 席，虽居首位，但由于在议会中拥有席位的党派众多，议席分配高度分散，历史公约联盟在议会中并无优势可言。除历史公约联盟外，参议院其余党派和议席数为保守党 15 席，自由党 14 席，绿色联盟党和希望中心联盟共 13 席，民主中心党 13 席，激进变革党 11 席，人民团结党 10 席，其余席位由其他政党或组织分享。在 188 个众议院席位中，历史公约联盟占 25 席，与传统政党保守党持平，低于自由党的 32 席，民主中心党和激进变革党各 16 席，人民团结党 15 席，绿色联盟党 11 席，其他席位由多个规模较小的党派或组织分享。无论在参议院还是在众议院，历史公约联盟所占议席数均不足总数的 20%，这意味着执政联盟和佩特罗总统在落实竞选承诺方面会面临阻力，在执政过程中需要努力凝聚国内各派系共识，以缓解党派争斗对执政联盟的掣肘。

巴西左翼政党虽在 2022 年大选中取胜，但其施政受到反对派制约。巴西国会选举争夺激烈，参众两院均呈现明显的碎片化和分散化。在新一届国会中，有 23 个政党在众议院获得席位。其中，前总统博索纳罗所属的自由党在国会 513 个席位中获 99 席，现任总统卢拉所属的劳工党获 68 席，分居前两位；劳工党、巴西共产党和绿党组成的"巴西希望"政党联合合计占 80 席，仍不具有相对多数。有 15 个政党在参议院获得席位，其中，自由党在 81 个总席位中占 14 席，居首位；社会民主党 11 席；联盟党 10 席；民主运动党和劳工党各 9 席，并列第五位。卢拉虽当选总统，但无论是执政党还是政党联合在国会参众两院均不占相对多数，因此很大程度上会受反对派制约。此外，在州长选举中，劳工党在全国 27 个州长（含首都联邦区行政长官）职务中仅获得四个，在地方政府层面也处于劣势。2023 年 1 月，巴西左翼执政党开始执政，但其未来四年执政之路挑战颇多。

秘鲁执政党逐渐陷入治理危机。第一，总统与执政党自由秘鲁党矛盾加深，削弱政府的治理能力。佩德罗·卡斯蒂略总统领导的政府本来就是一个弱势政府。2021 年总统选举中，卡斯蒂略在首轮投票中得票率不足 20%，在第二轮中以微弱优势险胜。在国会130个席位中，其所在的自由秘鲁党仅获32席，不及总席位的四分之一。2021年7月，卡斯蒂略就任总统后，与执政党领导人间时常出现摩擦，内部分歧加重。2022年6月，因与该党总书记弗拉基米尔·塞隆出现政见分歧，卡斯蒂略宣布脱离自由秘鲁党。此前，副总统迪娜·博卢阿特也已被自由秘鲁党开除。[1] 2022年11月，自由秘鲁党的国会议员公开表示，该党对陪伴卡斯蒂略赢得总统选举感到遗憾，指责卡斯蒂略没有履行意识形态的职责、没有兑现修改宪法的承诺。在相对不利的政治环境中，卡斯蒂略总统的支持率持续下降，政府面临信任危机。卡斯蒂略就任时，其支持率为39%，一年后降到20%，同期，其不支持率从41%上升到75%。第二，自由秘鲁党和政府频遭政治危机困扰，难以有效施政。卡斯蒂略就任总统后提出的几乎所有重大施政措施，包括修改宪法、实行能源矿业国有化等，均遭反对派强烈抵制。卡斯蒂略还遭到涉嫌腐败和妨碍司法公正等指控，指控甚至波及其家人和好友。2022年8月，卡斯蒂略因未得到国会授权而无法参加哥伦比亚新总统就职典礼，成为秘鲁第一位被国会拒绝出国履行公务的总统。卡斯蒂略总统还因未得到国会授权而无法出席原定于11月23日在墨西哥举行的太平洋联盟峰会，致使会议被迫取消。在反对派抵制下，秘鲁政府施政困难重重，陷入治理危机。第三，卡斯蒂略总统频遭弹劾，最终被迫下台。2021年11月和2022年3月，国会先后两次以"道德无能"为由对卡斯蒂略总统启动弹劾程序，但未能成功。2022年7月26日，在反对派支持下刚当选为国会主席的争取进步联盟党议员拉蒂·卡莫内斯再次扬言弹劾总统无果。2022年11月29日，反对派议员爱德华·马拉加以"道德无能"为由向国会提交弹劾总统的动议，这也是卡斯蒂略总统自2021年7月上任后第三次遭到弹劾。

---

[1] 博卢阿特是自由秘鲁党副总统候选人，与该党总统候选人卡斯蒂略搭档参加2021年大选，并于同年7月就任。博卢阿特在2022年1月接受媒体采访时表示，她本人实际上从未认同自由秘鲁党的理念。此后，该党以影响党内团结为由将其开除。

为摆脱政治危机，2022年12月7日，卡斯蒂略总统宣布暂时解散国会，建立特殊紧急政府；号召在最短时间内重新进行国会选举，并在九个月内制定新宪法；下令重组司法体系，包括更换国家司法委员会和宪法法院成员。在总统宣布暂时解散国会后，国会举行紧急会议，以101票赞成、6票反对和10票弃权的表决结果通过弹劾总统的动议。国会发布的决议指出，卡斯蒂略"违宪解散国会、篡夺公共权力"，因"永久性道德缺失"被弹劾。副总统博卢阿特随即在国会全体会议上宣誓就任新总统。卡斯蒂略被弹劾后，秘鲁多地爆发大规模抗议活动和社会冲突，并造成重大人员伤亡，全国进入紧急状态。卡斯蒂略被弹劾并未消除秘鲁的政治和社会危机，其继任者面临的执政压力未见明显减轻。

2022年3月上台的智利左翼政党联盟也面临巨大执政压力。智利左翼政党联盟虽在大选中战胜传统的中左翼和中右翼两大联盟，获得执政地位，但其执政之路并非坦途。左翼联盟候选人博里奇在总统选举首轮投票中只获得25.80%的选票，在第二轮选举投票中取胜。取得执政地位的"尊严制宪"联盟在国会众参两院155个和43个席位中，分别仅有65席和19席，少于反对派的66席和25席；众参两院的其他24席和6席由中间派政治力量或独立人士获取。在新一届国会中，有24个党派在众议院拥有席位，13个党派在参议院拥有席位；左翼政党联盟在一个高度分散化的国会中寻求政治支持并非易事，政府施政不可避免地受到各方制约。

2019年10月智利爆发大规模民众抗议，要求废除军政府时期制定的现行宪法；2020年10月25日，智利举行全民公决，近80%民众赞同成立全部由民选代表组成的"制宪大会"来制定新宪法；2021年5月，智利举行制宪大会选举，负责主持新宪法起草工作。2022年7月4日，"制宪大会"将其拟议的新宪法草案递交总统博里奇并于9月4日提交全民公投。在全民公投中，61.9%的选民反对新宪法草案，只有38.1%的选民赞成。博里奇总统支持的新宪法草案未获通过，对左翼政党联盟是一个沉重打击。新宪法草案被否决后，博里奇总统表示，将起草一部获得国会和其他政治派别支持的新宪法。按照各主要政党达成的共识，2023年5月，智利将举行新的制宪大会选举，新的制宪大会负责制定新宪法，新宪法将在2023年11月提交全民公投。由此可见，智利左翼政府在制宪问题上仍面临各方较大压力。

厄瓜多尔新执政党也面临诸多执政难题和治理难题。2021年5月，右翼政党创造机会运动领导人吉列尔莫·拉索就任厄瓜多尔总统，其执政后坚持新自由主义理念，主张改革前左翼政府的执政路线，全盘调整内外政策，但其在执政过程中遭遇不少难题。2022年6月中旬，印第安民族联合会组织大规模游行示威活动，抗议燃料和生活必需品价格上涨。游行抗议活动引发大规模社会冲突，拉索总统指责抗议示威者企图推翻政府，宣布在六个省份实施紧急状态，并出动军警镇压，造成数名抗议者死亡、近百人受伤、多人被捕。经厄瓜多尔主教会议斡旋，政府与印第安民族联合会领导人经过艰苦谈判达成并签署和平协议，双方均作出一些让步，结束了持续近20天的全国性民众抗议活动。政府承诺降低汽油和柴油价格，限制在自然保护区和印第安人传统居住区的采矿特许权，免除农民家庭的小额债务、降低贷款利息等。拉索总统表示，政府将重点关注农村和农民，号召治愈创伤和消除分歧。厄瓜多尔此轮社会抗议活动虽暂时平息，但引发冲突的经济衰退、燃料和物价上涨、通货膨胀加剧等因素并未消除，社会矛盾依然尖锐，社会冲突随时有可能再度发生。2022年10月，拉索总统的民意支持率为17%，为缓解执政压力，拉索总统就安全、体制改革、就业和环保等八个重大问题提出改革建议，并于2023年2月就这些建议举行宪法公投。但在全民公投中，八项建议均被否决。此后，朝野斗争进一步加剧，政府治理陷入困境。5月，拉索总统宣布，鉴于政治危机和国内动乱，大选提前举行。

尼加拉瓜执政党也面临诸多内外压力。奥尔特加作为桑解阵领导的团结胜利联盟候选人，在2021年大选中高票连任尼加拉瓜总统，并于2022年1月开始新任期。在新一届议会91个席位中，执政的桑解阵占75席，拥有绝对优势；反对党拥有的席位较少，最大的反对党制宪自由党有10席，独立自由党和自由联盟各2席，共和国联盟和"大地母亲之子"各1席。桑解阵虽实力较强，但执政的内外部环境有所恶化。在全球及地区经济增长动力不足和新冠疫情冲击下，尼加拉瓜经济低增长局面难以扭转；反对派虽在2021年大选中受挫，但其反桑解阵的态度依然坚定，抨击桑解阵专制专权，并得到国外反桑解阵势力的支持和声援。尼加拉瓜国内各种矛盾短期内难以消除，内部冲突随时可能发生；桑解阵遭受的外部压力也难以消除，美国和欧盟依然保持着对奥尔特加政府的严厉制裁措施。面对不利的内外环境，桑解阵承受的压力没有明显缓解。

洪都拉斯的新执政党也面临诸多执政难题。第一，执政党短期内无力解决众多治理难题。2022年1月27日，卡斯特罗总统在就职仪式上表示，自己接手的是一个"破产"国家，一个贫困人口占总人口70%的贫困国家，一个大批居民移居国外、毒品走私猖獗、腐败严重的国家。她承诺将通过教育、卫生、安全和就业计划治理国家，给国家带来进步和发展，并承诺本国不会再有贩毒和有组织犯罪。然而，上述问题由来已久，已成为难以解决的顽疾。如果新的执政党短期内不能在国家治理方面取得明显成效，势必会损耗执政党的信誉，不仅执政党有不断丧失民众信任的风险，而且会进一步加剧国家治理困难。第二，执政党施政难以摆脱反对派制约和掣肘。2022年1月，新一届国会组成，在128个席位中，执政的自由与重建党虽以49席居各党之首，但并不具备相对多数，其与盟友党拯救洪都拉斯党（占10席）合计也不足议席总数的一半；最大的反对党国民党占43席，另一个反对党自由党占22席，其他党派2席；独立议员占2席。国民党和自由党是两大传统政党，在洪都拉斯轮流执政多年，在国家政治社会生活中仍具有较大影响力，其拥有制约和制衡左翼执政党的多种方法手段。第三，内部分歧削弱执政党的执政能力。在卡斯特罗总统就任之前，即将成为执政党的自由与重建党内部出现分歧。在2022年1月21日推举国会主席的过程中，自由与重建党的 18 名当选议员违背本党与拯救洪都拉斯党已达成的协议，推举本党而非拯救洪都拉斯党的议员为国会主席，致使国会出现两位主席的局面。随后，当选总统卡斯特罗宣读本党决议，谴责这些议员绑架立法权的企图，宣布将这 18 名违背本党决议的"叛徒议员"开除党籍。随后，自由与重建党部分支持者打砸和破坏"叛徒议员"住所及车辆。18 名议员被开除后，自由与重建党在新一届国会仅有 31 个议席，不仅使主要反对党国民党成了议会第一大党，而且进一步加大了执政难度。

三、一些拉美国家执政党加强党的建设

面对日益复杂的执政环境和诸多执政难题，拉美一些执政党重视加强党的建设，力图巩固执政地位、维护国内政治社会稳定。在拉美地区国家的政党中，古巴共产党和委内瑞拉统一社会主义党在加强党的建设方面的做法尤其值得关注。

（一）古巴共产党加强党的建设并努力化解执政难题

2022 年，古巴共产党继续探索加强党的建设和化解执政难题的新措施，主要包括：

第一，落实古巴共产党第八次代表大会（以下简称"古共八大"）确定的目标，巩固党的执政地位。2022 年 4 月，古巴共产党召开八届四中全会，讨论党面临的形势和任务，通过了"2021—2026 年干部政策战略"；讨论 2021 年古共八大通过的《2021—2026 年党和革命经济社会政策纲要》落实情况，强调要保持革命的连续性。2022 年 12 月，古巴共产党召开八届五中全会，重点是落实古共八大决议，讨论党所面临的经济、社会状况，思想意识形态，党的工作和青年工作等问题。

第二，加快经济恢复，稳固党的执政基础。古共中央第一书记、国家主席迪亚斯-卡内尔强调，经济是古巴共产党和政府面临的主要挑战。2022

年，古巴政府提出改进工业企业体系和科学创新项目，并采取了75项振兴经济的具体措施。古共八届四中全会讨论了国有企业和非国有经济体制等问题，强调关注抗击新冠疫情、保障电力和自来水供应、稳定物价和抑制通货膨胀等民生问题。古巴政府认为，古巴经济形势依然非常严峻，2022年经济增长率为2%，低于4%的预期目标；通货膨胀仍在高位徘徊，2022年1月至10月的通货膨胀率为29%；经济效益欠佳，有480家国营企业亏损。古共八届五中全会也将经济形势作为重点议题，并制定2023年经济发展目标和任务。

第三，努力缓和与美国的关系，改善执政环境。卡内尔强调，要妥善处理对美斗争，努力缓和与美国之间的对抗，争取有利的外部生存环境。2022年，古巴在缓和与美国的关系方面取得一定成果。2022年4月，古巴副外长与美国副助理国务卿在华盛顿就移民问题进行会谈，这是古美两国自2018年后首次、也是拜登上台后两国首次高级别对话；5月，美国国务院宣布拜登政府将取消部分特朗普任内对古巴侨民向古巴汇款和回古巴探亲的限制，增加飞往古巴的航班，允许美国飞机飞往古巴其他城市，允许美国教育和学术方面的团组访问古巴，但仍禁止美国公民个人到古巴旅游或求学。古巴官方表示，美国政府的措施"积极但非常有限"，重申愿意在《联合国宪章》基础上，在互不干涉内政和充分尊重独立和主权的前提下，与美国政府进行相互尊重和平等的对话。

（二）委内瑞拉统一社会主义党加强党的建设并努力摆脱治理危机

执政的委内瑞拉统一社会主义党注重加强党的建设，以巩固执政地位、摆脱治理危机。2022年3月5日，统一社会主义党第五次代表大会开幕，并在第一季度持续召开。统一社会主义党于2008年1月正式成立，由多个左翼政党和组织合并组成，时任总统查韦斯担任首任党主席。2014年4月，该党召开第三次代表大会，马杜罗接任于2013年3月病逝的查韦斯，担任党主席。2018年，该党召开第四次代表大会，马杜罗连任党主席。五大重点讨论国内政治经济形势和党的目标任务,对委内瑞拉的经济社会发展特别是执政党建设起到重要推动作用。委内瑞拉统一社会主义党五大在党建方面的成果主要有:

第一,进一步明确党的方针和任务。五大在"深化玻利瓦尔革命和21世纪社会主义"的宗旨下,制定了党的玻利瓦尔革命路线和方针,进一步明确了党的目标和任务;会议围绕"抵抗、重生、革命"(这三个词的西班牙文首字母都是R,故简称"3R")的方针展开讨论。会议强调,要推动建立3R方针的网络,应对21世纪社会主义建设进程中的新挑战。党主席马杜罗强调,为了完成党制定的2030年目标任务,未来一段时期党的关键方针之一是"抵抗帝国主义的政治、外交、经济、精神和文化侵略,巩固深化社会主义模式"[1]。

第二,号召加强党的团结。围绕加强党的团结进行辩论是该党五大的核心内容之一。该党全国领导委员会成员豪尔赫·罗德里格斯号召加强党的团结,把团结作为党的政治动力和战略路线。

第三,突出强调党和人民关系的重要性。该党第一副主席迪奥斯达多·卡韦略强调人民是决策者,批评有些人听不到人民的呼声,或对人民的诉求听而不闻,不尊重人民的决定权,低估人民的智慧,认为这是对革命的极大伤害。他进而号召倾听人民的呼声、关心人民诉求、为人民办实事,因为只有这样,才能得到人民对革命的支持。他呼吁重视缓解人民的不满情绪,因为不满情绪增加是威胁党的生命的"定时炸弹"。他号召党的干部要深入人民之中,要努力使党的基层组织"更加强大、更加坚实"。

第四,强调加强道德建设。该党五大通过了《诚实、道德和革命纪律守则》(以下简称《守则》)。该《守则》共有五章31条,核心要义是加强党

---

[1] JPSUV,"V Congreso del PSUV y IV de la JPSUV:¡Resistir, Renacer y Revolucionar!",http://www.psuv.org.ve/temas/noticias/v-congreso-psuv-y-iv-jpsuv-resistir-renacer-y-revolucionar/.

和党员的道德和纪律建设。《守则》的第一章是"总则",第二章是"党员和党的领导人的责任",第三章是"履行公共职务的党员和党的领导人的责任",第四章是"关于党的纪律机关的规定",第五章是"对违规违纪者的处罚规定"。[1] 党主席马杜罗一再强调道德建设的重要性,强调党在革命的道德中再生。党的第一副主席卡韦略一方面号召在党内进行新的道德建设,另一方面强烈批评各种不诚实的行为,特别是那些伪装成革命者试图欺骗人民的人。

第五,加强党的组织建设。党主席马杜罗号召对党的各级组织和领导层进行更新和简化;副主席卡韦略号召修改党章,并将拟修改的内容提交代表讨论决定。

第六,加强党的领导机构建设。第五次代表大会产生了新的领导机构,马杜罗和卡韦略再次当选党主席和第一副主席。第五次代表大会还选举产生了 17 位负责各部门工作的副主席、全国 23 个州和首都加拉加斯市的党书记,以及该党政治局 13 名委员。党主席马杜罗称赞统一社会主义党的新领导班子是"超级团队",号召民众加入"经济和社会的新革命联盟"。[2]

此外,为改善执政环境,2022 年,委内瑞拉政府与反对派重启政治对话并取得一定突破。例如,双方同意设立由联合国机构管理的基金,从而为该国社会保障项目提供支持。执政党与反对派关系缓和有利于改善执政环境、稳固执政地位。

---

[1] Partido Socialista Unido de Venezuela, "Código para la Honestidad, Ética y Disciplina Revolucionaria de la Militancia del PSUV", http://www.psuv.org.ve/portada/descarga-aqui-codigo-para-honestidad-etica-y-disciplina-revolucionaria-militancia-psuv/.

[2] "Presidente Maduro Sobre Reestructuración del PSUV: Ha quedado Conformado un Súper Equipo", http://www.psuv.org.ve/temas/noticias/presidente-maduro-sobre-reestructuracion-psuv-ha-quedado-conformado-un-super-equipo/.

四、2023年拉美地区国家政党政治发展动态

2023年，拉美地区政党和政党政治发展有一些值得关注的新动态。第一，巴西新政府于2023年1月1日就职，执政党更迭和左右轮替正式完成，巴西左翼执政党的内外政策调整及其影响值得关注。2023年，拉美地区一些国家举行大选。加勒比岛国安提瓜和巴布达（3月）、巴拉圭（4月）、危地马拉（6月）和阿根廷（10月）。累计执政时间超过70年的巴拉圭传统政党红党能否继续保持执政地位、阿根廷左翼的执政联盟能否实现连续执政等，都是重要的看点。选举结果不仅影响本国国内政治力量对比格局和政治走向，也会对拉美地区的政治生态和政治格局产生重要影响。

第七章
非执政共产党政党政治发展与研究

余维海*

东欧剧变、苏联解体后,国际共产主义运动陷入低潮。不少国家共产党受到严重冲击而陷入生存与发展的困境,甚至重组、易帜、解散,同时也有许多共产党稳住阵脚,开始了艰苦的低潮中奋进的斗争历程。21世纪以来,国外非执政共产党在各自探索的道路上遇到许多新情况和新问题,在其政党政治与发展过程中展现出许多阶段性特征。2022年,受资本主义危机、新冠疫情,特别是俄乌冲突的影响,非执政共产党面临更为复杂的国际环境,在纪念、庆祝、反思与声援中展示了共产党人的集体话语,通过系列党代会守正创新,赓续社会主义血脉,谋划新的发展,但在议会道路上依然举步维艰。

---

* 余维海,华中师范大学政治与国际关系学院教授、博士生导师。

第七章 非执政共产党政党政治发展与研究

一、非执政共产党概况

(一) 非执政共产党的类型

世界上到底有多少个共产党？国际上对此众说纷纭。有的数据显示为100多个，有的显示为400—500个，而有的统计显示近千个。数据不一的原因在于，有些共产党分裂重组频繁，有些在政坛上不活跃，有些被迫转入地下斗争，有些资料信息获取存在客观困难等。不可否认的是，相比获得全国执政地位的共产党而言，非执政共产党占据绝对多数。这些非执政共产党在组织规模、政党地位、理论主张等方面存在较大的差异。

据不完全统计，有些共产党党员人数超过10万人，如印共（马）有985 757名党员（2022年）、印度共产党有640 344名党员（2022年）、巴西共产党有396 542名党员（2019年）、南非共产党有340 000名党员（2022年）、日本共产党有270 000名党员（2020年）、俄罗斯联邦共产党有162 173名党员（2016年）等，有些共产党有几万名党员，如葡萄牙共产党有49 960名党员（2021年）、法国共产党有42 237名党员（2022年）、智利共产党有46 031名党员（2023年）、比利时工人党有26 000名党员（2022年）、捷克和摩拉维亚共产党有20 450名党员（2022年）、阿根廷共产党有17 096名党员（2020年）、西班牙共产党有10 500名党员（2017年），而有些共产党则有几千名或数百名，如西班牙共产党有7713名党员（2022年）、土耳其共产党有5149名党员（2022年）、英国共产党有1435名党员（2021年）等。

东欧剧变、苏联解体后，非执政共产党根据时代发展要求开展多样化探索，逐渐出现多种理论主张。其在各自的党章和党纲中对政党指导思想的表述也呈现较大差异性，从而使各共产党之间产生类型化特征。

第一，以马克思列宁主义为指导思想。目前，绝大多数国外共产党以马克思列宁主义为党的指导思想，不仅强调马克思主义的指导地位，还强调列宁主义的重要性，认为列宁主义是对马克思主义的继承和发展，列宁主义在工人阶级夺取政权和社会主义建设领域仍有重要指导意义。第二，以马克思主义为指导思想。这类共产党主张以马克思主义作为党的指导思想，认为马克思主义是包括无产阶级革命理论及社会主义和共产主义建设理论在内的科学理论体系，是工人阶级政党的理论基础。这类共产党对列宁主义持一定的质疑、批判和否定态度，认为列宁主义的部分理论已经过时。特别是，由于斯大林模式在一定程度上歪曲了列宁主义，因此他们认为放弃列宁主义有助于消除本国民众对苏联社会主义的负面认知。第三，以马克思列宁主义、毛泽东思想为指导思想。这类共产党在指导思想上不仅强调马克思列宁主义的指导地位，而且特别强调毛泽东思想的指导地位，认为毛泽东思想是继马克思主义、列宁主义之后世界革命进入第三阶段的产物。他们大多推崇农村包围城市的革命道路和新民主主义革命理论，并将其创造性地运用于本国实践。第四，以科学社会主义为指导思想。如日本共产党在其1976年召开的十三大上，将党纲中的"马克思列宁主义"改为"科学社会主义"，认为"科学社会主义"是马克思列宁主义的同义语，两者可以通用，但是使用"科学社会主义"这种提法能够与苏联式的马克思列宁主义划清界限。第五，以马克思主义为核心或理论源头，同时吸收全人类和其他民族进步思想作为党的指导思想。这类共产党大多承认党的理论基础是马克思主义，同时强调吸收借鉴全人类和其他民族的进步思想，坚持指导思想的多元化，把马克思主义其看作重要而非唯一的理论来源。比如，德国共产党认为其"政策的基础和政治指南是由马克思、恩格斯和列宁建立并由其他马克思主义者继续发展的关于科学社会主义、唯物辩证法、历史唯物主义和政治经济学的知识"[1]。印度共产党则是"以马克思主义和印度革命遗产为指导"[2]。

在此基础上,根据非执政共产党的指导理论和特点,可以将其划分为以下几类:一是马克思主义的创新发展型共产党,强调马克思主义意识形态的指导性,对马克思主义特别是列宁主义指导下形成的苏联模式政党进行创新与发展,在许多社会主义革命和建设理论上坚持守正与创新相结合。二是列宁主义的传统革命型共产党,坚持列宁和斯大林模式的建党原则,把对列宁和斯大林建党模式的变革与发展视为机会主义、修正主义,甚至帝国主义。三是西方民主化倾向型共产党,否定列宁,淡化意识形态色彩,主张贴近日常生活与现实。四是西方马克思主义型共产党,重视理论研究,但群众基础较差,改造世界的影响力较低。五是民族主义本土特色型共产党,有较强的民族特色和地区特色。六是毛主义人民战争共产党,以马列毛主义为指导思想,重视人民运动与人民战争。七是托洛茨基主义型共产党,主张建立无产阶级先锋队政党,反对官僚主义,拥护无产阶级国际主义,提倡不断革命论。八是霍查主义路线型共产党,其受阿尔巴尼亚劳动党思想方针和政治路线的影响,反对赫鲁晓夫式社会主义、"欧洲共产主义"、铁托主义等,成立了马列主义政党和组织国际会议,2022年的政党成员数量达到了26个。

从政治地位与政权的关系上看,许多共产党虽然没有获得全国执政地位,但是通过选举联盟和执政联盟的方式,或取得地方执政地位,或成为执政联盟中的一方,或在全国议会或地方议会中获得一定席位,在政治舞台上展示了自身的优势和特色,呈现低潮中奋进的生动局面。表7-1为部分国家非执政共产党在本国议会中的席位占有情况。

---

[1] 刘洪才:《当代世界共产党党章党纲选编》,北京:当代世界出版社,2009年版,第431页。
[2] 同[1]。

表 7-1 部分国家非执政共产党议会席位情况

国家	政党	年份	获得席位/总席位（个）	
			下院	上院
白俄罗斯	白俄罗斯共产党	2019	11／110	17／64
比利时	比利时工人党	2019	12／150	5／60
巴西	巴西共产党	2022	6／513	0／81
智利	智利共产党	2021	12／155	2／43
塞浦路斯	劳动人民进步党	2021	15／56	—
法国	法国共产党	2022	12／577	14／348
希腊	希腊共产党	2019	15／300	—
印度	印度共产党 印共（马）	2019	2／545 3／545	2／245 6／245
以色列	以色列共产党	2022	3／120	—
日本	日本共产党	2021—2022	10／465	11／242
黎巴嫩	黎巴嫩共产党	2022	1／128	—
摩尔多瓦	摩尔多瓦共和国共产党人党	2021	10／101	—

续表

国家	政党	年份	获得席位/总席位（个）	
			下院	上院
尼泊尔	尼泊尔共产党（联合马列）	2022	78／275	17／59
	尼泊尔共产党（毛主义中心）		32／275	16／59
	尼泊尔共产党（联合社会主义者）		10／275	8／59
葡萄牙	葡萄牙共产党	2022	6／230	—
俄罗斯	俄罗斯联邦共产党	2021	57／450	3／170
西班牙	西班牙共产党	2019	6／350	1／266
叙利亚	叙利亚共产党（巴格达什）	2020	2／250	—
	叙利亚共产党（统一）		2／250	—
塔吉克斯坦	塔吉克斯坦共产党	2020	2／63	0／33
乌拉圭	乌拉圭共产党	2019	6／99	2／30
委内瑞拉	委内瑞拉共产党	2020年	1／277	—

资料来源：https://en.wikipedia.org/wiki/List_of_communist_parties。

（二）2022年非执政共产党政党政治发展面临的国际环境

首先，以中国为代表的社会主义国家为推动世界社会主义发展作出了历史性贡献。中国共产党第二十次全国代表大会于2022年10月16日至22日在北京举行。这是在全党全国各族人民迈上全面建设社会主义现代化国家新征程、向第二个百年奋斗目标进军的关键时刻召开的一次十分重要的大会。会议引起了国际社会的广泛关注。中联部部长助理朱锐作为中共观察员率团参加了在古巴召开的第二十一届共产党和工人党国际会议并作发言,向各位与会代表介绍中共二十大相关情况,反响热烈。这正是"中国特色社会主义正成为21世纪科学社会主义发展的旗帜,成为振兴世界社会主义的中流砥柱"[1]的生动写照。

其次,俄乌冲突白热化,各国社会运动频发。2022年,美国、英国、法国、德国、加拿大、意大利、希腊、捷克、荷兰等地爆发了大规模的示威游行和工人运动,表达对战争、能源价格上涨、工作环境恶劣、收入低与失业等的不满。10月1日,英国超过17万名工人罢工,英国铁路、海事和运输工会、英国火车司机工会和运输业员工协会采取一致行动,铁路网和邮政服务系统陷入瘫痪。11月下旬,英国150所大学的7万多名教职工进行了为期三天的罢工行动,要求解决工资、养老金和工作条件的问题。"这是高等教育史上规模最大的一次罢工,英国大学和学院工会预计,本轮的罢工率将达到历史最高水平。"[2] 自2021年以来,美国超过2000人以上的罢工发生近30次,其经济诉求包括提高工资和福利保障、保证充足的人员配置等。罢工活动分布在各行各业,比如,教育行业有教师和学生等的罢工罢课活动。2022年11月14日,加州大学近五万名高等教育工作者罢工,这是美国历史上规模最大的罢工。在通货膨胀率为8.5%的情况下,3%到4%的工资增长被认为在实际上构成了减薪,因此罢工者诉求主要为提高工资。[3] 制造业

---

[1] 习近平:《坚持和发展中国特色社会主义要一以贯之》,http://www.qstheory.cn/dukan/qs/2022-09/15/c_1129000323.htm。

[2] "Strikes to Hit 150 Universities and Colleges as Lecturers and Support Staff Prepare for First Day of National Action", https://morningstaronline.co.uk/article/b/strikes-hit-150-universities-and-colleges-as-lecturers-and-support-staff-launch-first-day-of-national-action.

[3] "University of California Workers Launch Largest Academic Strike in US History", https://peoplesdispatch.org/2022/11/15/university-of-california-workers-launch-largest-academic-strike-in-us-history/.

中的典型罢工活动有约翰迪尔农业设备厂30多年来的首次罢工，有数万工人参加，以及亚拉巴马州近千名煤矿工人进行的长期罢工。在医疗卫生业的罢工中，2022年秋，明尼苏达州一万多名护士参加了美国历史上最大规模的私营医院护士罢工活动。[1] 6月18日，美国"穷人运动"组织在华盛顿特区召集数万人进行大规模集会和示威游行。[2] 截至10月15日，美国至少24个城市发起了"穷人运动"游行。除了上述大罢工和社会运动之外，还存在多起人数庞大但并未进行的罢工活动，这些罢工活动往往在公司作出让步后取消。例如，2021年，凯撒医疗的35 000名医护人员准备举行一场大规模医疗罢工活动[3]，但其在罢工前实现了加薪和取消两级薪酬制度的诉求，因此罢工取消。2022年9月，代表美国铁路工人的工会与铁路公司就提高工人工资和奖金达成协议，暂时避免了全国性的铁路工人罢工。[4]

再次，西方的反共主义势头增强。2022年来，在俄乌冲突刺激下，资产阶级政府的反共主义主要表现为：第一，拆除具有社会主义和共产主义性质的标志性建筑物。如波兰政府要求抹除所有纪念社会主义的地名和标志；芬兰图尔库、赫尔辛基、科特卡先后拆除了列宁雕像；波罗的海三国也大肆拆除了苏联红军纪念碑。第二，取缔共产党或禁止政党使用共产党名称参与竞选。乌克兰法院完成了取缔乌克兰共产党的行政案的审议，法院同意司法部关于禁止乌克兰共产党活动、没收其全部党产的要求；瑞典共产党被当局剥夺了在选举中使用共产党名称的权利。第三，使用暴力手段破坏共产党的相关活动和组织所在地。斯威士兰共产党组织的集会遭到警方的武力破坏；南

---

[1] "Hospitals Force 15K Nurses into Largest Private-Sector Nurses Strike Ever", https://www.peoplesworld.org/article/hospitals-force-15k-nurses-into-largest-private-sector-nurses-strike-ever/.

[2] "Juneteenth 2022: Demanding a Third Radical Reconstruction of U.S. Capitalism", https://www.peoplesworld.org/article/juneteenth-2022-demanding-a-third-radical-reconstruction-of-u-s-capitalism/.

[3] "Kaiser Permanente Reaches Pact With Unions and Averts Strike", https://time.com/6117442/kaiser-strike/.

[4] Rail Pact, Drafted After Biden Intervened, Averts Forced Strike, https://www.peoplesworld.org/article/rail-pact-drafted-after-biden-intervened-averts-forced-strike/.

斯拉夫新共产党在贝尔格莱德的总部遭到袭击并收到新纳粹分子的死亡威胁。第四，监禁和逮捕共产党主要领导人和青年党员。2月24日，两名乌克兰共产党青年党员米哈伊尔·科诺诺维奇和亚历山大·科诺诺维奇被乌克兰安全部门监禁，科诺诺维奇兄弟案得到了许多共产党和共青团的关注和声援。11月，14个共产主义青年组织联名公开呼吁乌克兰政府释放科诺诺维奇兄弟，包括希腊共产党、英国共产党、加拿大共产党、委内瑞拉共产党、荷兰新共产党等在内的其他国家共产党对此进行了积极声援和持续关注。[1]

二、纪念、庆祝、反思与声援：2022年非执政共产党的集体话语

2022年对全世界非执政共产党而言是极不平凡的一年。一方面，世界局势在俄乌冲突的阴影下更加错综复杂；另一方面，苏联成立100周年、十月革命胜利105周年、中共二十大胜利召开、非执政共产党建党百年等重大历史性事件，使各国非执政共产党在纪念、庆祝、反思与声援的实践活动中形成了年度集体话语。

（一）纪念苏联成立100周年

2022年，为纪念苏联成立100周年，共产党联盟-苏联共产党及其成员政党举行了诸多活动。5月27日，共产党联盟-苏联共产党第一副主席泰萨耶夫·卡兹别克·库苏科维奇组织召开了一次有关苏联成立100周年的会议，共产党联盟-苏联共产党中央委员会副主席、乌克兰共产党第一书记、亚美尼亚共产党第一书记、格鲁吉亚统一共产党主席、吉尔吉斯斯坦共产党书记、阿塞拜疆共产党副主席等多个共产党领导人参加了此次会议。会议主要讨论庆祝苏联成立100周年的计划和安排。会议强调，"各党要重视纪念

---

[1] 余维海、陈姣：《第22次共产党和工人党国际会议评析》，载《当代世界社会主义问题》，2022年第4期，第80—90页。

第七章　非执政共产党政党政治发展与研究

活动，尊重苏联历史，继续走上街头，为和平和人民群众而斗争"。[1]

7月9日至10日，共产党联盟-苏联共产党代表团参加了在鞑靼斯坦举行的全俄人民友谊论坛，该论坛旨在纪念苏联成立100周年，巩固各民族间的友谊。参加活动的代表团成员包括共产党联盟-苏联共产党、俄罗斯联邦共产党、白俄罗斯共产党、格鲁吉亚统一共产党、亚美尼亚共产党、吉尔吉斯斯坦共产党、塔吉克斯坦共产党等的主要领导人。活动期间，代表团向列宁纪念碑和1918年阵亡的红军士兵纪念碑献花，在喀山博物馆前植树，并向博物馆工作人员授予"纪念苏联成立100周年"奖章。俄罗斯联邦共产党主席久加诺夫还同鞑靼斯坦总统鲁斯塔姆·明尼哈诺夫举行了会面，感谢鞑靼斯坦总统鲁斯塔姆·明尼哈诺夫对苏联历史的保护，俄罗斯联邦共产党主席还授予他"纪念苏联成立100周年"奖章和同名纪念币。[2]

俄罗斯联邦共产党举行了系列纪念活动。2022年12月8日，俄罗斯联邦共产党在莫斯科工会大厦举行了纪念苏联成立100周年大型音乐会。俄罗斯联邦共产党主席久加诺夫发表讲话，特别总结了苏联的五项杰出贡献：第一，恢复和巩固了俄罗斯数千年来的国家地位；第二，创造了独特的经济体制和卓越的科学技术；第三，为解决战争与和平问题及教育、医疗、妇女等社会问题提供了借鉴；第四，医治战争创伤，并进一步提高科学技术水平；第五，成功进入太空并实现世界核武器的平衡。[3] 12月23日，俄罗斯联邦共产党中央委员会（以下简称"俄共中央"）举行纪念苏联成立100周年招待会，此次招待会由俄共中央副主席卡申主持。卡申在会上回顾了苏联的

---

[1] "26 мая состоялась видеоконференция с участием партий, входящих в СКП-КПСС", http://skpkpss.ru/novosti-skp-kpss-26-maya-sostoyalas-videokonferenciya-s-uchastiem-partij-vxodyashhix-v-skp-kpss/.

[2] "9-10 июля делегация СКП-КПСС посетила Всероссийский форум Дружбы народов, организованный КПРФ и посвящённый 100-летнему юбилею Советского Союза и укреплению межнациональных отношений", http://skpkpss.ru/novosti-skp-kpss-84/.

[3] В Москве состоялся праздничный концерт, посвященный 100-летию СССР, https://kprf.ru/party-live/cknews/215109.html.

社会主义建设成就，强调苏联社会主义经验对于当今时代具有重要意义。他还指出，现在的俄罗斯正处于转折时期，人民应该团结起来保家卫国，对抗西方资本主义的威胁；要重视青年爱国教育，培养公民意识和使命感。[1]

2022年12月5日至6日，欧洲共产党和工人党提倡举行纪念苏联成立100周年电话会议，希腊共产党总书记致开幕词，奥地利劳动党、法国共产主义革命党、挪威共产党、瑞典共产党、西班牙工人党、土耳其共产党、俄罗斯共产主义工人党、苏联共产党、匈牙利工人党、爱尔兰工人党、共产党（意大利）等发言。会议高度评价十月革命的重大意义，充分肯定苏联伟大探索与斗争的历史性贡献，同时系统总结了苏联解体的经验教训，并作出"21世纪将是世界革命运动新高潮和新一轮社会主义革命的世纪"的判断。希腊共产党中央委员会委员吉尔戈斯·马里诺斯作了总结性发言。吉尔戈斯在发言中分析了当前资本主义的腐朽与落后，重申资本主义必然灭亡、社会主义必然胜利的马克思主义基本原理，总结了苏联解体的经验教训，强调反法西斯斗争是希腊共产党和希腊人民的任务，希腊共产党将为推翻资本主义社会、建设社会主义社会而奋斗。[2]

2022年12月27日，摩尔多瓦共产党人党发布了《苏联成立100周年纪录片》。[3] 12月30日，该党官网发布了苏联成立100周年纪念文章《我们都是苏联人！100年前，1922年12月30日，世界地图上出现了一个新国

---

[1] "Торжественный Прием в ЦК КПРФ в честь 100-летия СССР", https://kprf.ru/party-live/cknews/215622.html.

[2] "Closing Remarks by Giorgos Marinos, Member of the PB of the CC of the KKE, at the Teleconference of the European Communist Initiative on the 100th Anniversary of the Founding of the USSR", http://www.solidnet.org/article/CP-of-Greece-Closing-remarks-by-Giorgos-Marinos-member-of-the-PB-of-the-CC-of-the-KKE-at-the-teleconference-of-the-European-Communist-Initiative-on-the-100th-anniversary-of-the-founding-of-the-USSR/.

[3] "27.12.2022: Красный проект. Документальный фильм к 100-летию СССР", http://www.pcrm.md/main/index_md.php?action=news&id=19576.

家——苏联》。[1] 同日,摩尔多瓦共产党人党主席拉基米尔·尼古拉耶维奇·沃罗宁在纪念苏联成立100周年会议上致开幕词,他表示,"作为一项宏伟的社会实验,苏联的遗产不亚于它本身,它向世界展示了一个建立在平等、博爱、正义、相互尊重、真诚的国际主义理想基础上的和谐社会的独特范例"。[2]

2022年12月30日,荷兰新共产党发布关于纪念苏联成立100周年的声明,声明分析了苏联社会主义取得的成就、世界各国人民的斗争成果、荷兰共产主义运动的发展、苏联解体的后果、苏联社会主义建设的错误和教训等。[3] 同日,奥地利劳动党发表纪念苏联成立100周年的声明。声明充分肯定了苏联和苏联共产党作为当时世界领跑者的重要历史意义,强调苏联成立后的第一项任务是结束与反革命对手的战争,保存十月革命的胜利果实,并尽其所能支持亚非拉的反殖民斗争;苏联人民面临的最大挑战是德国法西斯主义,并最终取得了反法西斯斗争的胜利;在苏联成长和发展过程中,苏联共产党为包括妇女、儿童在内的所有人创造了平等的发展机会,使苏联成为一个繁荣的社会主义国家。[4]

德国的共产党在其机关报《我们的时代》的官方网站专门开辟"苏联成立100周年"专栏,刊登了一系列纪念苏联成立100周年的文章、采访和讲话,如德国的共产党主席帕特里克·科伯勒撰写的《苏联的创建和毁灭、阶级斗争和民族解放斗争》,安东·拉佐撰写的《苏联的成立是一个突出的

---

[1] "30.12.2022:Мы все родом из СССР! 100 лет назад, 30 декабря 1922 года, на мировой карте появилось новое государство — СССР", http://www.pcrm.md/main/index_md.php?action=news&id=19588.

[2] "30.12.2022:Союз нерушимый! 100 лет СССР — знаменательное событие нашей эпохи", http://www.pcrm.md/main/index_md.php?action=news&id=19587.

[3] "100 Jaar Sinds de Oprichting van de Sovjet-Unie", https://ncpn.nl/verklaring-partijbestuur-ncpn-100-jaar-sinds-de-oprichting-van-de-sovjet-unie/.

[4] "Zum 100. Jahrestag der Gründung der UdSSR", https://parteiderarbeit.at/themen/stellungnahmen/zum-100-jahrestag-der-gruendung-der-udssr/.

历史事件》《1920年代的苏联》，尼娜·海格所写的《苏维埃政权开辟了通往平等权利的道路》，等等。[1]

2022年12月29日，智利共产党在团结网刊发文章向苏联致敬。智利共产党认为，苏联的成立具有伟大的历史意义，它打破了资本主义一统天下的局面，使国际格局发生了深刻的变化，推动了社会主义的发展和马克思主义的传播。智利共产党认为，苏联的建立不仅是俄罗斯人民在共产党人的领导下的联合，也是苏联范围内众多民族的联合，这是一次质的飞跃。苏联的建立使这个半封建国家在工人阶级的领导下有可能转变为一个伟大的政治、经济和军事强国——俄国通过革命战胜了欧美资本主义列强，新国家实现了高速发展，短短几年就摆脱了落后状态。同时，苏联为世界各国人民的反殖民主义和反资本主义斗争提供了物质援助。智利共产党认为，苏联给予世界各国人民巨大的鼓舞，推动了被压迫民族和人民的解放斗争。[2]

（二）纪念十月革命胜利105周年

2022年11月5日，大不列颠共产党（马列）就俄国十月革命胜利105周年举行了纪念活动，大不列颠共产党（马列）副主席乔蒂在活动上发表讲话，对科学社会主义的定义、科学社会主义在十月革命中发挥的理论指导作用、科学社会主义在当今英国实现社会主义的斗争中的重要性、统治阶级为什么要隐瞒社会主义科学的真相等进行了深刻阐释，讴歌了十月革命的伟大功绩，并强调全体党员应加强对马克思主义科学原理的理解。[3]

2022年11月6日，西班牙共产党（马克思列宁主义）发文纪念十月革命胜利105周年。文章指出，1917年十月革命的伟大胜利证明了一个没有剥削和压迫的世界、一个工人和农民成为自己命运的主人的世界是可能的。十

---

[1] "100 Jahre Sowjetunion", https://www.unsere-zeit.de/100-jahre-sowjetunion/.
[2] 《智利共产党向苏联成立一百周年致敬》, http://www.ccnumpfc.com/index.php/View/3662.html。
[3] "Why Our Rulers Hide the Truth About Socialist Science", https://thecommunists.org/2022/12/03/tv/joti-brar-october-revolution-speech-scientific-socialism-workers-weapon/.

第七章 非执政共产党政党政治发展与研究

月革命为实现人类从苦难、剥削和异化的枷锁中彻底解放出来开辟了道路。这条道路仍然是开放的,也将一如既往地充满巨大的困难和牺牲,但几十年来实现数百万人有尊严地生活的梦想将成为永远陪伴着西班牙共产党(马克思列宁主义)的革命之光。[1]

2022年11月7日,俄罗斯联邦共产党主席久加诺夫发表文章纪念十月革命胜利105周年。他指出,十月革命是标志着新时代诞生的一件伟大历史事件,它揭开了人类向社会主义过渡的序幕,各国人民对公正社会的古老梦想得以实现;十月革命的胜利真正使工农成为国家主人,将俄国从破坏和混乱中拯救出来,为社会主义革命迎来一个经济和文化繁荣的时代奠定了基础;苏联成为世界发展的领导者。久加诺夫认为,面对如今资本主义的进攻,"只有社会主义才能引领我们走上进步的光明道路"[2]。

2022年11月7日,俄罗斯联邦共产党在莫斯科红场举行了集会。俄共中央委员、国家杜马中的俄罗斯联邦共产党代表、共青团中央委员会代表、人民爱国运动组织代表等在列宁墓前献花。[3] 久加诺夫发表演讲,回顾了卫国战争中的三起重要事件,肯定了列宁倡议并建立苏联的伟大意义,以及采用新经济政策发展经济和开展扫盲运动等的贡献,还强调了斯大林带领国家实现工业化的历史功绩。面对当前资本主义/帝国主义发动的新的战争,久加诺夫相信共产党人将有能力赢得胜利。久加诺夫表示,党已经提出了一项使国家摆脱危机的计划、一项发展预算和"全民教育法";同时,他号召所有进步力量,为了取得最终的胜利团结起来,为社会主义和伟大十月的理

---

[1] "En el CV Aniversario de la Revolución de Octubre", https://pceml.info/actual/index.php/actualidad/articulos/1113-en-el-cv-aniversario-de-la-revolucion-de-octubre.

[2] "Победе социалистической революции – 105 лет!", https://kprf.ru/party-live/cknews/214389.html.

[3] "Состоялось возложение венков и цветов к Мавзолею В. И. Ленина", https://kprf.ru/party-live/cknews/214433.html.

想而奋斗，为新的胜利而奋斗。[1]

同日，以摩尔多瓦共产党人党主席沃罗宁为代表的部分党员在摩尔多瓦首都基希讷乌的列宁纪念碑附近召开会议。沃罗宁表示，当前老、中代共产党人的任务是传授在苏维埃国家的生活经验和大革命的思想，以及苏维埃政权的成就和优势，并强调当前摩尔多瓦的资本主义无法通过私有化来摧毁整个社会主义基础。会议接近尾声时，与会者向世界无产阶级领袖列宁的纪念碑献花。[2] 摩尔多瓦共产党人党中央委员会发表了《祝贺伟大的十月社会主义革命》声明。声明中指出，"十月社会主义革命胜利105周年纪念日不仅仅是一个日期，也是一个反思我们今天所生活的新世界的机会""当今时代世界瞬息万变，资本主义陷入一轮又一轮的危机，争取主权还给人民的斗争正在进入一个新的阶段。在这场斗争中，十月革命的经验将一如既往的重要"。[3]

同日，白俄罗斯共产党在明斯克政府大楼前广场主办了纪念活动，向那里的列宁雕像敬献鲜花。白俄罗斯共产党中央委员会第一书记阿列克谢·索科尔在致辞中指出，伟大的十月革命是人类历史上划时代的事件，它为实现国家和社会的平等指明了道路，激发了工人阶级、农民和劳动知识分子的创造力。他说："十月革命的胜利离不开无数的白俄罗斯人民的付出，这一直是我们的骄傲。""1917年，我们的祖国打开了一个劳动者而不是资本开始统治的新世界。列宁给饥饿的人提供面包，给农民提供土地，给工人提供工厂。"[4]

---

[1] "Очередную годовщину Великого Октября мы встречаем в условиях войны", https://kprf.ru/party-live/cknews/214432.html.

[2] "07.11.2022：105-я годовщина Великой Октябрьской Социалистической Революции – событие планетарногозначения", http://www.pcrm.md/main/index_md.php?action=news&id=19276.

[3] "07.11.2022：Поздравление ЦК ПКРМ с днём Великой Октябрьской Социалистической Революции", http://www.pcrm.md/main/index_md.php?action=news&id=19268.

[4] "В Беларуси празднуют 105-ю годовщину Великого Октября", http://comparty.by/news/v-belarusi-prazdnuyut-105-yu-godovshchinu-velikogo-oktyabra.

同日，孟加拉国共产党主席穆罕默德·沙阿阿拉姆及其他中央委员在达卡组织了一场主题为"伟大的十月革命胜利105周年和正在进行的帝国主义战争狂潮"的讨论会。会议指出，十月革命结束了俄国的阶级剥削现象，建立了世界上第一个工人阶级国家，开创了一种新的文明即共产主义文明。十月革命向世界人民展示了一个基于财富公平分配的人类社会的新面貌，而不是垄断资本或金融资本的寡头政治。会议认为，美帝国主义及其附属势力为了建立一个所谓的统一世界，正在对世界人民进行一场非正义的战争。乌克兰和也门的战争就是这样一个例子。只有社会主义才能结束战争。因此，俄国十月社会主义革命的学说对理解世界狂热的帝国主义战争而言非常具有价值。[1]

同日，波兰共产党发文庆祝十月革命胜利105周年。波兰共产党回顾了波兰革命的光辉岁月，肯定了十月革命的成功。波兰共产党认为，十月革命至今仍是人类历史上最重要的事件之一，是无产阶级反抗资产阶级的号角，是一次改变人类历史、改变世界格局的伟大革命。十月革命代表着一个新时代的开始，工人阶级掌握了政权，新的社会秩序建立起来了。同时，波兰共产党在文中指出，波兰共产主义的发展离不开十月革命，离不开布尔什维克的帮助，他们是波兰真正的朋友。[2]

（三）纪念共产党重要人物

2022年，多国共产党开展了多种方式纪念本国共产党的重要领导人和革命先驱的活动，如意大利共产党领导人贝林格诞辰100周年、西班牙共产党早期活动家马蒂尔德·兰达逝世80周年、巴西共产党早期领导人乔·亚马孙诞辰110周年、菲律宾共产党创始主席西松逝世等。

---

[1] "মহান অক্টোবর সমাজতান্ত্রিক বিপ্লব ছিল সাম্রাজ্যবাদী যুদ্ধ ও ফ্যাসিবাদের বিরুদ্ধে দৃপ্ত উচ্চারণ", http://cpbbd.org/index.php?page=details&serial=1372.

[2] "105. Rocznica Rosyjskiej Rewolucji Socjalistycznej o Wolność i Nadzieję", https://kom-pol.org/2022/11/07/105-rocznica-rosyjskiej-rewolucji-socjalistycznej-o-wolnosc-i-nadzieje/.

2022年1月1日,巴西共产党网站刊文纪念乔·亚马孙诞辰110周年。乔·亚马孙是巴西共产党第二代领导人、第三代领导人的主要顾问,著名理论家、思想家和策略家。他主张建立一个以左派为核心、以人民斗争为基础的广泛的政治战线,以此击败新自由主义,为建设一个新的民主国家计划铺平道路,为实现新的社会主义积聚力量。文章指出,乔·亚马孙不仅是党的领导人,也是党和人民战斗精神的鲜活象征,是巴西共产党人和巴西人民的榜样。[1]

4月22日,意大利重建共产党官网发文纪念贝林格诞辰100周年。文章说,"我们纪念贝林格诞辰100周年,不只是出于情感原因,而是为了反思他的思想和过去百年的斗争历程""贝林格在提出'欧洲共产主义'的社会解放新愿景之后,遭到了苏联的反对。在他去世后,他的这一思想也被大多数同志心照不宣地埋葬了,不仅如此,这些同志还主张解散意共。贝林格被定义为一个失败者,一个幻想家。"然而现在看来,"贝林格的愿景对于他的时代而言过于超前,但在今天却被证明是解决当前灾难唯一可行的替代方案"。[2]

12月16日,菲律宾共产党创始主席何塞·马利亚·西松逝世,享年83岁。西松于1968年12月26日领导重建菲律宾共产党,于1969年3月29日组建新人民军,并于同年在该国发动人民战争,1973年领导成立民族民主阵线。西松一生著作颇丰。在西松被监禁期间,世界多个毛主义政党和组织为西松积极发声。西松逝世后,革命政党和组织国际协调、国际共产主义者同盟等组织,以及包括印度共产党(毛主义)、土耳其共产党-马列、阿富汗共产党(毛主义)、巴西共产党、澳大利亚共产党(马列)、俄罗斯毛主义

---

[1] "Tributo a João Amazonas (1912-2002)-Um Comunista Brasileiro", https://pcdob.org.br/noticias/tributo-a-joao-amazonas-1912-2002-um-comunista-brasileiro/.

[2] "La guerra, l'Europa, i populismi, nel centenario di Berlinguer", http://www.rifondazione.it/primapagina/? p=50199.

共产党、葡萄牙马列主义联盟、孟加拉国共产党、厄瓜多尔共产党-红太阳、智利共产党红色派系中央委员会、哥伦比亚共产主义工人联盟等世界多数马列毛主义的共产党发文，对西松的逝世表示深切哀悼，高度肯定西松对国际共产主义运动做出的卓越贡献。如印度共产党（毛主义）在1月3日发表的一份声明中，称西松为"受人尊敬的革命者、知识分子、爱国和国际主义领袖"和"国际共产主义运动的杰出领袖之一"。

（四）庆祝建党100周年

1919年共产国际成立后，世界各地陆续成立了一批共产党，这些共产党在近年来先后迎来了建党百年的历史时刻。2022年，巴西共产党（成立于1922年3月25日）、日本共产党（成立于1922年7月15日）等举办了庆祝建党百年的活动。

1月6日，巴西共产党全国新闻部长阿达尔贝托·蒙泰罗说："我们将在巴西各地举行庆祝活动，庆祝党的百年诞辰，但我们也将在我们一直以来的地方庆祝：在前线，与我们的人民一起，为赢得选举和重建国家而战斗。"[1] 阿达尔贝托·蒙泰罗称，"巴西百年的爱和勇气"是庆祝巴西共产党一个世纪斗争史的口号。他宣布从1月开始，宣传部门将发布一系列以党的百年庆祝活动为主题的新闻稿，讲述党的奋斗历程、党的现状及党对巴西未来的展望。3月18日，巴西共产党全国政治委员会一致通过《巴西共产党：保卫巴西、民主和社会主义的百年斗争》的文件。该文件概述了巴西共产党的百年历史，突出了巴西共产党在保卫巴西、追求民主和社会主义等方面所作的贡献。[2] 3月25日，巴西共产党在尼特罗伊市举办"希望之花"红色音乐节。巴西共产党认为，红色节日安排了多样化的活动，包括音乐

---

[1] "PCdoB Celebra 100 Anos na Luta, Junto com o Povo", https://pcdob.org.br/noticias/73005/.

[2] "Um Século em Defesa do Brasil, da Democracia e do Socialism", https://pcdob.org.br/noticias/pcdob-um-seculo-em-defesa-do-brasil-da-democracia-e-do-socialismo/.

会、研讨会、文化和美食产品博览会，以表达巴西文化的多样性。[1]

2022年7月15日，日本共产党迎来了建党100周年。日本共产党机关报《赤旗报》刊载了日本共产党委员长志位和夫在党总部发表的题为《日本共产党的历史展示了磅礴力量》的演讲，文章回顾了日本共产党百年来的历程和取得的成就，强调日本共产党始终坚持把实现社会主义和共产主义作为社会转型的主要目标，批判"社会主义否定论"，认为日本共产党将尽一切努力使21世纪成为人类历史上进步的世纪，以建设一个没有剥削和压迫的共同社会。[2] 9月17日，日本共产党举办了纪念建党100周年的讲座，志位和夫发表了题为《讲述日本共产党100周年的历史和纲领》的演讲，总结了日本共产党百年历史的三大法宝：不屈不挠、自我改革和统一战线，并呼吁全党上下下定决心，集中力量，建设强大政党，开创美好未来。[3]

（五）在俄乌冲突中积极发出社会主义声音

自俄乌冲突爆发以来，多个共产党采取措施，发出社会主义声音。

第一，积极发表声明、讲话和文章。许多共产党借助党报、官网、脸书、推特等媒介，以党的领袖、党中央、国际部等名义发表声明、讲话、文章，表达本党对俄乌冲突的看法。这背后的话语体系和行动逻辑体现了无产阶级政党的传统特征，阐释了当代共产党对战争与革命、主权与安全、工人阶级与人民权益、资本主义、法西斯主义、帝国主义、社会主义等基本问题的看法。

第二，召开党内会议和党际会议。俄乌冲突对许多共产党的政治议程产生影响，成为2022年度非执政共产党的集体话语。4月6日至10日，印共

---

[1] "Começa, em Niterói, o Festival Vermelho", https://grabois.org.br/2022/03/26/comeca-em-niteroi-o-festival-vermelho/.

[2] 日本共産党の歴史は、今に生きる力を発揮している——党創立100周年にあたって, http://jcp.or.jp/akahata/aik22/2022-07-15/2022071503_01_0.html.

[3] 日本共産党創立100周年記念講演会 日本共産党100年の歴史と綱領を語る, https://www.jcp.or.jp/akahata/aik22/2022-09-19/2022091907_01_0.html.

（马）召开第二十三次全国代表大会，会议认为，俄乌冲突"实际上是一场以乌克兰为战场的俄罗斯与美国及北约之间的战争"[1]。4月9日，西班牙共产党召开中央委员会会议，明确表达了其对俄乌冲突的主张，即各方立即停火，并采取措施保护和尊重平民，反对泽连斯基政府对包括共产党、社会民主党在内的左翼力量的迫害。

第三，发起援助难民的人道主义行动。塞浦路斯劳动人民进步党发起了为乌克兰人民募集基本生活物资的运动；俄罗斯联邦共产党的伏尔加格勒、下诺夫哥罗德、梁赞等地区委员会为顿巴斯难民提供人道主义援助；白俄罗斯共产党的格罗德诺市委员会向乌克兰难民提供财政援助，将筹集到款项捐赠给戈梅利地区的红十字会。2022年3月21日至12月19日，俄共中央共派遣11支人道主义救援车队帮助在顿涅茨克和卢甘斯克的居民。在12月19日的第104支车队中，"车队共携带150吨货物，除了传统的和当前必备的食品、药品、保暖内衣外，还包括大量喜庆的给儿童的新年礼物。"[2]

第四，走上街头，举行反战游行示威运动，增强斗争的社会声势。绝大多数共产党发出了反对战争、争取和平的呼吁，部分共产党则行动起来，发起了反战运动。如丹麦共产党高喊"停止战争和战斗""争取和平与裁军"的口号，在哥本哈根、奥胡斯、欧登塞、奥尔堡和埃斯比约等地举行了游行示威；瑞士共产党于贝林佐纳市的市政广场举行示威运动，对顿涅茨克人民予以声援；希腊共产党等部分社会组织在希腊国会前的宪法广场举行罢工集会，反对政府参与战争；意大利共产党高举"为了和平与工作！"的旗帜举行游行示威，反对战争造成的基本生活必需品价格的上涨以及工人工作的不稳定。

---

[1] "23rd Congress Political Resolution", https://www.cpim.org/documents/23rd-congress-political-resolution.

[2] "КПРФ отправит на Донбасс 104-й гумконвой", http://wpered.su/2022/11/18/kprf-otpravit-na-donbass-104-j-gumkonvoj/.

第五，发表联合声明，筑成国际协调斗争网络。俄乌冲突愈演愈烈后，团结网、革命政党和组织国际协调、马列主义政党和组织国际会议（团结与斗争）等左翼网站相继发布一份或多份联合声明。2022年2月14日，南非共产党、多哥共产党、德国马列主义党等34个革命政党和组织国际协调成员签署了题为"在俄乌冲突中，积极反对心理战，反对帝国主义战争准备与战争威胁"的声明。[1] 2月28日，英国共产党、爱尔兰共产党、伊朗人民党联合发起的《为了和平和公正解决乌克兰冲突——共产党和工人党的联合声明》，获得10个共产党签署支持。[2] 3月3日，团结网发布的题为"对乌克兰帝国主义战争说不！"的声明，获44个共产党及30个共青团共同签署。[3] 7月7日，由俄罗斯共产主义工人党发起的《共产党和工人党联合声明》，得到六个政党的签署支持。[4]

（六）庆祝中共二十大胜利召开[5]

世界各国共产党和工人党对中共二十大予以高度关注。他们通过向中共中央和有关部门致贺电（函）、转载中共二十大报告全文、接受新华社和人民日报等新闻媒体采访，以及撰写评析文章等方式祝贺中共二十大的召开，积极传播和阐释中共二十大的理论和实践成果，高度肯定中共二十大的重大意义。

---

[1] "Active Resistance Against Psychological Warfare, the Imperialist War Preparation and Threats in the Ukraine-Russia Conflict！", https://www.icor.info/2022-1/active-resistance-against-psychological-warfare-the-imperialist-war-preparation-and-threats-in-the-ukraine-russia-conflict.

[2] "For Peace and a Just Solution to the Conflict in Ukraine: Joint Statement by Communist and Workers Parties", http://www.solidnet.org/article/CP-of-Britain-CP-of-Ireland-Tudeh-Party-of-Iran-FOR-PEACE-AND-A-JUST-SOLUTION-TO-THE-CONFLICT-IN-UKRAINE-Joint-statement-by-Communist-and-workers-parties/.

[3] "Urgent！Joint Statement of Communist and Workers' Parties, No to the Imperialist War in Ukraine！", http://www.solidnet.org/article/Urgent-Joint-Statement-of-Communist-and-Workers-Parties-No-to-the-imperialist-war-in-Ukraine/.

[4] "Уточнение диагноза после начала операции Совместное заявление коммунистических и рабочих партий", http://www.solidnet.org/article/Russian-CWP.-/.

[5] 本部分参见余维海、王晓青：《国外共产党和工人党眼中的中共二十大：精髓要义与伟大意义》，载《社会主义研究》，2023年第1期，第48—55页。

第七章 非执政共产党政党政治发展与研究

国外共产党普遍认为，中共二十大是在关键时刻召开的重要会议。在国外共产党看来，中共二十大作为新时代中国在迈向全面建设社会主义现代化强国的新征程上召开的一次重要会议，是一次全球瞩目的盛大会议，有其独特的魅力和鲜明的特点。伊拉克共产党总书记拉伊德·法赫米在接受专访时指出，"作为一支始终致力于维护世界和平、反对外部干涉、尊重国家主权和独立的力量，中国在营造和平安全的国际氛围，促进全球经济、社会和人类发展方面发挥重要作用"。在"当前国际风云变幻、冲突和紧张局势波及整个欧洲、世界和平面临危险和挑战"的时刻，中共二十大的召开，将成为推进中国特色社会主义建设、实现中华民族复兴、加强中华人民共和国在世界上的作用和地位的又一个重要里程碑。[1] 中共二十大召开前夕，久加诺夫接受光明日报记者采访，他指出，人类正在经历一个剧烈演变和动荡不安的时期，一场大规模经济危机的阴云越来越强烈地笼罩着地球，政治、民族、宗教、阶级冲突正在成倍增加，同时，恐怖主义、有组织犯罪、气候危机使这一情况更加恶化。社会主义中国长期稳定发展的局面与动荡不安的国际形势形成鲜明对比，"中国的社会主义模式正成为那些力争走出资本主义僵局、走上社会经济进步大道的国家和人民的一个非常有吸引力的选择"。[2]

国外共产党普遍认为，中共二十大谋划了实现中国第二个百年奋斗目标的"时间表"和"路线图"。白俄罗斯共产党发布文章《二十大前夕的中国共产党》，文中指出，即将召开的中共二十大将清醒评估中国形势和全球进程，并通过未来五年发展路线图，从而进一步推动中国向实现中华民族伟大

---

[1] "20esimo Congresso del PCC: Intervista con Raid Fahmi, Segretario del Partito Comunista Iracheno", https://www.lariscossa.info/20esimo-congresso-del-pcc-intervista-raid-fahmi-segretario-del-partito-comunista-iracheno/.

[2] "XX съезд КПК станет событием планетарного масштаба", https://kprf.ru/party-live/cknews/213803.html.

复兴的目标迈进。[1] 巴西共产党中央委员会委员何塞·雷纳尔多·卡瓦略在其文章《中国共产党第二十次全国代表大会：社会主义共同体和民族复兴》中指出，习近平总书记在中共二十大报告中高度强调以人民中心的发展理念，呼吁全体党员致力于增强民生福祉，提高人民的生活质量，积极贯彻人民当家作主的社会主义原则，全面推进全过程人民民主。[2] 摩尔多瓦共产党人党在致中共二十大的贺电中表示，中共二十大将成为中国发展史上的重要里程碑，进一步丰富中国特色社会主义思想，充分体现了中国共产党以人为本、爱好和平的特质。[3]

国外共产党高度评价中共二十大对中国和世界的深远意义。法国共产党全国委员会主席皮埃尔·洛朗指出，人类社会尝试过不同的发展模式，中国式现代化是中国在长期探索中形成的一条符合中国国情的发展模式，是一条新的发展道路，对中国和世界都具有重要意义。[4] 南非共产党总书记马派拉在致中共二十大的贺信中表示，中国共产党以人民为中心的发展理念以及治国理政成就和经验为世界各国制定自己的发展政策提供了重要借鉴。[5] 澳大利亚共产党在致习近平总书记的贺信中指出，中共二十大召开于中国共产党发展历程中的一个特殊时刻，鼓舞了世界共产党人加强捍卫工人阶级和人民权利、争取平等和社会主义的斗争；与此同时，中国第二个百年奋斗目标也激励着全世界共产主义者为建设有本国特色的社会主义而努力奋斗。[6]

---

[1] "Второе Дыхание：компартия Китая накануне XX съезда", http://www.comparty.by/news/vtoroe-dyhanie-kompartiya-kitaya-nakanune-hh-sezda.

[2] "20° Congresso PCCh：União Socialista, Rejuvenescimento Comum e Nacional", https://pcdob.org.br/noticias/20o-congresso-pcch-uniao-socialista-rejuvenescimento-comum-e-nacional/.

[3] "Приветственное послание ЦК ПКРМ в адрес ЦК Компартии Китая в связи с началом работы XX съезда КПК", http://www.pcrm.md/main/index_md.php?action=news&id=19130.

[4]《专访：中国式现代化是中国创造的符合中国国情的发展模式——访法国参议院副议长、法共全国委员会主席皮埃尔·洛朗》，http://www.xinhuanet.com/world/2022-10/24/c_1129078283.htm.

[5]《外国政党政要和各界人士热烈祝贺中共二十大胜利召开》，载《人民日报》，2022年10月19日，第3版。

[6] "CPA Greeting to the CPC's New Leadership", https://cpa.org.au/statement/2022-2/cpa-greeting-to-the-cpcs-new-leadership/.

委内瑞拉共产党强调，中共二十大的召开及其产生的重要成果，将对全中国人民、对世界共产主义和工人运动，乃至对全人类产生积极影响。[1]

三、守正创新，赓续血脉，谋划发展

党的全国代表大会既是政党政治活动的重要内容，也是观察政党理论、实践与发展的重要窗口，是研究非执政共产党政党政治发展动态不可或缺的重要内容。据不完全统计，2022年，非执政共产党召开的党的全国代表大会主要有：黎巴嫩共产党十二大（2月19日至22日，贝鲁特）、澳大利亚共产党十四大（2月22日至27日，悉尼）、孟加拉国共产党十二大（2月25日至28日，达卡）、印共（马）二十三大（4月6日至10日，喀拉拉邦）、奥地利劳动党五大（4月23日，维也纳）、捷克和摩拉维亚共产党十一大（5月14日至15日，布尔诺）、荷兰新共产党七大（5月14日至21日，阿姆斯特丹）、德国的共产党二十四大（5月22日，线上）、挪威共产党三十一大（6月4日至6日、卑尔根）、丹麦的共产党十三大（6月3日至6日，哥本哈根）、伊朗人民党七大（6月，具体日期和地址不详）、加拿大共产党四十大（7月1日至3日，多伦多）、南非共产党十五大（7月13日至16日，博克斯堡）、爱尔兰共产党二十六大（9月17日至18日，都柏林）、印度共产党二十四大（10月14日至18日，安得拉邦）、委内瑞拉共产党十六大（11月3日至5日，加拉加斯）、哥伦比亚共产党二十三大（12月7日至10日，波哥大）、墨西哥共产党七大（12月16日至18日，墨西哥城）等。本节将对上述部分党代会进行讨论。

黎巴嫩共产党于2022年2月19日至22日召开第十二次全国代表大会。

---

[1] "PCV Saluda el XX Congreso del Partido Comunista de China", https://prensapcv.wordpress.com/2022/10/17/pcv-saluda-el-xx-congreso-del-partido-comunista-de-china/.

在会议筹备阶段，黎巴嫩共产党举行了数百场基层会议和网络会议。"100名同志参加了十二大四份文件草案（思想政治纲领性文件、组织评估报告、2021年10月17日公民抗议斗争评估、党内制度及修正案草案）的准备工作。"[1] 党的政治理论委员会、中央委员会、定稿委员会也为此召开了数十次会议。黎巴嫩共产党总书记汉纳·加里卜在党代会开幕式上发表了讲话，介绍大会的筹备过程、全球资本主义的发展现状、阿拉伯世界的共产主义和左翼运动以及民主力量的历史性任务、黎巴嫩外交政策的优先事项（汉纳特别提出，应加强与共产党、进步政治力量和新兴国家的关系，其中最重要的是发展好与中国的关系，以实现共同利益）、黎巴嫩的危机及党的应对之策。[2] 会议持续了四天，批准通过了一系列纲领性文件和决议，选举产生了新一届中央委员会，新一届中央委员会选举汉纳·加里卜继续担任总书记。[3]

澳大利亚共产党于2022年2月24日至27日在悉尼召开第十四次全国代表大会，会议主题是"为社会主义未来建设党"。会议认为，会议召开的背景是：危及生命的灾难性气候变化、战争和帝国主义侵略；企业利润飙升，劳动人民生活水平下降，工人权利不断受到攻击和侵蚀。会议决定，党要坚定地站在工人阶级、国际主义者一边，积极声援世界各地一切为民主、和平、社会正义和社会主义的奋斗者。会议明确反对具有帝国主义战争和军事属性的美英澳三边安全伙伴关系，认为要继续争取一个没有核武器和核能的澳大利亚，指出澳大利亚共产党将秉承101年中几代共产党人的优良传统和斗争精神，与工人阶级和普通民众肩并肩，为争取教育、医疗、工作和住房权益而斗争。会议认为，澳大利亚共产党近年来取得了显著发展，党将继续

---

[1] 黎巴嫩共产党官方网站，http://www.lcparty.org/party-news/item/36305-12。

[2] "12 المؤتمر الوطني افتتاح في غريب حنا الشيوعي للحزب العام الأمين كلمة"، http://www.lcparty.org/party-news/item/36305-12.

[3] "المركزية لجنته وانتخاب للشيوعي 12 المؤتمر أعمال اختتام"، http://www.lcparty.org/party-news/item/36306-12.

致力于改变资本主义制度，建设一个更加人道、进步和公正的社会，即社会主义社会。大会选举安德鲁·欧文、文尼·莫利纳分别继续担任党的总书记和全国主席。[1]

孟加拉国共产党于2022年2月25日至28日在达卡召开第十二次全国代表大会。大会的口号是"消除暴政、改变制度、建立替代方案"。大会明确制定了党的政策和政治战略，指出党将走通过群众运动来获得投票权、结束暴政并解决公共生活危机的道路。会议指出，孟加拉国共产党将致力于带领国家实行民主的政治变革，实现一个左翼的民主替代方案。[2] 以无记名投票的形式选举产生了由43名成员组成的新一届中央委员会。十二大结束后不久，孟加拉国共产党于3月4日召开中央委员会第一次会议，会议选举穆罕默德·沙阿阿拉姆、侯赛因·普林斯和米希尔·戈什分别担任孟加拉国共产党中央委员会主席、总书记和副总书记，选举了一个由六名成员组成的主席团，除主席、总书记、副总书记外，主席团成员还包括沙姆苏扎曼·塞利姆、沙欣·拉赫曼、拉希达。[3]

印度共产党（马克思主义）于2022年4月6日至10日在印度喀拉拉邦坎努尔召开第二十三次全国代表大会。为继续推进党内民主，印度共产党（马克思主义）在此次大会召开前两个月，发布了会议决议草案，之后中央委员会收到了4001份反馈意见和建议。会议呼吁，掀起大规模抗议浪潮，抗议印度人民党政府治理下的物价飞涨及其引发的螺旋式上升通胀，要求政府增加对富人的征税，控制和降低石油产品的零售价格，停止石油部门的公共事业私有化。会议认为，中国作为全球大国的影响力不断上升，社会主义

---

[1] "Media Release", http://www.solidnet.org/.galleries/documents/CPA-Media-Release-1st-March-2022.pdf.

[2] "ভোটাধিকার আদায় ও দুঃশাসন অবসানে গণআন্দোলনের পথ দেখাবে দ্বাদশ কংগ্রেস", http://cpbbd.org/?page=details&serial=1171.

[3] "মোহাম্মদ শাহ আলম সভাপতি, রুহিন হোসেন প্রিন্স সাধারণ সম্পাদক, মিহির ঘোষ সহ-সাধারণ সম্পাদক নির্বাচিত", http://cpbbd.org/?page=details&serial=1179.

国家以人民为中心的本质特征一目了然，社会主义国家的建设成就向世界显示了社会主义的优越性。而与此同时，在资本主义经济危机不断深化的背景下，各种新法西斯势力、宗教激进主义、宗教狂热主义、种族宗派主义、蒙昧主义和反动势力的力量对世界劳动人民发动疯狂攻击。因此，一方面，要坚定支持中国、越南、朝鲜、古巴和老挝社会主义国家；另一方面，要加强世界各地的共产主义、左翼和进步力量的团结协作，凝聚形成世界统一的反帝运动。[1] 会议决定，坚定马克思列宁主义指导思想，夯实群众基础，把印度共产党（马克思主义）建设成拥有全印度群众基础的更强大的共产党。为了加强党的建设，会议决定，以群众路线强化革命政党建设，密切联系群众；扩大党在人民群众中的影响力，团结左派和民主力量；按照加尔各答全会的指示，提升党员质量，增强党的组织力；着力吸引青年和妇女入党；加强同一切异己意识形态的思想斗争。会议选举产生85名新中央委员会委员（其中15名女性、17名为新委员），选举产生17名政治局委员（其中3名为新委员），选举西塔拉姆·亚秋里继续担任总书记。会议收到了来自全球40个共产党和工人党的贺信、贺电与贺函。

荷兰新共产党于2022年5月14日至21日在阿姆斯特丹召开第七届全国代表大会。乔伯·普瑞瑟代表上一届中央委员会宣布大会开幕。会议通过了包括《关于国际和国内发展、党在工人运动中的工作和关于第八届代表大会任务的政治决定》和《关于党的建设的决定》在内的政治文件。会议认为，荷兰新共产党在过去几年里得到荷兰共产主义青年运动的支持，并取得很大的发展。为了进一步推动党的发展，会议决定，加强政治思想建设和组织建设，加强为工人阶级的利益而进行的斗争。大会批准了《即将离任的中央委员会的活动报告》、财务报告和审计委员会的报告，选举出由11人组成的新

---

[1] "23rd Congress Political Resolution", https://www.cpim.org/documents/23rd-congress-political-resolution.

第七章　非执政共产党政党政治发展与研究

一届中央委员会（5人为新当选的委员）和审计委员会。来自比利时、智利、古巴、法国、英国、希腊、德国、朝鲜、墨西哥、巴基斯坦、葡萄牙、俄罗斯、塞尔维亚、西班牙、瑞典和越南等国的共产党和工人党对荷兰新共产党七大的胜利召开表示祝贺。

德国的共产党于2022年5月22日以线上会议的形式召开第二十四次全国代表大会，174名代表参会。德国的共产党主席帕特里克·科贝勒做主旨发言，谈论了资本主义危机深化、北约对俄乌冲突升级的影响、法西斯在乌克兰的影响、德国媒体的视而不见及其在推动德国侵略政策方面的作用，以及和平运动、工会等组织在反对俄乌冲突中发挥的作用。科贝勒呼吁德国脱离北约，反对联邦政府的军备计划，反对违反国际法的制裁政策。"战争必须停止，枪声必须安静。我们需要一个保护乌克兰、俄罗斯和人民共和国合法安全利益的制度。我们需要北约撤退，而不是又一轮东扩。"[1] 会议还就德国的共产党提交给党执行委员会的近100项修正案进行了辩论。[2]

伊朗人民党于2022年6月召开了第七次全国代表大会。大会强调，伊朗是具有宗教上层建筑的大资本主义专政的俘虏，资本主义政治制度的存在和延续是伊朗民主权利和自由、社会正义以及国家发展道路上的根本障碍，并认为反威权的民众运动和斗争是推动伊朗走向民主政府的主要内部因素。大会通过了《从伊朗人民党的角度看世界和伊朗局势的主要特征》《伊朗人民党的世界观》《伊朗人民党提议组建反独裁统一阵线》《伊朗人民党关于从威权统治中解放后建立民族民主共和国的纲领》《伊朗人民党在国家层面进行根本性和民主性变革的路线图》《民族民主革命和我们的时代》《马克思列宁主义与我们的时代》等文件，并且分别对伊朗各政党、人民战士、广

---

[1] "Noch nie Seit 1945 Hat Eine Deutsche Regierung so Massiv an der Eskalation Eines Krieges Gedreht Wie Die Jetzige", https://www.unsere-zeit.de/noch-nie-seit-1945-hat-eine-deutsche-regierung-so-massiv-an-der-eskalation-eines-krieges-gedreht-wie-die-jetzige-169377/.

[2] "DKP Positioniert Sich Zum Krieg in der Ukraine", https://www.unsere-zeit.de/parteitag-per-telefon-169336/.

大工人和劳动者、教师和退休人员、自由和民主人士、先烈家属致以问候信。伊朗人民党中央委员会强调，全体党员必须认真学习此次代表大会精神，继续为伊朗的民族民主运动作出贡献。[1]

加拿大共产党第四十次代表大会于2022年7月1日至3日在加拿大多伦多召开。加拿大共产党认为，自上一次代表大会以来，国际局势经历了严峻复杂的变化，健康危机、经济差距、气候危机等问题更加凸显。帝国主义国家非但没有通过全球合作来应对这些危机，反而通过军事手段煽动战争，并推动战争升级，现在已经严重威胁人类生存。加拿大共产党四十大决议主要内容包括：建立一个民主、反帝国主义、反垄断的联盟；建立强大的反帝和平运动；应对大流行病；应对气候危机；争取加拿大的独立和主权；声援古巴；开展国际团结；应对经济危机；关注加拿大的政治局势与国内议会发展态势；组织劳工和群众运动的反击。会议认为，在吸收新党员时要严格把关，确保入党申请人充分了解党的政策和组织过程；重视共青团建设，吸收具有革命思想的青年，在团内加强马克思主义理论学习。会议选举产生了由28名成员组成的新一届中央委员会，以及由7名成员组成中央执委会，选举利兹·罗利继续担任党的领袖。

南非共产党第十五次全国代表大会于2022年7月13日至16日在南非博克斯堡举行，约400名代表参加会议。会议的主题是"让我们一起发动一场强大的工人和穷人的社会主义运动"。会议主要议题包括：批判新自由主义，建设一个强大的有阶级意识的工会，加强无产阶级社区建设，推进土地改革，促进城乡改造、金融业改革，反腐败，加强世界工人团结和党的建设等。会议选举索利·马派拉为党的新一任总书记。会议指出，南非共产党不

---

[1] مجموعة اسناد هفتمین کنگره حزب توده ایران (خاوری کنگره) یک در کتابچه واحد منتشر شد", https://www.tudehpartyiran.org/2022/08/01/%d9%85%d8%ac%d9%85%d9%88%d8%b9%db%80-%d8%a7%d8%b3%d9%86%d8%a7%d8%af-%d9%87%d9%81%d8%aa%d9%85%db%8c%d9%86-%da%a9%d9%86%da%af%d8%b1%d9%87-%d8%ad%d8%b2%d8%a8-%d8%aa%d9%88%d8%af%db%80-%d8%a7%db%8c%d8%b1%d8%a7%d9%86/.

断强化先锋队特征，自1998年拥有1万名党员发展到2022年7月拥有340 000名党员；团结一切可以团结的力量，将人民的利益、特别是工人和穷人的利益置于所有党派和狭隘的政治利益之上。

爱尔兰共产党于2022年9月17日至18日在都柏林召开第二十六次全国代表大会。大会选举产生了新一届全国执行委员会，修订了《党章》并表决通过了《爱尔兰共产党第二十六次全国代表大会政治决议》（以下简称《政治决议》）和《爱尔兰共产党第二十六次全国代表大会国际决议》（以下简称《国际决议》）等决议。《政治决议》有两个中心目标：一方面是提供一个马列主义的理论分析框架，以理解当代爱尔兰和国际阶级斗争的结构和动态；另一方面是促进团结网成为一个战略平台，将共产党人与其他工人阶级和进步活动家一起参与的各种斗争聚集在一起。《政治决议》主要内容包括：帝国主义垄断，资本主义剥削和超级剥削，战争与和平，全球力量平衡，资本主义生产方式是全球环境危机的原因，危机中的爱尔兰，爱尔兰国家的性质，爱尔兰国际资本的结构——帝国主义的三重枷锁（英国、欧盟、美国），健康卫生；阶级斗争与反帝不是分开的斗争，反对分治的斗争，英国脱欧，联合-分治-宗派主义，在前进道路上建立工人阶级的抵抗，超越身份碎片，工人阶级的团结，制定变革战略以推进统一，独立和社会主义的斗争，跨国资本，有关爱尔兰环境计划、公共服务计划、工业和金融计划，等等，对国际热点话题和国内焦点议题进行了较为详细的说明，为爱尔兰共产党今后几年的工作指明了方向。[1]《国际决议》认为，世界面临着真正的战争危险，北约正在资助、武装和训练其代理人，并为雇佣军和法西斯准军事组织提供了便利。在亚太地区，以美国为首的帝国主义势力在南海日益军事化，其侵略行动和包围不断升级，试图遏制中国日益增长的全球经济和政治影响力。

---

[1] "Political Resolution of the 26th National Congress", https://communistparty.ie/en/policies-documents/political-resolution-of-the-26th-national-congress/.

在欧洲，欧盟正在加速军事化，以增强其作为政治和经济帝国的力量。在拉美地区，爱尔兰共产党继续声援古巴人民反对美国的封锁和经济战。对于中东的劳动人民，爱尔兰共产党声援他们捍卫自己的社会成果和反对反动宗教政权的斗争等。《国际决议》在最后强调，现在比以往任何时候都更需要建立一个世界性的和平与反帝国主义的团结运动，这对于捍卫世界和平、冲击帝国主义全球战略至关重要。[1] 这次党代会通过的新《党章》对爱尔兰共产党的宗旨和目标、组织与结构、代表大会的召开时间、组成与权力、全国执行委员会的构成与职能、党支部建设、党员的职责与权利、党费缴纳、党的纪律、党产等进行了新的、全面的阐释，成为爱尔兰共产党全体党员制定理论方针、开展实践活动的重要指南。[2]

印度共产党于2022年10月14日至18日在安得拉邦维杰亚瓦达召开第二十四次全国代表大会，约960名代表出席会议。会议的口号是"团结起来反对人民党，形成世俗左翼势力阵线"。印度共产党（马克思主义）、印度共产党（马列）、前进阵线的领导人，以及来自中国、古巴、日本、法国、俄罗斯、孟加拉国、尼泊尔、土耳其、斯里兰卡、巴勒斯坦和越南等16个国家的17个兄弟党代表团出席会议。前印共全国总书记、前国会议员苏拉瓦拉姆·苏达卡尔·雷迪在会前升起印共旗帜。会议选举产生新一届中央委员会，共125人；选举产生了31名中央执委会委员（1名空缺）和11名书记处成员。[3] 新一届全国委员会选举 D. 拉贾继续担任党的总书记。2021年，印度共产党共有65万多名党员，该党计划在2026年建党100周年时发

---

[1] "International Resolution of the 26th National Congress of the Communist Party of Ireland", https://communistparty.ie/en/2022/09/international-resolution-of-the-26th-national-congress-of-the-communist-party-of-ireland/.

[2] 爱尔兰共产党官网, https://communistparty.ie/en/policies-documents/constitution/。

[3] "సిపిఐ ప్రధాన కార్యదర్శిగా డి. రాజా తిరిగి ఎన్నిక", https://www.prajapaksham.in/%e0%b0%b8%e0%b0%bf%e0%b0%aa%e0%b0%bf%e0%b0%90-%e0%b0%aa%e0%b1%8d%e0%b0%b0%e0%b0%a7%e0%b0%be%e0%b0%a8-%e0%b0%95%e0%b0%be%e0%b0%b0%e0%b1%8d%e0%b0%af%e0%b0%a6%e0%b0%b0%e0%b1%8d%e0%b0%b6%e0%b0%bf-2/.

第七章 非执政共产党政党政治发展与研究

展至100万名党员。

委内瑞拉共产党于2022年11月3日至5日在加拉加斯召开第十六次全国代表大会,来自四大洲的十几个共产党和工人党代表团,以及来自中国、越南、朝鲜和叙利亚的外交代表出席了本次会议。[1] 此次会议主要有小组会议、地方会议和区域会议、讨论基础文件、选举有效代表、安排兄弟组织代表发言等几项流程。委内瑞拉共产党中央委员会总书记奥斯卡·菲格拉在会议中强调:"我们将深化工会和人民运动的广泛统一战线,以对抗帝国主义的侵略和政府精英的投降主义政策,他们与资本结盟、反对我们的人民、支持国家和跨国垄断集团。"奥斯卡·菲格拉将第十六次全国代表大会描述为"历史性的",因为"它标志着人民斗争的新路线"。[2] 本次大会收到来自世界各地45个政党和组织的贺信。大会选举产生了新一届中央委员会,由20名女性和42名男性组成,其中有22名新成员。会议批准奥斯卡·菲格拉担任总书记,阿布雷乌·涅维斯担任主席。[3]

哥伦比亚共产党于2022年12月7日至10日在哥伦比亚首都波哥大召开第二十三次全国代表大会。会议提出了"团结起来、巩固新政权"的口号,分析了国内外形势的新变化,制定了2023—2025年党的政治路线,修订并通过了党的纲领和章程,选举产生了新的领导机构。"哥伦比亚共产党二十三大在左翼开始执政、哥伦比亚共产党成为参政党的背景下召开,将对该党的未来发展产生重要影响。"[4] 12月10日,哥伦比亚共产党二十三大的最后一天,哥伦比亚共产党、德国的共产党、阿根廷共产党、比利时工人党、

---

[1] "Instalado el 16 Congreso Nacional del Partido Comunista de Venezuela", https://prensapcv.wordpress.com/2022/11/04/videos-instalado-el-16-congreso-nacional-del-partido-comunista-de-venezuela/.

[2] 同[1]。

[3] "Conozca las secretarías del Comité Central del PCV", https://prensapcv.wordpress.com/2022/12/13/designadas-las-nuevas-secretarias-del-comite-central-del-pcv/.

[4] 袁东振:《哥伦比亚共产党的奋斗历程及发展前景》,载《当代世界》,2022年第12期,第53—57页。

智利共产党、西班牙共产党、葡萄牙共产党、秘鲁共产党-红色祖国、秘鲁共产党、乌拉圭共产党、委内瑞拉共产党发表了题为"国际团结反对帝国主义起诉"的联合声明。联合声明中批判了哥伦比亚、阿根廷、巴西、秘鲁等拉丁美洲国家和地区的右翼势力以虚假法律诉讼的方式掀起的反民主、破坏性和盲动主义的攻势。声明指出，秘鲁司法机构采取的对佩德罗·卡斯蒂略和费尔南德斯的阴谋手段，跟当年右翼势力针对巴西总统卢拉的方式一样，绝对违反了法治并侵犯了最基本的民主自由。为此，联合声明呼吁"所有反帝国主义和民主力量都有责任对这种'法律斗争'表示最强烈的反对，这样美洲就再也不会有禁令、政治犯和政变了""在一个为全面和平开辟道路的进步和民主的哥伦比亚，我们以一个声音宣布：拒绝受限制的民主！停止起诉！各国人民团结一心！"[1]

四、坚守议会道路，积极参加选举，整体面临困局

列宁曾说，一切革命的根本问题是国家政权问题。在当前的现实条件下，非执政共产党虽然难以一举夺得革命的胜利，建立全国政权，但是仍然积极通过议会道路和国内选举，来提升政治地位和社会影响力。2022年，葡萄牙、法国、意大利、日本、巴西、尼泊尔、哥伦比亚等国分别进行了选举，这些国家的共产党积极行动起来，参加选举。但是，从选举结果来看，2022年，非执政共产党"在各层级选举中问题凸显，支持率呈现不同程度下滑，整体战绩惨淡，面临议会斗争困局"。[2]

2022年1月30日，葡萄牙提前举行了议会选举，选举议员进入第十五

---

[1] "Gegen Imperialistische Strafverfolgung die Internationale Einheit", https://www.unsere-zeit.de/gegen-imperialistische-strafverfolgung-die-internationale-einheit-4775362/.

[2] 于海青：《坚定行进在推动人类发展进步——外国共产党的新发展与新动向》，载《当代世界》，2023年第1期，第59—65页。

届立法机构。此次议会选举中，葡萄牙共产党在 230 个议席中仅获得 6 个席位，得票率为 4.4%，成为其在进入 21 世纪以来的最差成绩，对葡萄牙共产党来说是一次重大挫折。葡萄牙共产党长期与绿党联盟，结成团结民主联盟，有近 5 万名党员，但是该党被认为存在诸多老党固有的问题，如老龄化问题等。截至 2020 年 11 月，该党党员中约半数年龄在 64 岁以上，40 岁以下的仅占 11.4%。[1]

法国总统选举于 2022 年 4 月 10 日和 24 日举行。法国共产党全国书记法比恩·罗塞尔参加了竞选。罗塞尔提出了"法国的快乐时光"这个二战结束时期法国共产党著名的宣言作为竞选口号，承诺为一个以忧郁和怀旧著称的国家带来更快乐的日子，以国内问题——去工业化、购买力、不平等作为竞选演说的重点，强调法国制造的"好肉、好酒、好奶酪"的重要性，而不是国际政治问题。但在第一轮选举中，罗塞尔仅获 2.28% 的支持率（802 422 张选票），排在第八位。在 6 月举行的法国国民议会选举中，法国共产党参加了梅朗雄领导的泛左翼"生态和社会人民新联盟"，最终获得 12 个议席，比上一届增加 2 个席位。

4 月，日本石川县议员山田修路因参选石川县知事而辞职，遂对该空缺进行补选。日本共产党的西村祐士仅获得 6.56% 的选票支持，没有补选成功。7 月 10 日，日本举行第二十六届参议院选举，对参议院 248 个席位中的 124 席进行改选、1 席进行补选。日本共产党提出在比例代表制选区（全国区）争取 650 万票、10% 以上得票率、5 个议席的目标，但结果仅获得 361.8 万票，6.8% 的得票率，3 个议席。[2] 最终，日本共产党在参议院共获得 11 席，比 2019 年减少 2 席。

---

[1] "Portugal's Communist Party is Struggling to Return to Past Glories", https://jacobin.com/2022/02/portuguese-communist-party-pcp-january-elections-parliament-costa-ps.

[2] "参議院選挙の結果について", https://www.jcp.or.jp/web_policy/2022/07/202sanin-kekka.html.

9月25日，意大利举行大选。意大利的三个主要共产主义政党——意大利重建共产党、共产党（意大利）、意大利共产党也以不同方式参加了选举，意大利重建共产党和共产党（意大利）分别加入"人民联盟"和"主权和人民的意大利联盟"，意大利共产党在部分选区以独立身份参选。从选举结果来看，三个政党均未能斩获席位。"人民联盟"获得支持率为1.43%、"主权和人民的意大利联盟"1.24%，而意大利共产党的支持率仅为0.09%。"意大利共产主义运动的分裂态势在短期内难以扭转，对立与互斥仍然是意大利共产主义政党年度发展的主要特征。"[1]

10月2日，巴西举行大选，选举新一任总统、副总统，以及参议院和众议院的部分议员、26个州及1个联邦行政区的正副州长。在总统选举中，巴西共产党和绿党都与工党联手支持卢拉竞选。巴西共产党主席卢西亚娜·桑托斯呼吁左翼"占领街头，尽可能地与每一个人交谈，提高公众意识——确保卢拉获得更多支持"[2]。最终，卢拉以50.90%的微弱优势成功当选。而另一个共产党组织巴西的共产党则推举教师兼经济学家索菲亚·曼萨诺作为该党总统候选人，仅获得0.04%的支持率。在众议院选举中，巴西共产党和劳工党、绿党组建的"巴西希望"政党联合共获得513个席位中的81个席位，其中，巴西共产党获得6个席位，比2018年减少了4个席位。而巴西的共产党仅获得0.08%的选票，没有获得席位。

11月20日，尼泊尔举行第六届联邦议会众议院选举。尼共（联合马列）获得78席，得票率为26.95%，比上届少43席。尼共（毛主义中心）获得32席，得票率为11.13%，比上届少21席。大会党获得89席，得票率为25.71%，比上届多26席。尼共（毛主义中心）、尼共（联合社会主义

---

[1] 于海青：《坚定行进在推动人类发展进步——外国共产党的新发展与新动向》，载《当代世界》，2023年第1期，第59—65页。

[2] "Brazil's Communist Leader Says 'Occupy the Streets' to Guarantee Lula Second-round Victory", https://www.peoplesworld.org/article/brazils-communist-leader-says-occupy-the-streets-to-guarantee-lula-second-round-victory/.

者）和民主社会主义党组成的执政联盟未能在联邦议会众议院赢得独自组成新政府所需的过半票数（民主社会主义党也仅获得4席）。为保住执政所需的半数议席，经商议，尼共（毛主义中心）与尼共（联合马列）再次结盟，尼共（毛主义中心）主席普拉昌达第三次出任尼泊尔总理。

五、2022年非执政共产党的作用、特征与发展

2022年，世界在动荡中前行，在多重危机的叠加嵌套中落下帷幕。非执政共产党透过纷乱复杂的世界之变、时代之变、历史之变，用实际行动展示了共产党人的集体话语，掀起了用马克思主义观察、解读和引领时代的话语热潮，唱响了社会主义话语高歌。然而，由于各种历史和现实原因，非执政共产党尚没有转危局为变局，在话语上虽营造出破局之势，在实践中却依然没有形成破局之力。

（一）非执政共产党的探索与斗争进一步验证了"我们正处于马克思主义所指明的历史时代"方位判断

习近平总书记在2017年9月29日主持第十八届中央政治局第四十三次集体学习时指出："尽管我们所处的时代同马克思所处的时代相比发生了巨大而深刻的变化，但从世界社会主义500年的大视野来看，我们依然处在马克思主义所指明的历史时代。"[1] 这一伟大判断是依据唯物史观的基本原理，是从生产力与生产关系、经济基础与上层建筑的对立统一中，揭示时代的本质及其基本特征，并从大历史观的角度，对当下人类社会历史发展进程及趋势作出的判断，即我们依然处在从资本主义向社会主义过渡的历史时代。

---

[1]《习近平在中共中央政治局第四十三次集体学习时强调：深刻认识马克思主义时代意义和现实意义 继续推进马克思主义中国化时代化大众化》，载《人民日报》，2017年9月30日，第1版。

非执政共产党在资本主义危机面前，肩负起实现社会主义和共产主义的历史使命，从资本主义固有矛盾、现实危机和社会主义成就、经验和教训等方面作出当今人类社会仍处在从资本主义向社会主义过渡的历史时代判断，并坚定未来属于社会主义、共产主义的崇高信念。

欧洲共产党和工人党在十月革命胜利100周年之际发表的联合声明强调，苏联作为世界上第一个社会主义国家的失败是国际共产主义运动暂时的挫折，并没有抹杀当下时代是资本主义向社会主义过渡的时代这一事实。现实反而证明，资本主义已经过时，唯一能替代它的是俄国十月革命所指明的道路和方向，社会主义革命将是不可逆转的。[1] 2020年8月，土耳其共产党在十三大报告中强调，社会主义革命不仅是当前一个紧迫的目标，而且是解决当前问题的唯一现实途径。这是土耳其共产党的战略和历史使命。[2] 瑞典共产党2021年通过的新党纲强调，"我们时代的特点是资本主义向社会主义过渡，我们的奋斗目标是建设劳动人民自己的组织和政权"。[3] 2022年7月8日，希腊共产党、墨西哥共产党、西班牙工人共产党、土耳其共产党举行四方总书记会谈，并就当前国际形势下加强联合斗争、推进国际共产主义运动发表联合声明，认为当前帝国主义的对外进攻和侵略是处于最反动时代的垄断资本主义的体现，是处于最高阶段的资本主义的表征，当今时代是从资本主义向社会主义革命过渡的时代。[4] 2022年10月，在第二十二届

---

[1] "Uttalande från Europeiska Kommunistiska Initiativet om Oktoberrevolutionens hundraårsjubileum", https://skp.se/2017/11/07/uttalande-fran-europeiska-kommunistiska-initiativet-om-oktoberrevolutionens-hundraarsjubileum/.

[2] "13. Kongre Türkiye Konferansı Raporu", https://www.tkp.org.tr/uncategorized-tr/13-kongre-turkiye-konferansi-raporu/.

[3] "Partiprogram", https://skp.se/partiet/partiprogram/.

[4] "Joint Statement of the General Secretaries of the Communist Party of Greece, the Communist Party of Mexico, the Communist Party of the Workers of Spain, and the Communist Party of Turkey", https://inter.kke.gr/en/articles/Joint-Statement-of-the-General-Secretaries-of-the-Communist-Party-of-Greece-the-Communist-Party-of-Mexico-the-Communist-Party-of-the-Workers-of-Spain-and-the-Communist-Party-of-Turkey/.

共产党和工人党国际会议上，希腊共产党再次重申，"我们的时代是从资本主义向社会主义—共产主义过渡的时代。反革命不会改变我们这个时代的本质，相反，只会证实资本主义的剥削性和野蛮性"。[1]

2022年非执政共产党的党代会普遍深刻分析了当今国际形势，重点指明了当前资本主义的帝国主义性质及其造成的全球性危机，坚定了社会主义的理想信念。"社会主义是未来"是非执政共产党的共同信念，也是其政党政治发展的重要底色。

（二）非执政共产党总体面临边缘化窘境，破局之路困难重重

马克思、恩格斯、列宁、斯大林、毛泽东等的世界社会主义战略中，都有"利用经济危机或国与国之间的战争造成的有利形势，组织无产阶级去夺取政权"的思想。[2]很显然，当代非执政共产党所处的时代条件发生了重大变化，利用资本主义危机或战争发起革命十分困难。2008年全球金融危机后，世界社会主义力量依然在低潮中徘徊。俄乌冲突爆发后，反抗资本主义的社会运动风起云涌，但是非执政共产党发挥的作用更多停留在批判、谴责及和平示威游行，未能发起有效的革命行动。究其原因，一方面，资本主义内部矛盾和危机未激化到不可调和的地步，资产阶级政府的统治难以撼动；另一方面，非执政共产党的力量分散且弱小，工人阶级的革命斗争意识薄弱，而且两者的行动在很大程度上是分离的，共产党人难以有效领导工人阶级向资本主义发起挑战。

（三）非执政共产党仍是推动社会进步与发展的重要力量

许多非执政共产党站在时代前列，把握时代脉搏，关注人类未来，深刻阐释了当前人类社会、特别是资本主义社会面临的矛盾和问题，前瞻性、系

---

[1] "Contribution by Communist Party of Greece", http://www.solidnet.org/article/22nd-IMCWP-Contribution-by-Communist-Party-of-Greece/.

[2] 高放、李景治、蒲国良：《科学社会主义的理论与实践》（第五版），北京：中国人民大学出版社，2005年版，第312页。

统性地提出了社会主义替代方案。虽然大多数批判与方案因其非执政地位而无法转变为现实政策,然而,这无法否定非执政共产党发挥的历史作用。例如,在资本主义危机面前,非执政共产党深刻揭露危机的本质与危害,系统提出根治资本主义危机的解决方案,他们的声音成为"纠偏"和"改良"资本主义的推动力量。面对欧美和世界各地制造的动荡局势,非执政共产党人敢于发声,成为反帝斗争的斗士和维护世界正义的力量。在俄乌冲突中,非执政共产党深刻揭示了战争的根源与性质,积极呼吁和平,并采取切实行动开展人道主义援助,充分体现了共产党人站在和平的一边,站在历史进步的一边。在欧美国家爆发的社会运动中,当地的共产党人始终与工人阶级和人民站在一起,积极投身到斗争中去,为维护工人阶级、社会底层的利益而斗争,成为维护社会公平、维护工人积极和人民利益的积极力量。

(四)非执政共产党在团结、分歧与斗争中蹒跚而行,中国共产党对 21 世纪科学社会主义发展的引领力逐渐增强

团结、联合和国际主义是国际共运史的优良传统。在当前的国际共运中,世界共产党和工人党通过多边平台机制、渠道和方式,以高度的国际主义精神共同推动国际共运的发展。2022 年,共产党和工人党通过一系列联合声明、共同声援和行动、国际会议等展示共产党人的国际主义团结力量。如在 10 月 27 日至 29 日召开的第二十二届共产党和工人党国际会议上,与会政党在会议最后通过了《最终宣言》,结束了自第十四届共产党和工人党国际会议后连续数届没有形成最终宣言的局面。这则宣言是各国共产党和工人党对国际共产主义运动重大理论和实践问题形成统一认识的重要表征,也是各国共产党和工人党团结精神的一次生动实践。[1] 与会代表在坚持无产阶级国际主义原则的基础上声援古巴,要求立刻取消对古巴的荒谬的制裁和封

---

[1] 余维海、陈姣:《第 22 次共产党和工人党国际会议评析》,载《当代世界社会主义问题》,2022 年第 4 期,第 80—90 页。

锁，肯定了古巴人民反封锁斗争的价值，探讨了落实声援古巴的实际举措，并通过了《关于谴责封锁并声援古巴的决议》，[1] 该《决议》获得包括中国共产党在内的 86 个政党署名，签署政党数量罕见地超过了此次正式参会政党数量。

然而，另一方面，在近年来的具体实践中，共产党与工人党之间的分歧、分裂、批判与尖锐斗争却成了国际共运中的"常态"。2022 年，这种分歧与斗争更加惹人注目。一是国外共产党派别分化和对立明显。由于各国共产党对 2022 年俄乌冲突所持的立场不同，对此事件的不同评价直接引发了各国共产党和工人党之间的分歧和选边站队。第二十二届共产党和工人党国际会议最后就乌克兰问题通过了两个完全不同的决议。一则是《关于乌克兰领土上的帝国主义战争的决议》，包括希腊共产党、土耳其共产党等在内的 28 个政党签署了这份决议；一则是《反对美国和北约帝国主义谋求世界霸权的斗争是进步力量的关键任务的决议》，获得了俄罗斯联邦共产党、俄罗斯共产主义工人党、乌克兰共产党等 34 个政党签署。另一方面，党派间论战和批判性文章增多。希腊共产党相继发文对西班牙共产党及俄罗斯联邦共产党在俄乌问题上的立场进行谴责；俄罗斯共产主义工人党也公开发文批判俄罗斯联邦共产党的观点。二是不同派别内部党与党之间抱团现象明显。比如，希腊共产党、土耳其共产党、墨西哥共产党、西班牙人民共产党多次就俄乌问题联合发声，多次召开会议。4 月 11 日，土耳其共产党总书记凯末尔·奥库扬专门率领代表团访问雅典，就俄乌问题与希腊共产党举行会谈。内部分歧与宗派主义斗争不利于共产党的长远发展，各国共产党唯有相互尊重、求同存异，努力寻求"最大公约数"，才能最大限度地弥合分歧、推动

---

[1] "Resolution to Condemn the Blockade and to Stand in Solidarity with Cuba", http://www.solid-net.org/article/22nd-IMCWP-Resolution-to-Condemn-the-Blockade-and-to-Stand-in-Solidarity-with-Cuba/.

协作，为世界社会主义走向振兴开辟更加光明的前景。[1]

从2022年整体情况来看，非执政共产党普遍积极肯定和高度赞誉中国共产党领导的社会主义事业及其取得的伟大成就，并指出中国特色社会主义在振兴世界社会主义过程中发挥着典范和引领作用。久加诺夫在接受新华社采访时高度赞扬了中国特色社会主义的建设成就和对创新和发展马克思主义所做的贡献，并强调自苏联解体、国际共产主义运动遭遇沉重打击以来，中国凭借对世界社会主义运动做出的决定性贡献，已经成为"世界历史进程的火车头"[2]。澳大利亚共产党主席温尼·莫利纳表示，改革开放以来，中国在帮助近8亿人摆脱绝对贫困、利用"一带一路"分享知识和技术、采用先进技术应对气候危机等方面所取得的成就，为世界树立了一个光辉典范，即以社会主义为指导去建设一个维护人民利益和生态环境的美好社会。[3] 白俄罗斯共产党中央委员会第一书记阿列克谢·索尔科认为，中国共产党已经成为整个国际共产主义运动和工人运动不可熄灭的社会主义灯塔。[4] 委内瑞拉共产党总书记奥斯卡·菲格拉认为中共二十大将对世界共产主义者和工人运动以及全人类产生巨大的积极影响。[5] 由此可见，新时代中国特色社会主义事业不断夺取新的胜利必将为国外非执政共产党提供源源不断的精神动力。

---

[1] 于海青:《坚定行进在推动人类发展进步的道路上——2022年外国共产党的新发展与新动向》，载《当代世界》，2023年第1期，第59—65页。

[2] "Коммунисты Китая открывают дорогу в будущее"，https://kprf.ru/party-live/cknews/203342.html.

[3] "CPA Greeting to the CPC's New Leadership"，https://cpa.org.au/statement/2022-2/cpa-greeting-to-the-cpcs-new-leadership/.

[4] "Поздравление товарищу Си Цзиньпину с переизбранием на должность генерального секретаря ЦК компартии Китая"，http://comparty.by/news/pozdravlenie-tovarishchu-si-czinpinu-s-pereizbraniem-na-dolzhnost-generalnogo-sekretarya-ck.

[5] "PCV Saluda el XX Congreso del Partido Comunista de China"，https://prensapcv.wordpress.com/2022/10/17/pcv-saluda-el-xx-congreso-del-partido-comunista-de-china/.

第八章
独联体国家政党政治发展与研究

陈新明[*]

2021年是苏联解体和独联体成立30周年。独联体建立之初有12个成员国，随后土库曼斯坦（2005年）、格鲁吉亚（2008年）和乌克兰（2014年）三个国家先后宣布退出该组织，目前由九个成员国组成。但是鉴于地理空间和地缘政治空间具有关联性，这个区域是独联体国家居多数，同时从某种意义上也可以看作是独联体战略空间占据优势的区域。因此，研究者仍然将格鲁吉亚、土库曼斯坦和乌克兰这三个国家作为研究独联体空间的对象国，本章研究范围是独联体区域。可以依据文化传统和地缘政治具有关联性，将这一区域自西向东进一步细分出三个次区域：俄罗斯、乌克兰、白俄罗斯、摩尔多瓦四国构成的斯拉夫板块；阿塞拜疆、亚美尼亚、格鲁吉亚三国组成的高加索板块；土库曼斯坦、哈萨克斯坦、吉尔吉斯斯坦、乌兹别克斯坦、塔吉克斯坦五国组成的中亚板块。三大板块合计12个国家构成独联体区域。

本章第一部分讨论独联体国家政党政治基本特征；第二部分集中分析

---

[*] 陈新明，中国人民大学国际关系学院教授、博士生导师。

2022—2023 年度独联体国家政党政治发展状况；第三部分阐述 2022—2023 年度独联体国家主要政党活动特点及其发展趋势。

自苏联解体、东欧剧变以来，尤其是独联体国家独立以来，该区域的政党政治开启前所未有的自主发展进程。由于极其复杂的历史原因遗留的巨大惯性力量，同时伴随着急迫的现实需要，以及政治文化理念的引导，该区域的政党体制复杂多变，宪法、政党法和议会选举规则频繁变动，甚至部分国家政权组织形式处于不稳定状态，政党政治发展尚不具备较为成熟和稳定的政治环境。在独联体区域，仅有摩尔多瓦和格鲁吉亚建立了半总统半议会体制、亚美尼亚形成议会制共和国，其他国家均实行总统制，这在一定程度上决定了这一地区总体上强总统、弱政党政治格局。

一、独联体国家政党政治基本特征

独联体国家政党政治开始自主发展进程仅有 31 年，政党政治仍然处在发展变化之中。苏联解体使独联体国家从以往的一党制逐渐过渡到多党制，但各国具体国情各有差别，大都面临着从未有过的新形势。国家独立后，亟须稳定局势、捍卫国家独立的成果，而多数国家仅靠政党力量难以完成这项重要工作，所以大多数国家或出于行政当局掌控局势的需要，或出于有利于执政党竞选的考虑，或迫于反对派可能的压力，或出于外部势力博弈的影响，频繁地修改政党法和选举法。国家政权组织形式也出现分化差异，部分国家形成总统制，部分国家在议会制和总统制之间转换，部分国家处于半总统制和半议会制的状态。虽然政党政治发展缺乏较为稳定的政治环境，政党政治也没完全成型，但经过 30 多年发展，弱政党政治格局逐渐形成，且具有普遍性。其主要原因是，强总统弱政党、强行政弱议会的政治权力框架会限定其政党政治制度发挥作用。

认识和理解独联体国家 30 多年来的政党政治发展变化需要特别强调的

第八章　独联体国家政党政治发展与研究

是，不能把西方式议会政党制度作为标准来衡量独联体国家，尤其是不能把英国式议会政党制度作为标准来评判独联体国家，更不能将现行的西方式议会政党制度作为独联体国家的未来发展方向及价值目标取向。原因在于虽然独联体国家已经形成多党政治制度，可是由于路径依赖的缘故，独联体国家的政党政治逐渐形成了弱政党格局，政权党成为多数独联体国家当下政治的普遍现象，统一俄罗斯党、"祖国之光"党、土库曼斯坦民主党皆是其中的代表。[1] 政权党的特征是：以拥护和推进总统政治主张为核心纲领；存续和发展高度依赖于总统威望和国家政权提供的资源；它是政权掌控议会的工具，而非相反。[2]

独联体国家的政权党发展变化，实际上同时具备了西方式议会政党和列宁主义政党传统的双重特征。而政权党成为普遍现象，恰恰是回应了20世纪90年代独联体国家独立初期的议会式政党软弱无力、议会政党内斗频繁等问题。在原苏联国家中，唯有波罗的海三国议会式政党制度比较稳定有效，其余国家实行议会式政党制度大都效果不佳，例如乌克兰局势不稳。

进一步分析研究可发现，独联体三大板块间存在细微差异：因为有反对党竞争，统一俄罗斯党更加偏重选举活动，不太注重党的组织建设；"祖国之光"党则是近十年来注重采用列宁主义政党传统的做法，更加注重党的组织建设，注重宣传引导群众，因为没有反对党竞争，选举结果不会有大的悬念，所以不太刻意追求选举票数。这个事实进一步说明了政党政治发展必须

---

〔1〕 作为政权党，统一俄罗斯党不被认为是执政党。核心依据是，俄罗斯宪法规定，总统不加入任何政党，总统提名总理人选，议会多数党没有政府组阁权。2007年宪法改革前，哈萨克斯坦的做法类似于俄罗斯，"祖国之光"党也不是严格意义上的执政党；宪法改革后则有很大改变。哈前任总统纳扎尔巴耶夫于2006年出任党主席，2019年辞去总统职务，继续保留党主席一职，2021年辞去党主席一职，交由现任总统托卡耶夫担任。2022年1月，托卡耶夫当选为党主席，同年4月，托卡耶夫宣布辞去"祖国之光"党主席一职，并退出该党，理由是总统应保持"政治中立"立场，代表全体国民。"祖国之光"党受到西方式议会政党和列宁主义政党传统的双重影响。
〔2〕 王秋文：《浅析俄罗斯的"政权党"现象》，载《当代世界与社会主义》，2003年第3期；王树春：《俄罗斯政党政治中的"政权党"现象分析》，载《广东外语外贸大学学报》，2006年第1期；那传林：《当代俄罗斯国家治理过程中的"政权党"现象探析》，载《社会主义研究》，2015年第5期。

适应本国国情及传统的道理。

表1 独联体国家政党政治基本特征

特征		区域			体制稳定性
类型	具体特点	斯拉夫板块	高加索板块	中亚板块	
超级总统制	政权以总统为中心运行；有现行体制允许的政党存在，但作用有限。体制内外皆不存在有影响力的反对派	白俄罗斯	—	土库曼斯坦 塔吉克斯坦	超强
强总统弱政党	总统为无党派独立人士，总统提名总理候选人，议会多数党派无权组阁；议会只限于立法权；形成坚定支持总统的政权党。鉴于存在反对党，政权党非常关注总统大选，不太关注政党基层建设。体制内外皆存在反对派，但受到约束	俄罗斯	阿塞拜疆	乌兹别克斯坦	强
强总统强政党	总统身份时有变化，有时是无党派独立人士，有时是执政党领袖。坚定支持总统的政党在政权党和执政党之间转换。鉴于总统大选无悬念，政党主要关注宣传和引导群众，注重政党基层建设，不太刻意追求选票。体制内不存在反对派，体制外有反对派	—	—	哈萨克斯坦（2006年之前类似于俄罗斯的强总统弱政党特征；2007年宪法改革后，总统任政党领袖，政党是执政党；2022年，总统辞去政党领袖，政党成为政权党）	强

续表

特征		区域			体制稳定性
类型	具体特点	斯拉夫板块	高加索板块	中亚板块	
半总统半议会制尚未定型	现为议会制。实行多党议会制，政党更为活跃，政党纷争更多。体制内外皆存在反对派，但无剧烈摆动	摩尔多瓦	格鲁吉亚 亚美尼亚	—	较强
半总统半议会制来回摇摆	现为总统制。实行多党议会制，政党更为活跃，政党纷争更多。体制内外皆存在反对派，每逢选举，时局动荡，剧烈摆动	乌克兰	—	吉尔吉斯斯坦	弱

（一）斯拉夫板块

独联体区域的次区域——斯拉夫板块包括俄罗斯、白俄罗斯、乌克兰和摩尔多瓦四个国家。它们在种族和历史文化上更为接近，苏联解体后分别建立独立国家。为了方便研究和阐述，这里把四国放在一个板块里进行研究，而实际上它们独立以来的发展道路和对外关系大相径庭，乌克兰更亲西方，在 2014 年退出独联体组织，其余三国关系更为紧密；在国家政权组织方式上，俄罗斯在 20 世纪 90 年代实行总统制的多党制，21 世纪以来逐渐规范政党；摩尔多瓦实行半总统半议会制度；乌克兰则在议会制和总统制之间频繁切换，2014 年又从议会制切换到总统制；白俄罗斯实行总统制。

1. 俄罗斯政党政治基本特征

自 1991 年苏联解体以来，俄罗斯政党政治发展以 1993 年为界大致经历两个阶段：此前是政党自发生长阶段。由于废止以往的党禁政策，各种名目的政党自由生长，"民主派"获取政权，实行总统制、议会制、多党制，并得到宪法确认。此后，政党政治进入制度化规范化发展阶段。由于基本政治制度从此前的"苏维埃体制"转向并确立"总统集权体制"，政党政治开始受到规范。特别是普京上台以来，政党政治进一步向制度化规范化方向发展。

1993年9月颁布《政党法》，2001年重新修订，2004年12月再次修订。俄罗斯政党政治呈现如下基本特点：一是政党数量由多变少。政党数量在2012—2013年大幅增长，在司法部简化了政党登记程序后，司法部登记在册的政党数量从七个增加到2014年的75个。2014年以来，新注册政党数量增长速度明显放缓。从2019年开始，政党数量迅速下降。原因在于新出台的法律规定，连续七年不参加选举的政党将被注销资格。二是政党之间不平等。支持现政权的统一俄罗斯党，即所谓"政权党"，既有权力机关和媒体舆论的有力支持，又有充足活动经费和活动平台。而反对党既缺乏活动经费，又时常遭到媒体舆论的批评和攻击，处境艰难。三是政党作用受到限制，宪法规定议会没有组阁权，总统掌握着政府高级官员的人事任免权。即便是在议会选举中获得多数席位也无权组阁。例如第二届杜马选举中，俄罗斯联邦共产党获得多数席位，却无权组阁。

进入21世纪以后，俄罗斯政治舞台上的主要政党有四个：统一俄罗斯党、俄罗斯联邦共产党、公正俄罗斯党、自由民主党。如果依据它们的施政纲领及其意识形态进行大致政治分类，统一俄罗斯党信奉保守主义，属于中间派；俄罗斯联邦共产党信奉共产主义，属于左翼；公正俄罗斯党信奉社会民主主义，属于中左翼；自由民主党信奉民族主义，属于右翼；近几年崭露头角的新人党接近中左翼。2021年，以上五党获得进入国家杜马的资格，这是俄罗斯自1999年以来，首次有五种政治力量进入国家杜马。

(1) 统一俄罗斯党的政治地位及其作用

统一俄罗斯党成立于2001年，是俄罗斯最大的政党，也是俄罗斯国家杜马第一大党和执政党。就其政治主张及意识形态而言，该党属于中间偏右派政党，也有观点认为它属于中间派政党。党首为梅德韦杰夫。

统一俄罗斯党作为俄罗斯的政权党，在国家政权中占据优势地位。首先，长期控制国家杜马。统一俄罗斯党自2001年12月1日建立以来，一直在国家杜马中占据优势地位，实际上拥有对国家杜马的控制权。其次，牢牢掌控地方权力。统一俄罗斯党不仅在中央国家杜马中占有多数席位，而且在联邦主体议会中也占有多数席位。地方选举是俄罗斯选举体系中的重要部分，除了普京在第二任期内对地方采取任命制外，地方行政长官和立法机构代表都通过选举产生，统一俄罗斯党地方实力的兴起与地方议会和地方行政长官选举变化密切相关。

表2 统一俄罗斯党历届国家杜马选举得票率和席位数

年份	届别	得票率(%)	获得总席位数(个)	席位占比(%)	排名
2003	第四届	37.56	223	49.6	1
2007	第五届	64.30	315	70.0	1
2011	第六届	49.32	238	52.9	1
2016	第七届	54.20	342	76.2	1
2021	第八届	49.83	324	72.0	1

鉴于统一俄罗斯党在国家中的特殊地位，它发挥着其他政党无法比拟的重要作用。首先，统一俄罗斯党控制立法权，是总统在国家杜马中实施国家战略的重要保障。该党奉行中派主义立场，在价值观上强调务实，提倡有俄罗斯特色的"主权民主"等观念，这些都与普京的政治理念有相通之处。因此，执政当局意在通过统一俄罗斯党在国家杜马中的绝对多数优势控制国家杜马，进而控制立法权。其次，统一俄罗斯党控制行政权，强化了以总统为主的政治机制。俄罗斯的总统制被称为"超级总统制"，基本形成了以总统为首的政治团队，统一俄罗斯党是其中的核心力量。再次，统一俄罗斯党控制地方权力，帮助执政当局控制地方政权。普京为了改变地方政权试图干预俄联邦中央的政治现象，借助政党力量重塑央地关系，这使政党在地方政权

中的角色发生了转变，政党不再处于地方政权的边缘，而是逐渐走进地方政权的中心，统一俄罗斯党成为调整中央和地方关系的重要工具。

（2）其他政党的政治地位及其作用

俄罗斯政坛其他主要政党有俄罗斯联邦共产党、公正俄罗斯党、自由民主党和新人党。

俄罗斯联邦共产党：成立于1990年6月，一般被认为是苏联共产党的继承者，就其政治主张及施政纲领而言，属于左翼政党，党首是久加诺夫。政治上，俄罗斯联邦共产党主张恢复国内和平和法律，把国家纳入文明发展的轨道；反对总统制和新宪法，主张建立苏维埃形式的人民国家。经济上，主张进行社会改革，停止强制性私有化，通过国家调控克服经济危机，实行以全民所有制为主的多种经济成分，强调国家要扶持重点经济部门特别是农业生产部门，反对价格自由化和通货膨胀。对外政策上，主张自主和平外交政策，反对依靠西方。

20世纪90年代，俄罗斯联邦共产党是国家杜马第一大党，进入21世纪以来，党员人数减少，影响力下滑，尤其是青年群体只占党员总数的6.2%，逐渐丧失国家杜马第一大党的地位。例如，在2016年9月的俄罗斯第七届国家杜马选举中，俄罗斯联邦共产党总共获得42个席位，得票率为13.34%。[1] 虽然该党仍然保持了第二大党的地位，但是同第六届国家杜马选举相比，获得席位比第六届的92席减少了一半还多，与统一俄罗斯党之间的差距进一步拉大，与第三大党俄罗斯自由民主党的差距缩小。但是，2021年第八届国家杜马选举结果表明，俄罗斯联邦共产党取得较大进步，得票率有较大幅度提升，获得18.95%的选票，总共获得57个国家杜马

---

[1] Итоги выборов-2016 наглядно, Известия, https://iz.ru/news/633206?ysclid=ldxwdgx1d5477340.

席位。[1]

表3　1993—2021年俄罗斯联邦共产党党员人数变化　　（单位：万人）

年份	1993	2000	2004	2008	2013	2021
党员人数	60	54.7	18	16	15.9	16.2

公正俄罗斯党：成立于2006年，在历届国家杜马选举中均获得席位，就其政治主张及施政纲领而言，属于中间偏左派政党，在意识形态方面属于社会民主主义政党，党首是米罗诺夫。该党的政治主张是，以21世纪的新的社会主义为理念，主要包括：要建立以人为本的社会主义，而不是为了一个抽象的未来建立社会主义；既反对把社会分为各个阶级，也反对宣告一个阶级对其他阶层的专政；既不准备回到带有政治压迫特点的苏联体制，也不反对市场经济和私人所有制。它主张公正地分配国家财富，强调社会的公正性，即所有人享有平等的权利和自由，国家对本国公民的平安负责，公民对国家的效率负责，参与民主。2021年俄罗斯第八届国家杜马选举中，公正俄罗斯党得票率是7.46%，获得27个席位，在五个政党中位居第三。

俄罗斯自由民主党：1989年12月13日成立，是苏联晚期废止党禁、实行多党制后成立的第一个政党。党首为日里诺夫斯基，自1990年担任党首直至2022年2月2日去世。根据该党的政治纲领及施政方针，其政治意识形态属于右翼政党，但它自我宣称是中间派政党。该党主张将总统任期延至八年，实行一院制议会和单一制国家，各选区权力平等，减少代表人数；国家应对经济命脉部门实行垄断。主张在自愿基础上重建俄罗斯国家，与原苏联加盟共和国结盟，首先与白俄罗斯、乌克兰和原苏联其他加盟共和国统一。在2021年第八届国家杜马选举中，该党提出的竞选纲领包含100条内

---

[1] Итоги выборов в Госдуму VIII созыва, Экспертный-Клуб, https://expert-club.online/news/itogi-vyborov-v-gosdumu-viii-sozyva? ysclid=ldxwkvlrz7173298168.

容，涉及领域广泛，包括要求在国家杜马选举中胜出的政党领袖担任政府总理，以保障反对派的监督职能，但基本的内政外交主张没有重大变化。在1993年12月第一届国家杜马选举中，该党得票率为22.92%，获得席位63个，位居第一。[1] 在日后历届杜马选举中均有代表当选。2021年第八届国家杜马选举中，该党得票率7.51%，获得席位21个，排名第四位。

新人党：该党成立于2020年3月，是俄罗斯政坛四大政党之外新近出现的政党。该党的政治立场及施政纲领属于社会民主主义派。该党主席卢基亚诺娃在成立大会上表示，新人党的目标是改变国家的优先事项——从关心官员到为所有公民服务。"我们的目标是俄罗斯成为一个拥有高水平生活质量、良好基础设施和高新技术的发达国家。"[2] 在2021年第八届国家杜马选举中，得票率为5.36%，获得席位13个，通过了门槛进入国家杜马。

2. 白俄罗斯政党政治基本特征

白俄罗斯自1994年开始实行总统制，同年7月卢卡申科当选首任总统。1996年11月，该国举行全民公决，卢卡申科总统任期延长至2001年。2001年9月，卢卡申科在总统选举中连任。2004年10月，白俄罗斯举行全民公决和议会选举，取消宪法关于总统任期不得超过两届的规定。2006年3月、2010年12月、2015年10月及2020年8月，卢卡申科均连任总统。就其国家政权结构而言，总统掌握白俄罗斯一切权力，且任期不受限制，议会和政党作用有限。

白俄罗斯现行政治制度是超强总统制。例如白俄罗斯共产党是国内主要政党之一，有党员约6000人，在首都和地方拥有400多个基层组织，在历届议会选举中均有代表进入代表院。该党全面支持现任总统卢卡申科政权所

---

[1] Какими были итоги выборов в Госдуму предыдущих созывов, РИА Новости, https://ria.ru/20071208/91519653.html? ysclid=ldxxxwx1m162842207.

[2] В Москве состоялся учредительный съезд партии "Новые люди", ТАСС, https://tass.ru/politika/7873237? ysclid=ldy3lfg5wq968404725.

实施的内外政策，认为现政权的各项政策与本党的纲领主张相近，非常接近社会主义道路。[1]

3. 摩尔多瓦政党政治基本特征

摩尔多瓦自1991年独立以来，国家政权组织方式几经变化。2000年之前在半总统制和半议会制之间转换，目前仍然处于在半总统制和半议会制之间摇摆的不确定时期。摩尔多瓦实行议会民主制度，政党参与政治活动非常活跃。在2020年总统选举中，原总理桑杜战胜时任总统多东，成为摩尔多瓦首任女性总统。

2021年7月11日举行议会选举，亲总统的团结与行动党获得101个席位中的63个，赢得绝对多数并获单独组阁权。此次议会选举后，桑杜总统表示，将把解决社会问题和民生问题作为首要任务。团结与行动党由桑杜于2016年建立。该党属于中间偏右政党，主张社会自由主义，致力于推动摩尔多瓦加入欧盟。在此次选举中，由共产党人党和社会主义者党组成的竞选联盟没有取得议会多数，主要原因在于其竞选纲领与民众需要脱节，过于强调地缘政治问题，而非民众关心的贫困、就业、反腐败问题。

4. 乌克兰政党政治基本特征

乌克兰自1991年独立以来，由于复杂的历史与现实因素，其政权组织框架在总统制和议会制之间来回摇摆。乌克兰政体为议会总统制，总统是国家最高元首，由直接选举产生，任期五年，连任不能超过两届。

2014年在第五任总统亚努科维奇任期内发生乌克兰危机，此后政治体制摆向总统制，但是乌克兰政治局势的动荡并未就此结束。政党政治作用呈现衰弱之势，政党的生存和发展缺乏稳定的内外环境。截至2021年1月1日，乌克兰国内共有365个合法政党，其中50余个政党比较活跃，其政党政治基本特点是政党数量多，力量分散，时常陷入高层政治斗争的漩涡。乌克兰

---

[1] "Белорусский Вектор", *Коммунист Беларуси-Мы и время*, № 1(941) от 02.01.2015.

实行多党制，各政党常围绕议会选举发生联合、分化、更名和改组，选民基础不固定。主流意识形态为亲欧洲主义、自由主义，民粹主义思想有所抬头。2019 年参加第九届议会选举的主要政党有 7 个，其中人民公仆党（前身为"坚定变革党"）注册于 2017 年 12 月 2 日，现任总统泽连斯基系该党成员。该党现任主席为科尔尼延科。该党在第九届议会选举中赢得 254 个席位，是乌克兰独立以来首个赢得议会多数席位的政党。该党的意识形态表达一度处于摇摆不定状态，直至 2020 年 11 月党的领导层换届，正式宣告其意识形态是乌克兰中派主义，不是"右派"或"左派"，不是民族主义或分离主义，否认政治极端和激进意识形态，并宣称该党的目标是领导乌克兰走上发展和进步的道路。

（二）高加索板块

高加索板块包括阿塞拜疆、格鲁吉亚和亚美尼亚三国。它们在苏联时期乃至更早一些时候常常被视作一个相对完整而独立的区域，为了便于研究，把这三个接壤国家作为一个板块看待，但是三国的政党政治基本特点各有不同。

1. 阿塞拜疆政党政治基本特征

阿塞拜疆是总统制国家，1995 年 11 月 12 日全民公决通过宪法，对这一国家政权组织方式加以确认，2002 年 8 月 24 日全民公决对宪法部分条款进行修改，包括将总统当选的得票数由超过三分之二改为过半数，如果总统不能履行职权，由议会议长改任总理代行总统职务。2008 年 12 月 24 日，宪法法院通过一项基本法修正案，取消总统最多只能连任两届的限制。2009 年 3 月 19 日，全民公投通过修宪，取消对总统连任次数的限制。2016 年 9 月 28 日，全民公投通过宪法修正案，将总统每届任期由原先的五年延长至七年。2019 年 12 月国民议会通过决议，呼吁总统尽快解散议会并提前举行议会选举。总统伊利哈姆·阿利耶夫签署命令，解散国民议会并定于 2020 年 2 月提前举行议会选举。

该国实行多党制,现有注册政党 41 个,其中,阿塞拜疆执政党新阿塞拜疆党于 1992 年 11 月 21 日成立,截至 2009 年 1 月,共有党员 47.06 万人,是第一大政党。对内主张建立民主、法治、世俗国家,发展市场经济;对外主张推行务实、均衡的外交政策。2005 年议会换届选举中再次获得多数,保持了执政党地位。阿塞拜疆现任总统、议长、总理及多数内阁成员和地方官员均为该党党员。1999 年 12 月和 2001 年 11 月分别召开了第一、第二次全国代表大会。2005 年 3 月召开第三次全国代表大会,现任总统阿利耶夫当选党主席。2008 年 8 月召开第四次全国代表大会,提名党的主席阿利耶夫再次竞选总统。同年 10 月,阿利耶夫再次当选总统。

2. 格鲁吉亚政党政治基本特征

自苏联晚期起,格鲁吉亚政治局势多变,政权的权力重心在议会和总统之间摆动,2017 年之前是半议会半总统制国家,之后转变为议会制国家。其过程曲折多变,第一部宪法于 1995 年 8 月 24 日由议会通过。2004 年 2 月 17 日,格鲁吉亚议会通过"关于组建内阁"宪法修正案,规定格鲁吉亚为总统制三权分立国家。根据 2017 年通过的宪法修正案,2018 年 10 月 18 日举行的总统选举将是最后一次采用全民直选方式,且新总统任期将由此前的五年延长至六年。宪法修正案于 2018 年总统选举后正式生效,由半议会半总统制国家转变为议会制国家。2024 年,格鲁吉亚总统选举将由全民直选改为由特别委员会推选。

格鲁吉亚的基本政治制度为政党活动提供了较大空间,2017 年前的半议会制半总统制是如此,此后转变为议会制更是如此。2020 年的政治局势动荡持续到 2021 年,执政党"格鲁吉亚梦想-民主格鲁吉亚"党与反对派的对抗仍在继续。

3. 亚美尼亚政党政治基本特征

亚美尼亚实行议会制多党制。1995 年 7 月 5 日全民公决通过的宪法规定,实行总统制,立法、行政、司法三权分立,实行多党制。2005 年 11 月

27日全民公决通过新宪法修改方案规定，总统任期五年，不得超过两届；总统向议会提交的总理候选人提名须获得议会大多数的支持；进一步限制总统权力，提高议会在国家政治和经济生活中的作用；国家司法系统更加独立；首都市长经选举产生并拥有独立预算权；加强对人权的保护。此外，新宪法赋予地方自治机构更多的权力。宪法规定，议会是国家最高立法机关，议会为一院制，本届议会共设107个议席，任期五年，代表全部按照比例代表制从政党名单中选出，得票率超过5%的政党或超过7%的政党联盟可以进入议会。

亚美尼亚实行议会制多党制，赋予政党宽松活动空间，也鼓励各政党及其追随者积极参政。亚美尼亚政党大多数都有比较明确的政治主张，其中有的政党历史非常悠久。目前在议会占有席位的有五个。

（三）中亚板块

中亚板块由哈萨克斯坦、乌兹别克斯坦、土库曼斯坦、吉尔吉斯斯坦和塔吉克斯坦五国组成。它们是在苏联解体及随后的独立进程中开始自主发展的，政党政治的基本特点有别于上述两个板块。除吉尔吉斯斯坦从议会制转变为总统制且政局多变外，其余均实行总统制且政局比较稳定。

1. 哈萨克斯坦政党政治基本特征

独立后在首任总统纳扎尔巴耶夫领导下，哈萨克斯坦政局稳定。1995年8月30日全民公投通过的宪法规定，哈萨克斯坦为总统制单一制共和国并确认了总统的最高权力。纳扎尔巴耶夫于2017年3月10日签署修改宪法的法令规定，将总统部分权力移交政府和议会，政府和议会权力得到加强。2019年3月19日，总统纳扎尔巴耶夫宣布辞职，相关职责由上院议长托卡耶夫代替履行，直到新总统当选。3月20日，托卡耶夫宣誓就任哈萨克斯坦临时总统。2019年6月10日，托卡耶夫当选哈萨克斯坦总统。2022年6月5日，哈萨克斯坦通过修宪全民公投。据哈通社报道，修宪公投有着充足的民意基础。公投当日，哈萨克斯坦全国登记在册的、拥有投票权的11 734 642名选民中，共有 7 985 769 名参加了公投投票，投票率为 68.05%，其中，77.18%支持宪法修正案。在哈萨克斯坦全国 17 个地区中，选择支持修正案的人数均达到了绝对多数。修正案中有关总统的限制性内容包括：总统连续任职不得超过两届；总统在任期内不得兼任议会、执法机关职务；总统在任期内不得拥有有偿服务实体，不得经商；总统任期内不能是任何政党的成员；总统任期内，总统的近亲无权担任政治官员和准公共部门实体的负责人。宪法修正案的通过，标志着哈萨克斯坦从超级总统制转型为总统制共和国。

议会是哈萨克斯坦国家最高立法机构，由上下两院组成，上院 47 个席位，下院 107 个席位。上院任期六年，每三年改选一半议员；下院任期五年。上院议长是托卡耶夫，2017 年 9 月再次当选；下院议长是科沙诺夫，2022 年 2 月就任。政府是国家最高行政机关，对总统负责，现任政府于 2022 年 1 月组成，阿里汉·斯迈洛夫任总理。

哈萨克斯坦于苏联晚期开始实行政治多元化，独立后实行多党制。2002 年 7 月出台《政党法》，规定只有党员人数超过五万，在全国 14 个州和两个直辖市均设有分支机构，且各分支机构成员达到 700 人以上的政党才可在司法部获准登记。2011 年 12 月，司法部共登记有九个政党。2019 年托卡耶夫当选总统后，实施了涉及多个领域的改革，其中 2020 年 5 月总统签署的法案有《选举法修正案》《政党法修正案》《议会及其代表地位法修正案》《关于议会反对党问题补充修改》。根据新规定，注册政党所需征集的党员签名数量从原来的四万人下降至两万人；重新定义了"反对党"并将其合法化，赋予反对党提名下议院常设委员会主席候选人的权利；提高了妇女和青年的选票配额。[1] 新的法案展示了现政权的政治改革决心，将会对哈萨克斯坦

---

[1] 陈寒旭、韩隽：《托卡耶夫执政后哈萨克斯坦形势政策评述》，载《西伯利亚研究》，2021 年第 4 期，第 105—119 页。

政党政治发展产生积极影响。2021年1月,哈萨克斯坦举行了议会下院选举,执政党"阿玛纳特"党(时名"祖国之光"党)继续保持一党独大地位,得票率71.9%,获得76席;"光明道路"民主党得票率10.95%,获得12席;人民党得票率9.1%,获得10席。

目前,哈萨克斯坦有三个主要政党,最主要的是"祖国之光"人民民主党(以下简称"祖国之光"),其前身是祖国党。祖国党是于1999年2月12日合并了包括哈萨克斯坦人民团结联盟、哈萨克斯坦解放运动和"为了哈萨克斯坦-2013"运动等党派后成立的。在合并大会上,新成立的祖国党达成一个重要共识,即大力支持纳扎尔巴耶夫总统领导的政府。2004年祖国党第一次参加议会选举,赢得60.6%的选票和议会下院77个席位中的42个。2006年9月25日,祖国党与纳扎尔巴耶夫总统长女达丽加·纳扎尔巴耶娃领导的"阿萨尔"党合并,议会下院的席位增加到46个。同年12月,哈萨克斯坦公民党和哈萨克斯坦农民党宣布并入祖国党,这样,祖国党在议会下院的席位从46个增加到57个。在2006年12月22日召开的祖国党代表大会上,代表投票决定将祖国党更名为"祖国之光"人民民主党,同日登记注册。"祖国之光"的诞生是基于纳扎尔巴耶夫的政治理念,即所有支持总统的政党都应该联合起来,"哈萨克斯坦应该有更少但强大的政党,以捍卫人民的利益"。[1] 2021年"祖国之光"有党员77万,是哈萨克斯坦最大政党。纳扎尔巴耶夫出任该党主席,该党在哈萨克斯坦议会下院和地方议会拥有绝对多数席位。2021年11月,纳扎尔巴耶夫决定将党主席职务移交给现任总统托卡耶夫。2022年1月,托卡耶夫当选为党主席。同年4月,托卡耶夫宣布辞去"祖国之光"党主席一职,并退出该党,理由是总统应保持"政治中立"立场,代表全体国民。

---

[1] 强柯、叶尔朗-马季耶夫:《哈萨克斯坦"祖国之光"党的组织体系和发展趋势》,载《俄罗斯研究》,2020年第2期,第32页。

2. 乌兹别克斯坦政党政治基本特征

乌兹别克斯坦是总统制国家，实行多党制，但是政党的数量和活动受到限制。1992年宪法禁止各种政党和社会组织的反政府活动，目前只有拥护政府的政党被批准进入议会。2020年1月最高议会立法院的选举投票结果显示，自由民主党获得53席，"民族复兴"民主党36席，"公正"社会民主党24席，人民民主党22席，生态党15席。2021年10月举行总统选举，现任总统米尔济约耶夫连任。然而，与前总统卡里莫夫时期不同的是，这次选举中有媒体开始批评现政府，也出现了一些抗议活动。目前主要政党有五个。

3. 塔吉克斯坦政党政治基本特征

1991年独立后，塔吉克斯坦实行单一总统制。1994年通过独立后的第一部宪法。1999年、2003年、2016年先后进行全民公决，通过新宪法或宪法修正案。2003年的宪法修正案规定塔吉克斯坦实行两院制。2020年举行总统选举，拉赫蒙成功连任，开始自己的第五个总统任期。与白俄罗斯和吉尔吉斯斯坦不同，塔吉克斯坦总统选举几乎没有出现任何反对的声音。

2020年3月塔吉克斯坦举行议会选举，7个政党争夺下议院的22个席位。其中，人民党于1994年12月10日成立，1997年6月正式定名为"人民民主党"。政党属性中间偏左翼，拉赫蒙总统于1998年4月任党主席至今。该党一直保持执政党地位，在2020年3月选举中赢得50.4%选票，在议会下院中占有12个席位，其成员在政府和议会中担任要职。[1]

4. 吉尔吉斯斯坦政党政治基本特征

吉尔吉斯斯坦在独立之后，一度被誉为西方式民主"橱窗"，但该国并没有因此实现稳定，相反，历次大选活动都伴随着政局动荡，国家政治体制历经总统制-议会制-总统制的转换。

---

[1] Правящая партия Таджикистана победила на парламентских выборах с 50,4%, ТАСС, https://tass.ru/mezhdunarodnaya-panorama/7877885?ysclid=ldy8k6guvq92963797.

吉尔吉斯斯坦属政教分离的世俗国家，在政治上推行民主改革并实行多党制，选举常出现示威、抗议、骚乱，造成生命财产损失。截至2020年，总共举行六届议会选举。2021年11月28日举行议会选举。据中选委统计数据，进入议会的党派中居第一位的是"吉尔吉斯斯坦故乡党"，得票率17.32%。这次选举是第七届议会的第二次选举，2020年10月举行了第一次投票，因其导致国内大规模骚乱，使总统热恩别科夫辞职，此次投票结果被中央选举委员会取消。[1]

吉尔吉斯斯坦政党政治远未稳定成熟，现有政党259个，政党数量多而小，许多政党没有明确的政治主张，仅仅是为了参选而已。2021年新宪法转而实行总统制，可能预示着政党在未来政治生活中的作用会进一步削弱。

5. 土库曼斯坦政党政治基本特征

土库曼斯坦独立以来，既非独联体成员，又极少参与地区和国际事务，内部形势平稳，先后于1992年、2003年和2008年颁布三部宪法。

该国实行总统制，2008年前，国内只有一个政党即土库曼斯坦民主党。自独立以来，民主党一直是执政党。总统尼亚佐夫去世后，2008年9月人民委员会通过新宪法，允许存在多个政党和其他社会团体，政党可以提名总统候选人。2008年12月14日，土库曼斯坦举行第四届议会选举。有288名候选人参选，选出125名议员，任期五年。此次议会选举是库·别尔德穆哈梅多夫2007年2月担任总统、并于是年8月当选民主党主席后的首次大选。议员绝大多数是土库曼族，基本是亲总统的民主党党员和妇女、青年、工会等组织的代表。2012年和2017年，库·别尔德穆哈梅多夫两度连任总统，直到2022年3月19日任满卸任。

---

[1]《吉尔吉斯斯坦中选委：根据11月28日选举结果 6个政党进入吉议会》，https://sputniknews.cn/20211207/1034927752.html。

二、2022—2023年主要独联体国家政党政治发展状况

（一）斯拉夫版块

1. 俄罗斯主要政党政治活动

（1）政权党统一俄罗斯党在地方选举中大获全胜

2022年9月12日，俄罗斯中央选举委员会公布了"统一投票日"的选举结果。本次选举共在俄联邦的82个地区展开，来自不同党派的候选人共同竞争3.1万个议员代表资格和职位。

选举结果显示，几乎所有议员代表资格和职位都被俄联邦政权党"统一俄罗斯"党的代表获得，俄罗斯的其他政党仅获得了部分地区选举的局部成功。

在最受人关注的州长选举上，俄罗斯全国有14个省级行政区选出了新的州长。此前担任坦波夫州代理州长的马克西姆·叶戈罗夫获得了84.96%的选票，得票最高。[1] 乌德穆尔特共和国领导人亚历山大·布雷恰洛夫以64%的票数获胜，是连任省级行政长官中得票率最低的，他们均属于俄罗斯政权党。[2]

俄罗斯反对派政党推出的州长候选人——从俄联邦共产党到自由民主党，没有一人得票率超过20%。统一俄罗斯党拿到了12个州的州长，另外两个州的州长为自荐参选人获得。普京明确表示支持的州长中，得票最高的托木斯克州州长获得了84.94%的支持率。得票率最低的是基洛夫州的州长

---

[1] Егоров побеждает на выборах губернатора Тамбовской области, РИА Новости, https://ria.ru/20230208/podryv-1850591036.html.

[2] Бречалов победил на выборах главы Удмуртии, РИА Новости, https://ria.ru/20220912/brechalov-1816083799.html?ysclid=ldvq1sijqp622908642.

索科洛夫，获得了 71.85% 的选票。[1]

州一级地方立法议会选举在六个地区举行：北奥塞梯共和国、萨哈林州、乌德穆尔特共和国、克拉斯诺达尔边疆区、奔萨州和萨拉托夫州。投票结果显示，以上任何一个地方，统一俄罗斯党的代表都赢得胜利。而俄联邦共产党在地方立法议会选举中大多排第二位，自由民主党排第三位。

与其他"议会反对派"相比，俄罗斯联邦共产党在本次选举中的表现可谓"喜忧参半"。2017 年时，俄罗斯联邦共产党在六个地方议会的选举中赢得了 52 万张票，2022 年，俄罗斯联邦共产党在相同地区获得了约 57 万张票，地方立法议会选举中支持俄罗斯联邦共产党的人数增加了。

不过在市议会的选举中，俄罗斯联邦共产党在普斯科夫市的得票率从五年前的 21.77% 降至 14.52%，库尔斯克市的得票率从 15.19% 降至 9.93%，堪察加彼得罗巴甫洛夫斯克市的得票率也下降了六个百分点。[2]

（2）主要的政党活动

俄罗斯联邦共产党非常重视传统，利用传统标示物和节假日向公众宣传本党的政治主张。党主席久加诺夫及多名共产党议员向俄国家杜马提交了一份草案，提议将俄罗斯国旗由三色旗改为苏联国旗，提出这样将消除历史空白和对立法模棱两可的解释，有助于公民的爱国主义教育。俄罗斯联邦共产党在俄乌冲突后举行了几次大型活动，包括 3 月 5 日纪念斯大林逝世，4 月 22 日纪念列宁诞辰 152 周年，5 月 1 日纪念五一劳动节。此外，俄罗斯联邦共产党对美等西方国家态度强硬，2022 年 11 月 7 日，久加诺夫参加莫斯科庆祝十月革命节 105 周年纪念活动演讲中，痛批美国及一些欧洲国家挑拨俄

---

[1] В России подвели итоги выборов, Lenta. RU, https://lenta.ru/news/2022/09/15/vbrs/?ysclid=ldvqage65q572285431.

[2] Дарья Гармоненко, Коммунисты похвастались неоднозначными успехами, Независимая газета, https://www.ng.ru/politics/2022-09-12/3_8537_communists.html?ysclid=ldvs5mu2tp607751772.

乌关系。

2. 白俄罗斯、摩尔多瓦、乌克兰主要政党政治发展

白俄罗斯在 2022 年 2 月 27 日举行宪法修改补充的全民公决，其中投赞成票的公民占投票总人数的 82.86%，占投票选民的 65.16%，表明白俄罗斯修宪成功，新宪法于 3 月 15 日开始生效。[1] 白俄罗斯政治学家、外交关系对话委员会"明斯克对话"主任叶夫根尼·普雷格曼分析称，修宪后，白俄罗斯将出现新的超级权力结构——白俄罗斯全国人民会议，同时总统权力将被削弱。白俄罗斯全国人民会议最重要的任务之一是确保国家权力交接，它有权通过对总统的不信任投票，改变国家战略。[2] 根据新宪法的规定，任何人不可担任总统超过两届，任期届满后可成为议会上院终身议员。下届总统选举后，总统将不再有权颁布凌驾于法律之上的命令，并削减了总统对法官的任命权。同时，根据新宪法，卢卡申科仍可兼任总统和白俄罗斯全国人民会议主席。我们注意到，宪法修正案公投还删除了"非核""中立"字样。白俄罗斯反对派对此次修宪极为不满，抵制公投但未成功。

在摩尔多瓦，2022 年 2 月俄乌冲突爆发后，执政党"行动与团结"的代表开始越来越少地谈论摩尔多瓦的中立地位，转而强调结束中立地位与加入北约的必要性。[3] 在其影响下，摩尔多瓦政府谴责俄罗斯，寻求在处理越境难民涌入的问题上获得欧盟支持，并希望成为欧洲集团的一部分。这是该国重申其欧洲身份的一个重要象征性步骤。但宪法规定了它的中立性，政府中的大多数人反对该国直接加入军事联盟，如北约。欧洲政治共同体是由法国总统马克龙提议，发展为欧盟国家和非欧盟国家间提供对话和合作的平

---

[1] Поправки в Конституцию Белоруссии поддержали 82,86% проголосовавших на референдуме, ТАСС, https://tass.ru/mezhdunarodnaya-panorama/13948399?ysclid=ldwicr0ggt622414315.

[2] Названы ключевые изменения в Конституции Белоруссии, lenta.ru, https://lenta.ru/news/2022/03/04/belarus/?ysclid=ldwjhtrwj8657615244.

[3] Зураб Тодуа, Нейтральный статус Молдовы: быть или не быть?, Независимая газета, https://www.ng.ru/dipkurer/2022-10-02/11_8554_moldova.html?ysclid=ldwmuzgqqo433496585.

台。首届欧洲政治共同体领导人会议于2022年10月6日在布拉格举行，主办方是欧盟理事会轮值主席国捷克，欧盟27个成员国及其他17个国家的44位国家元首和政府首脑出席。摩尔多瓦总统桑杜在10月7日表示，第二届欧洲政治共同体领导人会议将于2023年春季在摩尔多瓦举行。桑杜是团结与行动党人，她在社交网络上写道："明年春季在摩尔多瓦将举行第二届欧洲政治共同体领导人会议。44个欧洲国家和地区领导人参加的会议显示出我们的伙伴们对摩尔多瓦欧洲方针和未来的无条件支持。"[1] 这一举动表明了摩尔多瓦希望加强同欧盟交流与合作的强烈愿望。

俄乌冲突爆发后，2022年5月14日，乌克兰总统泽连斯基签署了一项法令，宣布包括生活平台党、左翼反对党、左翼力量联盟、乌克兰社会党和其他左翼组织在内的政党被禁止。7月5日，乌克兰当局下令取缔乌克兰共产党。乌克兰的利沃夫法院裁决将乌克兰共产党所有资产（包括党的建筑物和资金）强制没收并永久取缔。第八行政上诉法院在一份声明中表示，它满足乌克兰司法部的要求，并下令取缔该党。"乌克兰共产党的活动被禁止；该党及其地区、市、区组织、基层中心和其他结构实体的财产、资金和其他资产已移交给国家。"[2] 利沃夫法院做出的是最终裁决，不得上诉。

（二）高加索板块

该区域2022年发生的重要事件是阿塞拜疆和亚美尼亚之间达成的停火协议在9月13日遭到破坏。俄罗斯、阿塞拜疆和亚美尼亚三国领导人于2020年11月9日、2021年1月11日和11月26日达成三方协议，要求各方务必保持克制，严格遵守停火协议。

2022年11月21日，新阿塞拜疆党举行成立30周年纪念大会。阿塞拜

---

[1] Второй саммит Европейского политического сообщества пройдет в Кишиневе, Sputniknews.ru, https://md.sputniknews.ru/20221007/vtoroy-sammit-evropeyskogo-politicheskogo-soobschestva-proydet-v-kishineve-53362555.html?ysclid=ldwo66mmor238230171.

[2] В Киеве решили национализировать имущество запрещенной на Украине компартии, РИА Новости, https://ria.ru/20221109/natsionalizatsiya-1830207515.html?ysclid=ldwoa6eads309114654.

疆总统阿利耶夫在讲话中提到，亚美尼亚让阿塞拜疆与集体安全条约组织成员国对抗的企图失败了，并肯定了阿塞拜疆的外交政策，称阿塞拜疆加强了在国际舞台上的地位。[1] 新阿塞拜疆党有意要在阿、亚有争议的纳卡归属问题上保持强势，打破多年来在这一问题上所持的"平衡"政策。

2022年5月，格鲁吉亚执政党提交加入欧盟的申请。党主席伊拉克利·科巴希泽认为，该党的决定基于整体政治背景和新现实，呼吁欧盟机构对格鲁吉亚的申请进行紧急评估，授予欧盟候选国的地位，并强调格鲁吉亚加入欧盟将使该国"走上一条引导国家在质量上提高人口福祉和安全并解除占领的道路"。[2] 这一决定标志着科巴希泽的一次重大转变。此前，他坚称格鲁吉亚要到2024年才会提交这样的申请。

（三）中亚板块

2022年这一区域接连发生危害国家安全事件：1月，哈萨克斯坦发生暴乱，在集体安全条约组织（以下简称"集安组织"）帮助下得以平息，首任总统纳扎尔巴耶夫退出国家决策层；5月，塔吉克斯坦南部发生骚乱，武装力量遇袭，反对派扬言要组建军队与当局对抗；7月，乌兹别克斯坦卡拉卡尔帕克自治共和国发生骚乱，造成二百多人伤亡，在安全部队介入下，骚乱基本平息。目前，中亚五国中只有土库曼斯坦实现了总统平稳交接。吉尔吉斯斯坦由议会制改为总统制后，总统扎帕罗夫基本站稳了脚跟。

1. 哈萨克斯坦政党政治发展

2022年哈萨克斯坦发生的重大事件是一月骚乱。起因是民众对天然气涨价表示不满，抗议活动演变成骚乱，发生围攻政府机关所在地和攻击警察的

---

[1] Ильхам Алиев: Страны ОДКБ не поддались на провокацию Армении против Азербайджана, Sputnik, https://az.sputniknews.ru/20221121/ilkham-aliev-strany-odkb-ne-poddalis-na-provokatsiyu-armenii-protiv-azerbaydzhana-448817690.html?ysclid=ldwoz7tolk818788503.

[2] Грузия подаст заявку на получение статуса кандидата в ЕС в ускоренном порядке, https://sova.news/2022/03/02/gruziya-podast-zayavku-na-poluchenie-statusa-kandidata-v-es-v-uskorennom-poryadke/?ysclid=ldwsi92cf2195876292.

行为。骚乱发生后,托卡耶夫总统宣布全国进入紧急状态。骚乱持续约两周,双方均有人员伤亡,在集安组织维和部队帮助下恢复了秩序。此事件发生后,哈萨克斯坦执政党"祖国之光"党于2022年1月28日举行特别代表大会,总统托卡耶夫当选该党主席。托卡耶夫在会议上表示,"祖国之光"党是哈萨克斯坦重要的政治力量,肩负国家的未来,每名党员都应将国家利益置于首位。[1] "祖国之光"党是哈萨克斯坦最大政党,2021年11月,哈首任总统、时任"祖国之光"党主席纳扎尔巴耶夫宣布移交党的主席,并提名由总统托卡耶夫接任。2022—2023年,哈萨克斯坦政党政治发生了引人注目的新变化。

首先,执政党名称发生变化。2022年3月1日,"祖国之光"党在首都努尔苏丹举行临时大会。会上,哈马吉利斯议会下院议长、"祖国之光"党议会党团负责人叶尔兰·霍沙诺夫提议,将"祖国之光"党的名称改为"阿玛纳特"党。"阿玛纳特"有着深厚的历史及文化含义,象征着国家的独立强大及民族团结。该提议得到"祖国之光"党主席、总统托卡耶夫的支持。托卡耶夫表示,执政党更名并非简单的改头换面,而是将重新构建组织体系,以提升其工作效率。建设新哈萨克斯坦是事关本国未来命运的重要工作。为实现计划,政府应明确任务目标,拟定正确方案。[2] 对此,托卡耶夫在3月16日公布新的政治改革计划,强调"阿玛纳特"党始终是维护国家利益的真正的人民政党。因处疫情期间,此次会议以线上方式举行,来自全国各地的399名代表出席。

其次,总统与执政党关系的重要调整。4月26日,"阿玛纳特"党通过在线方式召开非例行代表大会。托卡耶夫在会上宣布,他将辞去"阿玛纳

---

[1] О чем говорил Токаев на прошедшем съезде Nur Otan, https://www.nur.kz/politics/power/1953572-o-chem-govoril-tokaev-na-proshedshem-sezde-partii-nur-otan/.

[2] Съезд поддержал решение о переименовании партии "Нур Отан"в "Аманат", ТАСС, https://tass.ru/mezhdunarodnaya-panorama/13909123?ysclid=ldwufcwvof85328743.

特"党主席职务,并退出该党。托卡耶夫称,哈萨克斯坦需要对所有领域进行改革,他将保持"政治中立"立场,为哈萨克斯坦所有参加选举的政治团体提供平等机会。[1] 在宣布退出执政党的决定后,托卡耶夫推选马吉利斯议长科沙诺夫接替他的党主席职务。这意味着托卡耶夫成为独立人士,代表全体国民。2007 年以来,"祖国之光"党始终处于政权党地位,托卡耶夫退出执政党成为独立人士,总统与政党在形式上回到 2007 年之前,形成了类似于俄罗斯的总统与政党关系形式。此外,"阿玛纳特"党投票通过提案,正式与哈萨克斯坦公正党合并。托卡耶夫称,此举有助于团结哈萨克斯坦国内政治力量,加强"阿玛纳特"党的现代化建设。3 月 16 日,托卡耶夫出席议会上下两院联席会议,宣布将修宪 30 多条,通过全面改革使哈萨克斯坦从"超级总统制"过渡为"拥有强大议会的总统制共和国"。[2] 这项改革意味着哈萨克斯坦政党政治将发挥更为重要的作用。

再次,地方行政长官不再在"阿玛纳特"党党内担任任何职务。2022 年 3 月,国家元首托卡耶夫在国情咨文中强调,需要立法禁止各州州长和副州长在党内分支机构担任职务。11 月,"阿玛纳特"党举行地区分支机构党务会议。按照议程,会议听取审议了"阿玛纳特"党各地方分支机构的工作报告,讨论并决定各级地方行政长官不再担任"阿玛纳特"党州、市、县级分支机构主席一职,地方行政长官不再充当"阿玛纳特"党分支机构政治局和政治委员会成员。在 11 月初,哈萨克斯坦对相关法律进行了必要的修改。这项改革有助于克服党的行政化倾向日趋严重以及基层组织脱离群众的问题。

2022 年 11 月 20 日,现任总统托卡耶夫以独立人士身份在总统大选中连

---

[1] Казахстан завершает перестройку - Газета Коммерсантъ № 76 (7277), https://www.kommersant.ru/doc/5329980?ysclid=ldwuyurirz869572649.

[2] В Казахстане будут отходит от суперпрезидентской системы правления, Эхо Казахстана, https://ehonews.kz/v-kazahstane-budut-othodit-ot-superprezidentskoj-sistemy-pravleniya/?ysclid=ldwv6rwpdc780910091.

任总统。这是该国自1991年独立以来的第七次总统选举。哈中选委主席努尔兰·阿布德若夫称，此次总统选举约有830万选民参与投票，占登记选民总数的69%。根据初步结果，现任总统托卡耶夫共获得6 456 392张选票，得票率为81.31%，远超其他五位候选人而成功连任。此外，首次在选票中设立"反对所有候选人"的选项，这一选项有460 484张选票，占总数的5.8%。[1] 托卡耶夫在首都阿斯塔纳59号投票站完成投票后表示，总统选举后政府不会辞职，政治改革必须继续。另外，他表示议会选举前可能出现新的政党，外交上哈萨克斯坦将继续秉持全方位外交政策。

值得注意的是，此次选举托卡耶夫被国内几个主要政党联合推荐为总统选举候选人。"阿玛纳特"党、"光明之路"民主党、人民党均决定推举托卡耶夫为非例行总统选举候选人。"阿玛纳特"党主席叶尔兰·科沙诺夫10月6日称："在竞选提名活动开始后，部分全国性社会团体立即决定提名现任总统托卡耶夫为总统选举候选人。各种政治和社会力量的一致性，表明我们的社会凝聚力达到了一个全新的水平。基于此，经过部分政党和社会团体的磋商，我们决定成立支持托卡耶夫的人民联盟。"[2]

2. 乌兹别克斯坦政党政治发展

2022年7月，乌兹别克斯坦的卡拉卡尔帕克自治共和国发生骚乱，在安全部队介入下，局势得以恢复平静。值得注意的是，骚乱的发生源于乌兹别克斯坦提出的宪法修正案，其中关键要点有三：一是总统任期从五年延长至七年；二是宪法修正案中将卡拉卡尔帕克自治共和国改为自治省；三是加强国家控制。其中第二条成为引发当地抗议的重要原因。分析人士认为是当局担心该地区的分离倾向，因而，在宪法修正案中增加这一条款。

---

[1] ЦИК сообщила о победе Токаева на выборах президента Казахстана, РБК, https://www.rbc.ru/politics/21/11/2022/637b0a059a7947748aa94da9? ysclid=ldx3z8byoe933029015.

[2] Токаев выдвинут кандидатом в президенты от народной коалиции, Tengrinews.kz, https://tengrinews.kz/kazakhstan_news/tokaev-vyidvinut-kandidatom-prezidentyi-narodnoy-koalitsii-479699/?ysclid=ldx490er53748196352

塔吉克斯坦和吉尔吉斯斯坦的政党政治比较平静。2022 年土库曼斯坦举行了总统大选，据塔斯社莫斯科 3 月 15 日报道，土库曼斯坦民主党候选人谢尔达尔·别尔德穆哈梅多夫在总统选举中获胜，得票率为 72.97%。[1]

三、2022—2023 年独联体国家政党政治发展特点及前景

经过 30 多年发展，独联体国家政党政治格局的特点是：政权党一党独大现象普遍，弱政党政治格局逐渐形成。2022—2023 年一党独大的政党政治格局继续发挥稳定与引导作用。政党政治发展呈现出以下特点：政党合作保障了政局稳定，政权党继续保持优势地位，主要政党相互合作、发展对话关系。

（一）2022 年独联体国家政党政治发展特点

1. 政权党继续保持优势地位

2003 年以来，俄罗斯政权党——统一俄罗斯党在杜马选举中一直保持一党独大地位，这不仅得益于它拥有众多资源和便利条件，也得益于它秉持温和中间派的保守主义政治路线。其核心思想是反对激进革命，希望使用妥协手段协调社会不同群体的利益矛盾，这种政治主张能够代表大多数民众的意愿。如果从左、中、右三派的力量分布来看，这使得中间派的活动范围更为广阔，自然而然，话语权也更加贴近社会生活，并且能够引导群众。因此，统一俄罗斯党在 2021 年杜马选举中取得优势地位，在 2022 年继续保持这种势头，在地方选举中可以说是大获全胜。

2. 哈萨克斯坦政党政治发生重要变化

独立后中亚国家政治体制大同小异，都属于"强总统、弱议会、小政

---

[1] На президентских выборах в Туркмении победил Сердар Бердымухамедов, ТАСС, https://tass.ru/mezhdunarodnaya-panorama/14070717?ysclid=ldx66lv1e372372258.

府"类型。哈萨克斯坦总统托卡耶夫推行的政治体制改革，将对基本政治生态相似的中亚国家产生影响。托卡耶夫针对国家存在的问题提出改革政治体制，欲走出一条国家发展新路。他趁平息一月骚乱之机，推出一套政治体制改革方案，并于6月5日举行全民公投，以宪法修正案方式通过。托卡耶夫认为，纳扎尔巴耶夫的统治方式阻碍了国家经济的发展，必须对人和社会的价值观体系实行根本的改造，政治体制改革就是要重塑国家模式。这次改革的最大变化是：实行党政分离，总统退出执政党，在政党中保持"中立"；宪法法院、国家审计署等机构实行非党化；国家由"超级总统制"改为"拥有强大议会的总统制"；限制总统权力，近亲不得在国家机构和准国家机构中担任要职；强化多党制，降低组建政党门槛，使各级议会形成政党掣肘的局面；允许反对派社会活动家自由集会并自由发表意见；废除死刑等。

3. 主要政党支持发展对华关系

这一区域主要国家的主要政党，诸如统一俄罗斯党、俄罗斯联邦共产党，哈萨克斯坦"阿玛纳特"党，它们在国内政治生活中发挥重要作用的同时，支持发展对华关系，对中共二十大的召开给予高度评价。

（二）独联体国家政党政治发展前景

2022年，独联体区域极不平静。斯拉夫板块2月份爆发的俄乌冲突还没有出现和平的曙光；高加索板块虽然没有发生军事冲突，但是阿塞拜疆和亚美尼亚还在因纳卡归属问题相互指责；中亚板块哈萨克斯坦发生一月骚乱，在独联体集安组织维和部队助力下恢复了秩序。

2023年延续独联体国家政党政治的基本特点。在长期的探索中，独联体国家出现了兼有议会式政党与列宁主义政党传统做法形式的统一俄罗斯党和哈萨克斯坦的"阿玛纳特"党，议会式政党专注于议会选举活动，列宁主义政党侧重于政党组织建设以及宣传引导群众。它们将在各自国内政治生活中发挥重要的稳定和引导作用，摸索出一条符合本国国情的政党政治发展道路。

第九章
中东欧国家政党政治发展与研究

鞠 豪[*]

2022—2023年俄乌冲突严重冲击了中东欧国家的心理防线与安全认知，也对这些国家政治、经济与社会文化产生了巨大影响。具体到政党政治领域，中东欧国家政党政治在疫情与俄乌冲突的双重作用下呈现出如下几个重要的特点：政党斗争激烈、政府更替频繁的状况未能缓解，政党政治碎片化程度进一步上升；各国普遍存在的能源危机、通货膨胀与经济困难让民众对社会经济稳定发展有着更高渴求，其投票行为与最终大选结果都更加符合经济投票模型；在俄乌冲突塑造的相对极化的政治环境中，各国政党遭遇了不同程度的挑战，右翼政党更多执掌国家政权，左翼政党普遍失势。绝大多数中东欧国家的亲俄政党则面临着前所未有的发展困境。围绕2022—2023年中东欧国家政党政治这一主题，本报告从如下三个部分展开论述：第一部分，详细介绍中东欧国家的定期大选以及大选过程中的政党政治博弈。第二部分，阐述中东欧国家的提前大选与非常规的政府更替，以及各大政党在突

---

[*] 鞠豪，中国社会科学院俄罗斯东欧中亚研究所副研究员。

发政治情况中的角色与作用。第三部分,在前两部分内容的基础上,总结归纳 2022—2023 年中东欧政党政治的基本特征,并解析产生这些特征的深层次原因。

一、定期大选中的政党政治博弈

在竞争性的选举制度与政党体系下,议会选举是中东欧各国政党博弈的焦点。2022 年是中东欧国家的选举大年,共有六个国家举行了议会选举。其中,匈牙利、斯洛文尼亚、拉脱维亚与波黑是按照原定计划举行的大选。塞尔维亚与保加利亚则是在距离上次大选不足四年的情况下提前举行了大选。相比于提前大选,定期大选给予执政党更加完整的执政周期,也让反对党获得了充分的竞选准备时间。最终的选举结果真实地反映了一国较长时间内的政党政治生态与权力结构。有鉴于此,我们将分别阐述中东欧国家定期大选与提前大选的情况。在这一部分,我们主要对匈牙利等四国的定期大选以及大选中的政党政治博弈进行介绍。

(一)匈牙利

在 2010 年、2014 年与 2018 年的三次大选中,欧尔班领导的青年民主主义者联盟-匈牙利公民联盟(以下简称"青民盟")都获得了胜利,并与其合作伙伴基督教民主人民党(以下简称"基民党")共同在议会中占据三分之二以上的多数席位。面对这一形势,其他政党逐渐意识到单凭自身力量无法与青民盟抗衡。因此在 2020 年 12 月,社会党、民主联盟、尤比克党、动力运动、绿党和对话党等六个反对党达成一致意见,组建一个庞大的竞选联盟参加 2022 年的大选。[1] 此后,反对党联盟又在全国范围内进行了总理

---

[1] 贺婷:《匈牙利反对党联盟意图挑战青民盟执政地位》,载《中东欧研究简讯》,第 69 期,第 4 页。

候选人预选,通过预选中的宣传和动员阐明其政策纲领,为联盟候选人造势。最终经过两轮预选,无党派人士马尔基-扎伊击败其他竞选者,成为代表反对党联盟挑战欧尔班与青民盟执政地位的总理候选人。反对党的联合姿态引发了广泛的关注。而在选前数月的民调中,青民盟仅以微弱的优势领先反对党联盟。因此许多人预测,青民盟即便在选举中获胜,也必将是一场"惨胜"。

然而,最终的选举结果却出人意料。青民盟与基民党获得了54.1%的选票和135个议席,继续在议会中占据三分之二的绝对多数。反对党联盟仅获得了34.4%的选票和57个议席,其得票数不如2018年六个政党分开参选时得到的票数总和。[1] 事实上,青民盟虽然常因强烈的民粹主义倾向与独特的内外政策而被西方社会批评,但我们不应将其简单的定义为一个民族民粹主义政党。在连续12年的执政期内,青民盟已经形成了一套较为完善的执政理念以及与之配套的政策纲领。而面对俄乌冲突带来的紧张局势,匈牙利民众希望由一个富有政治经验且被实践证明过的政治领导人带领国家稳步前行。相比于四任总理欧尔班,作为政治新秀的马尔基-扎伊则处于劣势。选举结果出炉后,民主联盟和尤比克党的领导人公开表达了对马尔基-扎伊的不满,并将败选的原因归咎于他一人。[2] 马尔基-扎伊则认为,尤比克党未能守住自己的传统票仓。原本支持该党的右翼选民转而支持青民盟才是反对党联盟败选的主要原因。[3] 无论谁对谁错,双方的推诿和指责都使得实力本就下滑的反对党联盟陷入进一步的分歧与内耗,无力在短期内向青民盟发起新的挑战。

在选举获胜后,欧尔班于2022年5月再次出任总理并组建了新的政府。

---

[1] Országgyülésl Képviselök Választása 2022, https://vtr.valasztas.hu/ogy2022.

[2] 徐刚、贺婷:《匈牙利执政联盟赢得国会选举》,载《世界知识》,2022年第8期,第54页。

[3] Márki-Zay Péter, A baloldali szavazók megvoltak dekúra, a jobbikosok kétharmada elveszett, https://telex.hu/valasztas-2022/2022/04/04/valasztas-2022-marki-zay-peter-ellenzek-fidesz.

在宣誓就职前的讲话中,欧尔班表示新一届政府的目标是为匈牙利未来四年面临的挑战找到最佳解决方案。新政府面临着"特别艰巨的任务",包括应对新冠疫情、俄乌冲突以及与欧盟的分歧等。[1] 而在众多艰巨的任务中,应对俄乌冲突带来的挑战显得尤为棘手。受冲突影响,全球能源、粮食与原材料价格大幅攀升,导致包括匈牙利在内的欧洲国家出现了严重的能源危机与经济困难,通货膨胀率居高不下,预算赤字和公共债务也迅速增长。其中,匈牙利的通货膨胀率不仅在中东欧国家位居前列,更创下自1997年以来的最高纪录。[2] 为解决上述问题,欧尔班政府推出了新的能源安全计划,并不断利用货币与财政手段控制过高的通货膨胀率。欧尔班政府的做法虽然在一定程度上缓解了匈牙利的危机,但在俄乌冲突长期化的态势下,其很多举措难以为继,面临边际效应递减的难题。但对于欧尔班和青民盟来说,新的四年任期刚刚开始,他们仍有足够的时间与空间对现有的政治经济政策进行调整,并静待俄乌冲突与整个欧洲局势的发展变化。

(二) 斯洛文尼亚

在政府更迭十分频繁的中东欧地区,斯洛文尼亚曾是政府稳定性较高的国家之一。但进入21世纪第二个十年,斯洛文尼亚的政党政治出现了明显的变化,政党斗争激烈、政府更迭频繁逐渐成为一种政治常态。2011年,帕霍尔领导的政府下台,开启了斯洛文尼亚历史上首次提前大选。2013年,扬沙领导的民主党政府下台,2014年,布拉图舍克政府倒台,2018年采拉尔政府倒阁。此后,作为斯洛文尼亚历史上首个少数派政府,沙雷茨政府也在2020年1月宣告下台。而接替沙雷茨政府的扬沙政府虽然在议会中占据多数席位,但内有执政联盟内部分歧与执政党退出政府的问题,外则面临新冠疫情与激烈的政治斗争,其执政地位十分脆弱。

---

[1]《匈牙利新一届政府宣誓就职》,http://m.news.cn/2022-05/25/c_1128680839.htm。
[2] Eurostat,https://ec.europa.eu/eurostat/documents/2995521/14698150/2-16092022-AP-EN.pdf/741bf6b2-1643-6ff0-34e7-31522ce1e252?t=1663250111863。

相对动荡的政治形势叠加疫情与俄乌冲突等因素，使得2022年4月的斯洛文尼亚大选备受关注。据统计，超过69%的选民参加了本次选举，创21世纪以来选民投票率新高。而最终的选举结果表明，斯洛文尼亚的政党政治依然处于一种"不稳定"的状态。新成立的自由运动党赢得了34.5%的选票和90个议席中的41席，成为议会第一大党。[1] 一个成立不到一年的新政党在首次参选时就成为议会第一大党，并取得了斯洛文尼亚独立以来单一政党参选的最好成绩，显然是一个非常规现象。而多数主流政党的失势也说明，选民不满的不仅是某一个政府或政党，而是斯洛文尼亚政党政治的整体情况。自由运动党领导人罗伯特·戈洛布在选举获胜后的讲话中公开表示，高投票率与最终的选举结果说明人们想要改变，也相信我们会带来这些改变。

扬沙领导的民主党在本次选举中获得第二。相比于2018年的大选，民主党的得票率仅下降了1.5%，议席增加了两席。考虑到新冠疫情的减益效应，这样的结果并不算糟糕。但在执政期间，扬沙与民主党的许多做法与言论招致了广泛的批评。在国内的防疫战中，扬沙政府先赢后输，特别是2022年1—2月的疫情形势恶化，令民众在选前关键时刻累积了对政府防疫不力的不满。在对欧关系上，扬沙被视为欧盟内部的"麻烦制造者"，多次因为与邻国的领土争端以及与欧盟的政策分歧遭到批评。在对美关系上，扬沙一直积极支持同为民粹主义领导人的特朗普，并在美国大选尚未结束时就率先承认特朗普当选。这一做法不仅引发了巨大争议，也使得斯洛文尼亚在拜登政府上台后处于外交上的被动。在对华关系上，扬沙公开在涉台问题上发表错误言论，表示支持立陶宛的涉台做法，并努力推进斯洛文尼亚与台湾互设"代表处"，从而给中斯关系带来了严重的伤害。因此在本次选举的选前战中，许多政党都打出了反对斯洛文尼亚成为一个民粹、疑欧与保守国家的口

---

[1] Election for Slovenian National Assembly, https://www.electionguide.org/elections/id/3766/.

号，号召选民反对扬沙政府并为自己投票。在这样的背景下，扬沙与民主党显然难以复刻欧尔班和匈牙利青民盟在匈牙利大选中的战绩。

大选过后，自由运动党与社会民主党和左翼党联合组建了新一届政府，戈洛布出任总理。戈洛布本人拥有电气工程的博士学位，也曾担任 Gen-I 公司的董事长，但其政治履历并不显赫。[1] 作为政坛的新兴力量，戈洛布与自由运动党的执政能力与经验都受到了不少质疑。在竞选时，戈洛布曾公开表示，一旦执政，首要任务是为秋季新一波新冠疫情做好准备，保护弱势群体，让社会经济正常运作，另一个优先事项是确保冬季能源供应。目前来看，戈洛布与自由运动党正努力兑现上述两大承诺。在疫情问题上，斯洛文尼亚 2022 年的疫情形势相对稳定，并未出现像 2021 年与 2022 年之交的冬季疫情狂潮。在能源问题上，斯洛文尼亚能源需求的一半以上都由国内自给，这使其对外部能源的依赖程度小于大多数欧盟国家。[2] 而戈洛布政府也采取了包括设定能源价格上限、增加儿童福利和补贴贫困家庭与颁布节能限电政策等多种措施，以更好应对俄乌冲突引发的能源危机。虽然戈洛布和自由运动党无法凭一己之力改变能源价格上涨与通货膨胀的局面，但其一系列举措仍然获得了民众的认可，其执政基础也处于相对稳固的状态。

（三）拉脱维亚

在 2018 年大选后，克里什亚尼斯·卡林什领导的新团结党、新保守党、"国家属于谁"党、为了发展党、民族联盟-一切为了拉脱维亚及祖国自由联盟党（以下简称"民族联盟"）组成了新一届政府。表面上，一个由五个政党组成的庞大执政联盟似乎很难维持稳定，但从意识形态来看，执政联盟内部的政党多为右翼与中右翼政党，彼此的意识形态分歧并不明显。从政党实力来看，这一执政联盟不仅在议会中占据绝对多数，也涵盖了七个议会

---

[1]《斯洛文尼亚国家概况》，https://www.fmprc.gov.cn/web/gjhdq_676201/gj_676203/oz_678770/1206_679738/1206x0_679740/。

[2] Statistical Office of Republic of Slovenia, https://www.stat.si/StatWeb/en/News/Index/10319.

政党或政党联盟中的五个,从而有效削减了潜在的反对力量。此外,主要反对党和谐党是其他主要政党明确抵制的对象,这也导致来自反对派的压力相对较小。因此在过去的四年里,拉脱维亚虽然经历了新冠疫情、行政区划改革与首都里加市议会选举、俄乌冲突等重大事件,但卡林什政府的执政地位仍十分稳固。只有"国家属于谁"党因自身分裂退出政府曾导致政府内部的重大调整,但卡林什等主要政府成员均保持不变。

具体到2022年的大选,有七个政党或政党联盟获得了5%以上的选票,将进入新一届议会。卡林什领导的新团结党获得了19.0%的选票和26个议会席位,成为议会第一大党。绿色农民联盟与联合名单党也获得了超过10%的选票,在议会中分列二、三位。此外,民族联盟、进步党以及新成立的为了稳定党和拉脱维亚第一党也都跨过了进入议会的法定门槛,[1] 而为了发展党等多个政党则被挡在了议会之外。其中,为了发展党与和谐党距法定议会门槛仅差0.03%和0.14%的选票。多个政党与议会席位失之交臂,也导致接近30%的选民未能在议会中拥有自己的代表。在2018年的大选中,新团结党仅仅获得了6.7%的选票与八个议会席位,在所有进入议会的政党中排名末位。但在四年后的大选中,新团结党一跃而起,成为议会中的第一大党。这一巨大的提升体现了拉脱维亚民众对卡林什本人及其领导的政府的认可。面对一系列重大危机,卡林什政府依然保持了国内政治经济的稳步发展。在"国家属于谁"党退出政府和民族联盟威胁退出执政联盟等关键时刻,卡林什和新团结党在保持政府主体成员不变的情况下迅速完成了政府的重组和部分成员的调整,及时化解了可能发生的危机。在度过一个完整的选举周期后,卡林什也成为拉脱维亚恢复独立以来任职时长第二的总理。考虑到拉脱维亚当前面临的安全风险与经济困难,选民们希望由一个稳定的政府来领导国家。另一个促使新团结党支持率大幅上升的因素是俄乌冲突。卡林

---

[1] 14. Saeimas Vēlēšanas, https://sv2022.cvk.lv/pub/velesanu-rezultati.

什本人曾长期生活在美国，也曾担任欧洲议会的议员。而新团结党作为中右翼政党也一直主张强化与美国和欧盟的合作。在俄乌冲突爆发后，卡林什与新团结党坚定地站在欧美一方，对俄罗斯发起多种制裁并积极援助乌克兰。这些做法迎合了当下拉脱维亚的社会情绪，从而使其支持率继续上升。最终，新团结党、联合名单党、民族联盟组成了新的执政联盟。12 月 14 日，上述三个政党签署了联合执政合作协议、政府施政纲领和财政纪律协议等文件。卡林什则继续出任总理。

（四）波黑

在中东欧国家中，波黑的政治体制最为特殊。波黑宪法规定，波黑由波黑联邦和塞族共和国两个政治实体组成；国家元首则为集体制，称为波黑主席团，由波什尼亚克族、塞尔维亚族与克罗地亚族三个主体民族代表各一人组成，主席团成员分别由两个政治实体直接选举产生。波黑议会由代表院和民族院组成，代表院由三个民族的 42 名代表组成，其中 28 名来自波黑联邦，14 名来自塞族共和国，其议员按比例制产生，设主席一人，副主席二人，分属塞尔维亚族、克罗地亚族与波什尼亚克族三族。主席一职由本院主席团三名成员轮流担任，每八个月轮换一次。民族院设 15 个席位，由波黑联邦的十名代表（波族、克族各五名）和塞族共和国的五名代表组成。民族院议员由波黑联邦议会民族院和塞族共和国人民议会根据主体民族比例和大选结果推选产生。主席、副主席轮值方式与代表院相同。

2022 年 10 月，波黑举行了新一届大选，选举三名主席团成员、42 名代表院的代表及两个政治实体的议会议员。在塞尔维亚族、波什尼亚克族与克罗地亚族的主席团成员竞争中，热莉卡·茨维亚诺维奇、戴尼斯·贝契罗维奇与热利科·科姆希奇分别获得了 51.7%、57.4% 和 55.8% 的选票，从而成功当选新一届波黑主席团成员。按照规定，三人将从茨维亚诺维奇开始轮流担任主席团主席，行使国家元首的职权。在国家议会与两个政治实体的议会选举中，民主行动党、独立社会民主联盟和克族民主共同体获得的选票最多，分别成为三个民族在两个议会中的第一大党。总体来说，虽然波黑近年来保持了政局的基本稳定，但三个主体民族与两大政治实体之间的隔阂远未消除，国家架构之路仍然十分漫长。无论是在大选还是在日常的政治生活中，民族因素的影响都要大于其他因素的影响。这也构成了波黑与其他中东欧国家在政治领域的本质区别。

二、提前大选与非常规的政府更替

相比于定期大选，提前大选与非常规的政府更替更多代表了一国政治在短期内的突发状况，也对政党应对特殊情况的能力与智慧构成考验。如前所述，塞尔维亚与保加利亚在2022年提前举行了大选。爱沙尼亚、黑山与斯洛伐克则在没有举行大选的情况下发生了政府更替。但需要说明的是，早在2020年议会选举后不久，塞尔维亚总统武契奇就公开宣布提前举行下一届议会选举，选举的时间不晚于2022年4月。[1] 因此从法理的角度来说，塞尔维亚2022年的大选属于提前选举。但从政党政治的角度考虑，这届大选不同于因政府倒台或议会解散等原因而导致的突发性选举，而更加接近于定期选举。以下是各国提前大选与政府更替的详细情况。

（一）塞尔维亚

因为时间重叠，塞尔维亚2022年的议会选举与总统选举和地方选举同时举行，也因为三场选举同时举行，参与投票的选民数量大为上升。这次"三合一"大选的投票率达到59%，创下了自2008年大选以来的最高纪录。

在总统选举中，前进党主席武契奇毫无悬念地取得了胜利。在第一轮投票中，武契奇获得了超过60%的选票，从而直接当选总统。反对党联盟"团

---

[1] N1,"Vučić: Vanredni parlamentarni izbori najkasnije 3. aprila 2022", https://rs.n1info.com/vesti/a662868-vucic-vanredni-parlamentarni-izbori-najkasnije-3-aprila-2022/.

结为了塞尔维亚的胜利"的候选人波诺什仅获得了18.8%的选票,其余候选人的得票率均未超过10%。[1] 在议会选举中,由前进党等10个政党组成的竞选联盟获得了44.3%的选票,前进党因此继续保持其议会第一大党的地位。反对党联盟"团结为了塞尔维亚的胜利"获得了14.1%的选票和38个议席。此外,社会党联盟、"国家民主替代"联盟、"我们必须"联盟、"塞尔维亚王国爱国集团"和"守护者"党也都顺利进入议会。[2] 在地方选举中,前进党或单独或联合盟友在全国12个市镇中获得了半数以上的议会席位。在贝尔格莱德和波尔市两地,前进党的得票率未能超过50%,但依然是市议会中的第一大党。

  相比于单独的议会选举,"三合一"的大选更能反映塞尔维亚的政党政治生态。首先,较高的投票率便于观察塞尔维亚国内民众的真实想法。就本次"三合一"大选而言,前进党在政党体系中一党独大的局面没有改变。虽然许多反对党组成了名为"团结为了塞尔维亚的胜利"的联盟,并向前进党发起挑战,但该联盟在选举中仅获得了38个议席,难以真正撼动前进党议会第一大党的地位,更难以对前进党的后续组阁进程造成实质性阻碍。在总统选举和地方选举中,前进党也力压反对党联盟在内的其他政党,其候选人大都取得了相对理想的战绩。其次,相比于前进党,武契奇个人的胜利色彩更加浓厚。在总统选举的第一轮投票中,武契奇以超过60%的支持率获胜,成为塞尔维亚历史上第一个连续两次首轮投票即获胜的总统候选人。如此高的支持率也充分说明了塞尔维亚民众对其政治形象与执政能力的认可。相比于武契奇,前进党的成绩则要逊色一些。相比于2020年大选,前进党丢失了16.4%的全国选票。考虑到许多抵制2020年大选的反对党积极参与了本

---

[1] 70. sednica Republičke izborne komisije:https://www.rik.parlament.gov.rs/vest/sr/317359/70-sednica-republicke-izborne-komisije.php.

[2] 79. sednica Republičke izborne komisije:https://www.rik.parlament.gov.rs/vest/sr/324925/79-sednica-republicke-izborne-komisije.php.

次选举，前进党的选票流失似乎可以理解。但无法在议会中占据多数和单独组阁依然对其未来的执政构成了挑战。再次，塞尔维亚议会中出现更加多元的声音。在本次选举中，中左翼的社会党与右翼的民主党等政党都取得了不错的成绩。曾公开抵制2020年大选的反对党也在选后重新回归议会。而作为议会中的新生力量，带有强烈绿党色彩的"我们必须"联盟将把更多的绿色议程带入议会讨论中。因此无论从意识形态还是政策倾向来看，塞尔维亚议会中的声音都将更加多元。

因为多次重复计票的缘故，三场选举中的议会选举直到2022年7月才公布最终结果。一个月后，总统武契奇正式提名前进党候选人布尔纳比奇为总理。10月，前进党与社会党等七个政党共同组建的新一届政府在首都贝尔格莱德宣誓就职。在大选结束半年后，新一届的塞尔维亚政府开始执政。在内政领域，如何兑现竞选承诺并在俄乌冲突的背景下维持塞尔维亚的快速发展，将是布尔纳比奇政府面临的主要挑战。在外交领域，新政府能否在坚定加入欧盟大方向的基础上继续开展平衡的外交战略也有待于进一步观察。

（二）黑山

2022年，黑山先后有两任政府因不信任案投票而下台。其中，克里沃卡皮奇政府产生于2020年大选后。在2020年的大选中，社会主义者民主党获得了81个议会席位中的29席，继续维持其议会第一大党的地位。但其过去的执政表现遭到质疑。在复杂的组阁形势下，社会主义者民主党自黑山2006年独立以来第一次失去了执政地位。克里沃卡皮奇组建了新的专家型政府，除副总理阿巴佐维奇来自联合改革运动党外，包括总理在内的其他政府成员均为无党派人士。

在克里沃卡皮奇政府上台之时，黑山社会对其寄予了很高的期望。克里沃卡皮奇本人也公开表示，新政府将立足于绿色经济、数字转型、区域合作与互联互通、社会保障等七大支柱，推动黑山的政治经济发展，甚至将其建成像卢森堡一样的国家。但在一年多的执政期内，克里沃卡皮奇政府无论是在惩治腐败、控制疫情、推动经济复苏还是在融入欧洲一体化上都没有拿出有足够说服力的成绩。而对民族和宗教矛盾的处理不当不仅引发了大规模的冲突，也导致政府内部分裂。最终，时任副总理阿巴佐维奇牵头提交了对克里沃卡皮奇政府的不信任案。2022年2月，黑山议会以43票赞成、11票反对的表决结果通过了这一提案，克里沃卡皮奇政府被迫下台。

在克里沃卡皮奇政府下台后，各大政党面临着三种潜在的选择：一是重新组建一个专家型政府；二是接受由阿巴佐维奇领导的少数派政府；三是提前举行大选。作为推翻前任政府的主要力量之一，阿巴佐维奇领导的联合改革运动党试图主导之后的政府组建进程，而不愿再造一个专家型政府。但该党在议会中的席位仅有四席。要想其组阁计划在议会中通过，联合改革运动党必须联合多个政党。作为议会第一大党，社会主义者民主党并不愿加入由联合改革运动党主导的新政府。而在没有充足竞选准备的前提下，该党也不愿贸然解散议会并举行新的大选。因此，社会主义者民主党选择了在外部支持阿巴佐维奇的组阁计划但不加入新政府。即便拥有社会主义者民主党的支持，联合改革运动党依然难以在议会中占据多数。而其他政党在组阁过程中也有其特定要求。比如，社会主义人民党就公开表示不会加入一个有社会主义者民主党参加的新政府。为保证组阁进程的顺利，联合改革运动党不得不在政府中增设多个部长职位并在职位分配上向社会主义人民党等政党倾斜。最终，经过复杂的政治博弈，联合改革运动与黑山社会民主党、黑山社会主义人民党及多个少数民族政党联合组建了新一届政府，阿巴佐维奇出任总理。

阿巴佐维奇政府中包括18名部长和2名不管部长，是黑山独立以来职位最多的一届政府。其中，18名部长分属于8个不同的政党，另有两位为无党派人士。一个规模庞大且内部关系复杂的政府难以维持稳定。更为主要的是，阿巴佐维奇政府是一个少数派政府，其执政地位有赖于社会主义者民主党在议会中的支持。然而，执政几个月后，阿巴佐维奇政府因宗教问题与社会主义者民主党产生争执。随后，社会主义者民主党发起了对该政府的不信任动议。在社会主义者民主党倒戈的情况下，阿巴佐维奇政府难以在议会中获得足够支持。黑山议会以50票赞成、1票反对的结果通过了政府不信任动议。阿巴佐维奇因此成为年内第二位因政府不信任案下台的总理。

在先后两任政府倒台后，黑山国内政治陷入更加混乱的局面。议会中的多数议员没有提议提前举行大选，而是继续要求各大政党重新组建政府。但面对复杂的政治形势，各大政党难以提出可行的组阁方案。总统久卡诺维奇公开表示本届议会应缩短任期，否则就会要求解散议会，又引发总统与议会之间的摩擦。在各方陷入僵局的情况下，黑山以只有看守政府的状态进入2023年。

（三）保加利亚

2021年，保加利亚陷入难以组建政府的政治僵局之中。直到经历三次大选后，"我们继续变革"联盟与"有这样一个民族"党、"民主保加利亚"联盟以及社会党所在的保加利亚联盟成立了新一届政府，"我们继续变革"联盟领导人基里尔·佩特科夫出任总理。虽然佩特科夫政府结束了半年以上的看守政府状态，但保加利亚政党林立、政治斗争激烈的状况依然未有改变。这对佩特科夫政府的稳定执政构成了挑战。就意识形态来说，"我们继续变革"联盟属于中间政党，"民主保加利亚"联盟属于中右翼政党，社会党属于传统的左翼政党。"有这样一个民族"党的情况相对特殊。该党带有民粹主义与反建制色彩，因此呈现出政策主张"空心化"与意识形态灵活化的特点。综合以上情况，这一执政联盟是一个意识形态跨度较大、内部构成复杂的政党联盟。为获取执政权力，各政党在组建政府的过程中尚能做到和衷共济。但在实际的执政过程中，它们的意识形态差异往往会演化为具体政策上的分歧，进而影响执政联盟的团结与稳定。就政党实力而言，"我们继续变革"联盟领导的执政联盟虽然涵盖了七个议会政党中的四个，但在议会中的席位总数仅有134席。任意一个政党的退出都会导致执政联盟在议会中成为少数派。

即便抛开国内政党政治的因素，佩特科夫政府面临的执政环境依然十分艰难。新政府上台时，保加利亚正处于新一波疫情的初段。从 2022 年 1 月开始，保加利亚感染新冠肺炎人数大幅增加，每日新增确诊病例屡创新高。即便疫情形势严峻，但保加利亚的疫苗接种工作一直进展不顺。截至 2022 年 2 月初，仅有约 29.3% 的人完成新冠疫苗全程接种，接种率在欧盟国家中排名末位。疫情肆虐与接种工作不力令社会大众累积了更多的不满情绪，也给佩特科夫政府带来了执政压力，也阻碍了政府工作的顺利开展。疫情形势缓和后，俄乌冲突爆发。如何应对俄乌冲突及其外溢效应成为保加利亚国内热议的话题，执政党与反对党之间、执政党与执政党之间、总统与总理和政府之间意见不一。最终主张对俄强硬的声音占据上风。在佩特科夫政府的主导下，保加利亚积极拥护欧盟的对俄立场，并向乌克兰提供援助。因部分政党反对，佩特科夫政府拒绝了向乌克兰直接提供军事援助的提议。但保加利亚授权出口的武器很多由保加利亚出口到波兰和罗马尼亚，间接成为乌克兰武器供应国之一。保加利亚的一系列做法招致了俄罗斯的反制。2022 年 4 月，俄罗斯宣布因保加利亚拒绝遵守"卢布结算令"而暂停向其供应天然气。这一举动不仅在保加利亚国内引发能源恐慌，更令物价与通货膨胀上升。佩特科夫政府一直试图寻找新的能源供应渠道，但这些渠道大多难以消弭俄罗斯突然暂停供应天然气带来的损害。

在日益艰难的形势下，执政联盟内部特别是"我们继续变革"联盟与"有这样一个民族"党之间的关系变得紧张。在国家财政预算与马其顿入盟等问题上，双方都有着不同的见解。"有这样一个民族"党认为，"我们继续变革"联盟推出的预算分配方案不合理，没有充分听取执政伙伴的意见，在马其顿入盟的问题上放弃否决权是对国家利益的真正损害。"我们继续变革"联盟则指责"有这样一个民族"党阻挠改革，并试图从过去的预算方案中非法获利。双方的分歧最终演化为正式的决裂。2022 年 6 月，"有这样一个民族"党宣布退出执政联盟，其退出使得佩特科夫政府沦为少数派政府。虽然其余三个政党依然支持佩特科夫政府，但他们难以应对反对党的政治攻势。一周后，保加利亚公民党所在的政党联盟以"财政与经济政策失败"为由提出了对政府的不信任动议。6月22日，保加利亚议会对不信任动议进行表决。超过半数的议员投票赞成了这一动议。随后，佩特科夫向议会提交了政府辞呈。这个在2021年经过三次大选才艰难产生的新政府在执政六个月后即宣告下台。

根据保加利亚宪法，议会选举或原政府下台后，总统将提名议会中的第一大党组建政府。如果该党组阁计划未能成功，则由议会中的第二大党进行组阁。如仍未能成功组阁，总统可提名议会中的任一政党组建政府，如最终各方无法就组建政府达成一致，则根据宪法第64条任命看守政府，并举行新一届议会选举。[1] 遗憾的是，在佩特科夫政府下台后，具备组阁资格的政党或政党联盟均未组阁成功，因此在2022年10月，保加利亚举行了一年半来的第四次大选。

在这次大选中，公民党所在的政党联盟获得67席，重新成为议会第一大党。除公民党所在政党联盟外，还有六个政党或政党联盟进入议会。其中，"我们继续变革"联盟获得53席，"争取权利和自由运动"获得36席，复兴党获得27席，社会党所在政党联盟获得25席，"民主保加利亚"联盟获得20席，新成立的保加利亚崛起党获得12席。这样的选举结果并不利于接下来的组阁进程。作为首个获得组阁权的政党，公民党提出了一个建立专家型政府的计划。但在2022年12月，这一计划被保加利亚议会否决。这意味着保加利亚在2023年继续处于组阁僵局之中。

（四）爱沙尼亚

在于里·拉塔斯于2021年年初辞去总理一职后，爱沙尼亚议会授权改

---

[1] Конституция на Република България – Народно събрание, https://www.parliament.bg/bg/const.

革党领导人卡娅·卡拉斯重新组建政府。彼时，作为议会中的第一大党，改革党有着多种可供选择的组阁计划。出人意料的是，改革党选择了刚刚成为在野党的中间党作为执政伙伴。在拉塔斯政府时期，中间党的声望严重受损，其支持率处于2019年大选以来的最低值，与塔林港腐败案的复杂牵连也极易导致其他政党向卡拉斯政府发难。此外，改革党与中间党分属中右翼与中左翼阵营，双方上一次同处一个政府是在2007年，而仅由改革党与中间党组成的执政联盟更要追溯到2003年。政见不同且多年未曾合作的两大政党能否和衷共济也颇受质疑。

仅就2021年来看，这样的质疑并未转化为现实。改革党与中间党保持了良好的合作关系。双方共同支持的总统候选人阿拉尔·卡里斯也正式当选爱沙尼亚总统。虽然两党在地方选举中都遭遇了挫折，但在应对新冠疫情等问题上，卡拉斯政府进行了有效的应对，其执政过程相对平稳和顺利。但进入到2022年后，改革党与中间党的关系发生变化。中间党一直致力于调和爱沙尼亚族与俄罗斯族等少数民族的关系。在为俄裔修建东正教堂、建设俄罗斯文化与迁移苏联纪念碑等问题上，中间党都展现了其民族立场温和且对俄友好的一面，也因此获得了大量俄裔居民的支持。[1]但俄乌冲突爆发后，中间党的一系列政策主张遭到了国内外社会的广泛批评。面对巨大的政治压力，中间党被迫对其原有的政治立场进行调整，并在俄乌冲突等问题上与卡拉斯政府和欧盟的官方立场保持一致。这一做法导致中间党在俄裔中的支持率大幅下滑，难以维持其选举基本盘。与中间党不同，素来亲欧的改革党在冲突之前就积极推动对乌克兰的军援工作。冲突爆发后，卡拉斯与改革党试图将爱沙尼亚打造成欧盟对乌援助的转运中心与重要协调者。改革党支持率上升又促使改革党在俄乌冲突问题上采取更加激进的立场。改革党与中间党

---

〔1〕 彭泉：《民粹主义浪潮下中东欧国家俄裔的身份分析——以拉脱维亚和爱沙尼亚为例》，载《世界民族》，2022年第2期，第87—88页。

的巨大立场差异使得双方再难维持良好的合作关系。幼儿园教育法案成为压垮两党联盟的最后一根稻草。幼儿园教育法案由改革党主导推动,其主要内容是强化儿童早期教育阶段的爱沙尼亚语教育。对于志在强化爱沙尼亚国家意识与加速去俄化的改革党来说,这一改革势在必行。但中间党认为,改革党的做法会进一步损害俄裔等少数民族的权利,不利于爱沙尼亚国内社会的和谐与稳定。在爱沙尼亚改革党支持并以爱沙尼亚政府名义提出该法案后,中间党与反对党保守人民党一起在议会表决中投出了反对票,导致该法案未获通过。因此,2022年6月,总理卡拉斯宣布,解除政府中所有七名中间党部长的职务,其职位分别由七名改革党部长兼任。至此,改革党与中间党的执政联盟正式宣告结束。随后,改革党与祖国党和社会民主党达成组建联合政府的新协议。2022年7月,爱沙尼亚议会投票通过了这一组阁方案,卡拉斯继续担任总理。

改革党与新的卡拉斯政府依然面临挑战。一方面,他们需要证明结束原有的执政联盟是正确的,能够帮助爱沙尼亚更好应对当下的主要任务,比如确保国家安全、解决能源危机、帮助民众应对物价飞涨等。另一方面,爱沙尼亚于2023年3月举行下一届大选,各大政党把握最后的关键时期争取选民的支持。中间党也联合其他政党向新政府发起猛烈的政治攻势。2023年3月选举结果为,改革党获得31.29%的选票,位列第一,中间党得票率为15.3%,位列第三。

(五)斯洛伐克

在2020年的大选中,伊戈尔·马托维奇领导的普通公民与独立个人组织(以下简称"普通公民组织")成为议会第一大党,并与"我们家庭"党、自由团结党(以下简称"自团党")和惠民党共同组建了新一届政府,马托维奇出任总理。成立之初,马托维奇政府曾被寄予厚望。但在疫情防控上,马托维奇政府的举措使斯洛伐克的疫情形势反复恶化。执政联盟的内部分歧因疫苗使用问题而公开化与白热化。最终,马托维奇政府成为欧洲第一个因疫苗问题而下台的政府。爱德华·黑格尔接替了马托维奇并组建了新的政府。

黑格尔政府是四个执政党在达成和解的基础上重新组建的新政府。但对比马托维奇政府，黑格尔政府的人员调整并不大。除卫生部部长弗拉基米尔·伦格瓦尔斯基外，副总理与各部部长皆为马托维奇政府中的旧人。马托维奇本人在辞去总理后依然兼任副总理与财政部长。显然，这并未从根本上解决执政联盟内部的矛盾。在其他政党的眼中，作为普通公民组织党主席的马托维奇依然能够左右该党在国内重大问题上的立场，并在政府的诸多事务中扮演重要角色。

在担任财政部长后，马托维奇开始着手对斯洛伐克的社会经济政策进行改革。改善社会福利是首要议题。俄乌冲突爆发后，斯洛伐克出现了严重能源危机与通货膨胀，普通民众的日常生活面临更多困难。由此，马托维奇将其改革计划与应对俄乌冲突的经济影响结合起来，以抑制高通胀和扶助普通家庭的名义，马托维奇推出了包括一揽子家庭支持计划在内的多项新政策。然而，马托维奇的一揽子家庭支持计划遭到了总统苏珊娜·恰普托娃和执政伙伴自团党的强烈反对。总统恰普托娃认为，执政联盟与议会在通过这一计划时并未遵循既定的法律程序，因此应当被否决。自团党反对的理由则更多来自计划本身。一揽子家庭支持计划旨在通过为有儿童的家庭减免税费和增加养育津贴等方式改善社会福利。这项计划的总支出预计将达到12亿欧元，相当于斯洛伐克年度预算的1%。规模如此巨大的一笔支出意味着斯洛伐克政府需要增加企业税赋，并减少对地方财政的支持。这将对本就困难的经济形势产生更加负面的影响。因此，自团党坚决反对这一计划。在计划未能获得自团党支持的情况下，普通公民组织选择与反对党"我们的斯洛伐克—人民党"合作，以在计划表决时获得议会多数。这一做法加剧了自团党的不满。2022年7月，自团党公开表示，如果马托维奇不卸任财政部长，自团党将退出执政联盟。在此后的一个多月内，普通公民组织与自团党围绕这一问题进行了多次紧急磋商，但并未达成一致。2022年8月，自团党正式退出执政联盟。

自团党的退出使得黑格尔政府成为少数派政府。2022年10月和12月，自团党先后发起了对马托维奇和黑格尔政府的不信任动议。12月15日，斯洛伐克议会投票通过了对政府的不信任动议。总统恰普托娃随即签署法令，宣布解散由总理黑格尔领导的政府，并临时委托其作为看守内阁总理。在2022年的最后一个月，斯洛伐克迎来了新一次的政府更替，意味着斯洛伐克国内政治在充满不确定性的背景下进入2023年。

三、2022年中东欧国家政党政治的基本特征

2022年，中东欧政党政治在疫情与俄乌冲突的叠加效应下艰难前行。年初的疫情及后续的经济复苏难题使各国民众对社会经济发展有更高渴求。各国大选的最终结果也体现了选民的这一心态。俄乌冲突及其强大的外溢效应给中东欧政党政治带来了新的议题，也塑造了中东欧国家内政与外交高度联动、对俄立场更加极化的政治环境。在上述两大因素的影响下，2022年的中东欧国家政党政治呈现如下特点：

第一，政党斗争激烈、政府更替频繁的状况依然存在，政党政治碎片化程度进一步上升。2021年，只有三个中东欧国家举行了大选，但共有七个国家出现了八次政府更替。其中，捷克与保加利亚的政府更替是通过正常的议会选举实现的。罗马尼亚、斯洛伐克、爱沙尼亚、拉脱维亚、北马其顿则在没有举行国家大选的情况下发生了政府更替或重组。进入2022年，中东欧国家政府稳定性较低的现象持续存在。在这一年里，共有五个国家出现了八次政府更替。其中，斯洛文尼亚的政府更替是通过正常的议会选举实现的。爱沙尼亚改革党与中间党执政联盟因内部分歧而最终破裂。爱沙尼亚总理卡拉斯重组了新一届政府。黑山的克里沃卡皮奇政府与阿巴佐维奇政府先后因

政府不信任案下台，但新的政府一直难以产生。保加利亚的佩特科夫政府与斯洛伐克黑格尔政府的经历类似，都是先因执政伙伴的退出而成为少数派政府，后又难以抵挡反对党发起的不信任动议而下台。保加利亚更是举行了一年半以来的第四次大选，但新政府的组建依然陷入僵局。综合上述情况来看，中东欧国家的政党政治发展态势并未发生明显的改变，政党斗争激烈、政府更替频繁的问题依然十分突出。

另一个值得关注的政治现象是政党政治碎片化程度的不断上升。在政党研究中，我们通常使用有效政党数量这一指标来衡量政党政治的碎片化程度。[1] 有效政党数量综合考量了议会中的政党数量与议席占比。有效政党数量越少，说明政党体系越趋近于两党制；有效政党数量越多，表示体系中各政党实力相对均衡，存在着一众小党。[2] 以保加利亚为例，在2022年的保加利亚大选中，有七个政党或政党联盟进入议会，大选后议会中的有效政党数量为5.5个。这充分说明2022年的大选塑造了一个政党数量较多且实力相对均衡的议会。事实上，在经历2020年的政治混乱后，保加利亚一直处于转型以来政党政治碎片化程度最高的时段。从转型开始到2020年，保加利亚在10次选举后的平均有效政党数量为3.3个。数值最低的1990年与1991年只有2.4个，数值最高的2014年为5.1个。但经过2021年的三次大选后，议会中的有效政党数量分别为：4.8、4.9与5.3。2022年的大选更是创下保加利亚自转型以来有效政党数量的最高值。政党政治碎片化程度的不断攀升部分解释了保加利亚近年来时常陷入组阁僵局与执政党难以稳定执政的现象。而在中东欧地区，保加利亚的情况并不鲜见。在2022年的拉脱维亚大选中，共有七个政党或政党联盟进入议会，但没有一个政党的得票率超

---

[1] 关于有效政党数量的定义和计算方法参见：M. Laakso and R. Taagepera, "Effective Number of Parties: A Measure with Application to West Europe", *Comparative Political Studies*, Vol. 12, No. 1, 1979, pp. 3-27.

[2] 鞠豪：《中东欧转型中的经济投票分析》，载《俄罗斯学刊》，2017年第5期，第85页。

第九章　中东欧国家政党政治发展与研究

过20%。在2018年的大选中，同样没有政党达到这一标准。而上一次出现类似的情况还要追溯到2006年的大选。这也从一个侧面反映了拉脱维亚的政治碎片化程度正处于历史高位。在塞尔维亚的大选中，前进党虽然保持了议会第一大党的地位，但失去了在议会中的多数，包括社会党与民主党在内的其他政党则取得了不错的成绩。曾公开抵制2020年大选的反对党在选后重新回归议会，进而导致议会中的有效政党数量进一步上升。而考虑到疫情和俄乌冲突的叠加效应以及执政党相对艰难的执政形势，未来，中东欧国家政党政治碎片化的趋势或将维持甚至进一步加强。

第二，国内社会经济依然是左右大选结果的主要因素。2022年，中东欧国家外有俄乌冲突及其带来的安全顾虑，内有能源危机、通货膨胀与疫情背景下的经济复苏等问题。面对内外交困的形势，选民们希望由一个既能维持自身稳定，也能推动社会经济稳定发展的政府来领导国家。在这一局面下，选民首要的考虑对象就是现任政府。这是因为现任政府应拥有更多的执政经验，过去数年的执政经历让选民对其有着更为充分的了解。相比于反对党尚未付诸实践的竞选纲领，现任政府的政策和政绩是较为可靠的评估依据。当选民满意政府的表现时，他们就会投票支持其连任。只有政府的表现令人失望时，选民才会将目光投向其他的竞选者，并从中挑选满意的执政对象。[1] 过去，社会经济发展状况一直被视为政府执政表现的核心内容。在民意测验中，经济在选民眼中的重要性也一直高于其他议题。[2] 但在新冠疫情背景下，抗击疫情、保护民众生命安全与健康成为中东欧国家的首要任务。同时，疫情形势本身与社会经济高度相关，一个良好的经济复苏和发展环境有赖于疫情的有效控制。因此，从这一角度来说，决定选民是否满意的关键因

---

[1] 鞠豪：《经济投票：代议制模式下的新型选举模型》，载《国外理论动态》，2017年第8期，第97—98页。

[2] Christopher Wlezien, "On the Salience of Political Issues: The Problem with Most Important Problem", *Electoral Studies*, Vol. 24, No. 4, 2005, pp. 555-579.

素既有国内疫情形势的发展变化，也有国内社会经济的发展状况，更具体地说，是政府能否有效控制疫情、推动经济复苏与保障社会大众的福利。

在2022年中东欧国家的大选中，这一观点得到了很好的验证。以匈牙利为例，2022年的匈牙利议会选举曾被认为是一次颇具悬念的选举。六个议会中的反对党在选前共同组成一个竞选联盟。这一做法在转型后的匈牙利尚属首次，为本次选举平添了许多不确定性。俄乌冲突更给予反对党联盟向欧尔班和青民盟发难的机会。俄乌冲突爆发后，总理候选人马尔基-扎伊随即公开表态支持乌克兰加入北约，并对欧尔班政府进行抨击。他将4月的大选描绘成一次在东方与西方、战争与和平之间的历史性选择，并号召选民"站在正确的一方"。此外，因为欧尔班政府在对俄制裁等问题上持保留态度，许多西方的主流媒体与非政府组织也更加偏向和支持反对党阵营，并为其积极造势。在反对党来势汹汹且对俄政策难以成为"加分项"的情况下，国内社会经济发展状况成为支撑欧尔班和青民盟取得压倒性优势的首要因素。在疫情背景下，欧尔班政府坚持以本国民众的利益为导向，反对将疫情与疫苗问题政治化，积极推动国际抗疫合作和国内疫苗接种工作。同时，欧尔班政府采取了一系列经济和金融政策，使匈牙利在2021年实现了7.1%的经济增长，创下历史新高。家庭债务减免、提供生育补贴和增加养老金等一系列惠民政策不仅使普通民众的福利水平再次上升到历史高位，更赢得了中下层阶级与乡村民众的广泛支持。在本次选举中，几乎所有中小城市和农村地区的民众都站在青民盟-基民党联盟一边，青民盟在海外匈牙利族群体中的支持率更是高达93.9%。[1] 这些在民意测验中"沉默或被遗忘的大多数"，用实际行动表达了他们对青民盟的认可，也推动青民盟再次以压倒性的优势赢得大选。

与欧尔班领导的青民盟类似，武契奇领导的塞尔维亚前进党同样因其外

---

[1] Országgyülésl Képviselök Választása 2022, https://vtr.valasztas.hu/ogy2022.

交政策招致了国内反对党和西方国家的批评，但其民众支持率依然有出色的政绩作为保障。在一个较短的政府任期内，由前进党主导的政府顽强抵御了新冠疫情的冲击。本着科学的态度，塞尔维亚政府采购了来自中国、俄罗斯与美国等国的多种疫苗，以确保疫苗的充足供应与接种工作的顺利推进。而通过引入外资与大力推动基础设施建设等措施，塞尔维亚政府构建了结构更为合理、韧性更为强劲的经济体系。塞尔维亚也在疫情背景下实现了较快的经济增长，其中，2021年的经济增长率达7.4%，在欧洲国家中位列第二。[1]最终，良好的社会经济发展态势助力武契奇和前进党在"三合一"的大选中取得了胜利。这也体现了在新冠疫情和俄乌冲突的双重冲击下各国选民的投票逻辑。

第三，中东欧国家的亲俄政党普遍面临发展困境。由于地理位置及与俄罗斯历史关系的差异，中东欧国家对于地区安全局势有着不同的解读，也因此选择了差异化的外交战略。波兰和波罗的海三国坚决主张对俄罗斯进行制裁，并不断强化与美国和北约的军事合作，在能源和外交等领域配合美国。匈牙利与塞尔维亚等国则处于天平的另一端。在西方对俄罗斯进行制裁的背景下，它们秉持平衡外交的原则，与俄罗斯保持了不同程度的合作。塞尔维亚公开表示，要坚定维护与俄罗斯的传统友谊，不会跟随西方制裁俄罗斯。其他中东欧国家主要奉行"中间路线"。一方面，它们支持和参与了西方国家对俄罗斯的制裁，但仍然主张以沟通和谈判来化解俄欧僵局。另一方面，它们希望借助北约和美国的军事力量制约俄罗斯，以维护本国安全。但与波兰和波罗的海三国的坚决主张不同，它们并未选择过度以本国利益换取军事上的保障。

不过，随着俄乌冲突的进一步延续，导致中东欧国家所谓的"中间路

---

[1] 徐刚、费正健：《塞尔维亚大选及其内政外交走向》，https://mp.weixin.qq.com/s/wRDZymMuNTdhKVgizEjq_w。

线"也变得越来越难以为继，在对俄态度和立场上出现了"极化"趋势。在俄乌冲突之前，即便是在反俄情绪相对浓厚的波罗的海三国，主张对俄友好的政党依然可以在国家政党政治中占据一席之地。但在俄乌冲突爆发后，这些政党的境遇发生了明显的改变。以拉脱维亚的和谐党为例。在此前的三次大选中，和谐党都是拉脱维亚议会的第一大党。但在2022年的议会选举中，和谐党仅获得了4.9%的选票，未能进入议会。长期以来，和谐党一直被视为拉脱维亚国内俄罗斯族的代言人，拥有九成以上俄裔选民的支持。该党不仅主张接受俄罗斯的投资、扩大俄裔的公民权与发展对俄关系，更与统一俄罗斯党保持着十分密切的关系。俄乌冲突爆发后，和谐党的竞选形势变得十分微妙。迫于巨大的政治压力，和谐党公开发声反对俄罗斯的特别军事行动，这导致原本支持该党的多数民众转而支持其他由俄裔建立的少数民族政党。而和谐党的转变没有使其获得拉脱维亚社会主体选民的选票。他们依然选择了新团结党等长期代表主体民族利益且更加亲近西方的政党。事实上，在拉脱维亚国内的强大反俄情绪中，任何主张对俄友好的政党都难以获得太多的支持。

与和谐党境遇类似的还包括爱沙尼亚的中间党。爱沙尼亚有大量聚居和散居的俄罗斯族人，其人口占爱沙尼亚总人口的23.7%。[1] 而俄语也是爱沙尼亚国内广泛使用的语言。自1991年恢复独立以来，如何处理爱沙尼亚族与俄罗斯族之间的关系及相应的语言文化问题一直是爱沙尼亚国内政治的重要议题。而中间党一直在上述问题上秉持相对温和的立场，也因此获得了大量俄裔选民的支持。但在俄乌冲突的背景下，中间党变得左右为难。坚持原有的政策势必遭遇执政伙伴改革党与国内社会的强烈反对；而改变其对俄立场又会被俄裔选民视为一种背叛。事实上，自俄乌冲突爆发以来，选民对

---

[1] Rahvastiku demograafilised ja etno-kultuurilised näitajad, https://rahvaloendus.ee/et/tulemused/rahvastiku-demograafilised-ja-etno-kultuurilised-naitajad.

中间党的支持率一路下滑，已经远低于其2021年深陷腐败案时的支持率。在两难的局面下，中间党也与执政伙伴产生公开争执。来自改革党的总理卡拉斯解除了中间党人在内阁中的所有职务后，中间党再次成为在野党。综观2022年中东欧国家的政党政治，除在匈牙利和塞尔维亚等少数国家，亲俄政党往往面临与拉脱维亚和谐党和爱沙尼亚中间党相似的命运。

第四，右翼政党执掌政权，左翼政党普遍失势成为中东欧国家的普遍规律。在过去的一段时间内，大多数中东欧国家的政府皆由右翼政党或政党联盟主导。只有在阿尔巴尼亚等少数国家，左翼阵营的力量才较为强大。进入2022年，这一趋势依然没有发生改变。在匈牙利大选中，青民盟主导的右翼选举联盟继续以压倒性优势获胜，代表左翼阵营的匈牙利社会党则在选举中受挫。在保加利亚大选中，中右翼的公民党重夺议会第一大党的位置，传统左翼政党社会党则仅获得了9.0%的选票，创下该党自更名以来的历史新低。在其他国家的大选与政府更替过程中，左翼政党也没有掀起太大的波澜。只有在斯洛文尼亚的大选中，自由运动党击败了右翼的民主党，并与社会民主党和左翼党组建了中左翼的执政联盟。自由运动党虽然常常被定义为中左翼政党，但它事实上与绿党更加接近。该党由原斯洛文尼亚环境部长尤雷·莱本组建，最初的名字也是绿色行动党，主张绿色议程并尝试在工业文明与环境保护之间寻找平衡。直到2022年年初，该党才正式更名为自由运动党，并将政策纲领扩大为绿色议程、开放社会和现代福利国家。在一定程度上，该党的政治理念与行事风格也有别于传统的左翼政党。

从政党政治的角度来看，中东欧左翼政党的失势既有其自身的原因，也有外部因素的影响。就自身原因来说，在选票政治的驱动下，许多传统的左翼政党为获得更多选民的支持，对其原有的意识形态和政策纲领进行了调整，导致政党的意识形态由左翼向中左甚至向中间政党渐移。在转型的大背景下，中东欧左翼政党与右翼政党的分野并不绝对。对于中间路线和全民党的过度追求使得左翼政党丧失了自身特色。这些意识形态模糊、政治举措雷同的政党既无法代表其原有支持者的利益，也很难捕获新的选民群体。

就外部环境而言，俄乌冲突对左翼政党造成了一定程度的影响。在中东欧地区，许多左翼政党都是由原社会主义时期的共产党演变而来。为适应新的政治形势，它们对自身的政策纲领与组织结构进行了调整，但与此同时，继承了原共产党的丰厚遗产。其领导人特别是老一代的领导人与原共产党有着深厚的渊源。出于历史与意识形态的原因，这些政党对于俄罗斯的观感相对友好，也与统一俄罗斯党保持密切合作。包括斯洛伐克社会民主-方向党、保加利亚社会党和罗马尼亚社会民主党在内的许多左翼政党都曾与统一俄罗斯党签订党际协议，结成合作伙伴。[1] 此外，在爱沙尼亚、拉脱维亚和立陶宛等中东欧国家，俄罗斯族是主要的少数民族之一。由俄裔民众建立或受其拥护的少数民族政党是这些国家政坛中的重要力量。以意识形态划分，这些少数民族政党多为左翼政党。对于上述两类政党来说，俄乌冲突的负面影响都是不言而喻的。在巨大的政治压力下，一部分政党开始寻求改变过往的政治倾向。在短期之内，这一局面难以发生根本性的扭转。

---

[1] 彭枭:《民粹主义浪潮下中东欧国家俄裔的身份分析——以拉脱维亚和爱沙尼亚为例》，载《世界民族》,2022 年第 2 期,第 81 页。

第十章
美国、英国和加拿大政党政治发展与研究

谢 韬 郭馨怡*

本章主要分析2022—2023年美国、英国和加拿大的政党政治发展状况。2022—2023年,美国和英国均有许多值得注意的新情况,其中,美国于2022年11月进行了国会中期选举,英国则在未举行全国大选的情况下一年三度换相,加拿大本年度并未发生重大政治变化。

一、2022—2023年美国政党政治研究

2022年11月8日,美国举行了新一届中期选举,民主、共和两大主要政党就众议院的全部435个议席和参议院100个议席中的35席展开激烈角逐。本届中期选举前,民主党同时占据着总统职位和国会参、众两院多数(其中两党在参议院的议席比为50∶50,民主党可凭借副总统兼参议院议长的关键一票打破僵局)。选举后共和党和民主党在众议院的席位分别为222

---

* 谢韬,北京外国语大学国际关系学院院长、教授;郭馨怡,北京外国语大学国际关系学院博士后。

席和 213 席,共和党净增 9 个席位,成为多数党;在参议院则分别为 49 席和 51 席,民主党净增 1 席,保持了对参议院的控制权。

美国是一个三权分立的总统制国家,总统和国会由不同选举产生,因此经常形成总统和国会分属不同政党的"分裂政府"。本届中期选举后美国再次形成"分裂政府",在当前政治极化加剧、两党"否决政治"频发的背景下,由于国会手握财政权,共和党人可能借收紧"钱袋子"来阻碍拜登政府的政策议程,这意味着未来两年华盛顿会出现更多、更激烈的党派冲突。

(一)2022 年美国国会中期选举

总体而言,尽管民主党在众议院失去数个议席而成为少数党,但仍被视作本届选举的赢家,这是因为在选前经济不景气、拜登支持率极低的前提下,民主党的得票率远优于历史同期,一定程度上打破了总统所属政党遭遇的"中期诅咒",背后反映出当前美国两党政治的一些新趋势。

1. 失落的共和党:从"红色浪潮"到"红色涟漪"

2022 年中期选举前,共和党可以说是信心满满。在选举前一天接受福克斯新闻采访时,得克萨斯州共和党参议员泰德·克鲁兹说:"我对这次选举非常有信心,它不仅仅是一波'红色浪潮',而且将是一场'红色海啸'。"共和党之所以对本次选举寄予厚望,主要源于两个因素。首先,历史上总统所属政党在中期选举中几乎总是失去席位,甚至经常会从多数党变为少数党,这也被称为"中期诅咒"。在 1934—2018 年的 22 次中期选举中,总统所属政党在众议院和参议院平均丢失 28 个席位和 4 个席位。其次,选情对民主党极为不利。拜登的支持率自 2021 年 7 月跌破 50% 后一蹶不振,到中期选举时已低至 41.4%。这一数字几乎是有记录以来中期选举前总统支持率的最低值。此外,本届中期选举适逢美国近几十年最严重的通货膨胀时期,2022 年 1—10 月美国的平均通货膨胀率高达 8.3%,为自 1982 年以来的最高值;其中,食品和能源价格在一年内分别上涨了10.9%和17.6%。[1]

然而,选举结果却与大多数观察人士的预期大相径庭。共和党虽然重新成为众议院多数党,但席位却只增加了九个,而在参议院还丢掉了一个席位,因此将继续作为少数党。这个结果与所谓的"红色浪潮"相去甚远,以至于有媒体称其为"红色涟漪"。[2] 具体而言,共和党在佛罗里达州、得克萨斯州和纽约州表现优异,但在佐治亚、亚利桑那、宾夕法尼亚、密歇根等关键摇摆州遭遇了历史性失败。在后面这些州的选举中,前总统特朗普支持的多名共和党候选人因坚称2020年大选存在选举舞弊而受到了选民的拒绝和惩罚。种种迹象表明,相当数量的选民并没有基于自身经济利益投票,而是基于价值观、堕胎权等文化社会议题,投出了针对共和党极端保守主义的反对票。

2. 成也特朗普,败也特朗普

2016年以来,特朗普尽管遭受了两次弹劾、在2020年总统选举中败选、卸任后各种官司缠身,但他仍是共和党的"无冕之王"。特朗普参与本次选举的最主要手段是在共和党党内初选中为他支持的参选人提供政治背书。自20世纪70年代以来,无论总统还是国会选举,两党候选人都必须参加各自党内的初选,只有赢得党内初选才有资格参加之后的正式选举,并且参加党内初选的一般是该党选民。鉴于此,初选是特朗普影响这次选举或展示其影响力的最佳场合。他施加影响的方式很多,如给自己支持的候选人背书或提供竞选资金,或者给自己反对的候选人的竞争对手背书或提供竞选资金。特朗普参与这次党内初选的特殊之处在于,他几乎没有给任何共和党候选人提供竞选资金,而是仅以背书的方式表示支持。据统计,他在国会、州长、州

---

[1] US Inflation Calculator, "Historical Inflation Rates: 1914-2022", https://www.usinflationcalculator.com/inflation/historical-inflation-rates/.

[2] 谢韬:《从2022年中期选举看美国政治的趋势》,载《美国研究》,2022年第6期,第78—97页。

务卿等各级初选中总共背书241人，其中93%的候选人获胜。具体到国会选举，他最终实际为145人背书，只有5人在初选中失败，胜率高达96.5%。

在正式选举环节，特朗普支持的多名极端候选人很快遭遇了重大挫败的主要原因是，特朗普迄今一直宣扬2020年总统选举是"被窃取的选举"，且从未公开承认败选，他考量初选背书对象的最重要指标是该候选人是否追随他的选举舞弊论。在得到特朗普背书的候选人中，有159人曾试图颠覆2020年的总统选举结果，或公开发表过质疑或否认该次选举结果的言论；其中127人于共和党内初选环节胜出。候选人过于极端且政治能力不足，对共和党的致命打击直接反映在选举结果上：据统计，有"选举否定者"参选的46场强竞争性（两党获胜概率相近）选举中，共和党最终输掉了36场，占比高达78.3%。失败者中包括多名在共和党内呼声甚高的明星候选人，包括竞选宾夕法尼亚州参议员的穆罕默德·奥兹（民主党得票率51.1%：共和党得票率46.4%）和州长的道格·马斯特里亚诺（56.4%：41.8%），竞选新罕布什尔州参议员的唐·博尔杜克（53.5%：44.4%），竞选威斯康星州州长的蒂姆·米歇尔斯（51.1%：47.8%），竞选亚利桑那州参议员的布莱克·马斯特斯（51.4%：46.5%）和曾被共和党内寄予厚望的州长竞选者凯丽·莱克（50.3%：49.7%）。[1]

在特朗普"造王运动"的裹挟下，共和党于初选中选出更多极端主义候选人，其中绝大多数在随后的正式选举环节以较大比分落败，意味着特朗普主义对右翼极端选民的吸引和对广大中间选民号召力不足之间的矛盾挫伤了共和党的选举实力。据统计，特别是在两党得票率相差小于15%的竞争性选区，特朗普背书的114个候选人的得票率平均比基线低约5%，而没有特朗

---

[1] Christina Wilkie, "Trump's Favorite Candidates Disappoint on Election Day, Raising Questions About His 2024 Pitch", https://www.cnbc.com/2022/11/09/midterm-election-results-trump-candidates-disappoint-on-election-day.html; David A. Hopkins, "Republicans' Problems Run Deeper than Candidate Quality", https://www.washingtonpost.com/business/republicansproblems-run-deeper-than-candidate-quality/2022/11/12/715d29c4-6292-11ed-a131-e900e4a6336b_story.html.

普背书的共和党候选人的平均得票率则比基线高 2.2%。竞争性选区内特朗普派的共和党候选人得票率平均比 2020 年大选下降了 0.5%，其他共和党候选人得票率则增加了 6.1%;[1] 换言之，若不是初选选出了众多特朗普支持者，共和党本可以赢下更多两党激烈对弈的摇摆议席。甚至有观察人士指出，初选环节民主党采用了焦土战略，部分民主党候选人为避免正式选举时与经验更丰富、实力更强的共和党温和派正面交锋，以自身竞选资金和资源帮助特朗普支持的保守派候选人赢得初选。[2] 这反映了当下共和党面临的两难困境：一方面，作为右翼民粹主义的代言人，特朗普至今仍在相当数量的共和党极端选民中具有号召力，甚至一定程度上能够直接影响党内初选结果；另一方面，这些极端主义候选人在正式选举环节又难以赢得温和中间选民的青睐，最终会败下阵来。

3. 民主党借堕胎权获取选举优势

此次民主党获胜的另一个重要原因是大借堕胎权和文化价值议题团结本党，对冲了自身执政表现不佳的劣势。堕胎权问题是本届中期选举两党的一大核心分歧。2022 年 6 月 24 日，在保守派大法官的主导下，美国最高法院推翻了"罗诉韦德案"的判决结果，事实上取消了对女性堕胎权的宪法保护。这一裁决无疑是 2022 年美国最具冲击性的内政议题，也是影响中期选举最大的"黑天鹅"事件。堕胎权问题彻底撕裂了美国社会，促使两党斗争进一步加剧，并很快成为中期选举的中心话题。民主党充分把握这一点带来的有利时机，积极展开有针对性的选民动员，最终成功影响了中期选举的走向。

---

[1] Nate Cohn, "Trump's Drag on Republicans Quantified: A Five-Point Penalty", *The New York Times*, https://www.nytimes.com/2022/11/16/upshot/trump-effect-midterm-election.html.

[2] Jonathan Weisman, "Risky Bet: Aid G.O.P. Extremists in Spring, Hoping to Beat Them in Fall", https://www.nytimes.com/2022/06/16/us/politics/democrats-midterms-trump-gop.html; Geoffrey Skelley, "Democrats Spent Loads Boosting Republicans They Thought were Less Electable, Will it Pay off?", https://fivethirtyeight.com/features/democrats-spent-loads-boosting-republicans-they-thought-were-less-electable-will-it-pay-off/.

其一，堕胎问题极大提高了民主党选民的政治参与热情。根据皮尤研究中心的民意调查，约56%选民表示，堕胎问题对他们的中期选举投票决定"非常重要"，这一数字比最高法院判决出台之前高出13%；82%的民主党选民和倾向民主党的选民反对最高法院限制堕胎权的决定，其中66%强烈反对。[1] 10月18日，拜登在民主党选前活动中向支持者喊话："如果你关心自己的（堕胎）选择权，就去投票"，将针对堕胎权的斗争置于民主党选举策略的中心，提醒支持者回忆最高法院判决公布时所感受到的"愤怒、担忧和怀疑"；并承诺如果民主党能获得更多席位，将会在国会以立法手段保护堕胎权。在州级选举层面，堕胎问题更是为一大批民主党候选人提供了强有力的竞选主题。密歇根的民主党州长格雷琴·惠特默，甚至将自己定位为堕胎权的捍卫者，并发起了一项旨在将堕胎权写入州宪法的公投，借此吸引选民的选票。

其二，堕胎权问题还促使以年轻人和女性为主的选民群体发生了明确的政党偏好转向。在本届选举中，18—29岁年龄组的年轻女性选民支持民主党与支持共和党比例的差值，从2020年的35%激增至46%，创下历史新高。[2] 在一些两党得票本就非常接近的关键州，这一点帮助民主党击败了共和党。以选情异常胶着、共和党寄予厚望的宾夕法尼亚州参议院选举为例，支持堕胎合法的选民中有88%的选民投票支持民主党参选人约翰·费特曼。尽管费特曼在初选投票前四天中风，甚至无法流利地说话，最终仍在选举中胜出，并凭借这宝贵的一个席位帮助民主党成为参议院多数党。民主党借宣传保守派占绝对优势的最高法院可能继续就堕胎问题作出更加极端的判决，以及共和党议员会加倍"践踏"民主和民权，成功唤醒了选民对极端保

---

[1] Carrie Blazina, "Key Facts About the Abortion Debate in America", *Pew Research Center*, https://www.pewresearch.org/fact-tank/2022/07/15/key-facts-about-the-abortion-debate-in-america/.

[2] William H. Frey, "Midterm Exit Polls Show that Young Voters Drove Democratic Resistance to the 'Red Wave'", https://www.brookings.edu/research/midterm-exit-polls-show-that-young-voters-drove-democratic-resistance-to-the-red-wave/.

守主义的恐惧，继而获取了一定的选举优势。

总体而言，在通货膨胀导致美国整体经济疲软的大背景下，经济议题的重要性不增反减，表明社会与文化议题已彻底沦为两党进行党派斗争的工具。民主党为模糊自身执政绩效不佳的焦点，投入数亿美元对共和党的反堕胎立场展开围追堵截，仅电视广告一项支出便高达1.24亿美元，不仅远超其他竞选议题，更是该党2018年中期选举对堕胎权问题投入的近20倍。[1]价值观政治进一步助长了政治极化，在未来相当长的一段时期内，美国政党政治或仍难以回归理性温和的正轨。

（二）美国政党政治的新趋势

1. 两党选举实力长期接近导致恶性党争升级

一个值得关注的问题是，2022年中期选举前后，两党在国会两院的议席数均非常接近，这在美国历史上属于非常态。传统而言，美国两党的国会席位一直存在显著差距，这一点在席位众多且每隔两年便会改选全部议席的众议院表现得尤为明显。自1856年中期选举开始，两党曾有18次在国会众议院相差超过100个议席，2次超过200个，议席数量的平均差距为70个。在罗斯福执政的1933—1945年间，民主党在众议院平均比共和党多132个席位，其中，1936年达到246个，创下美国选举史的纪录。随着新政联盟的解体，民主党的绝对优势有所下降，但直到1994年，民主党都在众议院占据着显著优势。1994年，共和党在中期选举中获胜，结束了长达40年的少数党地位，并在1995—2006年连续获得众议院多数席位。在此期间，两党众议院议席相差的数量大幅下降，最多为32个，最少为9个，平均为20个；这一数字不到罗斯福时期平均值的六分之一。特别是从2009年（第111届国会）开始，两党众议院议席差距的下降趋势进一步明显，至今已连续两次

---

[1] Elaine Kamarck and William A. Galston, "It wasn't Just 'the Economy Stupid'--It was Abortion", https://www.brookings.edu/blog/fixgov/2022/11/10/it-wasnt-just-the-economy-stupid-it-was-abortion/.

小于 10 个，类似情况自 1856 年以来只出现过五次。

两党在参议院的席位差距变化趋势与众议院的情形高度相似。新政时期的 1933—1945 年间，民主党平均在参议院比共和党多 35 个席位；其中 1936 年两党的席位差更是达到了创纪录的 60 个（民主党 76；共和党 16）。随着新政联盟逐渐式微，两党的议席差距明显缩小，但直到 20 世纪 80 年代民主党都维持着一定的优势。1980 年以来，两党在参议院的议席差进一步下降，只有 4 次超过 10 个；自 2011 年以来再未超过 10 个。由此可见，美国两党在国会的力量对比已经转变为势均力敌的新常态，这或将进一步加剧美国的政党极化。既有研究显示，美国两党席位的差距与政党极化程度呈负相关的关系，即席位差距越大极化程度越弱，席位差距越小极化程度越强。根据测量美国两党国会意识形态差值的 DW-NOMIANTE 指数，在新政联盟执政的 1930—1960 年，两党席位差距最大，政党极化程度却最低；新政联盟结束后，两党极化程度稳步提高，并从 20 世纪 90 年代开始，伴随着两党席位差距的大幅度减小而急剧上升。[1] 当两党席位长期处于悬殊状态时，少数党不管如何努力都很难在下一次选举中翻盘，他们往往会失去与多数党展开激烈立法斗争的强烈意愿，进而导致两党对立明显减少。相反，席位差距很小则意味着两党随时可能互换位置，多数党坐立不安，少数党蠢蠢欲动，两者都更倾向于积极动员本党选民，以争取在下次选举中获胜。

事实上，两党选举实力的长期高度接近更早之前便已率先在总统选举中显现出来。自克林顿时期开始，美国总统选举中就不再出现超过 10% 的得票差，两党得票之差基本维持在 5% 以内，竞选的激烈程度大幅提高；其中，21 世纪以来的六次总统选举中，两党得票率更是有五次小于 5%。两党均无力再获得大比分的压倒性胜利，更不必说建立长期持续、稳定的新政党体

---

[1] Jeffrey B. Lewis et al., "Voteview: Congressional Roll-Call Votes Database", https://voteview.com/.

系。2000年和2016年，美国甚至两度产生了选民普选票和选举人团票倒挂的少数票总统，直接危及民主多数统治的合法性根基。2020年总统选举中，两党在佐治亚、亚利桑那、威斯康星三个州得票率过于相近，且这三州的合计37张选举人团票均由民主党候选人拜登赢得，是其最终获胜（306张选举人团票）的关键；特朗普竞选团队坚称其中有选举舞弊现象，拒绝承认拜登获胜，并多次向各州和美国最高法院提起诉讼，导致宪制危机一触即发。

过于相近的选举结果不仅可能促使政党更主动明确自身的意识形态特征和政策偏好，加剧政治极化，而且可能进一步推动两党制的异化和两党恶性斗争升级。2022年12月22日，众议院国会山骚乱调查委员会公布了长达845页的报告，将该事件的责任完全归咎于前总统特朗普，并建议禁止他未来担任任何公职；在报告公布的前三天，这个由九人组成的调查委员会在其最后一次会议上投票决定，建议美国司法部对特朗普提起刑事指控。而特朗普坚持不与调查委员会合作，并在报告发布后宣称这是一场"政治迫害"。[1] 反观共和党，在2022年中期选举中成功获得众议院多数席位后，也火速展开了对拜登"密件门"和拜登亲属财务状况的调查，国会众议院监督与问责委员会主席、共和党人詹姆斯·科默甚至将针对拜登的调查称为"本届国会的首要任务"，足见分权体制已经成为两党党同伐异的手段，美国民主政治面临着更加严重的危机。

2. 以经济阶层为基础的政党选民重组加剧民粹主义

在美国政治传统叙事中，共和党被视作大资本家的政党，民主党则是代表工薪阶层的政党。然而在2016年和2020年，特朗普领导下的共和党两度吸引了大量白人工薪阶层的选票，显示出两党选民构成正在发生变化，且这一趋势在2022年变得更加明确。[2]

---

[1] Kayla Epstein and Mike Wendling, "Donald Trump Accused of Multi-Part Conspiracy over 6 January Attack", https://www.bbc.com/news/world-us-canada-64071723.

[2] 谢韬：《美国两党选民的阶层重组》，载《现代国际关系》，2022年第12期，第44—53页。

2016年5月的一次采访中，彼时尚在为共和党总统初选努力的特朗普曾宣称："再过5年或10年，共和党将变成一个完全不同的政党，一个工薪阶层的政党。"他的预言在不到半年后就成了现实，2016年总统大选，特朗普凭借在没有大学学历的工薪阶层白人中高达67%的支持率成功胜出。2020年大选期间，密苏里州国会参议员乔西·霍利在推文中写道，"共和党现在是工薪阶层的政党。这是共和党的未来"。不久后，众议院共和党研究委员会主席吉姆·班克斯给众议院少数党领袖凯文·麦卡锡提交了一份主题为"紧急：巩固共和党工薪阶层政党地位"的备忘录。该备忘录的执行摘要开篇指出："特朗普总统给共和党送了一个政治大礼包：共和党现在是受到大多数工薪阶层选民支持的政党。我们面临的问题是，是拒绝接受这个大礼包，还是打开它，永久地成为工薪阶层的政党。"[1]

当前美国以经济阶层为基础的选民重组主要表现为，曾经是民主党核心选民群体的工薪阶层日益成为共和党选举联盟的中流砥柱。有研究表明，白人工薪阶层对民主党的支持率在1964—1968年间是55%，但在1968—1972年间降到35%，因此可以推断，两党阶层重组大约始于尼克松第一任期。20世纪80年代，白人工薪阶层对共和党的支持率就已经超过50%，这一数字很快于1992年急剧跌落到最低点32%，随后又再度回升，并于2016年达到最高点62%。由此可见，白人工薪阶层从民主党大规模出走并不是特朗普时期才有的新现象。研究普遍认为，民主党对工薪阶层的背叛是后者转向共和党的主要原因。2022年1月6日，曾经两次获得民主党总统候选人提名的参议员伯尼·桑德斯在接受《卫报》独家专访时表示，共和党正赢得越来越多的工薪阶层选民，但其中的原因并非共和党吸引了他们，而是民主党在很多方面已经背叛工薪阶层。这种背叛主要体现为民主党同时在经济议题上日趋

---

[1] Susan Davis, "Top Republicans Work to Rebrand GOP as Party of Working Class", https://www.npr.org/2021/04/13/986549868/top-republicans-work-to-rebrand-gop-as-party-of-working-class.

第十章　美国、英国和加拿大政党政治发展与研究

保守和在价值观议题上快速"自由化"。

这一政治现象背后深层的经济社会原因有：

首先，在经济方面，20世纪60年代以来美国的相对经济实力和国际竞争力明显下降对工薪阶层造成了巨大的负面影响。大量企业被迫裁员、降低薪酬福利、把工厂转移到劳动力更加便宜的国家和地区，工人群体的就业机会和收入锐减。在工薪阶层经济状况急转直下的同时，民主党政府却致力于减税、削减福利开支和推动自由贸易，逐渐与工薪阶层选民渐行渐远。

其次，在文化价值观方面，从二战结束到20世纪60年代初，持续近30年的经济繁荣在西方发达国家引发了一场"悄无声息的革命"，促使就业、福利等传统经济议题对选民投票决定的影响日趋减小，在后物质主义价值下，自我表达、自由、平等、人权、环保的重要性明显上升。[1] 民主党力主"身份政治"，在争取少数族裔、女性、性少数群体支持的同时，却疏远了正统和保守价值观的白人工薪阶层。共和党则借机强调自身在社会文化议题上的保守立场，成功拉拢和吸纳了这部分选民。

再次，曾经支持共和党的高收入、高教育群体逐渐转向民主党。二战以来，高教育群体对共和党的支持率从1952年的历史最高点71%稳步下降到2020年的35%；高收入群体则经历了三次明显的起落，其中最高点是1980年的82%，最低点是2020年的42%，40年间下降了40个百分点。相应地，2020年高教育群体对民主党支持率上升至历史最高点65%；高收入群体对民主党的支持率也从1948年的32%增加到了2020年的58%。在争取这些高教育和高收入选民的过程中，民主党的政策取向发生了巨大转变：一方面，为迎合大资本家的偏好，民主党也开始推行减税、削减社会福利、限制工会权利、去监管化、扩大自由贸易；另一方面，由于教育与意识形态有着高度相

---

[1] Ronald Inglehart, *The Silent Revolution: Changing Values and Political Styles Among Western Publics*, Princeton University Press, 1977.

关性,受教育水平越高的群体往往越倾向自由主义,民主党更加重视种族、性别、同性恋权利等议题,在"身份政治"的道路上一去不返。

民主党对工薪阶层的背叛和共和党对其的拉拢共同促成了两党阶层重组,并且这一重组早在特朗普当选之前就已经完成。被民主党背叛的工薪阶层往往在经济上仍支持以政府干预经济、减小贫富差距和保障社会福利为主的自由主义,但在社会议题方面又具有明显的保守主义倾向,这种交叉压力将他们推向了右翼民粹主义。对2016年大选投票行为的一项研究显示,根据受访者在经济和身份政治这两个维度上的政策偏好,选民可以分为四类:自由派、民粹主义者、保守派、自由意志者,他们各自的占比为44.6%、28.9%、22.7%、3.8%。在民粹主义者中,特朗普的支持率是希拉里的三倍。

民粹主义在美国有着悠久历史,通常可分为左翼民粹和右翼民粹两大类,前者更多关注社会分配不公和贫富差距,具有强烈的进步主义色彩;而后者往往聚焦种族和文化,具有明显的本土主义和种族主义色彩。一言以蔽之,左翼民粹主义"仇富",注重经济与阶层的政治叙事,右翼民粹主义则"排他",更强调国别、种族、宗教与文化上的差异和对立。[1] 由于美国是一个汇集了各色人种和族群的移民国家,有较强的崇尚小政府的自由主义传统,历史上无论左翼(如人民党)还是右翼民粹主义都一直处于边缘地位。而特朗普的当选意味着右翼民粹主义已经成为主流。

纵观世界历史,工薪阶层与保守主义政党联盟下的右翼民粹主义对选举民主最具破坏性,曾经导致法西斯主义在德国、意大利和日本的崛起。其中的政治逻辑十分简单,那就是为了赢得工薪阶层的支持,保守派政党不得不诉诸种族主义、排外主义、军国主义等极端思想。如果这些极端思想不足以

---

[1] 张国玺、谢韬:《世界大变局中的民粹主义》,载张蕴岭主编:《百年大变局:世界与中国》,北京:中共中央党校出版社,2019年版,第131—160页。

帮助保守派政党赢得选票，那么它们将试图修改选举规则，以保证自己能够执政或者连任，进而引发民主的衰退甚至崩溃。随着社会分裂的加速扩大，两党在选举、立法和意识形态等多个方面的斗争愈演愈烈，美国政党政治中非理性的情感极化也不断加剧，持续威胁着其民主政治的有效性。[1]

(三) 2022年中期选举后的政党政治

1. 民主党：党内团结程度有所提高，但立法能力遭到削弱

在两党制下，美国民主、共和两大主要政党都是由多个选民群体组成的松散政治联盟，因此两党各自内部均长期存在各种派系斗争，其中以民主党内部的分歧更为严重。自20世纪60年代以来，高举身份政治大旗的民主党日益成为利益诉求各不相同的少数群体的集合体，因此有学者说，民主党是群体政治的政党，而共和党是意识形态的政党；换言之，民主党的统一性在于其成员构成的多样性，而共和党的统一性在于其意识形态的单一性。2018年中期选举中，民主党极左翼与中间温和派在身份政治上的分歧，以及西弗吉尼亚州温和派参议员乔·曼钦与拜登政府在气候变化议题上的矛盾，均曾引发党内外普遍关注。然而2022年中期选举中，民主党却展示了前所未有的团结，通过集中关注堕胎权问题对共和党发起猛烈进攻，成功守住了参议院多数席位，最终获得了远超预期的重大胜利。美国国会参议院手握人事大权，其中最重要的是可以确认总统提名的联邦法院法官人选。自从2013年民主党率先启用"核选项"（确认重要提名只需过半数而不是五分之三多数参议员同意）以来，两党均频繁使用该规则绕过少数党的反对，从而尽快确认本党总统提名的联邦法院法官。截至中期选举结束之时，拜登政府已经确认了84名联邦法官并将很快提名57名，通过占据各级联邦法院的关键职位，民主党能更有效地限制共和党在州和地方层面的立法行为。

---

[1] Shanto Iyengar et al., "The Origins and Consequences of Affective Polarization in the United States", *Annual Review of Political Science*, No. 22, 2019, pp. 129-146.

然而同时，在中期选举后失去众议院多数的民主党也面临着挑战，至少表现在四个方面：

第一，多数党对众议院立法程序拥有绝对控制权。尽管共和党对议长人选存在严重分歧，但在两党高度极化的背景下，两党之间的矛盾远远大于党内矛盾，因此民主党几乎不可能在新一届众议院共和党重要立法议程上发挥重要影响。

第二，根据美国宪法，涉及联邦政府收支的法案必须由众议院提出，即众议院拥有财权。这意味着拜登政府在财政收支方面受到严重限制，共和党极有可能以此逼迫民主党在税收和联邦债务上限等问题上妥协。事实上，已经有多名共和党议员明确表示，无论什么情况下他们都将反对提高债务上限。

第三，由于民主党在参议院的优势微乎其微，加之参议院立法规则对少数党有利，因此参议院民主党很难在剩下两年有重大立法举措。12月6日佐治亚州举行参议院第二轮选举后，民主党在参议院本来有51个席位，但由于亚利桑那州的民主党参议员克里斯滕·西内玛在12月9日宣布退党，民主党遭受了沉重打击。虽然她并未表示与共和党连线，但她这一决定增加了参议院民主党的立法成本。[1]

第四，在参众两院分别被两党控制的"分裂国会"下，任何法律想获得两院通过都会变得更加困难。虽然2022年中期选举后的民主党空前团结，但各种制度性和结构性因素意味着拜登政府的立法议程将受到极大限制。如何更好地利用本党的党内团结，并将之转化为更有效的治理和选举优势，是2024年大选前民主党的主要政治议程。

---

[1] Carl Hulse,"Kyrsten Sinema Says she Will Leave the Democratic Party",https://www.nytimes.com/2022/12/09/us/politics/kyrsten-sinema-democrats.html.

2. 共和党内政治分歧加剧：德桑蒂斯的崛起与特朗普的衰落

与民主党形成鲜明对比的是，当前共和党正面临着四分五裂的危机。在艰难重夺众议院多数席位后，共和党经过15轮的投票和争论，最终推举出凯文·麦卡锡当选新一届众议长，这也成为美国历史上自南北战争以来最漫长的众议长选举。根据众议院规则，议长必须获得超过半数赞成票（218张），由于共和党在新一届国会共有222个席位，因此，麦卡锡的议长之路仍有较大不确定性。在党内提名投票环节，多名来自极右翼自由连线的共和党议员数度投票反对麦卡锡。麦卡锡为争取这些党内反对派的支持做出了多个关键让步，或将导致众议长的权力被削弱，更难掌控众议院。同时，共和党就议长人选达成一致的过程曲折漫长，再一次将党内的政治斗争暴露于大众面前，也可能给2024年大选造成负面影响。

2022年选举值得关注的另一个要点，是以压倒性优势赢得连任的佛罗里达州长罗恩·德桑蒂斯的强势崛起。德桑蒂斯在2018年获得特朗普的背书，以0.4%的微弱优势当选佛罗里达州长，并在本届中期选举中以19.4%的优势成功连任。在共和党整体表现不佳的背景下，德桑蒂斯的压倒性胜利更显得突出。不仅他本人获胜，德桑蒂斯还模仿特朗普，在不分党派的公立学校校董会选举中为30名候选人站台背书，其中24人获胜（有两人来自民主党选民占多数的县）。德桑蒂斯在佛罗里达掀起了一股"红色浪潮"，成为共和党内冉冉升起的新星。选举日过后第二天，曾以亲特朗普著称的福克斯新闻网站发表了一篇题为"德桑蒂斯是共和党新领袖"的评论文章，将他称作2022年选举的最大赢家，而特朗普则是输家。

德桑蒂斯的崛起主要源于他在第一任期内的两个重大决定：一是在新冠疫情防控上与拜登政府公然对抗，包括于2021年11月签署了一项禁止政府、学校和企业强制接种新冠疫苗的法律；二是取消迪士尼公司在佛罗里达的自治特权，因为该公司高管公开反对该州议会通过的《父母教育权利法案》。2022年5月，美国保守主义刊物《国家评论》的主编里奇·罗伊，在

《纽约时报》发表题为"共和党人需要新领袖——他们把目光投向了佛罗里达"的社论,认为德桑蒂斯在这两项政策上的坚定和成功代表了共和党的未来。[1]

最后,中期选举之所以备受关注,除了选举会产生新一届国会外,更因其往往被视作两年后总统大选的"风向标"。就共和党而言,至少现在看来,德桑蒂斯和特朗普将是2024年共和党总统候选人的有力竞争者。2022年10月的全国民调数据显示,如果特朗普和德桑蒂斯在2024年共和党总统初选中对决,前者将比后者平均领先20多个百分点。但另一方面,前文已经提到,特朗普的影响力在本届选举中明显受挫,他背书的多名候选人在州层面的重要选举中均以失败告终,可能也会成为共和党内反对他作为2024年总统候选人的重要理由。这次中期选举结果出炉后,福克斯新闻网发表了题为"特朗普因共和党在中期选举中的表现而被所有媒体抨击:'今晚最大的输家'"的报道;保守主义重要宣传阵地《华尔街日报》也指出"特朗普是共和党最大输家",反映出他在共和党内的受认可度不断下滑。

面对党内批评之声,特朗普在11月15日晚高调宣布参加2024年总统选举,这也意味着如果德桑蒂斯正式参与总统竞选,他和特朗普之间必有一场恶战。538网站选举日以来的全国性民调数据显示,德桑蒂斯的优势明显提升,2022年11月中旬,他在注册选民中的支持率已经比特朗普高出20%,及至12月初仍领先特朗普5%。[2]

(四)总结与展望

2022年,美国政党政治继续维持两党撕裂和极化加剧、甚至利用分权体制大行"否决政治"的基本格局。拜登上台以来一直在民主党内部的派系斗

---

[1] 谢韬:《2022年中期选举及美国政治走向》,载《当代美国评论》,2022年第4期,第1—13页。

[2] Fivethirtyeight, "Latest Polls", https://projects.fivethirtyeight.com/polls/president-primary-r/2024/.

争、民主党与共和党的党同伐异中艰难求生,并在民主党一致政府的保驾护航下就抗疫、基建、对外等问题达成了一些阶段性立法成果。因此曾有观点认为,美国两党政治有望缓慢向妥协、合作的传统复归。然而,这一幻想很快在2022年中期选举后被打破。首先,本次选举显示出保守主义激进派至今仍在共和党内占有重要的一席之地。共和党在过去数年一直被文化战争和价值观政治所裹挟,在经济主张和右翼民粹主义间摇摆不定,缺乏连贯的议程,成为其选民基础快速流失的主要原因。2022年中期选举中,多名共和党候选人没有提出明确的经济和政策主张,而只专注于2020年大选舞弊论,试图以此煽动选民情绪、赢得选举。作为右翼民粹和反建制派的代言人,特朗普尽管影响力略有下降,但依然具备较强的选民号召力。由于特朗普始终坚称自己总统之位被"窃取",因此,如果他于2024年初选中胜出、成为共和党总统候选人,美国有可能再度面临宪政危机。

其次,尽管民主党被视作本届中期选举的大赢家,但依然未能提出新的、符合最广大左翼选民经济诉求的政策主张,而是再次选择以堕胎权这一价值观议题吸引选民,继续与中产工薪阶层渐行渐远。受到极左翼的影响,民主党已经在"身份政治"上走了太远,其党内分裂仍是一颗长期威胁美国政治的不定时炸弹。由于中期选举后美国再次形成"分裂政府",因此,若不能及时弥合党内冲突和分裂,拜登政府的立法议程还可能面临更多挫败。更重要的是,在特朗普主义于2020年大选和2022年中期选举中两度遭受重创后,共和党已经开始寻求新的出路,试图重拾经济保守主义,竭力争取中产阶级工薪选民。如若民主党始终无法提出足以召回中产工薪群体的有效主张,在不久的将来,美国可能会发生新一轮的政党选民重组。

最后,中期选举往往被视作两年后总统大选的"前哨",就目前而言,2024年大选结果尚难预测。民主党方面,拜登一直在积极寻求连任,由于美国历史上只出现过一次民选总统寻求连任却未获得党内提名的情况,他有可能再次成为民主党候选人。如果拜登再次与特朗普交锋,那么前者胜出的概率应该很高。首先，他们之间的对决将会大大减轻拜登的年龄压力，因为届时他差两周满 82 岁，特朗普则已经 78 岁。其次，特朗普的负面政治包袱远远超过拜登。但如果是拜登和德桑蒂斯对决，那么后者的胜率较高。其一，德桑蒂斯只有 44 岁，他们之间年龄上的差距会在同台辩论时产生强烈的视觉反差，使拜登处于劣势。2022 年 11 月底的一次民调显示，70% 的美国人认为拜登不应该竞选连任，其中 47% 表示年龄是他不应该寻求连任的主要原因。其二，拜登的支持率过去一年一直徘徊在 40% 左右，加之美国经济正在进入衰退，而这两个因素对选民投票有着极其重要的影响，或将为民主党的选情造成负面压力。其三，虽然德桑蒂斯也具有明显的民粹主义倾向，但他在性格、领导风格、与共和党建制派的关系等方面都明显优于特朗普，且目前为止没有政治丑闻，对共和党选民和独立选民都具有吸引力。

目前距 2024 年总统选举尚有时间，对选举结果进行预测和推断为时过早。但至少可以确定一点，那就是特朗普仍将是未来美国和共和党政治的一大不确定因素。美国民主在 19 世纪经受了南北战争的考验，在 20 世纪经受了大萧条的考验，能否在 21 世纪经受住新的考验，尚有待未来研究的持续观察和解答。由于两党间协商变得更加困难，缺乏共识政治与包容性文化，造成政党政治改革和纠错乏力。作为曾经的民主"灯塔"，近年美国民主体制快速衰退，[1] 不仅选举危机频发，更常常落入无论选举结果为何、哪一方获胜成为执政党，均无法有效代表人民利益的窘境。

二、2022—2023 年英国政党政治研究

2022—2023 年对于英国而言无疑是充满动荡的一段时间。2022 年 9 月 8

---

[1] 周淑真：《从世界政党角度看中国共产党的中心任务》，载《人民论坛》，2022 年第 20 期，第 29—33 页。

第十章　美国、英国和加拿大政党政治发展与研究

日,英国女王伊丽莎白二世去世,享年 96 岁;在她去世的前两个月和后一个月,英国首相之位两度易主,创下了英国历史上首相更迭最频繁的纪录。作为一个君主立宪制议会制国家,英国在一年间出现了两位国王、三位首相,频繁的政坛"地震"为其政党政治带来了许多新变化。

(一) 2022 年频繁换相暴露政治困境

1. 罢免约翰逊:保守党内政治对抗持续升级

2022 年 7 月初,在保守党副首席党鞭克里斯多福·平彻的性丑闻事件后,[1] 英国政府于 7 月 5—7 日爆发了"辞职潮"。短短两天内,鲍里斯·约翰逊内阁共有 63 人宣布辞职,其中包括 6 名内阁大臣,23 名国务大臣、首席部长和政务次官,是有记录以来政府因此类事件辞职人数最多的一次。大量政府成员和议员持续向首相约翰逊施压,要求他下台。起初约翰逊坚决表示自己不会辞职,但最终在党内外的巨大压力下黯然退场。7 月 6 日上午,约翰逊在出席首相问答环节时明确拒绝辞职,随后多位内阁大臣呼吁他辞职,其中甚至包括上任仅一天的新财政大臣,他由约翰逊亲自任命,却很快站到了约翰逊的对立面。7 月 6 日晚,内政大臣,城镇升级、住房和社区大臣及交通大臣再度敦促约翰逊辞职,后者再次重申自己不会下台,并解除了住房大臣迈克尔·戈夫的职务。当天晚些时候,威尔士事务大臣、英格兰和威尔士总检察长也呼吁约翰逊辞职。"辞职潮"很快导致英国政府陷入瘫痪,以国防大臣本·华莱士为首的留任官员表示,阻止他们离开的并不是对约翰逊的信任和忠诚,而是维护国家稳定与安全的承诺。[2] 随着时间的推移和辞职人数的快速增加,7 月 7 日,约翰逊最终宣布辞去保守党党魁与英国首

---

〔1〕 克里斯托弗·约翰·平彻自 2022 年 2 月开始担任英国保守党副首席党鞭,但没过多久,他便被曝光酒后猥亵两名男子,并于 2022 年 6 月 30 日引咎离任。这一丑闻引发了约翰逊内阁的多名大臣辞职,并最终促使约翰逊辞任首相一职。

〔2〕 Poppy Wood and Nick Duffy, "Michael Gove Sacked by PM, Welsh Secretary Simon Hart Quits as Cabinet Fallout Continues", https://inews.co.uk/news/politics/michael-gove-sacked-cabinet-boris-johnson-prime-minister-to-resign-1728008.

相职务，但同时声明将会继续担任看守内阁的首相直至当年秋季保守党举行的党代表大会。

"辞职潮"事件显示出近年英国保守党内建制派与反建制派的政治分歧和矛盾不断加深，几乎已经到了难以调和的地步。作为反建制的民粹主义领袖，约翰逊以"脱欧"强硬派之姿上台，其出格乖张的行事作风一直备受质疑，难以得到本党后座议员的倾力支持。约翰逊就任首相以来曾多次引发政治争议，2020—2022年间，由于新冠疫情快速蔓延，英国政府制定了严厉的公共卫生措施，包括禁止社交聚集和实施三次封城。2022年1月，首相约翰逊及其团队被揭发在疫情及封城期间违反自己制定的防疫规定，并举办多达16次派对及其他聚会，爆出"派对门"丑闻。随着调查的推进，约翰逊很快成为英国历史上首位明确违法的在任首相，而他此前曾向国会谎称自己未曾参与任何聚会。尽管如此，约翰逊坚持拒绝循宪政惯例辞职，显示出极强的蔑视法律和规则的反建制色彩。这一点很快激怒了党内建制派，2022年6月，多名保守党议员联合发起了对约翰逊的不信任投票，但结果并未得到过半数通过。以59%∶41%（211票赞成，148票反对）赢得投票的约翰逊被称为"惨胜"，由于反叛议员的人数远多于预期，研究观点普遍认为，此次投票显示出保守党正在加速分崩离析；工党党魁基尔·斯塔莫则将这一结果描述为约翰逊"结束首相职位的开端"。[1]

约翰逊辞职后，他希望继续看守内阁至2022年秋天的想法很快遭到反对党工党的激烈反对。工党领袖斯塔莫坚决要求"约翰逊必须立即卸任"，如果保守党不能较快选出一个新的党魁继任首相，工党将代表国家利益，联合其他政党在议会发起不信任投票。根据英国法律，一旦议会通过不信任投票，内阁将只有两个选择：一是内阁成员全体辞职，二是解散议会并重新大

---

[1] Ashley Cowburn, "Confidence Vote Marks 'Beginning of the End' for Boris Johnson, Keir Starmer Says", https://www.independent.co.uk/news/uk/politics/boris-johnson-confidence-vote-keir-starmer-b2094718.html.

第十章　美国、英国和加拿大政党政治发展与研究

选,这无疑是彼时仍占据议会多数席位的保守党所不乐见的。为避免陷入这种窘境,保守党"1922委员会"很快于7月11日制定并通过了新的党魁选举规则,要求每位参选人需要在7月12日的提名日当天获得至少20名保守党国会议员的提名,并在7月13日的第一轮投票中获得至少30名党内国会议员的支持。随后从7月14日起,每一轮投票都将实行末位淘汰制,淘汰得票最少的候选人。当只剩下两名候选人时,将由保守党16万名缴纳党费的党员以一人一票的方式投票产生新党魁。

2. 亲约翰逊派的胜利与"特拉斯经济学"的失败

保守党意在加快选举进程的选举方法为后续的政治进程留下了隐患——成为候选人的高门槛意味着只有两类人可能在短时间内达到这一要求:继承约翰逊势力的亲约翰逊派和提前做好了充足准备的反约翰逊派。2022年7月10日,伊丽莎白·特拉斯宣布参加保守党新任党魁选举,并最终于9月5日击败在之前多轮投票中一直高票领跑的反约翰逊派前财政大臣里希·苏纳克,以57%对43%的得票率成为保守党新党魁和英国新首相。特拉斯曾是约翰逊政府的鹰派外交大臣、自由市场拥护者、公开转变对英国"脱欧"立场(从不支持到支持)的支持者,她胜出的原因主要有如下两点:

其一,推出以减税政策为主的"特拉斯经济学",成功吸引大量保守党党员。尽管特拉斯有作为温和派的历史,在竞选期间曾多次被指责施政方针不够坚定、频繁发生大的方向转变,[1]但本次选举中,她声明自己将"以保守党人的身份参选和执政",并提出"低税收、高增长"的政治主张,承诺当选后会立刻减税,帮助人民应对通货膨胀、降低生活成本,争取到了右翼的支持。特拉斯认为减税可以帮助英国经济从"恶性停滞"进入"良性增长",其中颇具争议的一点是,她提出即便富人是减税政策的主要受益者,

---

[1] Yasmeen Serhan, "What to Know About Liz Truss, Britain's New Prime Minist", https://time.com/6210935/liz-truss-uk-prime-minister/.

减税政策带动经济增长最终也会逐渐令穷人受益。而她的竞争对手苏纳克讽刺特拉斯的想法是个"童话故事",当前的优先事项是对付通胀,在通胀结束前不应减税。特拉斯非常艰难地于最后一轮党团选举中获得第二多的选票,得以跻身全体保守党党员投票的决选。由于决选环节投票的英国保守党缴费党员多为男性、老年人、中产阶级和白人,他们的政治立场偏保守,对特拉斯简明扼要的减税计划有天然好感,因此她最终凭借"特拉斯经济学"获得了多数保守党成员的支持。

其二,特拉斯的胜出在一定程度上也与约翰逊的政治加持有关。保守党内相当数量的人认为约翰逊受到了背叛和迫害,因此急于惩罚以苏纳克为首的"背叛者",这是特拉斯最终胜出的原因之一。作为领导保守党2019年赢得30多年来最重大胜利的强力领袖,尽管约翰逊最终被迫辞职,他在党内和英国民众心中仍占有一席之地。根据党魁选举前的保守党内民调,如果约翰逊也被列入待选名单,46%的保守党成员会选择让他重新出任党魁和英国首相,只有24%的人会选择特拉斯,23%选择苏纳克;[1] 同时,超过一半英国民众认为,如果特拉斯获胜,她将是一个"糟糕的首相",可见特拉斯的政治认可度原本较低。

但另一方面,不同于最早辞职、带头逼迫约翰逊下台的苏纳克,特拉斯是为数不多坚定支持约翰逊的前内阁成员,这帮她赢得了保守党内部的许多好感。尽管特拉斯在选前辩论中的窘迫表现与胸有成竹、侃侃而谈的苏纳克对比惨烈,但苏纳克始终无法摆脱"鲍里斯·约翰逊背叛者"的标签,他的充分准备反而造成了反效果。在约翰逊宣布辞职当天,作为外交大臣的特拉斯正在印度尼西亚履行公务,她匆匆返回英国,与支持者在自家花园里仓促拍摄竞选视频,和苏纳克"提前几个月精心准备的专业演讲"之间的反差,

---

[1] Business Standard, "Liz Truss Holds Lead But Voters Still Prefer Boris Johnson as PM", https://www.business-standard.com/article/international/liz-truss-holds-lead-but-voters-still-prefer-boris-johnson-as-pm-survey-122081800973_1.html.

吸引了保守党内心存不满的约翰逊忠诚派。有观点认为，"特拉斯经济学"本身在一定程度上被视作约翰逊政府的政策遗产。内阁"辞职潮"爆发前，约翰逊刚刚在内阁会议中提出"希望能从明天起实行十年来最大的一次减税"。

换言之，2022年7月的保守党党魁选举本质上是一次关于罢免约翰逊的党内公投。多重因素促使特拉斯在执政准备与执政能力俱相对不足的情况下成为英国首相，为她短暂的政治生涯埋下了伏笔。特拉斯的首相之旅本就困难重重：她上任之时，英国正面临着极其严峻的经济挑战，在"脱欧"和俄乌冲突的双重冲击下，英国陷入了数十年来最严重的能源危机及通货膨胀，数百万人遭受着贫困和能源供应不足的威胁。为兑现竞选承诺，显示自己"贯彻自由市场的坚定和雄心"，特拉斯上台后不久，新一届政府便于9月23日宣布了多项激进的减税、去监管和借贷政策，试图以此提振经济。然而在英国整体经济形势不佳的情况下，减税计划很快引发市场恐慌，导致英镑对美元汇率在9月26日一度跌至1∶1.03附近，创下1971年以来的最低水平；英国央行很快介入，旨在通过支撑政府债券平息市场恐慌。英国财政研究所所长保罗·约翰逊认为，减税计划将大幅推高政府债务，同时推升需求，进而刺激通胀继续攀升，这与当前市场需求和英国中央银行英格兰银行持续加息压低通胀的目标背道而驰。[1] 为应对通货膨胀，英国央行已在2021年12月—2022年9月内七次加息，但都收效不佳；特拉斯政府此举会进一步加大英国经济的下行压力，推高了英国爆发全面系统性经济危机的概率。

在金融市场的无情压力下，特拉斯的"自由市场雄心"很快宣告失败，被迫解雇了该计划的设计者、她的亲密盟友、时任财政大臣夸西·克瓦滕，

---

[1] 农丽桑：《减税计划引发重挫 英镑对美元汇率创历史新低》，http://nnwb.nnnews.net/rejian/p/97973.html。

并转向反对党工党支持的经济政策。在宣布减税计划不到三周后,特拉斯政府的减税措施已几近全部取消,她就任时重振英国经济增长的承诺也随之难以达成。巨大的政治失败给她的政治信誉造成打击,保守党在约翰逊政府丑闻事件后本已大幅下跌的民意支持率在特拉斯时期再创新低。2022年10月17日的一项民意调查显示,70%的英国民众不认可特拉斯,甚至有56%的人表示如果今天举行大选,自己会投票给工党,只有20%的人会投给保守党。保守党内对特拉斯的反对率高达67%,这一数字在需要后座议员支持的议会制国家几乎是不可想象的,创下了新的历史纪录。[1] 随着保守党内不满的累积和升级,特拉斯腹背受敌,多名保守党议员公开呼吁她主动辞职的剧情再一次上演。

  2022年10月20日,就任仅45天的特拉斯宣布辞去保守党党魁职务,成为英国历史上就职时间最短的首相。前首相约翰逊曾有意二度参选,但随后很快宣布退出。10月24日,作为唯一候选人的前财政大臣苏纳克当选新一任首相。苏纳克刚刚在一个多月前的最后一轮党员投票中败于特拉斯之手,他当时就曾提出特拉斯的经济和能源政策是"不合时宜"的。特拉斯当选不仅暴露了英国保守党内部斗争,同时意味着至少到目前为止,以约翰逊为首的反建制派政治主张仍然在保守党特别是其选民中有着较大影响。特拉斯和苏纳克在最后一轮党内议员投票环节的得票是113(31.7%):137(38.4%),然而到党员投票环节,二者得票却很快反转为81 326(57.4%):60 399(42.6%),显示出建制派对普通党员的吸引力堪忧。由于苏纳克最终仅由保守党议员选举产生,而并未经过选民层面的检验,其真正的选举号召力尚未可知。苏纳克上任时,英国正遭遇前所未有的罢工潮和通货膨胀,他本人的民意支持率也持续走低。截至2022年12月26日,不认可苏纳克首

---

[1] R&WS Research Team, "Latest GB Voting Intention (16 October 2022)", https://redfieldandwiltonstrategies.com/latest-gb-voting-intention-16-october-2022/.

相工作的英国选民已升至50%。2023年5月,英国举行英格兰地方议会选举,涉及230个地方议会总计超过8000个议席,保守党损失1063席,丧失对数十个地方议会的控制权。

(二) 英国"脱欧"余温下的党内分化与党际斗争

"脱欧"无疑是近年英国政治生活中的主要事件。2016年6月,英国民众以51.9%:48.1%的比例支持英国"脱欧",随后英国拉开了旷日持久的"脱欧"谈判拉锯战。2022年,英国政党政治处于剧烈变动之中,具体表现为两大传统政党受到"脱欧"议题拖累,实力有所下降;民粹主义和分离主义政党则借机与"脱欧"议题相结合,不断发展壮大。

1. 保守党

连续执政多年的保守党政府频繁出现信任危机与治理危机,政治实力大幅下滑。纵观整个2022年,保守党的全国支持率始终在30%—35%范围内波动,低于工党。保守党支持率自7月约翰逊提出辞职后开始持续下跌,特拉斯担任首相期间曾短暂上涨,随后又继续暴跌,到她卸任时支持率仅约20%;苏纳克上台后,保守党支持率略有回升,但仍与工党相差甚远。频繁换相、执政丑闻和政策失误消耗了英国民众对保守党的信任,反映出"脱欧"相关议题至今仍是左右英国政党政治发展的一个主因。2016年以来,英国六年间更换了五任保守党首相——从竞选中利用"脱欧"议题弥合保守党内矛盾、上任后却反悔的卡梅伦,在软硬"脱欧"方案之间艰难斡旋、最终失败的特蕾莎·梅,坚持硬"脱欧"、甚至不惜解散议会重新大选的约翰逊,到被大规模减税计划反噬下台的特拉斯。他们对欧盟的立场各不相同,却都曾承诺在任内解决"脱欧"问题,带领英国重现经济高速增长的辉煌。尽管"脱欧"对英国经济的长期影响尚有待观察,但在新冠疫情、俄乌冲突、北爱尔兰边界冲突等多重不利因素的综合作用下,英国经济短期内面临极大的下行压力,最终割裂了保守党。

约翰逊内阁辞职风波的背后是保守党内对"后脱欧"时代英国经济政策

和政治方针的方向之争。英国预算责任办公室的报告曾表明,"脱欧"对英国贸易有显著的负面影响,这一点在经济衰退期更加严重。[1] 约翰逊作为保守党内"脱欧"阵营的代表人物,以"脱欧"领导者之姿上台,带领保守党在提前大选中获胜、并最终促使英国按时脱离欧盟,说明"脱欧"已成为保守党和英国民众均基本接受的一个现实。然而,关于英国在"脱欧"之后该往何处去,约翰逊政府始终未能给出明确有效的答案。事实上,在内阁集体辞职前的一个月,保守党下议院"1922委员会"就已经对约翰逊发起过一次不信任投票,但以失败告终。一方面,根据目前规则,保守党议员一年内无法再次发动对约翰逊的不信任投票;另一方面,保守党内各派系的冲突日益尖锐,最终导致内阁"辞职潮"的发生。在这一过程中,保守党内派系斗争的公开化和白热化均完全暴露在选民面前,极大消耗了选民的信任。

随后,特拉斯上台,推行减税、活跃市场的经济政策,吸引了迫切希望能摆脱"脱欧"阴影、迎来新的全盘执政方针的保守党党员。然而,由于缺乏执政准备和政治能力,特拉斯的金融改革很快失败,英国的通货膨胀快速增长,选民对保守党的失望也愈发深重。苏纳克就任首相后,保守党内亲欧盟派曾对他抱有一线希望,可他很快就公开提出英国不会效仿瑞士,以任何形式与欧盟开展额外合作。[2] 2022年11月17日,英国财政大臣亨特在发布秋季预算声明时提出,英国经济已正式陷入衰退。受到能源价格上涨、通胀水平高涨的影响,英国多个行业接连持续举行罢工,要求涨薪、稳定物价水平,再度引发了保守党内的分裂。有观点认为,拒绝与欧盟合作是英国在本轮能源和经济危机中受冲击程度远超预期的一个重要原因。经济学家预计,由于家庭生活水平大幅下降拖累经济活动,2023年英国的实际国内生产

---

[1] BBC News, "Impact of Brexit on Economy Worse than Covid", https://www.bbc.com/news/business-59070020.

[2] Joe Mayes, "UK Won't Align with EU Laws in Post-Brexit Relationship, Sunak Says", https://www.bloomberg.com/news/articles/2022-11-21/uk-won-t-align-with-eu-laws-in-post-brexit-ties-sunak-says.

总值将收缩 1.2%，远低于几乎所有发达国家和主要经济体。

总体而言，当前英国选民已明确将经济衰退归咎于保守党执政不佳。根据 2022 年 12 月 23 日的民调，工党支持率为 46.5%，保守党支持率仅为 26.5%，几乎跌至历史最低值。[1] 工党接连呼吁提前举行大选，给保守党造成政治压力。民调显示，尽管罢工给普通民众的生活带来不便，但绝大多数民众仍然支持罢工，并指责政府在改善工资和工作条件等方面不作为。如果苏纳克政府继续拒绝与工会接触可能会导致更多罢工，并在选民中形成管理失效的印象，进一步降低保守党的选民支持率。

2. 工党

工党同样受"脱欧"问题困扰，其对"脱欧"的矛盾尤其体现在历任党魁态度的暧昧和多变上。在 2019 年工党周年大会上，时任工党党魁杰瑞米·科尔宾公开表示，"尽管工党党员大多投票赞成留下，但英国人大多投票赞成离开"，体现了工党政策方针和多数英国民众意向的冲突。科尔宾本人为工党内左派，其政见方向倾向"脱欧"，长期以来一直饱受党内"留欧"阵营的批评。早在成为工党领袖前，科尔宾就是一名欧洲怀疑论者，不仅反对欧洲一体化，而且曾公开宣称欧盟是"军事科学怪人"。但同时，工党为保住最大反对党的地位、防止党内分裂，不得不争取"留欧"派的选票，并主张就"脱欧"协议展开第二次全民公投。2019 年 12 月约翰逊为实现"硬脱欧"而主动解散议会、重新进行的大选中，科尔宾始终未对"脱欧"进行明确表态，工党因此遭遇了自 1935 年以来最严重的失败，仅获得 32% 的选票和 202 个议席。科尔宾随后宣布辞职，2020 年 4 月，斯塔莫击败被视作科尔宾接班人的丽贝卡·朗-贝利，成为新一届工党党首。

斯塔莫本人曾多次在"脱欧"问题上发生重大观点转变，他在 2019—2020 年任工党影子"脱欧"大臣期间是坚定的"留欧"派，曾竭力阻止约

---

[1] "Latest Opinion Polls", https://www.politics.co.uk/reference/latest-opinion-polls/.

翰逊的"无协议脱欧",试图通过延长"脱欧"谈判,最大限度地保留英国与欧盟的合作和往来。2019年,约翰逊于提前大选中大胜、"脱欧"成为既定事实后,斯塔莫与科尔宾同样是第二次英国"脱欧"公投的倡导者,并表明自己会继续投票支持"留欧"。2022年7月内阁"辞职潮"发生的第二天,斯塔莫第一次作为工党领袖公开表示,为避免在"脱欧"问题上耗费更多资源和精力、更好地"面向未来",即使工党在大选中获胜,新一届政府也不会领导英国重返欧盟,而将主要侧重于通过消除与欧盟的贸易壁垒、采取措施解决北爱尔兰的边境问题,来推行政府的"脱欧"协议。斯塔莫的态度显示出工党内部希望走出"脱欧"阴影,聚焦于更实际的政策主张的努力。斯塔莫的这一决定很快受到工党内部包括伦敦市长萨迪克·汗、影子大臣安娜·麦克莫林在内的多名高级官员的反对,[1] 意味着工党党内仍未完全达成一致。

2022年9月,工党年度会议的主题仍是"重新检视英国脱欧",表明"脱欧"仍是工党的核心议题。但同时,为夺得执政党宝座、避免党内争议和分裂,工党已基本达成共识,即在不寻求推翻"脱欧"结果的前提下尽力改善同欧盟的关系。作为在野党,工党党内许多意见分歧尚未完全暴露出来,但可以预见,一旦进入大选阶段,工党内部关于"脱欧"的分歧还将继续发挥影响。

3. 地方分离主义政党

在两大主要政党忙于内斗和夺权的同时,"脱欧"问题带来的民族自决和自治余波促使英国多个分离主义政党快速崛起。首先,北爱尔兰于2022年5月5日举行议会选举,新芬党在90个议会席位中赢得了27个,并借此超过民主统一党成为议会第一大党,终结了亲英政党在该地区长达一个世纪

---

[1] BBC News, "Brexit: No Case for UK Returning to EU, Labour Leader Starmer Says", https://www.bbc.com/news/uk-politics-62034754.

的主导地位。新芬党作为主张北爱尔兰与爱尔兰统一的分离主义政党，彻底改变了北爱尔兰的政党政治格局，其党主席麦克唐纳在胜选后明确表示将于5年内举行爱尔兰统一公投。亲英的民主统一党获得25个席位，联盟党获得17个席位。作为地方议会第二大党的民主统一党提出，如果《北爱尔兰议定书》的问题不得到解决，将拒绝提名副首席大臣，继续拖延议会组建政府的时间。[1] 事实上，2022年2月民主统一党就撤销了其首席部长的职务，以抗议英国"脱欧"议程中《北爱尔兰议定书》规定的贸易规则。此后，北爱尔兰行政机构一直处于停摆状态。根据议定书，北爱尔兰正式脱离欧盟单一市场，但欧盟货物自由流动规则和欧盟关税同盟规则仍然适用，这确保了北爱尔兰和岛上其他地区之间没有海关检查或控制。该议定书在爱尔兰海沿岸建立了一个事实上将北爱尔兰与大不列颠岛分开的海关边界，或将增强北爱尔兰的贸易独立程度，引发了英国政府和包括民主统一党在内的亲英派的担忧和反对。《北爱尔兰议定书》是新芬党在选举中获胜的主要原因，且若这一问题无法有效解决，可能会加速北爱尔兰地区的分离议程。

此外，2022年5月苏格兰地方选举中，苏格兰民族党再次作为第一大党胜出。6月28日，苏格兰首席大臣、苏格兰民族党党魁尼古拉·斯特金递交了一份苏格兰独立法案，计划于2023年10月19日举行第二次苏格兰独立公投。英国最高法院于11月23日驳回了苏格兰在未获得英国政府同意的情况下举行独立公投的申请。斯特金在回应最高法院裁决时表示"苏格兰的民主不会被剥夺"，自己将把下一次大选作为"事实上的公投"，苏格兰民族党将把独立作为大选中唯一需要全力争取的问题。[2]

(三) 总结与展望

2022年，英国一年三度换相，保守党内的派系斗争公开化、白热化，党

---

[1] David Torrance, "Another Northern Ireland Assembly Election?", https://commonslibrary.parliament.uk/another-northern-ireland-assembly-election/.

[2] BBC News 中文：《英国最高法院裁定：苏格兰独立公投必须先获得英国政府同意》，https://www.bbc.com/zhongwen/simp/uk-63730581。

内保守派的经济宽松政策屡次受挫并最终走向失败，极大消磨了选民的支持和信任。在当前"脱欧"问题持续发酵、通货膨胀快速攀升、"罢工"运动此起彼伏、分离主义日趋深化的多重危机下，苏纳克政府面临着前所未有的压力。近期，多项民意调查结果显示，保守党的支持率仍在20%左右低位徘徊，工党支持率持续领先保守党，曾一度超过50%，随后一直保持在50%上下波动；[1] 苏纳克的执政前景不容乐观。

再者，"脱欧"问题还将继续影响英国政党政治。2023年第一天，英国《独立报》发布了一项民意调查，65%的英国受访者支持举行新的公投以重新加入欧盟，去年同期这一数字为55%；同时，23%的英国人反对新的公投，而2022年年初这一比例为32%。随着"脱欧"负面影响的日益显现，经济上陷于困顿的英国民众开始重新审视"脱欧"决定。过去几年中，每当有机构进行一项新的调查时，都会发现支持重新加入欧盟的人数有所增加。多数英国民众将"脱欧"视为经济恶化、对外影响力和控制本国边界能力下降的原因，可见"脱欧"议题还未淡出英国政治，一旦进入竞选期，有可能会引发更多党内分歧和党际争斗。

梳理英国2022年政党政治的主要事件不难发现，近年英国民主政治快速衰退。一方面，在英国特殊的政治体制下，其最大的在野党本就身兼合法反对党之职，不可能与执政党展开合作；另一方面，"脱欧"及"后脱欧"时代的经济走向问题彻底撕裂了两党，致使两党党内派系斗争外溢，影响国家政治的正常运行。多个地方分离主义政党同样意图借助"公投"实现民族或地区独立。未来如何更好地平衡和整合两党内外政治分歧，有效应对通货膨胀和经济衰退的挑战，并在此基础上提出国家政治经济发展的路线方针，是英国两党面临的主要难题。

---

[1] Politico, "Polling from Across Europe", https://www.politico.eu/europe-poll-of-polls/united-kingdom/.

第十章　美国、英国和加拿大政党政治发展与研究

三、2022—2023年加拿大政党政治研究

加拿大政党体制基本上以自由党和保守党两大政党为主，现任总理为自2015年起连续执政至今的自由党党首贾斯汀·特鲁多，他分别于2019年和2021年以少数派政府连任，其中，2021年，自由党仅获得了32.6%的普选票，是加拿大历史上执政党在全国普选中的最低得票比例。高度不稳定的少数派政府增加了特鲁多的执政难度。但总体而言，由于2022年加拿大并未举行全国性选举，其政党政治没有发生太多变化，值得关注的事件主要有自由党获得新民主党支持执政、安大略省地方选举和"自由车队"运动。

（一）自由党与新民主党达成合作协议

2022年是自由党政府第三届任期的开局之年。2021年，特鲁多在多次表态疫情期间不会举行大选的情况下提前大选，只给各党派留下36天的最短法定竞选时间，试图"出奇制胜"，以增加本党议席进而降低执政阻力。然而这一做法并没有取得预期效果，尽管自由党再次成为联邦众议院第一大党，依旧无法获得过半数席位和第一多数的选民票，只能组建少数派政府；此外，保守党、魁北克集团、新民主党和绿党的议席数也基本和选前相同。这说明，当前加拿大政党格局和各主要政党的选民基础均已相对固定，除非出现新的政治社会事件，否则不会轻易发生大的改变；同时，执政的自由党政府迫切需要占据更多议席，以推进自己的立法议程。

在依靠重新大选成为单一多数党政府的目标破灭后，自由党退而求其次，转向选择与其他政党组成执政联盟。2022年3月22日，特鲁多宣布自由党与反对党之一的新民主党达成协议，后者将支持自由党执政到2025年6月议会休会时。按照协议，新民主党同意在信任和预算问题上支持执政党，不会提出不信任投票，也不会投票支持不信任动议。尽管两党均宣称此举并不等同于构建联合政府，新民主党将继续扮演反对党的角色，但不可否认，

二者达成合作大大降低了作为少数派的特鲁多政府遭遇议会不信任投票甚至倒阁的可能性。新民主党是一个左翼社会民主主义政党，现为加拿大第四大党，占 25 个议席；与新民主党达成合作后，特鲁多政府拥有的议席数将升至 185 个，超过绝对多数所需的 170 个。

新民主党的政治主张既涵盖传统左翼政党的劳工权益和社会福利保障，又吸纳了新左派关于环境保护和社会平权运动等议题。近年新民主党主要致力于公共医疗保健，希望扩大国家医疗保健系统的覆盖范围，达成一项"全国性、普遍性、公共的药品保健计划"。为达成合作，自由党同意优先推进部分新民主党重点关注且两党一致认可的立法议程和事项，包括加强环境保护、应对气候危机；推进全国性的药品补助计划，出台《加拿大药品补助法》；提交《安全长期护理法》以改善老年人护理问题，加强对卫生体系投资；解决住房市场的金融化问题，推进可负担住房建设；改进选举投票的流程和规定等。其中部分已经在议会通过并成为正式法律，例如，2022 年 6 月特鲁多政府颁布最严"限塑令"，提出加拿大自 2022 年 12 月起禁止生产和进口、自 2023 年 12 月起禁止销售一次性塑料。

新民主党和自由党达成合作的根本原因在于二者意识形态接近，均为偏左，因此，二者的选民基础有较大重合，不会因合作造成选票流失。自 1961 年成立以来，新民主党从未获得执政党地位，其选举的最好成绩是于 2011 年联邦大选中获得 30.6% 的选票，成为 2011—2015 年间的议会第二大党和官方反对党。但在自由党或保守党均未获得国会下议院多数议席、需要组建少数政府时，新民主党往往扮演着关键角色。在自由党和保守党实力长期接近、第三大政党魁北克集团以地区分离主义为宗旨的情况下，新民主党作为第四大党，在加拿大政坛中发挥着超过其得票率的重要作用。

（二）2022 年加拿大政党政治发展新情况

1. 安大略省大选

安大略省于 2022 年 6 月 2 日举行了新一届大选，以选出第四十三届省议会议员。安大略是加拿大人口及经济第一大省，其选举较具关注度。自2016年起，安大略省选举法规定，该省大选一般须于上次大选结束后的第四年6月的第一个星期四举行，但省议会可在通过对省政府的不信任案，或由省长向省督申请后提前解散并举行选举。在本届选举中，时任安大略省长、右翼政党安大略进步保守党的党魁道格拉斯·福特带领执政党再一次获胜，并净增七个议席，成为在议会占据83席（安大略省议会共有124席）、具有压倒性优势的政党。这也是自1955年以来，安大略执政党首次在第二任期的竞选中扩大所得议席数量，显示出当前该党和福特在安大略较强的民意基础。有观点认为，福特的选举胜利一方面得益于他通过冷静、有效应对新冠疫情，向选民展示了自己的政治才干；另一方面则来源于他吸引了大量原本属于政治左翼的蓝领工人。在2022年选举中，福特获得多个私营部门工会的支持，获得了数个原本由左翼政党新民主党占据的工业区席位。这是加拿大第一次出现选举中蓝领选民明显更支持保守党的情况。[1]

2. "自由车队"运动

2022年加拿大政府遭遇的最大执政危机当属年初的"自由车队"运动。2022年1月中旬，特鲁多政府要求来往加拿大和美国的卡车司机在入境加拿大时必须出示新冠疫苗接种证明，引发了部分司机的不满。1月29日开始，名为"自由车队"的抗议活动在渥太华拉开帷幕，并迅速蔓延到多个城市。2022年2月6日，加拿大首都渥太华宣布进入紧急状态。2022年2月11日，渥太华所在的安大略省宣布进入紧急状态。随着事件的持续升级，2月14

---

[1] Maura Forrest, "What Doug Ford's Blue-Collar Victory Means for Canada's Progressives", https://www.politico.com/news/2022/06/10/doug-ford-ontario-canada-progressives-00038502.

日，加拿大总理特鲁多宣布政府将援引《紧急状态法》[1]以应对示威活动。这是加拿大历史上首次动用该法令，多省对此表示强烈反对。该法案赋予当局广泛的政治权力，包括冻结抗议者的银行账户、禁止他们前往特定地点，以及强制拖车清理堵塞渥太华街道的车辆。保守党在下议院提出解除"疫苗强制令"的动议，谴责这本质上是政府越权行为，并受到了魁北克集团的支持。但因为执政党自由党与新民主党联合后席位优势较大，特鲁多的援引最终仍以185比151票获得通过。包括加拿大公民自由协会在内的许多批评人士表示，抗议活动并不属于合法的国家紧急情况，使用该法案是不必要的。2月23日，特鲁多宣布联邦政府撤销紧急状态。

"自由车队"运动得到了加拿大多位保守党政治人物的支持。时任保守党领袖艾林·奥图尔公开批评特鲁多将疫苗议题政治化，并通过以偏概全地描述示威者，散播社会恐慌。由于奥图尔对疫情政策的态度多次发生巨大转变，加拿大保守党党团于2022年2月2日对奥图尔发起了不信任投票，并最终以73∶45票将其罢免，触发了新一届保守党党魁选举。奥图尔被认为在示威活动初期的疫苗接种议题上偏向自由派，过于鼓励接种疫苗，没有坚持保守派"疫苗接种为个人选择，不得强迫"的价值观，在反对政府"疫苗强制令"等政策方面亦不够坚定。[2]此外，一些外国保守派政治家也公开表示支持该运动，其中包括美国前总统特朗普。

"自由车队"运动同样引发了自由党内部的分化。2022年2月8日，总

---

[1]《紧急状态法》是加拿大议会于1988年通过的一项法规,授权加拿大政府采取特别临时措施,以应对公共福利紧急情况、公共秩序紧急情况、国际紧急情况和战争紧急情况。根据《紧急状态法》,加拿大内阁可以针对任何现行法律都无法处理的紧急和危急情况宣布国家紧急状态,在宣布国家紧急状态之前,联邦内阁必须与省级内阁协商。在公共福利或公共秩序紧急情况下,如果紧急情况的影响仅限于或主要发生在一个省,或省内没有表明情况超出了该省的处理能力,则不能使用《紧急状态法》。一旦宣布紧急状态,须经众议院和参议院确认。参见:Peter Rosenthal, "The New Emergencies Act: Four Times the War Measures Act", *Manitoba Law Journal*, Vol. 20, No. 3, 1991, pp. 563-599。

[2] Stephanie Taylor, "Erin O'Toole to Stay on as MP After being Forced out of Conservative Party Leadership", https://nationalpost.com/pmn/news-pmn/canada-news-pmn/canadian-press-newsalert-erin-otoole-voted-out-as-conservative-leader-by-mps.

理特鲁多所属的自由党国会议员莱特邦德公开批评联邦政府在此事中对示威者以偏概全；指责总理特鲁多为获取选举优势污名化和妖魔化未接种疫苗人士，导致示威活动中出现仇恨符号，进一步分裂了加拿大民众。2022年4月，加拿大政府宣布成立公共秩序紧急状态委员会，就联邦政府启用《紧急状态法》一事展开审查。

（三）加拿大政党政治发展前景展望

总体而言，2022—2023年加拿大政党政治发展较为稳定。执政党自由党在与新民主党达成合作后获得了议会多数席位，结束了过去两年少数派政府的局面。未来两党能否持续通力合作，共同推进立法议程将直接决定特鲁多政府能否稳定执政，一方面，若自由党不履行协议承诺，势必引起新民主党的不满；另一方面，如果自由党主动"左转"，全盘接纳新民主党的政治主张，又可能进一步吸收新民主党的选民基础，压缩其生存空间。应该注意的是，尽管二者同属左翼政党，但新民主党在政治光谱上比自由党靠左，两党在历史上也时常处于相互竞争或彼此反对的状态。可以预见，二者的合作关系将会非常微妙。

最后，保守党在2022年2月罢免奥图尔后由坎迪斯·卑尔根出任临时党魁，并于9月举行了正式的党魁选举，皮埃尔·波利耶夫以压倒性优势成为新一任党魁。波利耶夫是保守党内右派人物，曾被前总理哈珀誉为"一个真正的保守党人"，他不仅公开支持"自由车队"运动，更提出取消碳排放税、取消"疫苗强制令"等主张。坚决远离中间路线的波利耶夫在保守党内得票率高达68.15%，于第一轮投票后即宣告获胜。分析普遍认为，波利耶夫的辉煌战绩将使党内异见人士很难挑战其领导权，同时意味着他有可能成为2025年大选中挑战特鲁多的劲敌。

第十一章
大洋洲国家政党政治发展与研究

郭春梅 等*

2022年,大洋洲各国经济社会状况普遍不稳,政党政治博弈升温,包括澳大利亚在内的地区多国迎来大选,政治局势持续生变。5月,地区最大国家澳大利亚阿尔巴尼斯率领工党击败莫里森领导的联盟党,时隔九年重新上台;7月,巴布亚新几内亚(以下简称"巴新")如期举行五年一度的大选,其间暴力冲突频仍,计票工作被迫推迟,最终盘古党领袖、总理马拉佩艰难连任;10月,瓦努阿图因总理再遭不信任动议被迫解散议会,并提前举行大选,各党派重新分化组合,最终温和党联盟成最大赢家,其党首卡尔萨考出任新总理;12月,斐济举行大选,无单一政党赢得议会多数,后经艰难谈判,人民联盟党、民族联盟党与社会民主自由党组成联合政府,其领袖西蒂韦尼·兰布卡亦击败执政长达16年之久的斐济优先党领袖姆拜尼马拉马出任联合政府总理。

---

* 本章节由中国现代国际关系研究院东南亚和大洋洲研究所大洋洲政党政治课题组撰写,课题组成员包括:郭春梅、孙畅、李建钢、王孜、李锴。

第十一章 大洋洲国家政党政治发展与研究

2022年，即便没有举行大选的国家，局势也并不太平。新西兰执政党工党遭遇反对党强势挑战，于2023年年初党首易人，2023年10月举行大选，最大在野党国家党在议会选举中胜出，赢得内阁组阁权。2022年9月，所罗门群岛发生修宪风波，索加瓦雷政府通过宪法修正案将大选推迟至2024年，引发反对派声讨、抗议及外部势力干预，能否稳住局面、顺利迎来2024年大选面临考验。汤加政治局势相对稳定，但独立议员主政，形式罕见。

本章将重点评析2022年大洋洲主要国家政党政治的新形势、新发展，并就2023年前景予以展望。

一、2022年大洋洲地区的选举政治

2022年大洋洲多国迎来"大选年"。其中，澳大利亚政党政治相对成熟，政权实现平稳交接，但呈现出传统大党式微、独立议员崛起的"后政党时代"特征。斐济、瓦努阿图大选后，此前的执政党均成为反对党，现执政党地位也不稳固。巴新盘古党、库克群岛的库克群岛党虽然赢得连任，但议席均未过半，历经艰难谈判，最终与其他党派联合组阁。其间，政党重新排列组合、党员"跳党"甚至暴力冲突等情况不断，集中体现出岛国政党政治发展不成熟与不稳定的特点。

（一）澳大利亚工党重新上台

2022年5月21日，澳大利亚迎来三年一度的联邦大选，赢得众议院多数的政党或政党联盟组阁，其党首出任总理。此次大选对两大政党而言都意义非常，由时任总理莫里森领导的执政党自由党-国家党联盟（以下简称"联盟党"）将谋求其第四个任期，阿尔巴尼斯领导的反对党工党则希望时隔九年再次上台。

两党竞选围绕"危险之变"还是"机遇之变"展开。联盟党主打"不确定的时代，改变意味着风险"，在宣扬联盟党的经济管理和国家安全政绩

的同时，大肆攻击工党党首阿尔巴尼斯经验不足，恐危及复苏中的澳大利亚。工党则宣称"改变意味着更美好的未来"，抨击莫里森本人"傲慢""不可信"、联盟党"不关心民生疾苦"，工党将在社会民生领域下功夫，着力降低民众生活成本等。[1] 最终澳大利亚民心思变，联盟党在众议院丢掉近 20 席，国库部长、土著事务部长等议席丧失。工党则赢得 151 个众议院议席中的 77 席，时隔九年重新上台。

此次大选呈现出三大新特点：一是政党斗争外溢，国家安全因素凸显。从竞选议题上看，与以往两大政党斗争主要聚焦国内经济民生议题不同，此次联盟党打着国家安全的名义称澳大利亚面临二战以来最为复杂、严峻的安全挑战，唯有联盟党才能真正保卫国家安全；将工党描述为对外"软弱""绥靖"，甚至诬称工党副党首理查德·马尔斯为"满洲候选人"等等。工党为免被贴标签，不得不在国家安全议题上采取跟随策略，力避与联盟党在该议题上有过多交锋。

二是传统大党地位弱化，中间党派异军突起。从选举结果看，此次议会中间党派阵容强大。长期以来，联盟党和工党两大政党几乎包揽澳大利亚所有众议院议席，独立议员及其他小党派所获议席仅以个位数计。而在此次大选中，澳大利亚呈现与其他西方大国同步的"后政党时代"特征，即传统大党萎缩，仅能以微弱多数甚至少数党地位执政；无固定社会经济基础的独立人士则迅速崛起。具体而言，此次工党虽赢得组阁权，但在众议院的席位刚刚过半；曾经的执政党联盟党所获议席数缩减至 58 席；中间党派赢得 16 席（独立议员 10 席，绿党 4 席，中间联盟党、卡特的澳大利亚人党各 1 席），[2] 尤其是新组建的"蓝绿色"独立候选人团队成为本次大选的最大黑

---

〔1〕 Michelle Grattan, "View from the Hill: Morrison Talks Risk, Albanese Speaks Opportunity, in Opening Pitches", *The Conversation*, April 10, 2022.

〔2〕 Parliament of Australia, "Senators and Members", https://www.aph.gov.au/Senators_and_Members.

马。该团队由"气候200"基金资助的22名独立候选人组成,以气候行动、政治诚信、性别平等为竞选纲领,精准打击自由党"软肋",[1] 最终从自由党手中赢得10席。

三是华人选民选择工党。传统上,华人选民倾向于选择联盟党,但近年来因不满联盟党政府对外搞砸中澳关系,对内助长种族歧视、排华情绪,此次大选华人选民更多地选择工党。

阿尔巴尼斯政府上台后采取行动兑现选举承诺,在降低民众生活成本、削减碳排放、改善原住民福祉,以及修复中澳关系等方面积极作为,赢得民众信任和支持。据《澳大利亚人报》Newspoll的民调数据,到2022年年底,阿尔巴尼斯作为总理的认可度达60%,为该民调1985年首次推出以来认可度最高的新任领导人之一。

(二)斐济长期执政的优先党下台

斐济议会为一院制,每四年进行一次选举,赢得议会多数席位的政党或政党联盟执政,总理由议会推选。2022年年底,斐济举行大选,因无单一政党赢得过半席位,经过艰难协商,人民联盟党、民族联盟党、社会民主自由党三党最终联合执政,人民联盟党党首、前总理西蒂韦尼·兰布卡出任新总理,执政长达16年之久的斐济优先党党首姆拜尼马拉马下野。

选前政党斗争激烈。时任执政党斐济优先党遭遇反对派强势挑战。2022年1月,时任总理、斐济优先党党首姆拜尼马拉马前往澳大利亚进行心脑血管手术,其间,热带气旋"科迪"席卷该国引发洪水,灾情严重。反对派就此发起攻势,认为总理应在出境前告知公众,并对代总理安排和出国情况进行充分披露。[2] 2022年9月,斐济议会通过《2022年选举修正案》,扩大

---

[1] Amy Nethery, "Why Teal Independents are Seeking Liberal Voters and Spooking Liberal MPs", The Conversation, May 3, 2022.

[2] Lice Movono, "Fiji Govt Criticised as PM Undergoes Surgery in Australia", https://www.rnz.co.nz/international/pacific-news/459632/fiji-govt-criticised-as-pm-undergoes-surgery-in-australia.

了选举监督机构的权力，招致反对派的猛烈抨击，批其通过法律"打压异己""是对法律的滥用、对隐私权的侵犯"。[1] 临近大选，民族联盟党又检举斐济优先党擅自前往选票印刷站，干扰选举进程等。[2]

最大反对党社会民主自由党高层频繁"跳党"。社会民主自由党在上届议会选举中斩获21席，为斐济最大反对党。但在本届大选前，该党频遭"挖墙脚"。2021年11月，其副领袖菲里莫尼·沃萨罗戈辞职退党，加入由前党首西蒂韦尼·兰布卡组建的人民联盟党；2022年1月，党鞭琳达·塔布亚也宣布退党、加入人民联盟党，与兰布卡联手向大选发起挑战。[3] 兰布卡明确喊话，"人民联盟党永远对社会民主自由党成员持开放态度"。[4]

人民联盟党副领袖选前被捕。2022年9月，斐济优先党指控人民联盟党副领袖琳达·塔布亚贿选，向斐济选举办公室提出投诉并将贿选指控提交给反腐败独立委员会。就在12月7日大选前一周，塔布亚被捕。兰布卡就此抨击斐济优先党逮捕其副领袖意在"破坏竞选活动并压制人民联盟党候选人"，是"对民主善政的无礼"和"对个人参政权利的荒谬攻击"。[5]

选后艰难组阁，社会民主自由党成关键平衡力量。2022年12月，斐济大选如期进行，议席数由51个增至55个。[6] 时任总理姆拜尼马拉马领导的斐济优先党得票率为42.55%，获得议会55个议席中的26个，失去议会

---

[1] New Zealand Radio, "Fiji Government Passes Controversial Electoral Bill", https://www.rnz.co.nz/international/pacific-news/473983/fiji-government-passes-controversial-electoral-bill.

[2] Marian Faa and Stephen Dziedzic, "Fiji's Attorney-General, Aiyaz Sayed-Khaiyum, Caught in Extraordinary Dispute just a Week out from National Election", https://www.abc.net.au/news/2022-12-07/fiji-election-supervisor-misinformation-aiyaz-sayed-khaiyum/101741036.

[3] New Zealand Radio, "Tabuya Quits Fiji's Sodelpa, Joins Rabuka's Party", https://www.rnz.co.nz/international/pacific-news/459199/tabuya-quits-fiji-s-sodelpa-joins-rabuka-s-party.

[4] Litia Cava, "Rabuka: 55 Candidates to Contest Next General Election", https://www.fijitimes.com/rabuka-55-candidates-to-contest-next-general-election/.

[5] Rachael Nath, "Rabuka Condemns 'Outrageous' Arrests of Deputy Leaders so Close to Fiji Election Day", https://www.rnz.co.nz/international/pacific-news/480266/rabuka-condemns-outrageous-arrests-of-deputy-leaders-so-close-to-fiji-election-day.

[6] Luke Nacei, "Parliament to Have 55 Seats", https://www.fijitimes.com/parliament-to-have-55-seats/.

第十一章 大洋洲国家政党政治发展与研究

多数席位；兰布卡带领人民联盟党收获35.82%的选票，获21个议席；民族联盟党赢得8.89%的选票，获五个议席；社会民主自由党得票率为5.14%，获得三个议席；其余政党因得票率均未过5%，未能获得议席。[1] 由于此次大选无政党赢得单独组阁所需的28个议席，需磋商组建联合政府。选前，人民联盟党即与民族联盟党宣布结盟，此次大选，该联合阵营与斐济优先党均获26个议席，因此拥有三席的社会民主自由党成为组阁的关键力量。社会民主自由党与斐济优先党、人民联盟党均存在政见不合，致该党内部出现严重分歧。该党一方面希望更换新政府，结束姆拜尼马拉马长达16年的统治，另一方面不希望引发其党派分裂的兰布卡成为新总理，为此展开了多次内部讨论。12月17日，社会民主自由党成立谈判小组，分别与两大阵营进行组阁谈判，直至12月20日仍未能达成党内共识。最终，其内部以16票对14票决定支持人民联盟党-民族联盟党两党联盟。[2] 但一天之后，社会民主自由党书记莱奈塔斯·杜鲁宣布由于投票过程中出现"异常"，该决定无效。[3] 斐济优先党书记海尤姆也坚持反对派联盟"在法律上不可靠"，并表示将撤销其联合协议，由斐济优先党与社会民主自由党组成多数派。姆拜尼马拉马本人也同时表示，在议会席位非常接近的情况下，"针对印度裔斐济同胞的暴力情况令人担忧"，呼吁斐济军方协助警方维持秩序。[4] 在斐济优先党拒绝承认败选并担忧种族冲突的同时，人民联盟党-民族联盟党两党联盟则指责斐济优先党"刻意散播恐惧"。为避免局势升级引发大规模冲突，斐济军方宣布协助警察维持治安，局势趋于紧张。12月23日，社会民主自

---

[1]《斐济大选结果正式揭晓》，http://www.news.cn/world/2022-12/18/c_1129217039.htm。

[2] Australian Associated Press, "Sitiveni Rabuka to be Fiji's New PM as Frank Bainimarama's 16-year Reign Ends", https://www.theguardian.com/world/2022/dec/20/frank-bainimaramas-reign-as-leader-of-fiji-ends-after-15-years.

[3] Radio New Zealand, "Reports of 'Anomalies' in Sodelpa Vote to Go with Opposition Parties", https://www.rnz.co.nz/international/pacific-news/481207/reports-of-anomalies-in-sodelpa-vote-to-go-with-opposition-parties.

[4]《斐济总理拒认败选 宣布动用军队》，RFI华语，法国国际广播电台（@RFI_Cn），2022年12月22日。

由党再次进行党内投票，以13票对12票决定支持人民联盟党-民族联盟党两党联盟，姆拜尼马拉马随即承认败选。12月24日，斐济议会召开大选后首次会议，经过投票，兰布卡以28票比27票击败姆拜尼马拉马，当选新的联合政府总理，随后正式宣誓就职，斐济大选终于尘埃落定并完成权力交接。[1]

（三）瓦努阿图温和党联盟上位

瓦努阿图政党林立，主要政党有瓦努阿库党、温和党联盟、民族联合党、统一变革运动党、土地和正义党、瓦努阿图领袖党、人民进步党，以及绿党联盟等，各政党均难以赢得议会多数席位，多以联盟形式联合执政。由于政党忠诚度低、力量分化重组频繁，导致瓦努阿图政争、政变多发。2022年，瓦努阿图政局再陷动荡，总理鲍勃·拉夫曼遭遇不信任案，被迫解散议会提前大选。最终，前副总理、温和党联盟党首伊什梅尔·卡尔萨考获拉夫曼支持，于11月当选瓦努阿图新总理。

瓦努阿图是议会共和制国家。总统是象征性国家元首，由议会和地方委员会主席组成的选举团选举产生，任期五年。与总理选举不同，瓦努阿图总统选举相对温和。2017年摩西当选总统，是桑马省和马朗帕省妥协后的结果，桑马省支持来自马朗帕省的摩西，以换取2022年马朗帕省对桑马省候选人的支持。2022年7月，瓦努阿图总统选举如约而至，13名候选人中有超过一半来自桑马省。其中，尼克尼克·武罗巴拉武是总理拉夫曼的政治盟友，呼声较高，但其在前七轮投票中最高获37票，始终未能达到法定当选的38票。第八轮投票中，统一变革运动党党首萨尔维同拉夫曼达成妥协，宣布支持武罗巴拉武。最终武罗巴拉武以47票当选新总统。[2]

---

[1]《斐济联合政府总理兰布卡宣誓就职》，http://www.news.cn/world/2022-12/24/c_1129230522.htm。

[2] Radio New Zealand, "After Eight Rounds of Voting, Vanuatu Elects New President", https://www.rnz.co.nz/international/pacific-news/471500/after-eight-rounds-of-voting-vanuatu-elects-new-president.

瓦努阿图议会实行一院制,共52席,每届任期四年。总理为政府首脑,由议会选举产生。瓦努阿库党党首拉夫曼2020年组建执政联盟、出任总理后,执政波折不断。2021年,拉夫曼曾遭遇反对派不信任动议,为稳固执政地位,拉夫曼有意推动政治改革,以扩大执政联盟。2022年6月,瓦努阿图议会召开特别会议,政府原希望会上讨论通过16项宪法修正案,内容涉及将议会任期从四年延长至五年、政府部门改组等。但因出席会议议员人数不足,导致修宪计划失败。反对派议员随即趁势推动针对拉夫曼的不信任动议,称其修宪是"妄图改变民主制度",并指责其执政能力不足、管理不善。8月8日,瓦努阿图媒体曝出至少27名议员要求议会召开特别会议,讨论对拉夫曼的不信任动议。[1] 8月18日,支持拉夫曼的总统武罗巴拉武宣布解散议会,以帮助拉夫曼躲避反对派拟于20日在议会会议上发起的不信任动议。[2] 根据瓦努阿图宪法,总统解散议会即触发提前选举,原定于2024年举行的选举提前到2022年10月举行。

此次大选共有六位前总理宣布参选,10月13日选举启动即陷入激烈竞争。瓦努阿库党党首拉夫曼与包括土地和正义党党首雷根瓦努、温和党联盟党首卡尔萨考在内的反对派不相上下,两大阵营就独立候选人和小党派展开争夺。[3] 最终,因反对派稍占上风,拉夫曼转而支持卡尔萨考,助其当选总理;卡尔萨考所在的温和党联盟斩获七个议席,成为执政联盟最大政党。雷根瓦努的土地和正义党从上届议会最大党的位置跌落,席位从九席减至四席。瓦努阿库党则成为最大反对党,获得七个议席。[4]

---

[1] Glenda Willie, "Motion Lodged", https://www.dailypost.vu/news/motion-lodged/article_e241d4a3-4a4f-5360-bf5d-cc7940c94015.html.

[2] Koroi Hawkins and Lydia Lewis, "'We Will be There' Loughman to Face No Confidence Vote on Friday", https://www.rnz.co.nz/international/pacific-news/472991/we-will-be-there-loughman-to-face-no-confidence-vote-on-friday.

[3] Radio New Zealand, "Independents, Minor Parties Needed to Form Vanuatu Government", https://www.rnz.co.nz/international/pacific-news/477258/independents-minor-parties-needed-to-form-vanuatu-parliament.

[4] One-Click Report: Vanuatu, 2023, EIU Report.

(四) 巴新盘古党艰难连任

巴新议会实行一院制,国民议会是国家最高权力机关、立法机构,共设议席118个,[1] 每届议员任期五年。巴新宪法规定,在国民议会中获得多数席位的政党组成政府,其政党领袖担任政府首脑,但至今还没有任何政党赢得多数席位,因此在无单一政党获得多数的情况下,可由多个政党组成政党联盟共同组阁,此时政府首脑需由议会推选,经议员投票后最高得票者就任总理。

2022年7月4日,巴新五年一度的议会选举开始投票,共有3000余名候选人参与118个议席的角逐,注册参选的政党共有53个,创下历史新高。选举结果显示,由马拉佩领导的盘古党获得39个席位,位列第一。由奥尼尔带领的主要反对党人民全国代表大会党获17席,联合资源党获11席,独立议员占据10个席位,国家联盟党获6席,人民优先党和人民党均获4席,其余席位被各小党派瓜分。[2] 总理的角逐在时任总理詹姆斯·马拉佩和前总理彼得·奥尼尔之间展开。8月9日,马拉佩在议会投票中获得97名议员支持,成功连任,开启第二个总理任期。[3] 巴新历史上从未有单一政党赢得议会多数,因此组成联合政府为常态,2022年大选仍未打破惯例。最终,政府由以盘古党主导、20多个党派(多数是小党派)组成的执政联盟构成。

值得一提的是,巴新自1975年独立以来,只有七位女性候选人在大选中赢得过席位,比例极低,2022年大选前的议会中亦没有女性议员,因此,此次两名女性议员成功当选在一定程度上被视为突破。此外,在巴新的近九次选举中,只有少数议员能够连任,平均流失率为54.8%,[4] 相较于此前

---

[1] 2022年8月开始的第11届议会增加了7名议员,从111席增至118席。其中,96席从选区选出,另外22席分配给首都、自治区和各省代表。

[2] PNG MP Database, https://devpolicy.org/pngmps/.

[3]《马拉佩连任巴布亚新几内亚总理》,http://www.news.cn/world/2022-08/10/c_1128903868.htm.

[4] Maholopa Laveil, "PNG's 2022 Election Takes Shape", https://www.lowyinstitute.org/the-interpreter/png-s-2022-election-takes-shape.

的选举中连任议员未过半的情况，2022年巴新大选中有65名议员成功连任（流失率41.4%），比例较高。

如往届大选一样，2022年巴新大选中，暴力、动荡、扰乱选举等情况仍有发生。早在选前，澳大利亚就应巴新请求派出130名澳大利亚国防军人员前往巴新协助其进行大选，为其提供规划、后勤和空中运输支持，包括选票印制和运输等。[1] 投票期间，巴新暴力冲突依旧不断，计票工作被迫推迟。据悉，选举期间有数十人丧生，数万人流离失所，引发联合国谴责。[2] 直至总理马拉佩凭借97名议员的高票支持成功连任后，暴力活动才有所停歇。[3]

（五）库克群岛党再组联合政府

库克群岛议会实行一院制，由普选产生的24名议员组成立法议会，任期四年。赢得议会多数的政党组阁，其领袖即为总理。库克群岛政党历史较短，发展不完善，不少政党的组建或活动主要在于选举，且规模较小、存续时间不长，逐渐形成由库克群岛党、民主党两大政党轮流执政的局面。上届大选于2018年举行，时任库克群岛党党首亨利·普纳出任总理。2020年10月，为竞选太平洋岛国论坛秘书长，普纳辞去总理职务，副总理马克·布朗接任库克群岛党党首并继任总理。[4]

2022年8月1日，库克群岛举行四年一度的全国大选，最终库克群岛党赢得12个议席，民主党赢得五个议席，首次参选的库克群岛联合党斩获三个议席，独立候选人获得三个议席。由于未达到单独组阁所要求的议会多数

---

[1] Pita Ligaiula, "Australian Troops in PNG for Election", https://pina.com.fj/2022/06/13/australian-troops-in-png-for-election/.

[2] United Nations, "UN Condemns Election-Related Violence Across Papua New Guinea Highlands", https://news.un.org/en/story/2022/07/1123002.

[3] Gorethy Kenneth, "PM to Continue His Leadership", https://postcourier.com.pg/pm-to-continue-his-leadership/.

[4] Radio New Zealand, "Mark Brown is the New Cook Islands PM", https://www.rnz.co.nz/news/pacific/427377/mark-brown-is-the-new-cook-islands-pm.

（至少13席），库克群岛党党首马克·布朗转而寻求三位独立议员支持并成功组建联合政府，其本人再度担任总理。[1] 布朗的连任得益于其领导的联合政府在抗击新冠疫情中的优异表现。[2] 较之以往，此次大选社会秩序良好，一位资深议员感慨此为"难得的有序选举""没有恐惧、威胁和暴力"。[3]

在此次大选中，刚成立未久且首次参选的库克群岛联合党异军突起获得三个席位。该党由前副总理铁里基·希瑟于2018年组建，主要政纲是限制议员任期（最长为两届）和推出进口税以保护本国贸易。[4] 希瑟曾是库克群岛党成员，在2013—2018年间担任库克群岛副总理，现为库克群岛联合党党首。

2022年8月10日大选结果正式宣布后，库克群岛联合党向高等法院提交了四份指控，民主党提交了一份，指控库克群岛党在五个选区中贿选，申请重新计票。因库克群岛实行三权分立制度，在高等法院未召开听证会并对选举指控做出处理前，新一届议会会议不得召开。

二、2022年大洋洲其他国家政党政治发展

2022年，新西兰执政党工党遭遇反对党国家党强力挑战，民意支持率下滑，两党围绕2023年大选展开激烈角逐。所罗门群岛、汤加等国与新西兰形成对比，政党政治发展明显落后，独立议员的影响力远超政党。

---

［1］ Radio New Zealand, "Mark Brown Confirmed as Cook Islands Prime Minister", https://www.rnz.co.nz/international/pacific-news/472787/mark-brown-confirmed-as-cook-islands-prime-minister.

［2］ Jordan Fennell, "Cook Islanders 'Very Surprised' by General Election Results as Vote Counting Continues", https://www.abc.net.au/pacific/programs/pacificbeat/cook-islanders-very-surprised-by-e-lection/14001606.

［3］ Mina Amso, "Cook Islands General Election Campaign 'One of the Quietest'", https://pacificmedianetwork.com/articles/cook-islands-general-election-campaign-one-of-the-quietest.

［4］ Caleb Fotheringham, "'Last Term' for United Party Leader", https://www.cookislandsnews.com/national/politics/last-term-for-united-party-leader/.

第十一章 大洋洲国家政党政治发展与研究

(一) 新西兰政党政治风云突变

新西兰议会为一院制,赢得议席最多的政党或政党联盟组建政府,任期三年。上届大选于2020年举行,阿德恩率领执政党工党赢得过半席位,成功连任。但2022年受通胀高企、治安恶化、生活成本上升等因素影响,执政党工党民调支持率持续走低,甚至有被反对党国家党反超之势。

执政党工党波折不断。阿德恩自2017年起担任工党领袖和新西兰总理以来备受世界关注。在其带领下,工党势头强劲,她本人也被评为"新西兰一个世纪以来最受欢迎的总理"。但2022年国内外形势急转直下,工党面临巨大执政考验:受俄乌冲突和通胀危机等因素影响,新西兰国内生活成本上涨、产能紧张、劳工短缺等问题凸显;民众对疫情管控厌倦情绪上升,政府推动的"三水"改革[1]、国有媒体合并等改革措施饱受诟病;加之,新西兰社会矛盾加剧、犯罪案件频发、帮派势力活动猖獗等,民众对政府不满情绪积聚,工党民调支持率持续走低。

2022年6月,工党政府被迫进行2020年大选之后的首次内阁改组,时任移民部长、司法部长兼广播和媒体部长克里斯·法福伊和议长特雷弗·马拉德离职,希普金斯接任警察部长。[2] 同年10月举行的地方选举中,工党支持的多位中左翼改革派候选人被中右翼保守派候选人击败,如韦恩·布朗击败工党支持的埃菲索·柯林斯当选奥克兰市长;阿德恩支持的保罗·伊格尔在惠灵顿市长选举中仅位列第四,前绿党成员托利·瓦瑙胜选;菲尔·莫格和朱尔斯·拉迪奇分别在基督城和但尼丁胜选等。[3] 此次地方选举显示

---

[1] "三水"改革是工党政府推出的有关水利设施的改革举措,包括升级各地"三水"(饮用水、污水和雨水)基础设施、由新建国有企业取代地方议会直接控制相关水利设施等。但在推进过程中遇到阻力。

[2] Radio New Zealand, "Labour's Cabinet Reshuffle Sparked by Departure of Faafoi, Mallard", https://www.rnz.co.nz/news/political/469027/labour-s-cabinet-reshuffle-sparked-by-departure-of-faafoi-mallard.

[3] Nik Dirga, "Local Body Elections: Changing of the Guard across Country", https://www.rnz.co.nz/news/political/476311/local-body-elections-changing-of-the-guard-across-country.

出新西兰民众对政府的不满情绪,也为工党 2023 年大选敲响警钟。2022 年 12 月民调显示,工党支持率仅为 33%,为阿德恩 2017 年上任以来最低,国家党则比工党高出 5 个百分点,位列第一。[1]

与之相反的是反对党国家党蓄势待发。自 2021 年 11 月卢克森任国家党党魁后,该党民调支持率稳步上升,多次超越工党成为民众最信任的政党。卢克森曾任新西兰航空公司首席执行官,商界经验丰富。在他带领下,国家党主张政府应控制支出;承诺减税以帮助民众减轻生活压力;取消工党政府支持的旨在授权工会就各行业的最低工资和工作条件与雇主谈判的《公平薪酬协议》,以及两大国有媒体新西兰国家广播电台和新西兰国家电视台的合并计划等。针对新西兰飞车抢劫和帮派枪击事件频发的态势,卢克森多次呼吁撤销波托·威廉姆斯警察部长的职务,抨击政府对犯罪"非常软弱",主张必须对不断恶化的治安形势进行立法准备,强化执法力度并简化流程。[2]

在备受争议的"三水"改革议题上,卢克森还对工党发起猛烈攻势。2022 年 11 月,为保护水务资产的公共所有权,工党和绿党在未获足够跨党派支持的情况下通过《供水服务实体法案》刚性条款,规定该法案只有在获得国会 60% 的支持或举行公投的情况下才能被废除,引发社会热议。法律专家认为,刚性条款以往只适用于触及宪法核心的事务(如设置任期和投票年龄等),政府选择在"三水"议题上设置刚性条款,"触动了宪法根基"。[3] 卢克森借此大力抨击工党内阁和党团内部管理"十分混乱",政府应尽快放弃"三水"改革等。随着舆论发酵,阿德恩被迫承认"加入刚性条款是一

---

[1] New Zealand 1 News, "Poll: National and ACT Strengthen, Luxon Closes Gap on Ardern", https://www.1news.co.nz/2022/12/05/poll-national-and-act-strengthen-luxon-closes-gap-on-ardern/.

[2] Radio New Zealand, "Christopher Luxon Urges Poto Williams to be Removed as Police Minister", https://www.rnz.co.nz/news/political/468706/christopher-luxon-urges-poto-williams-to-be-removed-as-police-minister.

[3] Thomas Coughlan, "Labour Moves to Back Down on Three Waters Entrenchment Clause, as Advice Shows MPs Warned of Constitutional Problems a Year Ago", https://www.nzherald.co.nz/nz/politics/labour-moves-to-back-down-on-three-waters-entrenchment-clause-as-advice-shows-mps-warned-of-constitutional-problems-a-year-ago/5GGSR5FEHFBRNOA3XXOAKPM4II/.

个错误",将去除刚性条款相关内容等。[1] 卢克森还指出,在内阁做出决定后,外交部长兼地方政府部长马胡塔仍在议会支持采取刚性条款,是对"内阁规则的公开蔑视""表明阿德恩'已经失去了对内阁的控制'",呼吁阿德恩将马胡塔革职等。[2]

(二)所罗门群岛发生修宪风波

所罗门群岛议会为一院制,国民议会是国家最高权力机构,由直选的50名议员组成,任期四年。所罗门群岛政党发展时间较晚,政治忠诚度低,与选民联系弱,通常规模较小且存续时间短。政党的组建或活动仅为选举开展,主要发挥着为选举招募候选人的作用,以便于选后协商组成联合政府。多数情况下,所罗门群岛独立议员的人数要高于政党议员,政党最终还要争取部分独立议员支持才能组建联合政府。

所罗门群岛最近一次大选于2019年4月举行。索加瓦雷领导的我们的党联合卡德里党、民主联盟党和人民第一党合计赢得12个议席,后因争取到独立议员的支持,最终以33席赢得组阁权,成立"民主联盟进步政府"。

按照选举规定,所罗门群岛于2023年再次举行大选。但鉴于该国于2023年11月主办太平洋运动会,以其现有资源和能力无法同期举办两项重大活动。因此,2022年9月7日,所罗门群岛总理索加瓦雷向国民议会提交宪法修正案,希望将议会解散时间从原定的2023年5月推迟到年底,招致反对派不满。

所罗门群岛主要反对党所罗门群岛民主党党首马修·威尔公开抨击索加

---

[1] Adam Pearse,"'A Mistake Has Been Made':Prime Minister Fronts on Three Waters Backdown", https://www.nzherald.co.nz/nz/a-mistake-has-been-made-prime-minister-fronts-on-three-waters-backdown/PEQJEETKRZFOPGDHE4XV3KVMSQ/.

[2] New Zealand National Party,"Prime Minister Should Sack Nanaia Mahuta",https://www.national.org.nz/prime_minister_should_sack_nanaia_mahuta.

瓦雷总理延期选举"意在争权",其举动无异于"滥用程序"和"打击民主",[1] 还有反对派议员暗示,推迟选举是在"为外国势力服务"。[2] 针对反对派质疑,索加瓦雷总理回应称,提案表决过程公开透明,推迟大选决议完全合规。

在索加瓦雷提交提案的同一天,澳大利亚外长黄英贤对媒体宣称,澳大利亚可以资助所罗门群岛2023年如期选举。就此,所罗门群岛政府发布声明表示,澳大利亚政府选在法案交付国民议会审查当天向媒体公开此事,时间"不恰当",是对其"议会民主的侵犯"、对其"内政的直接干涉"。[3]

宪法修正案需要在50名议员中获得不少于三分之二的支持才能通过。9月9日,国民议会举行投票,最终以37票赞成、10票反对,通过该修正案。根据新法案,所罗门群岛本届议会将在2023年12月31日解散,大选在议会解散的四个月内举行。[4]

(三) 汤加"去政党化"势头明显

汤加受传统文化影响较深,政党政治发展较为迟缓。政党更多为选举而生,经常出现分裂、重组甚至消亡,稳定性较差。目前主要政党有友谊之岛民主党、汤加人民党。汤加议会施行一院制,即立法会议,每四年选举一次。议会由九名贵族议员和17名平民议员组成。首相从26名议员中选举产生,内阁大臣由首相提名。最近一届议会选举于2021年11月举行,两大政

---

[1] Kate Lyons, "Solomon Islands PM's Election Delay Push a 'Power Grab' Linked to China Pact, Opposition Leader Alleges", https://www.theguardian.com/world/2022/aug/11/solomon-islands-pms-election-delay-push-a-power-grab-linked-to-china-pact-opposition-leader-says.

[2] Pita Ligaiula, "Solomon Islands Government Push to Extend Parliament Influenced by Foreign Elements: Manuari", https://pina.com.fj/2022/09/01/solomon-islands-government-push-to-extend-parliament-influenced-by-foreign-elements-manuari/.

[3] Kate Lyons, "Solomon Islands Refuses Australia's Offer to Help Fund Election as 'Foreign Interference'", https://www.theguardian.com/world/2022/sep/07/solomon-islands-refuses-australias-offer-to-help-fund-election-as-foreign-interference.

[4] Koroi Hawkins, "Solomons Bill to Defer the Dissolution of Parliament Passed", https://www.rnz.co.nz/international/pacific-news/474421/solomons-bill-to-defer-the-dissolution-of-parliament-passed.

党分崩离析，取而代之的是大批新的独立议员的崛起。在 17 个民选议席中，友谊之岛民主党占三席，汤加人民党占一席，其余皆为独立议席。2021 年 12 月 15 日，前副首相、独立议员肖西·索瓦莱尼获得立法议会 26 席中的 16 票支持当选首相，并与友谊之岛民主党组成执政联盟。

2022 年，索瓦莱尼政府经历多起危机，包括年初的火山喷发和首次新冠疫情等，但都有效化解。目前尚无迹象表明以独立议员为主的执政联盟对首相索瓦莱尼的支持力度减弱，其政府地位相对稳定。

三、2023 年大洋洲主要国家政党政治展望

2023 年，大洋洲地区将有多个国家举行大选，其中既有政党政治相对成熟的新西兰，又有迄今无政党的密克罗尼西亚联邦、纽埃等。在动荡的国内外局势下，一些太平洋岛国虽已完成选举，但其执政党或执政联盟继续面临反对派攻讦甚至是执政联盟分裂的挑战，不排除政局再次动荡的可能。

（一）新西兰于 2023 年举行大选

2023 年 10 月 14 日，新西兰举行大选，各党派竞争日趋白热化。工党在新领导人希普金斯的带领下参选；国家党继续对执政党发起猛烈攻击；在两大政党"势均力敌"情况下，各小党派在稳固基本盘的同时积极拓展影响力，争取更多联合执政的可能。

工党党首易人。2023 年 1 月 19 日，新西兰总理、工党党首阿德恩以自己不再有"足够的精力"领导国家为由宣布辞职。消息一出，时任副总理、财政部长格兰特·罗宾逊第一时间表示自己无意接任总理，警察部长克里斯·希普金斯随后被工党核心小组确认为唯一提名人，接任工党党首并于 1 月 25 日宣誓就任新西兰总理。1 月 31 日，希普金斯进行内阁改组，副总理卡梅尔·塞普洛尼负责社会发展与就业、艺术、文化和遗产，工党副党魁、毛利选区议员凯尔文·戴维斯负责统筹毛利关系，罗宾逊继续担任财长，并

接任希普金斯成为议长。[1]

2023年，工党继续面临后疫情时代复杂的执政挑战。2022年，新西兰通胀率超过7%，处于历史高位。为抑制通胀，新西兰储备银行连续多次加息，以创纪录的速度将现金利率从1%提至4.25%，[2]但外部压力短期难以缓解，加上货币贬值推高进口成本，新西兰国内经济将持续承压。面对多重挑战，希普金斯将抑制通胀列为施政优先，集中精力解决生活成本、教育、健康、住房，以及治安等核心问题。[3]新西兰议会选举结果公布后，希普金斯承认工党选举失利。

国家党积极备战大选。2023年1月19日，卢克森对党内核心成员职务进行微调，承诺将力推经济发展，提供更优质的公共服务，同时将采取务实方案解决生活成本上升、飞车袭击和教育不振等棘手问题。[4]2023年1月30日，希普金斯接任阿德恩出任总理后的首次民调显示，工党支持率小幅回升，达到38%，反超国家党一个百分点。在首选总理的选择上，希普金斯和卢克森支持率不相上下，分别为23%和22%。[5]对此，卢克森表示，工党改组后支持率反弹"并不意外"，当前形势对国家党而言"并未改变"。2023年大选将是一场"势均力敌"的选举。国家党胜出后，10月14日晚，卢克森发表讲话时说，新政府将专注于安全、教育和挖掘"潜力"。

小党派或再成"造王者"。小党派历来是新西兰政坛的关键平衡力量，

---

[1] Radio New Zealand, "Prime Minister Chris Hipkins Reveals Cabinet Reshuffle", https://www.rnz.co.nz/news/political/483394/prime-minister-chris-hipkins-reveals-cabinet-reshuffle.

[2] Nick Perry, "New Zealand Hikes Interest Rate to 4.25% to Fight Inflation", https://apnews.com/article/inflation-business-new-zealand-economy-dollar-820f571afd2d70bc83cdd940edb76adf.

[3] Radio New Zealand, "Chris Hipkins Holds First Post-Cabinet Media Briefing as PM", https://www.rnz.co.nz/news/political/483085/watch-chris-hipkins-holds-first-post-cabinet-media-briefing-as-pm.

[4] New Zealand National Party, "Luxon Sets out Team to Contest the 2023 Election", https://www.national.org.nz/luxon_sets_out_team_to_contest_the_2023_election.

[5] Felix Desmarais, "First Poll Results with Chris Hipkins as PM Revealed", https://www.1news.co.nz/2023/01/30/first-poll-results-with-chris-hipkins-as-pm-revealed/.

第十一章　大洋洲国家政党政治发展与研究

大党通常需要联合小党执政。新西兰自1996年实行"混合比例代表制"[1]以来，直到2020年大选前，从未有单一政党能获得议会过半席位，2020年工党虽获过半席位（120席中的65席），但仍然选择与绿党联合执政。

绿党继续支持工党。绿党是新西兰政坛一股不可小觑的政治力量。历史上，绿党曾多次助力工党胜选，并在2017年大选后同工党、优先党联合执政，2020年继续与工党联合执政。根据2023年10月15日公布的大选结果，绿党获得14个席位。

行动党支持国家党。行动党政治立场偏右，是国家党的"铁杆盟友"。自2020年大选赢得10个席位后，行动党支持率基本维持在10%左右。在与其他党派的合作意向上，该党党魁大卫·西摩明确表示拒绝与毛利党合作。[2]

根据10月15日公布的结果，新西兰优先党获八个议席。该党由温斯顿·彼得斯从国家党出走后创立，曾三度进入执政联盟，同工党、国家党均有过合作，2020年大选因得票率未达到5%门槛且未获得选区席位，无缘议会。在联合倾向上，彼得斯表示不愿再与工党结盟，同时坚持不与毛利党合作的长期立场。[3]

10月15日统计结果显示，毛利党获得四个议席。根据2023年1月30日民调数据，行动党的支持率为10%（较两个月前民调下跌1%），绿党7%（下跌2%），新西兰优先党2%（下跌2%），毛利党1%。[4] 毛利党曾在

---

[1] 该制度结合多数代表制和比例代表制,选民投票时需投选区议员票和政党支持票两项,二者不必一致。

[2] Tess McClure, "NZ Māori Party Rules out Right-Wing Coalition After Next Election", https://www.theguardian.com/world/2022/may/31/nz-maori-party-rules-out-right-wing-coalition-after-next-election.

[3] Audrey Young, "'No One Gets to Lie to Me Twice'-Winston Peters Reveals the Party He Won't Work with", https://www.nzherald.co.nz/nz/politics/nz-first-leader-winston-peters-would-he-work-again-with-labour/WJHT3DVJFNBW5FYG2SKKFTGZRE/.

[4] Felix Desmarais, "First Poll Results with Chris Hipkins as PM Revealed", https://www.1news.co.nz/2023/01/30/first-poll-results-with-chris-hipkins-as-pm-revealed/.

2008—2017年和行动党一起支持国家党执政，但由于行动党曾提议废除毛利发展部等机构，毛利党现已排除与行动党合作的可能。[1] 2023年11月24日，国家党、行动党、优先党领导人签署正式协议，宣布组建由国家党领衔的新一届政府。

（二）澳大利亚2023年政党政治展望

工党政府上台以来，无论是内政还是外交均有新的开局。2023年1月民调显示，工党以42%对29%继续领先反对党联盟党；工党党首阿尔巴尼斯则继续以55%对20%的优势大比分领先自由党党首达顿，成为"首选总理"。在内外环境不稳的情况下，其施政面临诸多难题和挑战。

抑制通胀为工党政府当前首要任务。工党承诺将全力降低民众生活成本、改善民生，这既是其2022年赢得大选的原因，也是其执政面临的挑战。在全球经济遭遇逆风，能源危机、通胀危机蔓延的背景下，即便是对外贸易表现不错的澳大利亚也难独善其身。2022年第四季度澳通胀率已逼近8%，为1990年来最高水平。尽管自2022年5月起，澳进入紧急加息通道，截至2023年2月已连续九次加息至3.35%，但抗通胀效果不彰，且进一步加重了贷款家庭的生活压力。[2] 受消费者信心及加息影响，澳房地产市场也经历自20世纪80年代初以来最严重的冲击，房价到2024年年底预计下跌20%。[3] 澳国库部长查尔默斯直言，通胀危机已经成为澳经济最大挑战。澳央行也下调了对本国经济的增长预期。[4]

较之联盟党政府，工党政府在气候行动上更加积极。上台之初就提出更

---

[1] ACT New Zealand, https://www.act.org.nz/cn-press-releases/100.
[2] Michael Janda, "The Biggest Cost-of-Living Increase this Year—Rising Interest Rates—is Set to Rise Again", https://www.abc.net.au/news/2022-11-01/the-biggest-cost-of-living-increase-interest-rates-set-to-rise/101597166?utm_source=sfmc&utm_medium=email&utm_campaign=abc_news_newsmail_am_sfmc&utm_term=&utm_id=1968089&sfmc_id=103585427.1101.
[3] Shane Wright, "Property Prices to Fall up to 20 Percent: RBA", *Sydney Morning Herald*, October 23, 2022.
[4] Reserve Bank of Australia, "Statement by Philip Lowe, Governor: Monetary Policy Decision", https://www.rba.gov.au/media-releases/2022/mr-22-36.html.

大的减排目标,承诺到2030年将在2005年的基础上减排43%,但与绿党和独立议员的期待还有差距。未来工党政府如何在保持澳传统资源行业国际竞争力的同时,发展绿色经济、兑现减排承诺,气候行动如何见实效,考验其施政能力。

在澳大利亚实行"共和制"的思潮上升。澳既是当今世界现存的56个英联邦国家之一,还是其中14个奉英国君主为最高元首的主权国家之一。过去几十年,澳国内一直存在政体的争论。传统上,澳工党主张共和制,联盟党则支持君主制。1999年,澳国内曾就此进行全民公投,最终55%的人支持君主制,英国王得以继续为澳最高元首。英女王于2022年9月8日去世后,澳国内有关"脱离英联邦"的论调重新提上日程。澳大利亚新工党政府一方面向女王致敬并哀悼,如澳议会休会两周;总理阿尔巴尼斯和总督赫尔利专程前往伦敦参加葬礼并举国哀悼;赫尔利还宣布查理三世为澳新的国家元首等。另一方面,工党长期主张的共和制也被外界普遍视为"重获生机"。阿尔巴尼斯虽表示"现在谈共和制还为时尚早",不会承诺在第一个任期内就举行全民公投、改行共和制等,但新政府已经专设负责共和制事务的助理部长。该助理部长马特·齐索斯威特就职时曾表示,在英女王离世后,澳应该慎重考虑转为共和制的问题;澳应该拥有自己的国家元首,这代表了澳大利亚的独立与成熟。2023年2月,澳大利亚对外宣布,未来发行的新版5澳元纸币将选用澳大利亚人的形象,以此向"澳大利亚本土文化和历史"致敬,迈出了"脱英"的重要一步。而自由党党首达顿则表示澳大利亚应继续保持君主制。未来,澳大利亚政体改革与否不仅将重新萦绕在澳国内政治讨论中,也将成为全球英联邦国家改革的一个风向标。

(三)斐济2023年政党政治展望

此次斐济优先党败选的原因在于经济发展状况不佳、生活成本上升及选民对"变革"的诉求等。2022年,斐济消费者物价指数一路飙升,从2021年的0.2%增至4.8%,接近5%的严重通胀警戒线。此外,贫困率上升、外债居高不下等问题也成为困扰经济发展的重要因素。为此,振兴经济、回应民众对生活成本的关切、控制政府债务成为新政府的施政重点。新政府将重点完善福利制度、增加低收入者保障、刺激旅游业"回暖"同时推动经济多元化发展等。[1]

但新政府上台后的"政治洗牌"或将为其执政埋下隐患。据悉,前总检察长海尤姆已被控在选后"煽动对抗";[2] 被视为姆拜尼马拉马"亲信"的警察局长斯提西蒂韦尼·奇利霍和惩教署总长弗朗西斯·基恩现已停职接受调查,预计将被移送至法院审理;[3] 前选举监督员萨尼姆因涉嫌滥用职权正在接受反腐败机构的调查,已被禁止出境等。[4]

(四)巴新2023年政党政治展望

巴新政党制度尚不完善,大多数政党缺乏完善的政策框架,规模很小,其兴衰取决于领导者的个人吸引力和执政资源。由于巴新政党成员"跳党"现象十分普遍,支持政府的议员人数往往是持续变化的,在执政党和反对党势力此消彼长的过程中,政党不断被淘汰、重组和新建。作为2022年选举中最大的政党,盘古党在执政联盟中占据主导地位,并占据33人内阁中的22个部长职位,[5] 因此马拉佩在决策制定和政策执行方面阻力较小。

在政策安排上,马拉佩承诺"使巴新人成为资源的最大受益者""使巴新成为世界上最富有的黑人基督教国家",努力让该国在2030年实现经济独

---

[1] Navitalai Naivalurua, "Diversification Has been Happening in Fiji", https://www.fijivillage.com/news/Diversification-has-been-happening-in-Fiji--Usamate-5xfr84/.

[2] Marian Faa and Lice Movono, "Former Fiji Attorney-General Aiyaz Sayed-Khaiyum Under Police Investigation", https://www.abc.net.au/news/2022-12-30/former-fiji-attorney-general-sayed-khaiyum-under-investigation/101816200.

[3] Shayal Devi, "Two out of Office", https://www.fijitimes.com/two-out-of-office/.

[4] New Zealand Radio, "Ex-Elections Boss being Probed by Fiji Anti-Corruption Agency", https://www.rnz.co.nz/international/pacific-news/483568/ex-elections-boss-being-probed-by-fiji-anti-corruption-agency.

[5] Maholopa Laveil, "Party Politics Papua New Guinea", https://www.lowyinstitute.org/the-interpreter/party-politics-papua-new-guinea.

立。为此，政府将延续资源国有化思路，继续推进现有资源开发项目，重启自2019年关闭的潘古纳金矿，埃克森美孚、道达尔等跨国公司在巴新的天然气项目也将陆续开工，出口和外汇收入将会增长；计划在巴新国内建设金矿精炼厂，提高本土加工水平，改善该国局限于资源出口的困境；重点推进农业、林业和渔业的国内市场供给，为此新设咖啡、棕榈油部长；[1] 为商业、贸易和投资创造有利环境，聚焦发展经济特区和小微企业；落实"联通巴新"项目，通过改善基础设施实现包容和平衡的经济增长等。[2]

但与此同时，高地部落冲突反复延宕，官员腐败影响社会凝聚力和稳定性，资源开发相关产业中土地所有权和环境保护问题也极易引发争端，发展不充分、不平衡、通胀和生活成本上升等问题仍困扰马拉佩政府。此外，布干维尔独立问题悬而未决。巴新布干维尔自治政府主席托罗阿马明确表示，2022年大选将是布干维尔最后一次参加巴新选举，自治区计划在2025—2027年实现独立，并敦促政府尽快按照独立公投决议推动议会立法进程。[3]

根据巴新宪法，在选前12个月和选后18个月内，议员不得向政府提出不信任动议，因此直到2024年2月，马拉佩政府将不会面临不信任动议的挑战。

（五）瓦努阿图2023年政党政治展望

2022年议会选举中，卡尔萨考为首的执政联盟优势来之不易。执政联盟如何巩固权力、扩大优势、力争任满四年其主要挑战。若其在疫后复苏、土地问题、处理腐败、对外关系等问题上不能有所作为，反对派势将再度发难。

---

[1] Rebecca Kuku, "Papua New Guinea Brings in Minister for Coffee", https://www.theguardian.com/world/2022/aug/24/papua-new-guinea-brings-in-minister-for-coffee.

[2] PM JAMES MARAPE News Page, "PM Marape Addresses 'Back to Business' Breakfast", https://pmjamesmarape.com/pm-marape-addresses-back-to-business-breakfast/.

[3] 南太之声：《巴新布干维尔自治政府再发独立声明：这是最后一次参加全国大选》，http://apps.southpacificnews.net/static/content/DG/2022-06-10/app_984781003824705536.html。

此外,瓦努阿图近年坚持"不结盟"政策,[1] 对中、澳、新等均持友好合作态度,常就气候变化等议题向西方国家施压;2022 年 6 月,拉夫曼曾同中国外交部长王毅交流并达成诸多共识。卡尔萨考执政后是否会延续过往稳健的对外政策,值得关注。

(六) 所罗门群岛 2023 年政党政治展望

2022 年,美国和部分西方国家以各种形式加大对所罗门群岛的介入力度,面对复杂形势,所罗门群岛政府能否稳住局面、平稳迎接 2024 年年初的大选备受考验。

2023 年,所罗门群岛反对派在太平洋运动会、推迟选举和政府推进的其他议程上继续向政府施压。对所罗门群岛政府而言,维持国内政局稳定、顺利举办太平洋运动会、落实民生承诺是大选"加分项"。2023 年 11 月,第十七届太平洋运动会在所罗门群岛举行。但是,所罗门群岛总理索加瓦雷认为,所罗门群岛无力在同一年同时举办 2023 年太平洋运动会和议会选举两大重大活动。

(七) 密克罗尼西亚联邦于 2023 年举行大选

密克罗尼西亚联邦没有政党,政治结构简单。全国共分为四个州,从西往东依次为雅浦、丘克、波纳佩和科斯雷。议会采取一院制,由 14 名议员组成,其中,10 名议员任期两年,按人口比例在四个州内分配;另外四名议员任期四年(又称"全任期"议员),每州一名。[2] 总统为国家元首,也是政府首脑;总统和副总统从国会四位四年期议员中选举产生。

2023 年为密克罗尼西亚选举年,议会选举于 2023 年 3 月进行,选举出

---

[1] Dubravka Voloder, "Vanuatu Hospital Staff Using Pen and Paper After Cyber Attack that Crippled Public Sector", https://www.abc.net.au/news/2022-11-29/cyber-hack-cripples-vanuatu-public-sector/101705322.

[2] 叶浩豪:《大洋洲主要岛国的政治经济与外交:现状与展望》,载魏明海、喻常森主编:《大洋洲蓝皮书:大洋洲发展报告(2012~2013)》,北京:社会科学文献出版社,2013 年版。

14 名议员，其中包括四名任期四年、代表该国四个州的议员，总统和副总统从这四名议员中产生。总统选举于 5 月 11 日进行。韦斯利·西米纳当选该国第十任总统，阿伦·帕利克当选副总统。

（八）纽埃于 2023 年举行大选

纽埃是新西兰的自由联系国，英国王为象征性国家元首，新西兰总督代行英国王职责。其议会为一院制，每届任期三年。纽埃总理为政府首脑，在 20 名议员中以绝对多数的方式投票产生，可连选连任。纽埃现无政党，议会选举更多基于个人声誉。现任总理多尔顿·塔格拉吉于 2020 年 6 月当选，不属于任何政党。

第十二章
欧洲国家政党政治发展与研究

林德山[*]

本报告的"欧洲"是以欧盟为主体的除东欧六国外的其他欧洲国家[1],以及未加入欧盟的冰岛和挪威。2022年,欧洲多国举行了选举,俄乌冲突对欧洲政党政治产生了深远影响,与此同时,欧洲左右政治出现了一些新的发展趋向。

一、2022年欧洲选举政治

2022年,本报告所讨论的欧洲国家中的葡萄牙、马耳他、斯洛文尼亚、法国、瑞典、意大利、拉脱维亚、丹麦举行了议会选举,并产生了新政府,

---

[*] 林德山,中国政法大学政治与公共管理学院教授。

[1] 英国"脱欧"后,欧盟现有27国:奥地利、比利时、保加利亚、塞浦路斯、克罗地亚、捷克、丹麦、爱沙尼亚、芬兰、法国、德国、希腊、匈牙利、爱尔兰、意大利、拉脱维亚、立陶宛、卢森堡、马耳他、荷兰、波兰、葡萄牙、罗马尼亚、斯洛伐克、斯洛文尼亚、西班牙、瑞典。本报告不包括已加入欧盟的东欧六国(波兰、匈牙利、捷克、斯洛伐克、保加利亚、罗马尼亚)。

奥地利举行了总统选举。此外，德国、西班牙以及意大利的部分地区举行了地方选举。这其中，法国大选（包括总统选举和国民议会选举）、意大利、瑞典以及斯洛文尼亚的选举影响尤为突出，对欧洲政党政治的走向产生了直接影响。[1]

（一）法国大选及其影响

2022年法国总统和国民议会选举是继2021年德国大选后又一直接影响欧洲政治走向的重大选举。此次选举中，法国传统主流政党政治地位进一步下降，2017年大选形成的中间与极端对立的格局得到进一步确认，同时政党结构的碎片化进一步加剧。

1. 2022年法国总统选举和国民议会选举

法国两轮总统选举分别于2022年4月10日和24日举行。与2017年法国总统选举一样，马克龙和国民联盟候选人玛丽娜·勒庞[2]进入了第二轮，最后马克龙战胜勒庞，成为2002年以来第一个连任的总统。不过，与2017年法国总统选举相比，此次总统选举有几个特点。首先，竞争更为激烈。2017年法国总统选举第一轮虽然竞争激烈，但第二轮几无悬念，马克龙支持率始终保持了对勒庞约30%的优势。而2022年总统选举的第一轮形势相对明朗，选票主要集中在马克龙、勒庞以及梅朗雄三人，但第二轮更为激烈。马克龙虽然始终保持领先，但与勒庞支持率的差距却在逐步缩小。最后马克龙以58.55%对41.45%的优势战胜了勒庞。其次，传统左右翼的两大主流政党法国社会党和共和国人党出现了边缘化的趋势。两党各自推出的女候选人巴黎市长安妮·伊达尔戈和巴黎大区议会主席瓦莱里·佩克雷斯。两人分别

---

[1] 有欧洲评论将意大利出现战后首个极右翼政府领导人、匈牙利的维克多·欧尔班破纪录的再次连任、极右翼的瑞典民主党成为瑞典2022年选举的最大赢家、马克龙连任法国总统，以及斯洛文尼亚的民粹主义领导人扬沙下台视为"2022年改变欧洲的五次选举"。参见：Estelle Nilsson-Julien, "Five Elections that Changed and Shaped Europe in 2022", https://www.euronews.com/my-europe/2022/12/27/five-elections-that-changed-and-shaped-europe-in-2022。评论中的匈牙利不在本研究范围内。

[2] 以下简称"勒庞"，其父让-玛丽娜·勒庞简称"老勒庞"。

创下了两党各自历史的最差成绩，得票率都没有超过5%，佩克雷斯以4.78%的得票率位列第五，而伊达尔戈更是以1.75%的得票率在12位候选人中位列第10。再次，另一极右翼代表人物泽莫尔的参选及其表现成为本次大选中的另一重大变数。极右翼的媒体明星泽莫尔的高调参选一度直接导致勒庞支持率的下降，并令选举的形势不明，只是在第一轮选举的最后阶段（2022年2月以后）由于泽莫尔支持率持续走低，勒庞的支持率才相应攀升。

总统选举之后进行的国民议会的两轮选举投票分别于2022年6月12日和19日进行。此次国民议会选举被认为是进入21世纪以来法国最不确定的立法选举。选举主要围绕四个选举联盟进行：马克龙领导的中间"团结联盟"，包括了马克龙的复兴党，民主运动，地平线[1]及其联盟；左翼的"新生态和社会人民联盟"，包括了梅朗雄领导的"不屈的法兰西"、绿党、法国共产党和社会党等；中右联盟，包括了共和国人党、民主与独立派联盟及其联盟；国民联盟。选举竞争激烈。第一轮投票结果左翼联盟和中间团结联盟各自以26%左右的得票率排在前列，国民联盟获得19%选票，民主与独立派联盟获得11%。第二轮投票结果显示，团结联盟虽然赢得了245席的相对多数，但未能取得绝对多数，而中左联盟赢得了131席，[2]国民联盟获89席，中右联盟获64席。由此出现了2000年宪制公投（决定将总统任期从七年减少至五年）以来的第一个悬浮议会，这是对马克龙的沉重一击。在各党间围绕组成稳定多数政府的谈判迅速失败后，组成了以伊丽莎白·博尔内为总理的少数政府。

---

〔1〕地平线(Horizons)是由法国政府前总理爱德华·菲利普组织领导的一个新政党，成立于2021年10月。该党创立的目的是吸引2022年总统大选马克龙支持者。菲利普使用该词作为党名的意思是要使该党成为所有思想和观念的汇聚地。

〔2〕本次法国国民议会选举由于政党众多和候选人归属的选举联盟的关系复杂，不同来源的各联盟的最后席位统计数据不一致，如左翼联盟的席位数有131、142和151等不同数目。本文选择的是法国内务部公布的数据。

2. 2022年法国大选显示的法国政党政治新变化

2022年大选显示了法国政党政治两大变化趋向。

首先，法国政党政治从传统的左右翼竞争格局向新的左中右格局变化的趋势逐渐明显。2017年大选之前的法国政党政治呈现典型的左右政治格局，以戴高乐及其继承者为主的右翼保守主义力量和以社会党、共产党为主体的左翼力量，构成这一结构的主体。虽然随着国民阵线的崛起，该体系开始受到冲击，但在一段时间内，法国的总统和国民议会选举制度一定程度上限制了极端势力的挑战能力。[1] 2017年大选随着马克龙的崛起和两大主流政党的衰退，法国隐隐出现了中间与极右对立的格局。不过，由于国民阵线在国民议会选举中仅获得八席，尚不及新成立的"不屈的法兰西"（17席），两大传统左右主流政党保留了在国民议会中与多数党马克龙所属政党对峙的格局。但2022年大选中，无论是在总统还是在国民议会的选举中，两大主流政党都在进一步衰落，法国政党政治中间与左右两极对峙的格局初步形成。在总统选举中，马克龙保持了对中间选民的吸引力，而勒庞和梅朗雄分别吸引了左右两端更为激进的选民。在总共12位候选人中，三人在第一轮投票中获得了约73%的选票，如果把泽莫尔获得的7%归之为极右力量，那么其总数达到了80%。而国民议会的选举进一步强化了该格局。在总共577个席位中，中间的团结联盟（245席）、左翼联盟（131席）和国民联盟（89席）共占了465席，中右联盟仅64席。从政党的席位分布来看，马克龙领导的复兴党（172席）、勒庞领导的国民联盟（89席）和梅朗雄领导的"不屈的法兰西"（75席）分别成为前三大党。激进右翼和激进左翼同时超越了共和国人党（62席）和社会党（31席）。不过由于团结联盟失去议会绝对多数，以共和国人党为主的中右联盟依然显示出造王者的角色意义。被视为左右两

---

[1] 指法国总统和国民议会的两轮选举制对极右翼政党的影响，尤其是其他力量的联合抵制致使其难以实现第二轮突破。因此，国民阵线在国民议会中的实际席位数往往与其得票率不成正比。

极代表的"不屈的法兰西"和国民联盟，已经实际成为影响法国政治权力结构和政治走向的重要因素。这可谓法国政治生态最突出的一个变化趋向。

其次，左右翼力量的分化与联合的并存趋势初显端倪。极右翼力量出现分化和左翼阵营出现新的联合迹象，是2022年法国大选所显示的两个重要变化。进入21世纪后，左翼的分化与极右翼国民阵线的发展成为影响法国左右政治平衡的两个关键因素。社会党的中间路线与激进左翼之间日趋加剧的分化直接影响了左翼阵营的力量变化，而脱离社会党后的梅朗雄变得日趋激进并成为激进左翼的主要代表，这更加大了中间化的社会党与激进左翼之间的政治距离。而与此同时，勒庞成为国民阵线领导人后推行的"去妖魔化"运动，则促进了国民阵线的发展。勒庞及国民联盟（国民阵线）在2017年和2022年大选中的突出表现显示了其效果。而在2022年大选中，影响法国左右政治平衡的这两方面因素都发生了新的变化。泽莫尔的参选及其对勒庞的影响表明他们在社会基础上的重叠。尽管泽莫尔没有影响最终的结局，[1]但这一现象显示了勒庞在开展去妖魔化运动同时，也带来了其传统支持力量分化。

而对于长期分化的法国左翼阵营来说，2022年大选中的一个重要的变化是在国民议会的选举中出现的联合。由于梅朗雄在总统选举中以微弱的劣势[2]未能进入第二轮，左翼力量更急迫地意识到了分化的左翼[3]会削弱左翼在法国政治中的整体影响力，而阻止马克龙中间派进一步控制政府权力的唯一希望是左翼各力量间的联合。在此背景下，总统选举结束后，为阻止马克龙领导的政党继续赢得议会多数并抑制国民联盟，梅朗雄领导的"不屈的

---

[1] 总统选举中没有进入第二轮的泽莫尔表示支持勒庞，而在国民议会中，泽莫尔领导的政党由于没有过门槛线未能进入第二轮。

[2] 他以1.2%的差距排在勒庞之后。

[3] 在此次总统选举中，除"不屈的法兰西"和社会党外，法国共产党、极左的新反资本主义党、托派组织工人斗争党都各自推出了自己的总统候选人，而除梅朗雄外，其他候选人第一轮的得票率都在3%以下。

法兰西"寻求在"新生态和社会人民联盟"的旗帜下,将左翼趋向的政党联合起来。经过谈判,欧洲生态-绿党、法国共产党以及社会党相继加入了该联盟。这也是自1997年的多边左翼[1]后的首次左翼联盟。梅朗雄及其"不屈的法兰西"是该联盟的核心。尽管社会党少数不赞成加入该联盟,而一些激进左翼力量则因为联盟的妥协而反对加入联盟,但这毕竟显示了在社会党急剧衰落背景下的左翼联合新迹象,尤其是它在国民议会中隐隐显示了左翼替代的意义。

(二) 意大利大选

意大利由于其特殊的历史背景和选举制度,政党的分化与组合现象更为突出,形成了党派林立和缺乏稳定的政治力量的特点,以及由此所导致的政党结构不稳定。[2]在最近几次的选举中,政府领导角色不断更新,政党的组合变化不断,且大起大伏。2018年大选由于没有一支力量赢得议会多数,意大利政局不稳。2021年初成立的马里奥·德拉吉(Mario Draghi)政府是一个得到五星运动和民主党支持的全国联合政府。2022年7月,由于作为议会第一大党的五星运动撤销对德拉吉政府的支持,德拉吉宣布辞职,意大利总统宣布解散议会,并于2022年9月25日举行大选。这是意大利在宪法公投减少了众议院和参议院的席位数后进行的首次大选。

本次选举是在原议会第一大党五星运动急剧下滑、意大利兄弟党影响力急剧上升的背景下进行的。竞选运动主要围绕中右联盟和中左联盟进行。竞选运动一开始,联盟党、意大利兄弟党、中间联盟和"我们与意大利"组成的中右翼联盟,就联盟力量之间的单一成员区分配达成了协议,并就总理候

---

[1] 1997年国民议会选举中,法国社会党与绿党和共产党组成多边左翼联盟,战胜右翼,取得了与右翼总统共治的机会并组建了由若斯潘领导的左翼政府。

[2] 与其他国家选举制度不同,意大利参众两院均由选民直接选举产生,且政府的组织取决于参众两院的多数,而且选区众多。这导致该国难以形成稳定的政治领导力量,政党的联盟组合是赢得选举和组织政府的关键。2020年意大利宪法公投,将意大利众议院席位从630席减少到400席,参议院从315席减少到200席。

选人达成了一致，同意由获得选票更多的政党推出候选人。由于焦尔吉娅·梅洛尼领导的意大利兄弟党在民调中表现强劲，它获得了在98个选区的候选人提名。面对右翼尤其是意大利兄弟党的政治强势，恩里科·莱塔领导下的民主党寻求建立一个广泛的中左翼联盟。由于在对待前德拉吉政府问题上不同意见形成的隔阂，莱塔与五星运动领导人孔特相互指责。莱塔从一开始就排除了与五星运动联盟的可能，而孔特则表示五星运动将作为民主党左端的进步主义力量单独参加选举。最后民主党分别与中间力量的行动党、红绿联盟（绿党和左翼联盟）、从五星运动中脱离出来的迪马约[1]领导的公民承诺达成协议，组成了中左联盟。但由于该联盟构成的复杂，成员之间在政治理念上的差异导致一些力量脱离了联盟。由卡洛·卡伦达领导的行动党与由前总理伦齐领导的意大利万岁组成了行动党-意大利万岁联盟。[2]

在创纪录的低投票率[3]背景下，梅洛尼的党以26%的得票率成为议会第一大党，按照选举前的中右翼联盟协议，她作为总理候选人得到了右翼联盟的支持。联盟党和意大利力量党均损失惨重，得票率分别为8%，中间联盟得票率低于1%。中左翼联盟比2018年的得票率和席位百分比略有提高，民主党的得票率为19%，绿党和左翼联盟的得票率超过3%；更多的欧洲和公民承诺未能达到选举门槛。五星运动在竞选前的民调支持率一度低于10%，最后获得了15%。行动党-意大利万岁联盟获得7%。议会中的其他代表是两个地区主义政党：南方呼吁北方党和南蒂罗尔人民党。在意大利选举法和实行平行投票的混合选举体制下，中右翼联盟虽然只获得了44%的选票，但已赢得绝对多数席位，其中包括83%的实行简单多数制的单一选区席位。

---

[1] 围绕德拉吉政府信任危机，五星运动内部出现分歧，外长迪马约宣布脱离五星运动另建共创未来党，表示继续支持德拉吉政府。

[2] 又称"第三极"，卡洛·卡伦达任党首。

[3] 本次选举63.9%的投票率创意大利共和国历史上的最低投票率，比2018年大选低了9个百分点。

10月22日梅洛尼被任命为新总理,她是意大利第一位女总理,同时是欧洲大国中第一个来自极右翼政党的政府领导人,因此引起了欧洲以及国际社会的广泛关注。选举结果突出反映了意大利选民求变的心理。据英国政治分析家沃尔夫冈·皮科利估计,此次选举估计有30%的选民选择了与自己在2018年选举中投票所不同的政党,它"证实了意大利选民仍然变化无常"。[1]

(三) 欧洲其他选举

除法国和意大利外,瑞典、葡萄牙、丹麦、斯洛文尼亚和马耳他也分别在2022年举行了大选。这些选举在不同程度上影响了欧洲政治的左右平衡。

2022年9月11日进行的瑞典大选再次显示了欧洲极右翼力量政治影响力的扩大。选举中,执政的瑞典社会民主党虽然席位略有增加(从100席增长到107席),但由于作为左翼联盟伙伴的左翼党和中间党的表现不佳,安德松领导的中左翼联盟(社会民主党、左翼党、中间党、绿党)以三席之差输给了右翼联盟(瑞典民主党、温和党、基督教民主党、自由党),并失去了政府多数。瑞典社会民主党领导人安德松辞职。经过一个月的组阁谈判,温和党领导人克里斯特松领导组织了右翼联合政府。本次选举的最大赢家实际是瑞典民主党。该党以73席超越了温和党(68席),成为议会第二大党,同时也是右翼联盟中最大的党。克里斯特松政府是在右翼四党协议基础上成立的,这也是瑞典民主党第一次对政府的组织产生实际影响。虽然民主党并没有直接参加政府,但其作为右翼联盟中最大的党,其政治地位意味着离开了瑞典民主党的支持,克里斯特松政府几乎很难通过任何重大政策。

另一影响欧洲右翼民粹主义力量政治影响力变化的选举是2022年4月24日举行的斯洛文尼亚议会选举。选举结果显示,罗伯特·戈洛布领导的自

---

[1] Frances D'Emilio, Nicole Winfield and Giada Zampano, "First Female Premier Poised to Take Helm of Italy Government", https://apnews.com/article/russia-ukraine-elections-migration-economy-866fe6cb6a35cc96aaff064a832acaf6.

由运动党击败了在任总理亚内兹·扬沙领导的斯洛文尼亚民主党。6月罗伯特·戈洛布出任新总理并组织内阁。扬沙被视为欧洲的民粹主义领导人，因此本次选举被认为是对欧洲民粹主义力量的一个打击。自由运动党是2022年1月新成立的一个政党，是绿色行动者的继承者，一个社会自由主义者和生态自由主义者的政党。该党的胜利也可视为欧洲生态主义力量政治影响力扩大的又一表现。

此外，在2022年，葡萄牙、丹麦和马耳他的选举主要还是在传统左右框架下进行的。其中，2022年3月26日的马耳他选举中，2013年以来一直执政的工党保持了第一大党地位，反对党国民党位居第二。而2022年1月30日葡萄牙进行的议会提前选举出现了左翼社会党和右翼民粹主义政党同时收获的局面。本为少数政府的葡萄牙社会党以41.38%的得票率和120席位出人意料地获得了议会（总共230个席位）多数，而激进左翼的左翼集团和由葡萄牙共产党和生态绿党组成的选举联盟统一民主联盟分别丢失了半数以上的席位，其中，生态绿党第一次失去了所有席位，它的部分选民转向了社会党。中右翼的社会民主党保持了稳定，但未能缩小与社会党的差距。2019年成立的右翼民粹主义政党"够了"党获得12席（激增11席），成为议会第三大党。自由事业党以八席成为第四大党（增加了七席）。两党都大幅增加了席位。

在另一北欧国家丹麦，选举产生了新的跨左右翼的联合政府。由于对社会民主党少数政府提供支持的激进党退出对政府，2022年11月1日丹麦举行了提前大选。左翼联盟以一席优势取得议会多数，其中社会民主党获得了近20年来的最好成绩。而激进党则取得其史上最差的选举成绩。作为丹麦老牌大党的自由党同样损失惨重，损失了40%以上席位，这是其近30年来最差的选举结果。而两个新党温和党和丹麦民主党分别获得16席和14席，成为第三、第五大党。该议会中有三分之一（64人）的新面孔，他们主要来自丹麦民主党、自由联盟和温和党。大选后，在任首相梅特·弗雷泽里克森获得了领衔组阁的权力，虽然左翼联盟赢得了多数，但弗雷泽里克森履行其在竞选中的承诺，选择尝试与自由党和其他来自蓝色阵营的政党组织一个中间政府。经过谈判，最后组成了由社会民主党、自由党和温和党组成并得到一些小党的外部支持的联合政府。这也是自 1977 年以来丹麦首次出现包括两大党的政府。

除上述国家议会选举外，德国、西班牙以及意大利的部分地区举行了地方选举。其中，在西班牙卡斯蒂利亚-莱昂自治区和安达卢西亚地区举行的地方选举中，极右翼的呼声党成为地区第三大党，该党且在卡斯蒂利亚-莱昂自治区与右翼的人民党组成了多数政府。而在德国萨尔州、石勒苏益格-荷尔斯泰因州和北莱茵-威斯特伐利亚州举行的选举中，德国传统两大政党互有得失。社会民主党在萨尔州取得历史性的多数，但在石勒苏益格-荷尔斯泰因州基民盟则以压倒性的优势获胜，社会民主党损失惨重，排在了绿党之后。其他一些在德国联邦议会中拥有位置的政党，在不同地区同样出现了得失均有的形势。绿党在石勒苏益格-荷尔斯泰因州成为第二大党，在北莱茵-威斯特伐利亚州得票率几乎增加了两倍，由 6.4% 增长到 18.2%，在这个州它都与基民盟组成了联合政府，但在萨尔州却未过门槛线。所有政党中，自由民主党的表现最差，该党在萨尔州未过门槛线，在另两州得票率也大幅下降。而令人关注的德国选择党的表现同样差强人意，它虽然在萨尔州成为州议会中两大党外的唯一小党，但在石勒苏益格-荷尔斯泰因州却因未过 5% 门槛线而失去了代表权。在北莱茵-威斯特伐利亚州得票率也下滑了。

二、欧洲各国选举体现的政党政治变化特征

上述 2022 年欧洲国家的选举政治显示了欧洲政党政治的一些变化特征。

（一）右翼民粹主义政党政治影响力的显著扩大

右翼民粹主义政党政治影响力的显著扩大是 2022 年欧洲选举政治最突

出的特点。多个右翼民粹主义政党通过选举政治的突破，拥有了实际决定或影响政府政策的能力。一个时期里，在主流政党的共同抵制之下，欧洲右翼民粹主义力量在拥有实际的国家权力——主要指政府权力——方面作用有限，实际限制了其政治影响力。但这种限制在2022年欧洲国家层面（意大利、瑞典和法国）以及地方层面（西班牙）都被打破了。梅洛尼及其所领导的意大利兄弟党不仅成为意大利的政府领导者，更由于其所领导的中右翼联盟在参众两院同时拥有绝对多数席位而获得了必要的政治授权，其政治寓意在长期动荡的意大利尤显突出。而且，作为欧洲大国领导人，梅洛尼本人及其所领导的党在欧洲具有的象征意义，[1] 其影响不仅仅限于意大利本身。意大利民主党领导人恩里科·莱塔因此称这是"意大利和欧洲悲伤的一天"。[2] 在人们所担心的欧盟层面，虽然鉴于作为欧盟成员国意大利实际受到的限制，梅洛尼政府成立后难以在大的方面突破欧盟的既有框架，但在一些具体政策方面会带来对既有政策体系的冲击。其中最有可能带来的变化是移民政策，这种变化可能会与其他欧盟国家产生摩擦。如梅洛尼呼吁进行海上封锁，以防止移民船离开北非海岸，并建议在非洲而不是欧洲筛查潜在的寻求避难者。事实上，梅洛尼政府新任内务部长马泰奥·皮安泰多西在上任后不到48小时就颁布指令，禁止载有移民的"海洋海盗号"和"人类一号"（*Humanity One*）等非政府组织船只进入意大利港口。他还考虑恢复萨尔维尼之前的安全法令，其中包括针对2021至2022年间增加的非法移民的措施。这些举措加剧了人们对意大利政府政治走向的担忧。在瑞典，瑞典民主党虽未直接参与政府，但却事实上成为右翼政府得以成立和实施政策的主要依赖对象。此外，它还可以通过其在议会中所分配的议会委员会主席的职位

---

〔1〕 梅洛尼是欧洲保守和改革党主席，该党成员包括了诸如瑞典民主党、西班牙呼声党等欧洲主要的疑欧主义政党，这些政党极力推动欧洲限制移民政策。

〔2〕 Frances D'Emilio, Nicole Winfield and Giada Zampano, "First Female Premier Poised to Take Helm of Italy Government", https://apnews.com/article/russia-ukraine-elections-migration-economy-866fe6cb6a35cc96aaff064a832acaf6.

来影响政府政策。该党在瑞典新的议会建立后分配到了四个议会委员会主席的位置（包括司法委员会、外交委员会、工业和贸易委员会以及劳动市场委员会）。在法国，国民联盟作为国民议会第二大党也实际拥有了制约博尔内少数政府政策输出的能力。

上述变化产生的深层原因是，限制欧洲右翼民粹主义发展的政治生态环境正在改变，这将对欧洲未来的政党政治变化趋势产生持久的影响。极化的政治形象和主流政党的抵制与不合作曾经是限制欧洲右翼民粹主义发展的重要环境。而强化人们的这种意识以激发更为广泛政治光谱的人们团结对抗所谓的"极端政治"，也是传统主流政党应对激进政治挑战的重要手段。尽管这一手段依然在延续，马克龙的成功延续了这种叙事，但右翼民粹主义政党的选举突破意味着这种脸谱化的叙事不再那么有效了。制约右翼民粹主义发展的不利的政治环境正在改变。在政党林立的意大利，意大利兄弟党赢得了26%的选票。而在法国，如果按主流媒体的标签将勒庞、泽莫尔和梅朗雄都归为"极化"政治的代表，那么他们事实上得到了总统大选半数投票选民的支持。瑞典民主党也以超过20%的得票率位居右翼政党之首。这些都意味着欧洲社会大众对右翼民粹主义力量的心理已经发生了改变，至少开始认可其作为有可能带来现实改变的政治力量的作用。当然这与这些政党的去极化努力有关。与此同时，传统主流政党与"极右翼"不合作的立场也在悄然改变。意大利兄弟党的成功首先归功于组成右翼联盟各政党的团结。而在瑞典，大选后瑞典社会民主党领导人安德松曾呼吁温和党、基督教民主党和自由党拒绝与瑞典民主党合作，表示社会民主党愿意与温和党合作组成政府以排斥瑞典民主党。但最后，克里斯特松得到有意合作的其他政党的支持，组织了以瑞典民主党为主导的右翼联合政府。在西班牙，呼声党实现了在地方政府与右翼人民党的合作。在欧洲传统右翼主流政党急剧下滑的背景下，这种更为广泛的容纳右翼民粹主义力量的右翼联合会日渐增多。

（二）伴随着主流政党的普遍下滑，碎片化局面在继续，政党的动荡加剧

在政党结构方面，2022年的欧洲选举延续了过去十多年的欧洲政党结构的趋势性变化，即主流政党的普遍下滑，新党崛起不断，以及伴随于此的政党碎片化及政治动荡。其中有几个变化趋势值得关注。

首先，传统主流政党下滑的趋势依然在延续，但中右翼更为严重。各国主流政党的选举形势各有不同，除葡萄牙和马耳他外，其他国家的主流政党下滑现象依然明显。不过左右翼的形势略有不同。2008年国际金融危机后，在欧洲各国传统主流政党面临普遍下滑，总体来说左翼的社会民主党更为严重，而中右翼的保守主义和基督教民主党则相对缓和。但近年来这种结构趋势在改变。社会民主党止住了下滑趋势，相反，中右翼传统主流政党的下滑则在加速。继2021年德国大选联盟党失利后，2022年，中右翼传统主流政党的颓势在继续。法国共和国人党总统候选人第一轮得票率未过5%。该党在国民议会的选举中再次失去多半席位，排在国民联盟和"不屈的法兰西"之后。丹麦的传统老牌大党自由党损失了40%的席位，创造过去30年的最差选举记录。瑞典的温和党和意大利的意大利力量党虽然重回政府，但都是依托极右翼力量且失去了自己作为右翼领头羊的位置。曾经显赫的意大利力量党远远落后于两个右翼民粹主义政党（意大利兄弟党和联盟党）。瑞典温和党领导人克里斯特松虽然领衔组阁并成为首相，但基于目前组织政府的中右翼三党在议会中的位置，其实际的作用取决于瑞典民主党。相反，欧洲各国社会民主党除法国社会党进一步边缘化外，其他基本稳住了局势。即使是在瑞典和意大利，瑞典社会民主党和意大利民主党虽然选举失利，但从本党自身的选举成绩来看并未下降。

其次，欧洲左翼阵营中一度相对活跃的激进左翼整体表现不佳。2008年国际金融危机后，在欧洲表现相对活跃的激进左翼近年来的表现差强人意。继2021年德国左翼党大选受挫后，2022年欧洲各国的选举政治中，激进左翼的整体表现不佳,除法国激进左翼——以梅朗雄领导的"不屈的法兰西"为代表表现突出外,其他国家的激进左翼力量都出现不同程度的下滑。瑞典左翼联盟因为左翼党和中间党的席位下降而失去了政府。葡萄牙的左翼集团和统一民主联盟(由葡萄牙共产党和生态绿党组成的选举联盟)在大选中的席位损失都过半。而丹麦的激进党获得了其史上最差的选举成绩,损失了超过一半的席位。各国激进左翼的一部分选民分别流向了社会民主党[1]和右翼民粹主义政党。

最后,伴随新党现象的政党起伏是欧洲各国政治不稳定的重要因素。新党的不断崛起和大起大伏加剧了欧洲政党的碎片化和政治动荡。这一现象依然在延续。2022年欧洲各国最耀眼的新党,是斯洛文尼亚的选举中击败扬沙领导的斯洛文尼亚民主党的自由运动党。在丹麦,温和党和丹麦民主党的突出表现在直接冲击传统左右政党同时,也为丹麦新一届议会带来了大量新面孔。而意大利政局的大变动,与上一届大选中表现突出的五星运动的急剧下滑所导致的政党信誉下降和权力真空的出现不无关系,五星运动作为上届议会第一大党,在2022年大选中失去了175席。这些伴随新党迅速崛起的政治现象预示着欧洲政治的长期不稳定。

(三)左右翼政党联合与分化的新趋向

政党之间的分化与联合直接影响着欧洲政党的结构性变化及政党政治的发展方向。这方面,过去20年的两个趋势性变化深刻影响了欧洲政党的联合与分化趋势。一是社会民主党的中间化导致左翼阵营与激进左翼之间裂痕扩大。这种分化导致欧洲左翼整体影响力下降,也导致传统左翼力量支持者的重新组合。二是极右翼民粹主义政党崛起,它在导致欧洲政党政治碎片化的同时,也激发了政党之间新的分化与组合。如由于一些传统主流政党坚持不与极右翼合作,而导致超越传统左右界限的政治联合。随着传统主流政党

---

[1] 葡萄牙和瑞典都出现了激进左翼政党的部分选民流向社会民主党的现象。

地位的不断下降，欧洲政党间的分化与联合变得更为复杂多边。2022年，欧洲国家选举中的两个新趋向可能会进一步影响欧洲近期的左右政治平衡。

首先是左翼的新联合迹象。在法国和意大利，政治环境的变化，尤其是右翼民粹主义的发展及中右翼的联合刺激了左翼的联合。在欧洲左翼阵营中，法国左翼的分化历来是较为严重的。尤其是梅朗雄成为法国激进左翼代表之后一度表现得更为激进，其与社会党主流之间的裂痕有所加大。这种情况在2017年以后由于社会党的急剧衰落有所改变，但社会党的中间力量始终对其持怀疑立场，这也实际限制了梅朗雄作为左翼替代的空间。也正因为如此，近年来梅朗雄的激进色彩有所缓和。从梅朗雄在大选中的表现看，他更注重突出自己作为左翼代表的意义，从而软化了他的反体制形象。总统选举中左翼再次未能有候选人进入第二轮无疑也刺激了这种联合。不过，对于这一明显带有梅朗雄烙印的左翼联盟，法国社会党的多数以及社会民主主义左派予以了支持，对于欧洲左翼以及媒体来说，其象征意义更为明显。在左翼分化同样严重的意大利，新的联合是在持社会民主主义立场的意大利民主党主导下进行的，主要是为了应对中右翼的联合以及意大利兄弟党所表现的政治强势。最后形成了由民主党、行动党、红绿联盟和公民承诺党所结成的中左联盟。不过，从实际构成及影响作用来看，这一联盟的范围是有限的，更似一个站在中左立场上的多党联盟，并没有能够容纳更为广泛意义的激进左翼政党——如意大利共产党、工人共产党等。而且，民主党与五星运动的隔阂及相互排斥也限制了该中左联盟的影响范围。[1]

其次是传统主流政党与极右翼不合作的一贯做法在发生改变。右翼民粹主义政党的崛起引发了中右翼联合的新问题，这主要涉及传统主流政党对"极右翼"政党的态度问题。由于这些政党极化的政治形象以及它们与战后

---

[1] 五星运动虽然并不属于传统的左翼范畴，但其许多政治立场更为激进，而且五星运动也将自己定义为属于进步主义的力量。

第十二章 欧洲国家政党政治发展与研究

新法西斯主义的关联，欧洲多数国家的主流政党——尤其是一些大国的传统主流政党，坚持不与所谓"极端"力量合作的"红线"。如德国两大主流政党坚持在联邦和州不与德国选择党合作，法国两大传统主流政党对国民阵线的联合抵制等。但随着主流政党政治地位的下降、政党结构的碎片化以及右翼民粹主义力量的不断发展，在一些国家，主流政党尤其是右翼传统主流政党在逐渐改变态度。2022年欧洲主要国家的选举突出体现了这一点。在瑞典，在前瑞典社会民主党政府时期，中右翼政党就频频与瑞典民主党联合抵制左翼政府的政策。此次大选，三个中右翼政党拒绝了安德松发出的不与瑞典民主党合作的呼吁，按照选举前达成的四党书面协议，双方事实上形成了合作。即使是在法国，在传统社会主要力量依然保持对国民联盟的共同抵制的态度之下，以往主流社会同仇敌忾抵制国民联盟的形势也在悄然改变。[1] 而国民联盟也在本次选举中取得历史性的突破。

最后是跨左右的政治联合趋势。跨左右的联合在欧洲并非新的现象。不过在大多数国家，围绕政府组织的政党联合依然是以左右翼政党为主，甚至因此而不得不组成少数政府。北欧国家——如2022年大选前的瑞典、丹麦——尤其如此。但近年来，主动打破这种界限的政治联合现象日渐增多，因此也造成了欧洲政党政治中的一些全新的政治联合模式，如2021年德国大选所形成的红绿黄模式。2022年的丹麦大选同样产生了新的非传统的跨界模式。此次大选中虽然以社会民主党为主的左翼联盟以一席优势取得了议会多数，但在任首相梅特·弗雷泽里克森并没有选择继续左翼政府，[2] 而是履行其在竞选中的承诺，选择尝试与自由党和新党温和党组成联合政府。显

---

[1] 国民议会第二轮选举中，在左翼联盟与国民联盟对峙中究竟支持谁的问题上，总理伊丽莎白·博尔内表示其阵营(中右翼联盟)不支持国民联盟，但只是有条件地支持左翼联盟候选人，即在其尊重她所认为的共和价值观的前提下。

[2] 丹麦2019年大选后产生的政府是社会民主党一党少数政府，它得到社会人民党、红绿联盟和激进党的支持。

然，与其他激进左翼之间在政治理念方面的隔阂[1]促使丹麦社会民主党主动选择了跨左右的中间模式。这种隔阂显然不是特殊现象。2022年瑞典大选之前的瑞典社会民主党执政时期也数次遇到这种情况。可以预见，在激进左翼表现不佳和右翼民粹主义力量发展的背景下，这种跨左右的联合模式将不是个别现象。

三、俄乌冲突对欧洲政党及政党政治的影响

2022年影响欧洲政治的最大事件是已经持续一周年的俄乌冲突。面对这场进入21世纪后欧洲最大的国家间冲突，欧洲一度显示了少见的团结。来自各国不同阵营的政党纷纷谴责俄罗斯的"入侵"行为。2022年3月1日欧洲议会也以跨党派的绝对多数的支持票通过了谴责俄罗斯"入侵"乌克兰的决议。[2]但其实，这其中明显夹杂着不同的立场和声音，尤其是在解决问题的方式和路径上。13名欧洲左翼议员对该决议投了反对票，理由不是反对谴责俄罗斯，而是其中所包括的加强欧洲防务和与北约联系的声明条款，他们反对增加对乌克兰的物资援助，认为那无助于问题的解决，俄乌冲突只有通过和平协商谈判才能解决。还有代表（希腊共产党）认为它是一场帝国主义战争。

（一）主流政党与民粹主义政党在俄乌冲突上的立场分歧

在围绕着俄乌冲突的不同声音中，人们明显感受到了主流政党与一些激进的左右翼政党，即所谓的民粹主义政党之间的立场分歧。主流政党之间尽管也存在具体分歧，但在主要立场上是一致的，如在强烈谴责俄罗斯的同

---

[1] 丹麦此次提前大选起因是此前作为社会民主党少数政府支持者的激进党撤销对政府的支持。

[2] 该决议以637票支持、13票反对和26票弃权通过。参见："Russian Aggression Against U-kraine", https://www.europarl.europa.eu/delegations/en/product/product-details/20220502DPU32804。

第十二章 欧洲国家政党政治发展与研究

时,主张全面制裁俄罗斯并用实际行动支持乌克兰,对乌克兰难民开放边界。而一些民粹主义政党则表达了与主流政党不同的立场。一是关于导致冲突的原因。与主流政党单方面指责俄罗斯不同,激进政党尤其是来自激进左翼的政党,强调导致俄乌冲突的客观原因。如德国左翼党前领导人奥斯卡·拉方丹指责西方多年来无视俄罗斯的安全利益,拒绝倾听莫斯科的担忧,是目前俄乌冲突的主要原因。梅朗雄也强调北约的东扩是危机产生的根源。二是关于制裁俄罗斯和援助乌克兰问题。上述欧洲左翼议员反对武装援助乌克兰,而一些右翼民粹主义政党则主要针对制裁俄罗斯,强调不应该由欧洲国家人民来承担后果。制裁俄罗斯导致的最大问题是欧洲能源问题,欧洲国家能源成本的上升导致了民众的强烈不满。这些政党强调制裁不应该由欧洲国家的民众来承担后果。法国国民联盟和德国选择党的领导人都对本国政府加大援助乌克兰和把制裁扩大到能源的政策提出批评。德国选择党反对禁止购买俄罗斯天然气。勒庞强调对俄罗斯的制裁将损害法国人民的消费能力,强调需要"保护"法国人免受战争的经济影响。她警告说战争的经济后果可能"比流行病严重一百倍"。[1]

这种立场分歧在法国总统大选第一轮的各党候选人辩论中得到充分体现。此次辩论中,俄乌冲突成为候选人辩论的焦点。马克龙以及传统主流政党(包括社会党和共和国人党)的候选人都强烈谴责俄罗斯,主张西方国家团结制裁俄罗斯并援助乌克兰,而三位被主流社会贴上民粹主义标签的候选人——勒庞、梅朗雄和泽莫尔[2]——则都对美国领导的跨大西洋联盟提出批评。当然,他们提出批评的视角不同,勒庞和泽莫尔是从捍卫民族利益的视角,而梅朗雄则是从导致问题的根源的视角提出的。[3] 随着俄乌冲突的持

---

[1] "French Presidential Candidates Grilled over Ukraine War in Faux Debate", https://www.france24.com/en/europe/20220314-live-french-presidential-candidates-grilled-over-war-in-ukraine.

[2] 他们在当时的民调以及实际的第一轮投票中的得票率分别位列第二、三、四名。

[3] 同[1]。

续，尤其是其所导致的能源成本提高，欧洲民众之间的分化也在加剧。

（二）俄乌冲突冲击欧洲国家国内政治

政党之间围绕俄乌冲突的分化也直接冲击了一些国家的国内政治。俄乌冲突冲击了意大利政坛。意大利政府决定援助乌克兰，引发了作为德拉吉政府支持者的各党之间的矛盾和分裂。早期支持该案的五星运动、联盟党和意大利力量党转而批评该政策，作为德拉吉政府主要支持者的五星运动因为与政府分歧的加大[1]而撤销了对政府的支持，从而导致意大利提前大选，并由此引发了其与民主党的矛盾，这种矛盾转而影响了大选结果。同时，俄乌冲突也引发了五星运动内部的分裂，外长迪马约脱离五星运动另建共创未来党，表示继续支持德拉吉政府。俄乌冲突同样也冲击了意大利的中右翼力量。意大利力量党和联盟党都因其领导人（贝卢斯科尼和萨维尼）的亲俄态度受到影响。

这种分化也影响到了法国的大选。战争一度转移了法国国内政治竞争的视线。对俄乌冲突的聚焦一度导致大选前夕（2022年4月初）人们对法国总统竞选运动的关注度（62%）远低于以往，同时显著提升了大选中选民对外交事务的关注度。[2]马克龙和勒庞的支持率亦受此影响。由于担心勒庞的当选会削弱西方的团结，马克龙的支持率一度得到提升。但俄乌冲突的持续，尤其是其对欧洲经济社会的影响加深，如天然气价格上涨、大量难民涌入法国，模糊了外交政策与国内政策之间的界限。在德国，由于在武装援助乌克兰和对俄罗斯能源制裁方面的分歧，朔尔茨及社会民主党面临来自其执政伙伴及反对党的极大压力。这种压力最后迫使社会民主党改变了其传统的

---

[1] 五星运动反对德拉吉政府减少应对能源危机的经济刺激。

[2] 大选前夕的民意调查显示，法国国民关注度最高的三项事务分别是生活成本(52%)、俄乌冲突(33%)和环境问题(28%)。而2017年大选中没有外交事务排在国民关注度前列。参见：Marie Jourdain, "How will Russia's War in Ukraine Reshape the European Political Scene？Look to France", https://www.atlanticcouncil.org/blogs/new-atlanticist/how-will-russias-war-in-ukraine-reshape-the-european-political-scene-look-to-france/。

政策立场。

(三) 社会民主党的和平中立策略受到挑战

在欧洲各国的传统主流政党中，秉承和平的理念是各国社会民主党在国际问题上的基本政策立场。即使是在2003年伊拉克战争问题上，除个别政党（如英国工党）外，大多数欧洲国家，包括当时执政的德国社会民主党也坚持这一立场。面对北约与俄罗斯的对峙，北欧国家的社会民主党也一直坚持中立立场。但俄乌冲突却导致了欧洲社会民主党政策立场的重大调整，这种调整进而引发了一些社会民主党内部的分化。

最大的变化来自德国社会民主党。俄乌冲突的爆发使朔尔茨及德国社会民主党受到很大压力，因为在此前的危机期间，朔尔茨及德国社会民主党一直呼吁与俄罗斯的接触和谈判。因此有人认为，俄乌冲突的爆发意味着德国社会民主党此前政策的失败。[1] 实际上俄乌冲突也使得德国长期奉行的实用主义外交政策面临严峻挑战。[2] 因此在俄乌冲突爆发后朔尔茨及德国社会民主党的态度转变明显。冲突爆发后，朔尔茨在联邦议会发表讲话，随即宣布向乌克兰出口武器、增加国防开支，以及支持对俄罗斯的严厉制裁。德国社会民主党对俄罗斯的政策从合作转向了遏制和威慑。但德国社会民主党的政策转变还是较谨慎的，这主要反映在其对向乌克兰输出重武器和对俄罗斯能源制裁问题上的谨慎立场。社会民主党迟迟不愿作出对乌克兰输出重武器的决定遭到执政伙伴绿党、自由民主党和反对党基民盟的指责。[3] 在能源制裁问题上，德国社会民主党主张逐渐减少对俄罗斯的能源依赖，而绿党强烈要求更激烈的制裁。德国社会民主党议会党团领导人罗尔夫·穆策尼希则

---

[1] "Germany's Social Democrats, Russia, and the Failures of the Past", https://www.dw.com/en/germanys-social-democrats-russia-and-the-failures-of-the-past/a-61556022.

[2] ANALYSIS-Germany's Pragmatic Foreign Policy Faces Tough Times Because of Russia-Ukraine War, https://www.aa.com.tr/en/analysis/analysis-germany-s-pragmatic-foreign-policy-faces-tough-times-because-of-russia-ukraine-war/2573486.

[3] 参见：https://www.reuters.com/world/europe/strains-german-coalition-junior-partners-turn-scholz-over-ukraine-2022-04-14/.

指责绿党和自由民主党的这一要求是"不负责任的"。[1] 最后迫于压力朔尔茨改变了立场，决定向乌克兰输出武器。此举又引起了传统和平主义者的抗议。

另一因俄乌冲突而对本党传统政策作出重大改变的政党是瑞典社会民主党，主要表现在其对于加入北约的立场。瑞典长期奉行中立政策，包括在北约问题上。但过去一个时期，右翼温和党等主张加入北约，而瑞典社会民主党反对。俄乌冲突促使瑞典社会民主党改变了百年政策，转而支持加入北约。不过安德松政府在作出这一决定时也表示，瑞典将在申请书上提出单方面条件，反对在瑞典领土上部署核武器和建立永久基地。2022年5月18日，瑞典与芬兰一道申请加入北约。在瑞典议会投票中，只有绿党和左翼党投了反对票。安德松也因此获得了较高的支持率。

（四）欧洲绿党改变传统的反战路线

在欧洲，因俄乌冲突而改变传统立场最突出的是以德国绿党为代表的一些欧洲绿党。这些欧洲绿党起源于战后冷战时期的和平运动，是从和平主义的抗议运动中诞生的。如德国绿党在20世纪80年代的崛起得益于大规模的反核抗议运动，所以它自称是一个和平主义的政党。当时的绿党党纲甚至要求解除德国武装和解散北约。虽然该党早已放弃激进立场，但一直到2021年大选，禁止德国武器进入战争区域和推动新的裁军也依然是绿党的主张，它也体现在了三党政府的联合协议中。在整个欧洲，尽管绿党早期的激进和平主义立场在逐渐褪色，但绿党依然保留了其和平主义的基本立场。以欧洲各国绿党为成员的欧洲绿党最新的章程明确以"非暴力"作为其基本哲学和原则。据此，它反对运用武力作为解决任何个人、社会集团或国家间冲突持

---

[1] "Germany has a Special Responsibility to Stop Putin's Evil", https://www.ft.com/content/c76fa2e0-984a-4206-8207-b0f7b68432e0.

第十二章 欧洲国家政党政治发展与研究

久的方式。[1]

但在俄乌冲突爆发前后，以德国绿党为代表的一些政党的激进态度给人以欧洲绿党正在偏离和平主义路线的感觉。在俄乌冲突之前的几个月，当欧洲一些国家领导人（包括德国总理朔尔茨）还在不懈努力调停俄乌冲突之时，德国绿党却一致主张军事援助乌克兰。在俄乌冲突爆发后，德国绿党更是成为政府中强硬立场的代表。绿党领导人、联合政府副总理兼经济和气候保护部长罗伯特·哈贝克及外交部长安娜莱娜·贝尔伯克，不断向朔尔茨施压，敦促政府向乌克兰输送重型武器。备受内外压力的朔尔茨总理最终作出妥协。尽管欧洲绿党在该声明中表示，"继续外交努力以追求和平的结果"，以示与其遵循的和平主义的一致，但实际上，作为其成员的一些绿党，尤其是德国绿党，却更多强调军事干预。德国外长贝尔伯克 2023 年年初在欧洲委员会上甚至因"我们正在与俄罗斯开战"的言论引发了一场外交危机。[2] 欧洲绿党的这种突出军事干预的倾向，引发了对其是否还是和平主义者的质疑。[3]

欧洲绿党的这种变化其实是其为应对国际环境尤其是地缘政治的变化而调整战略的一种反映。绿党早期的和平主义尤其是其鲜明的反核立场是在冷战的背景下形成的。这一环境因冷战结束而改变，绿党也因此开始根据变化

---

[1] "Statutes of the European Green Party European Political Party（PPEU）", https://europeangreens. eu/sites/europeangreens. eu/files/Adopted% 20revised% 20EGP% 20Statutes% 2C% 20Copenhagen% 2C%204% 20Dec%202022% 20with% 20annexes_0. pd.

[2] 2023 年 1 月 24 日,德国外长贝尔伯克在欧洲委员会会议上,呼吁西方国家团结一致,她用英语说:"我们正在与俄罗斯开战,而不是彼此开战。"这一言辞招致俄罗斯的激烈反应,俄罗斯外交部发言人玛丽亚·扎哈罗娃表示贝尔伯克的言论证明西方正在对俄罗斯发动"有预谋的战争"。虽然德国政府为此发表声明,重申德国和北约都不是乌克兰战争的当事方,但贝尔伯克此番言论仍招致国内其他政党的强烈批评。基社盟主席马丁·胡贝尔指责贝尔伯克给德国带来了巨大的安全威胁,而德国选择党共同主席蒂诺·克鲁帕拉也指责贝尔伯克的"不专业和鲁莽行为"置德国于危险境地,并呼吁免去其外交部长的职务。"Germany Says it is Not a Warring Party in Ukraine", https://www. dw. com/en/germany-says-it-is-not-a-warring-party-in-ukraine/a-64541484.

[3] Samir Jeraj, "Are Green Parties Still Pacifist?", https://www. greeneuropeanjournal. eu/are-green-parties-still-pacifists/.

的环境调整其和平主义的路线。第一次大的改变是在20世纪90年代的前南危机和科索沃冲突中，围绕北约干预科索沃冲突而做出的。在时任红绿政府外交部长费舍尔的极力要求下，德国绿党最终支持了北约对前南地区的轰炸，尽管该决定受到党内左翼的强烈反对。此后，绿党虽然仍然对军事干预持怀疑和反对态度，特别是对美国的军事干预，如2003年在伊拉克的军事干预，但也开始接受在欧洲以外的维和行动和人道主义干预。2014年的克里米亚危机是绿党路线改变的另一个转折点。绿党在强烈反对俄罗斯干预的同时，也反对欧洲国家主流政党出于经济合作考虑而奉行的现实主义政策，如反对北溪2号天然气管道计划。来自瑞典绿党的埃里克·阿佩尔将这种转变称之为"从和平主义转向了反军国主义"，并为之辩护说，"我们有责任成为国际社会的一部分，即使是使用武器"，不过他同时也强调使用武力是"最后的行动选择"。[1]

2022年俄乌冲突前后德国绿党的变化显然超出了以往的立场。事实上，这种变化在2021年德国大选中，作为绿党总理候选人的贝尔伯克所强调的价值观外交中就已显端倪。不过，绿党的这种改变带来的更深刻的问题是，作为一个自称和平和非暴力的政党，如何在一个分裂的国际社会继续追求和平？也正是基于这种更广泛的考虑，一些带有更传统色彩的绿党人士依然对军事干预俄乌冲突持谨慎态度。

四、欧洲左右政治的发展趋向与问题

政党政治的极化和政党结构的碎片化是过去十年欧洲政党政治的主要特征。人们担心上述右翼民粹主义政治影响力的进一步扩大会加剧这一进程并

---

[1] Samir Jeraj, "Are Green Parties Still Pacifist?", https://www.greeneuropeanjournal.eu/are-green-parties-still-pacifists/.

导致欧洲政治的不可预期。不过同时也应该看到，一些欧洲右翼民粹主义政党的选举突破也是其去极化努力的结果。这种转变同时也对左右翼政党之间的未来联合产生了影响，包括左翼的新的联合。

（一）右翼民粹主义政党的去极化及其影响

1. 右翼民粹主义政党的去极化

长期以来，右翼民粹主义政党受到来自主流政党的挤压，致使这些政党长期处于边缘化位置。过去十年，随着欧洲主流政党影响力的普遍下滑，这些政党得到不同程度的发展。但极化的政治形象依然是阻碍其进一步发展尤其是其参与政府的能力的主要因素。为寻求改变，许多右翼民粹主义政党选择了去极化。2022年大选中取得历史性突破的意大利兄弟党、瑞典民主党和法国国民联盟，都不同程度有过类似的去极化经历。所谓的去极化，主要指从组织和思想方面摆脱或淡化极端色彩。组织方面的去极化包括摆脱或淡化与极端组织的关系，或将党内极端思想政治人物清除出党内领导位置甚至清除出党；思想上的去极化主要是利用能够与主流价值体系共存的思想意识来包装自己，这其中最普遍的是突出民族主义和文化保守主义，在共同的政治主题的反移民问题上淡化种族主义色彩，突出民族主义和本土保护主义，坚持民族和文化身份；在社会文化观念上强调促进传统的文化观念和家庭观念，并将这种家庭观念上升到国家观念上；在民粹主义另一共同主题欧盟问题上，淡化自己简单的反欧盟形象，努力将欧洲保守主义中固有的疑欧主义以及国家主义融入其中。

勒庞继任国民阵线领导人后领导的"去妖魔化"运动可谓是去极化的典型。为软化该党的极端形象，她驱逐了一些党内鼓吹极端种族主义和反犹太主义的一些成员，甚至在其父老勒庞发表有争议言论后也将其开除出党，后来又进一步将党改名"国民联盟"，以示与过去的区别。在政治主张方面，她在继承国民阵线传统的反移民、民族主义和保护主义立场的同时，放松了一些引起争议的支持立场，如撤销了对同性伴侣关系和无条件堕胎的反对，以及对死刑的支持。而在欧洲其他国家最为担心的欧盟问题上，勒庞表示"法国脱欧"并不是她的政策。她主张在欧盟内部进行改革。[1]勒庞及国民联盟（国民阵线）相继在2017年和2022年大选中的突破，都显示了这种努力的效果。

意大利兄弟党也一度被归为新力量党一类的新法西斯党。但梅洛尼及意大利兄弟党本身却拒绝这种"新法西斯"标签。梅洛尼表示，意大利兄弟党的基因中没有怀旧的法西斯主义、种族主义或反犹主义，但批评者对此一直持怀疑态度。在2021年10月新力量党暴力袭击意大利总工会总部后，意大利兄弟党与其保持了距离。意大利兄弟党从自由人民党分裂出来时包含了一些前天主教民主党的成员，自称是一支保守主义的力量，它的一些主张突出保守主义的理念，如反对安乐死和堕胎，严厉反对同性恋，支持传统的家庭团结，呼吁对非法移民的零容忍。在2022年大选的竞选运动中，梅洛尼竭力将本党宣传为主流保守派，表示捍卫"上帝、国家和家庭"。

瑞典民主党同样是在去极化的过程中崛起的。早期带有明显法西斯色彩的瑞典民主党很长一个时期都处于瑞典政治的边缘。吉米·奥克松20世纪90年代任该党领袖后开始推行去极端化。2010年该党实现突破第一次进入议会后，去极端化的进程仍在继续，2015年瑞典民主党将瑞典青年民主党开除，[2]该党"现代化进程"取得了明显效果，[3]因而2018年大选一跃成为议会第三大党。2020年瑞典民主党前议会领导人马蒂亚斯·卡尔森建立了一个保守主义的思想库Oikos，声称目的是扩大瑞典民主党的政治计划。表示

---

[1] Marie Jourdain, "How will Russia's War in Ukraine Reshape the European Political Scene? Look to France", https://www.atlanticcouncil.org/blogs/new-atlanticist/how-will-russias-war-in-ukraine-reshape-the-european-political-scene-look-to-france/.

[2] 瑞典青年民主党是瑞典民主党的附属组织。2015年,瑞典民主党谴责瑞典青年民主党一些成员发表种族主义言论及其党领导与新法西斯党合作,后将瑞典青年民主党开除。

[3] Anders Widfeldt, *Extreme Right Parties in Scandinavia*, Routledge, 2015, p.185. 参见:李济时、Mattias Ottervik:《右翼民粹主义冲击下瑞典政治变局及其政策影响》,载《当代世界社会主义问题》,2022年第4期。

Oikos的名字取自英国现代哲学家罗杰·史克鲁顿的政治意识"家"的意义，代表了"爱、尊重、忠诚和对自己家的责任感，该家可以说是家庭、家乡、公民社会、民族、文化和文明"。[1]而瑞典民主党目前的纲领也自称是基于"民主的种族主义"和社会保守主义的政党，[2] 主要聚焦移民、法律和秩序以及老人问题领域，它尤其强调经济和家庭政策。瑞典民主党批判瑞典的多元文化主义，强调保持民族国家遗产，反对将权力从斯德哥尔摩转移到欧盟，反对欧盟并保护瑞典的民族认同和财政自治。2022年大选中瑞典民主党的政策体现了这一特点，而这次选举的再次突破显示了这一去极端化策略的效果。

2. 右翼民粹主义政党去极化带来的右翼政治新变化

右翼民粹主义政党的去极化在为其参与选举带来新的突破机会的同时，也在无形中影响着欧洲政治生态的变化。其中最突出的变化是传统中右翼政治组合的变化，一些传统右翼主流政党改变了与其不合作的原则。而借助于中右翼的态度变化，一些民粹主义政党开始进入主流政治。意大利兄弟党和瑞典民主党的崛起及其导致的两国国内左右政治新的联合趋势印证了这一点，但同时也引发了右翼民粹主义阵营内部的争议和分化。

在瑞典，传统中右翼主流政党对瑞典民主党的态度转变实际上从2018年大选后就已开始。2018年大选瑞典民主党以17.5%的得票率和62个席位成为议会第三大党，在右翼阵营中仅次于温和党（70个席位）。大选后，基督教民主党领导人宣布有意在议会中与瑞典民主党谈判。温和党领导人克里斯特松虽然最初明确表示不与瑞典民主党谈判，但两党领导人于2019年12月第一次举行了正式会晤。在当时旧的中右翼联盟破裂的背景下，[3] 人们

---

[1] 参见：https://oikos.se/om-oikos/.
[2] Jens Rydgren, "Radical Right-Wing Populism in Sweden and Denmark", https://web.archive.org/web/20100925083436/http://hsf.bgu.ac.il/europe/index.aspx?pgid=pg_127842651505941456.
[3] 由于中间党和自由党转而支持当时的瑞典社会民主党领导的政府，中右联盟面临破裂。

猜测，温和党有意将瑞典民主党纳入中右集团，实际上2018年瑞典民主党第一次在部分地方政府参加了与温和党和基督教民主党的执政联盟。2022年大选意味着瑞典民主党与传统中右翼的合作已经在国家层面展开。克里斯特松政府的成立是基于四党的正式协议，而其未来政府的表现及稳定都取决于瑞典民主党的支持。

在意大利，兄弟党已经事实上成为中右翼力量的领导者。其在2022年选举中的成功首先得益于中右翼联盟在选举前达成的协议。该协议意味着传统的右翼力量事实上认可了梅洛尼及意大利兄弟党的领导。梅洛尼在选举结果明朗、有望成为意大利首个女总理发表的讲话中，也以一种更能为主流社会所接受的领导者形象表示："如果我们被要求治理这个国家，我们将为所有意大利人这样做，目的是团结人民，促进人民的团结而不是分裂。"[1]面对这种变化，西方其他国家领导人虽然对梅洛尼及未来的意大利政府仍抱有疑虑，但大多都审慎地表示尊重意大利选民的选择。

上述变化表明，右翼民粹主义政党的形象软化一定程度上改变了传统主流政党尤其是右翼主流政党对其的态度，从而为其融入主流政治做了必要的铺垫。而在意大利和瑞典所显示的这种新的中右翼联合，也会对欧洲一个时期里新的左右政治格局带来影响。不过，对于与右翼民粹主义政党的联合或合作本身，传统中右翼内部依然存在很大分歧。在瑞典右翼联盟中，最大的疑虑来自由党人。对于此前在瑞典社会民主党执政时期，中右翼与瑞典民主党在预算问题上的合作，自由党内部就有批评意见。而在2022年大选中，瑞典民主党的信任支持是确保克里斯特松领导的政府获得绝对多数的关键，反对瑞典民主党获得政府位置是自由党在选举前划定的红线之一。在欧盟，温和党所在的人民党以及自由党所在的"更新欧洲"，都对包括瑞典民主党

---

[1] "Italy Election: Meloni Says Center-Right Bloc has 'Clear' Mandate", https://www.dw.com/en/italy-election-meloni-says-center-right-bloc-has-clear-mandate/a-63233616.

第十二章　欧洲国家政党政治发展与研究

的政府联盟提出批评。[1]

另外，民粹主义政党去极化的同时也带来内部新的分化，本次法国大选中泽莫尔的参选就凸显了这一点。作为电视评论员的泽莫尔带有强烈的种族主义色彩，公开支持"大替换"理论——该理论认为法国本土人口将被非欧洲人替换——并多次因种族歧视观点和煽动仇恨穆斯林而被处罚或指控。2021年9月，泽莫尔宣布参加法国总统选举并随后成立自己的政党。虽然泽莫尔的参选未能影响最后的选举结果，但其思想主张在社会动员方面起到一定作用。他善于用法国政治传统来包装或掩盖自己的极端思想，或将两者糅合在一起。他自称其思想是对戴高乐主义和波拿巴主义的继承。[2] 一些学者因此称其为"保守主义的右派"，[3] 有评论家称他将法国的极右翼思想"革命化"了，[4] 许多媒体评论则冠之以"极右翼的政治专家"[5] 的称号。泽莫尔对其民粹主义思想的诠释体现了带有种族主义色彩的民族主义与国家主义的结合，在欧洲其他一些国家右翼民粹主义中也不时出现，它反映了欧洲右翼民粹主义思想及其社会政治基础的多元性。

---

[1] Pia Gripenberg, Sigrid Melchior Melchior and Annie Reuterskiöld, "Johan Pehrson vädjar till EU-kollegor efter kritik om SD-samröre", https://www.dn.se/sverige/johan-pehrson-vadjar-till-eu-kollegor-efter-sd-kritik/.

[2] 历史学家尼古拉斯·勒伯格将泽莫尔的政治观点概括为四个要素：相信"伟人"的波拿巴主义；强调民族国家统一的统一主义；强调民族国家的完全主权；认同达尔文进化主义的民族主义。参见：Nicolas Lebourg, "Eric Zemmour incarne un'nationalisme obsédé par la décadence'", https://www.lexpress.fr/politique/nicolas-lebourg-eric-zemmour-incarne-un-nationalisme-obsede-par-la-decadence_2144164.html。

[3] Sandrine Amiel, "France Election: Who is Eric Zemmour and Why is he so Controversial?", https://www.euronews.com/my-europe/2021/11/30/eric-zemmour-meet-the-right-wing-tv-pundit-set-to-shake-up-france-s-presidential-race.

[4] John Keiger, "Eric Zemmour has Already Revolutionised the French Right", https://www.telegraph.co.uk/news/2021/10/06/eric-zemmour-has-already-revolutionised-french-right/.

[5] "Far-Right Pundit Eric Zemmour Launches 2022 Bid for French Presidency", https://www.france24.com/en/france/20211130-far-right-pundit-eric-zemmour-announces-2022-bid-for-french-presidency.

(二) 左翼的新联合及其问题

欧洲左翼的分化是长期以来影响欧洲左右政治平衡的问题。右翼民粹主义政党的新发展以及右翼的联合激发了欧洲左翼间的新的联合，这其中既有联合的不确定性，也有影响联合因素的变化，直接影响左翼联合本身的基础及其未来空间。

决定左翼联合与分化主要取决于两方面的因素。一是左翼的构成及其所面临的形势。二是作为其构成的主要力量之间的观念和政策异同。从这方面来说，法国左翼所显示的新党联合有其特定的条件。马克龙的崛起改变了法国左翼的政治生态环境，使得中间化的法国社会党的政治空间被挤压的同时，以梅朗雄为代表的激进左翼的发展也获得了机会。但当梅朗雄寻求作为"左翼的替代"而聚合左翼时，他遇到的最大问题是来自其他力量尤其是传统左翼代表社会民主党的怀疑。这一情况在2022年大选中已有所改变。一方面，梅朗雄缓和了自己的立场和形象，缩小了其与传统左翼中间派的距离；另一方面，在左翼整体进一步受挫的背景下，传统左翼队伍求变的心理凸显。这一点尤其体现在法国社会党中。社会党的边缘化刺激了其党内态度的改变。2007年社会党总统候选人塞格林·罗雅尔表示支持联盟，同时批评党内一些左派"缺乏责任"，呼吁"策略性地投票支持梅朗雄"。[1] 而反对与梅朗雄联合的主要力量、被称为"社会党的大象"的中间集团力量[2]则受到削弱。为达成联盟，各方提出的主张兼顾共同利益弥合分歧。主要包括：将税后最低工资提高到每月1500欧元，恢复60岁退休，冻结基本必需品价格，发展生态以及建立第六共和国。[3] 联盟在一些导致分歧的重要问题

---

[1] "Pour Ségolène Royal, Aujourd'hui,'la gauche ce n'est plus le Parti socialiste'", https://www.bfmtv.com/politique/elections/presidentielle/pour-segolene-royal-aujourd-hui-la-gauche-ce-n-est-plus-le-parti-socialiste_AV-202204110146.html.

[2] 指社会党内部与奥朗德接近的中间力量，他们坚定反对梅朗雄。

[3] Carriat, Julie, "La France Insoumise et les Écologistes Passent un accord pour les Législatives", https://www.lemonde.fr/politique/article/2022/05/02/la-france-insoumise-et-les-ecologistes-passent-un-accord-pour-les-legislatives_6124378_823448.html.

第十二章 欧洲国家政党政治发展与研究

上达成了妥协，并为参与联盟的成员保留了一定的自主性。如在如何看待导致左翼分化的欧盟这一主要问题上，[1]联盟达成妥协，支持将欧盟打造成为一个服务于生态和团结的体系。另外，联盟也为参与者保留了一定的自主性。联盟成员承诺，一旦进入议会，将共同支持该计划95%的提案，而剩下的5%，特别是在核问题上，他们将享有独立决策权。

不过即使如此，法国左翼中依然存在对该联盟持异议的力量和声音。它们主要来自两个方面：一是以法国社会党的少数票对该联盟持异议。他们或是出于对激进左翼的不认可，尤其是梅朗雄"极左"形象的不接受，[2]或是担心在以"不屈的法兰西"为核心的联盟中社会党会失去影响。其中，来自"社会党的大象"成员的反对之声尤其强烈。奥朗德认为左翼联盟的协议"会威胁到社会党人承诺的基本原则"，有导致社会党消亡的危险，表示该协议以及社会党与"不屈的法兰西"的任何联合都是不可接受的。[3]2022年社会党总统候选人安妮·伊达尔戈称，与"不屈的法兰西"谈判是在"背弃社会党的整个历史"。[4]一千多名社会党党员呼吁退出谈判，一些人因为谈判而宣布退党。伊达尔戈游说反对联盟，并呼吁组织一个排除梅朗雄和其党的左翼联盟。二是一部分激进左翼力量因为联盟的妥协而反对加入联盟。左翼激进党的领导人纪尧姆·拉克鲁瓦在给自己党内积极分子的一封信中，声称那些加入联盟的政党背叛了自己的价值观，并表示担心自己正在目睹

---

[1] 欧盟问题上的巨大分歧一直是导致左翼分化的重要因素。一些社会党成员也将欧盟视为一条"红线"。

[2] 一些社会党的政治家支持联盟，但不支持梅朗雄任总理。

[3] "'Il est Totalement has been': Mélenchon Tacle Hollande après ses doutes sur l'Union populaire", https://www.bfmtv.com/politique/il-est-totalement-has-been-melenchon-tacle-hollande-apres-ses-doutes-sur-l-union-populaire_AN-202204300125.html.

[4] "Législatives 2022: pour Stéphane Le Foll, la victoire de la gauche est 'une fable'", https://www.francetvinfo.fr/politique/ps/legislatives-2022-pour-stephane-lefoll-la-victoire-de-la-gauche-est-unefable_5117905.html.

"社会民主左派的死亡"。[1] 新反资本主义党以及托派组织工人斗争党都因为社会党的加入而宣布不加入该联盟。围绕选区候选人的竞争也影响了该左翼联盟内部的统一。到 2022 年 6 月 10 日,6 个绿党的不同政见者候选人和 62 个社会党不同政见者候选人、11 个法共的不同政见者候选人出来与"新生态和社会人民联盟"支持的候选人竞争,[2] 尽管实际上这些人的总体表现不佳,绝大多数未能进入第二轮。

在欧洲大多数国家,左翼联合主要取决于社会民主党。这方面,各国社会民主党虽然有愿望,但合作的基础和空间实际有限。在意大利既有的选举制度以及中右翼广泛联盟的背景下,左翼联合的必要性是毋庸置疑的。意大利民主党也充分意识到了这一点,但构成左翼或更为广泛的进步主义力量之间的差距过大,事实上限制了其联合的范围和程度。莱塔认为,在整个意大利政治红与黑对立的形势下,面对右翼尤其是极右翼的政治强势,两害相权取其轻的联盟是唯一能够击败右翼的机会,"我们需要残酷的沟通来唤醒意大利人"。[3] 不过即使如此,选举中民主党所促成的实际只是一个有限范围的中左联盟,许多更为激进的左翼力量未能纳入,而明确表示追求更为激进改变的五星运动也被排除在外。显然,意大利的左翼联合是有限且不稳定的。

而在欧洲其他地方,包括 2022 年选举的葡萄牙、瑞典和丹麦,并不存在严格意义的左翼联合。而且过去延续下来的左翼集团各政党之间的政府合作模式也面临挑战。这主要是因为作为主导者的社会民主党与其他激进左翼

---

[1] "Le Parti radical de gauche dénonce les négociations pour une union autour de La France insoumise",https://www.lemonde.fr/politique/article/2022/05/02/le-parti-radical-de-gauche-denonce-les-negociations-pour-une-union-autour-de-la-france-insoumise_6124492_823448.html.

[2] "Législatives 2022 : soirée morose pour les dissidents socialistes", https://www.lemonde.fr/politique/article/2022/06/13/legislatives-2022-soiree-morose-pour-les-dissidents-socialistes_6130096_823448.html.

[3] Stefano Cappellini,"La scommessa di Letta: 'Scegli, rosso o nero. Il Paese è al bivio'", *La Repubblica*, 25 August 2022.

政党之间在执政理念方面的差距。在过去一届的瑞典社会民主党、丹麦社会民主党和葡萄牙社会党所领导的政府中，人们都可以看到因其与其他执政伙伴或支持者之间分歧而导致的政府危机。也正因为如此，丹麦社会民主党在左翼联盟赢得多数的情况下选择了跨左右的联合。而在多数欧洲国家，社会民主党与激进左翼之间执政理念的差异并没有因为中右翼的联合趋势而减少。

总之，虽然在法国出现了左翼新的联合，但这主要是基于法国目前的中间与左右两极并存的格局，而且既有的联合存在许多不确定性。在其他欧洲国家，左翼之间的联合是有限的，即便是左翼的联合十分必要的意大利。在欧洲其他地方，社会民主党与激进左翼之间由于执政理念的差异，尚未能显示新的左翼联合发展的基础和态势。

第十三章
2022年党的对外工作发展与研究*

余科杰 齐天赐 李阳**

2022年是中华民族伟大复兴历程中特殊而关键的年份。中国共产党领导中国人民开启了全面建设社会主义现代化国家的新征程，召开了举世瞩目的党的第二十次全国代表大会，制定擘画了迈向新征程的宏伟蓝图和行动纲领。从国际局势看，新冠疫情和俄乌冲突影响叠加，加速了国际局势的演变，大国实力更加接近，中美战略博弈正在进入相持阶段，世界政党政治正经历动荡和调整，许多国家政党正面临治理和发展困境的探索选择。面对国内外变局和新的使命任务，党的对外工作坚持以习近平新时代中国特色社会主义思想为指引，坚持"党的对外工作是党的一条重要战线，是国家总体外交的重要组成部分，是中国特色大国外交的重要体现"（"三个重要"）的科学定位，守正创新、开拓进取，促进各方面工作开创新局面，迈向新

---

* 本文系北京市社科基金重点项目《中国共产党政党外交理论与实践》（19ZGA001）阶段性成果。

** 余科杰，外交学院马克思主义学院教授、博士生导师；齐天赐，外交学院外交学与外事管理系博士研究生；李阳，外交学院外交学与外事管理系博士研究生。

高度。

一、在党的重要战线上开拓前进

2022年，党的对外工作始终坚持党的领导，牢记"国之大者""以全力迎接、宣传、贯彻党的二十大作为全年工作主线",[1] 以宣介习近平新时代中国特色社会主义思想和最新思想理念以及党的二十大精神为首要政治任务，继续加强同世界马克思主义政党的交流合作，增强国际社会对"中国共产党为什么能，中国特色社会主义为什么好，归根到底是马克思主义行，是中国化时代化的马克思主义行"的理解，推进对国际社会的思想引领、认知引领取得新成就，作出新贡献。

（一）结合实际跟进宣介习近平新时代中国特色社会主义思想

一年来，党的对外工作结合党和国家政治生活大事，利用线上线下、双边多边会见、通话，及时向外国政党政要、国际社会宣介习近平治国理政新思想、新理念、新精神。党的十九届六中全会作出了确立习近平同志党中央的核心、全党的核心地位，确立习近平新时代中国特色社会主义思想的指导地位的重大决定。中联部在与国外政党政要的视频通话中积极宣介全会精神，特别是"两个确立"对新时代党和国家事业发展、对推进中华民族伟大复兴历史进程具有的决定性意义。3月5日，习近平提出"五个必由之路"之后，中联部在同巴西、越南共产党有关人士视频通话，以及出席刚果劳动党干部网络研讨班、南部非洲六姊妹党中青年干部研讨班开班式时表示，这一总结把我们党对共产党执政规律、社会主义建设规律、人类社会发展规律的认识提升到新的水平，并就习近平在2022年世界经济论坛上的演讲、

---

[1] 中联部新闻办：《2022年度党的对外联络工作座谈会在京举行》，中联部新闻办微信公众号，2022年3月17日。

习近平经济思想、习近平生态文明思想、全过程人民民主等进行了介绍。

全球发展倡议和全球安全倡议是 2021 年 9 月和 2022 年 4 月习近平先后提出的两大全球性倡议。中联部在举办的同东南亚、南亚国家"一带一路"政党共商会议，金砖国家政党智库和民间社会组织论坛，第六届"一带一路"与全球治理国际论坛，以及与德国社会民主党、太平洋岛国政党、阿拉伯国家政党的对话会及双边多边政党交流对话中，利用出席诸如毛里塔尼亚争取共和联盟干部网络研修班、统一俄罗斯党举办的"生态政策和可持续发展"国际政党论坛等外党活动的机会，在同塞浦路斯、意大利、伊朗、越南、伊拉克、法国、老挝、蒙古国、柬埔寨、印尼等国家政府政党领导人、对口部门负责人、议员、驻华大使的交流中，积极宣介两大全球性倡议。外方积极评价两大倡议，认为倡议同各国理念一致，愿积极推动其在本国、本地区落地实施，共建地区命运共同体。

《习近平谈治国理政》第四卷是习近平新时代中国特色社会主义思想权威著作，2022 年 7 月出版后，受到外国政党政要、智库和社会组织的广泛关注。中联部在举办和应邀出席的诸如"南亚左翼+"理论网络研修班、贝宁联合执政两党干部网络研讨班、尼日利亚全体进步大会干部网络研讨班等开班式、结业式和出席南非共产党十五大，以及各种主题征文暨摄影大赛"云颁奖"，在与一些国家政党领导人视频通话中，均把介绍该书作为重要内容，并将其作为贵重之礼赠送外宾。太平洋岛国驻华使节纷纷表示，《习近平谈治国理政》第四卷有助于及时了解习近平新时代中国特色社会主义思想的最新发展，理解中国之路、中国之治、中国之理。同时，中联部官网还特别推出中英文学习平台，全方位向读者呈现该著作的丰富内涵、核心要义及世界意义，受到外国政党和政治组织的普遍欢迎和好评。

（二）加强与世界马克思主义政党的交流合作

一方面，加强同世界共产党的思想交流，深化同社会主义国家执政的共产党以及其他国家共产党的关系，通过视频方式同尼泊尔、越南、老挝、智利、巴西等国马克思主义政党通话，出席南非共十五大，与澳大利亚共产党举办"新时代·新征程·新愿景"主题视频交流活动，以多种方式在治国理政、思想理论、党的建设等方面进行交流合作。3月23日，中古两党以"加强党的建设，奋进新时代中古社会主义新征程"为主题，举办第四届理论研讨会。习近平在贺信中强调，中国共产党愿同古巴共产党深入交流对重大理论和实践问题的看法，相互学习借鉴治国理政经验，推动各自党的建设和社会主义事业不断发展。7月20日，中联部同志应邀出席拉美马克思主义政党干部网络研修班开班式并致辞，表示新形势下中国共产党愿同拉美马克思主义政党深化交流互鉴，不断推进马克思主义理论与实践创新。10月25日至27日，中共观察员出席在古巴召开的第二十二届共产党和工人党国际会议，重申中国共产党愿继续加强同各国共产党和工人党交流合作，推动马克思主义本土化时代化，携手探索符合本国国情的社会主义道路。

另一方面，7月28日，中国共产党以"二十一世纪马克思主义本土化时代化"为主题，以视频方式举办中国共产党与世界马克思主义政党论坛。习近平向论坛致贺信。越共、古共、俄罗斯联邦共产党最高领导人向大会表示祝贺。来自70多个国家100多个马克思主义政党、左翼政党和政治组织的代表300多人线上参会。这是自2018年纪念马克思诞辰200周年之际，中共首次举办与各国共产党及左翼政党研讨会以来，规模最大的世界马克思主义政党论坛，是世界马克思主义政党的一次"大聚会"，不仅加深了中共与世界马克思主义政党联系，而且也为世界马克思主义政党提供了治国理政的交流平台。除了全球范围的马克思主义政党论坛之外，举办了"马克思主义本土化时代化"中非马克思主义政党网络研讨会。

（三）继续讲好中国共产党的故事，使国际社会更好读懂中国共产党

习近平指出："读懂今天的中国，必须读懂中国共产党。"为了讲好新时代中国共产党的故事，使国际社会更好读懂中国共产党，围绕"新时代的中国共产党"主题举办系列活动。一是举办相应的研讨会、交流会，先后举办阿拉伯国家政党媒体智库"新时代的中国共产党"主题交流会、面向英国马克思主义政党及其他左翼力量的"我眼中新时代的中国共产党"视频交流活动。外方热烈交流分享他们眼中中国共产党带领中国人民取得的伟大发展成就,共叙友好交往,凝聚发展智慧。二是从3月28日起,中联部与人民日报联合推出"外国政党政要和友好人士看新时代中国共产党"栏目,邀请外国政党政要和友好人士讲述他们与中国共产党交往交流交心的生动故事,以及他们对新时代中国共产党的执政成就和对世界积极贡献的真切感受。三是7月1日建党节之际,中联部推出《中国共产党成立101周年:走向更加美好未来》短视频,并在中国广播电视行业有较强影响力的传媒集团——北京四达时代数字电视导视频道推出面向非洲国家的《看中国》2022年度第二期英法双语专题电视节目。这些活动生动感性地宣介了中国成就、中国经验、中国理念,塑造了可亲、可爱的中国形象,使外方感受到中国共产党关于构建地区国家命运共同体的真实可信的形象。四是围绕"我眼中的中国共产党""新时代的中国共产党"主题举办作品征集、现场体验、参观中国共产党展览馆、中外青年互动交流等活动,使外国青年真切感受中国共产党百年奋斗历程和新时代中国的伟大成就,增强对中国共产党和新时代中国的感性认识。

(四)为党的二十大营造良好国际氛围,以多种方式宣介二十大精神

2022年,党和国家政治生活的头等大事就是召开党的二十大。从年初开始,介绍党的二十大、为二十大营造良好的国际氛围,即成为党的对外工作的重要内容。2月5日,波黑部长会议主席特盖尔蒂亚会见中联部部长宋涛时表示,中共二十大不仅对中国和中国共产党至关重要,对整个世界也具有非常重要的意义。在中国共产党成立101周年之际,外国政党政要和友好人士纷纷发来祝福视频,对新时代中国共产党执政成就和对世界积极贡献表示高度赞赏,并预祝二十大取得圆满成功。10月11日,在中共二十大召开前夕,中联部推出外语电子网刊《中国快讯》"新时代的中国伟大成就"专题特刊,以数据图表、图文案例等多种形式介绍近十年中国在各领域的伟大成就和最新成果。截至10月23日下午,中联部共收到致贺二十大召开的贺电、贺函1665份,分别来自173个国家的国家元首、政府首脑、政党及其领导人、前政要、重要组织机构。

中共二十大闭幕后,中联部通过派出代表团、举办专题宣介会、研讨会等多种形式,面向不同地区、不同群体宣介二十大精神。10月25日至11月13日,中共观察员出席第二十二届共产党和工人党国际会议并率中联部代表团访问巴拿马等国并出席在哥伦比亚举行的普埃布拉集团2022年年会。其间,代表团积极介绍中共二十大情况,受到与会代表热烈欢迎。巴西前总统罗塞夫、哥伦比亚前总统桑佩尔、西班牙前首相萨帕特罗等多位前政要、政党和非政府组织领导人、学者近百人聆听二十大精神宣介会。这是普埃布拉集团首次在年会活动中邀请非成员代表做专题发言,专题研讨会持续近两个半小时,远超预定时间。[1] 在近两个月的时间里,中联部利用代表团出席亚洲政党国际会议第十一届大会、社会党国际第二十六次代表大会、访问土耳其、黎巴嫩、西班牙、塞尔维亚四国等多边双边场合,举办专题宣讲会、研讨会,面向非洲和英国左翼政党分别举办中共二十大精神对非专场宣介会暨第六届中非青年领导人论坛、中共二十大对中英关系及世界的意义等宣介活动,并先后对外国驻华使节和在华外国工商业人士进行专题宣介。

二、服务国家总体外交全局,推进中国特色大国外交

2022年,在美国及一些西方国家加强对华围堵,使中国与这些国家关系受到严重干扰的情况下,党的对外工作始终围绕习近平重大外交议程及党和

---

[1] 中联部新闻办:《中共二十大精神走进拉美》,中联部新闻办微信公众号,2022年11月17日。

国家中心工作，积极服务社会主义国家执政党高层交往，聚焦以政党渠道推动周边国家关系这一"首要"，着力夯实与发展中国家关系的"基础"，在国家重大外交行动和机制性国际会议中找准切入点，举办相应政党和民间交往配套活动，为维护大国关系稳定，推动高质量建设"一带一路"和构建人类命运共同体，为化解国际社会风险挑战，营造良好的外部环境，不断推动中国特色大国外交，积极作为，努力奋进。

（一）服务社会主义国家执政党高层交往，促进社会主义国家在共同信仰引领下的团结合作

作为共产党领导的社会主义国家，中国与朝鲜、越南、老挝、古巴的关系，在国家外交全局中有着特殊意义。发展同这些国家关系，党际渠道具有独特优势，党际关系对国家关系具有引领作用。一年来，中国共产党在最高层引领下，与各党保持密切往来。3月23日至24日，第四届中古两党理论研讨会举行，中、古最高领导人向大会致贺信。9月9日，习近平就朝鲜国庆74周年向朝鲜劳动党总书记、国务委员长金正恩致贺电。中共二十大召开和习近平当选中共第二十届中央委员会总书记之际，朝、越、老、古均发来贺电或贺函热烈祝贺。中联部作为党的对外工作职能部门，积极开展各种活动，落实习近平和党中央的工作部署。经中联部协调，7月18日，中越两党政治局委员，中组部部长陈希、张氏梅举行视频会谈，表示要推动两党在组织、干部等领域交流合作取得更加丰硕成果。中联部与越、老、古三党对口部门负责人经常举行视频会晤、通话。刘建超就任中联部部长后，分别会见朝、越、老、古驻华大使，接续推进与四国各领域合作。中联部还协调组织广西、云南与越南边境省党委书记的新春会晤和机制会议，并出席越共党政干部网络研修班闭幕式。

中共二十大闭幕后，越、古、老最高领导人阮富仲、迪亚斯-卡内尔、通伦相继来访，是2022年党的对外工作和中国外交的绚丽华章。其中，阮富仲、通伦访华均由中联部宣布消息，刘建超部长亲自到机场迎接，党际色彩突出鲜明。习近平总书记先后与三国领导人会谈,明确中越、中古、中老关系的社会主义本质和发展方向。中方与三国分别发表联合声明。在中越联合声明中,双方认为,中越两党肩负各自社会主义事业的领导使命,在中越关系中发挥着政治引领作用。在中老联合声明中,双方认为,坚持党的领导,坚持社会主义方向,是中老关系的本质特征。中越、中老双方都强调要坚定不移坚持共产党领导,坚持走符合本国国情特点的社会主义道路,要加强团结合作、交流互鉴,明确要共同抵御"和平演变""颜色革命";除了签署经贸、环保、技术、交通、文旅、司法、海关、地方等多个协议之外,中越、中老还签署了中联部与越、老两党对口部门合作协议、中共广西壮族自治区区委员会与老挝人民革命党中联部2023—2025年交流合作计划等党务合作文件;同意发挥好党的高层会晤机制指导统筹作用和党的对外部门协调推动作用,继续执行好已签署的干部培训合作等计划,办好理论研讨会,加强党中央对口部门、两国地方特别是边境省(区)党组织交流合作,等等。党际交流合作写入联合声明并签署协议,充分体现了党际关系引领国家关系,又寓于国家关系的显著特点,把同社会主义国家关系提升到新高度。中古联合声明强调"中古都是社会主义国家",中共和古共"是各自社会主义事业的领导核心。两党愿继续加强机制化交往,就开展符合各自国情的社会主义建设加强交流,互学互鉴,不断丰富交往内涵,为中古关系全面深入发展提供有力政治支撑"。[1] 突出了社会主义共同价值观对两国关系的引领和党际关系对国家关系的纽带支撑作用。

(二) 以多种方式开展周边国家政党工作,服务构建地区国家命运共同体、建设繁荣稳定周边环境

近年来,美国出于冷战惯性思维,视中国为其全球霸权的"首要威胁",

---

[1]《中华人民共和国和古巴共和国关于深化新时代中古关系的联合声明》,载《人民日报》,2022年11月26日,第2版。

认为中国对美国家安全构成"最严重的系统性挑战",为此,美国"持续强化联盟战略",针对中国推行所谓"印太战略",利用南海等地区热点问题制造事端,诋毁共建"一带一路"倡议,极力拉拢中国周边国家。5月召开"美国-东盟特别峰会",搞所谓价值观外交,6月与蒙古国举行"联合军演",企图挑拨破坏中国与周边国家关系,打造对中国的"C"形甚至"O"形包围圈。一年来,习近平通过视频通话、出访来访、多边场合的会晤会见以及函电贺信多种方式与周边国家执政党领导人、国家元首、政府首脑保持对话沟通,阐明中国党和政府在地区稳定、合作发展的立场主张,就高质量共建"一带一路"、推动构建人类命运共同体,促进双边关系和共同关心的问题达成共识。党的对外工作在最高层的战略指引下,积极服务于"周边是首要"外交总体布局,充分发挥党际渠道优势,全面加强同周边国家政党的联络工作,以多种方式积极服务于高质量共建"一带一路",推动构建周边国家命运共同体,打造稳定良好的周边环境。

首先,服务周边外交既全面布局又突出重点。从中联部网站公布的2022年年初以来的动态资料来看,中国共产党与周边国家主要政党都保持了形式多样的交流交往,包括党际会晤交流、会见驻华使节、举办研讨会、互致函电等。党际渠道的对外联络覆盖了除阿富汗等极少数国家之外的绝大多数周边国家。从联系的频密程度和沟通交往的方式看,除了越南、老挝之外,与尼泊尔、柬埔寨、印尼、菲律宾等最为集中。一年来,中联部多次与尼共(联合马列)、尼共(联合社会主义者)、尼泊尔人民社会主义党、柬埔寨人民党、印尼专业集团党等政党领导人、对口部门保持沟通通话。7月10日至13日,刘建超率中共代表团访问尼泊尔,分别会见尼总统班达里,大会党主席、政府总理德乌帕,尼左翼领导人、前政府总理普拉昌达和奥利,以及其他政党主要领导人;8月23日至9月1日,刘建超率中共代表团对柬埔寨、印尼、菲律宾进行访问,会见了柬埔寨人民党、奉辛比克党、印尼民主斗争党、大印尼行动党、专业集团党、菲律宾基督教穆斯林民主力量党等朝野政党领导人、国会领导人、外交部长、国防部长、前总统等高层,洪森首相、佐科总统会见了代表团。此外,与斯里兰卡、马尔代夫、蒙古国政党的互动也比较频繁,保持了一定的高水平,共同举办了庆祝中斯建交65周年暨《米胶协定》签署70周年大会、中马政党庆祝中马建交50周年研讨会暨马尔代夫主要政党干部网络研修班开班式、中蒙友好作品征集活动优秀作品发布暨颁奖仪式;多次视频会见蒙古人民党主席、政府总理奥云额尔登和该党总书记阿玛尔巴伊斯格楞,视频出席该党干部网络研修班开班式,同斯里兰卡统一国民党领袖、政府总理维克拉马辛哈举行视频通话,等等。另外,在中亚方面,中联部同志先后同哈萨克斯坦"光明道路"民主党主席佩鲁阿舍夫、土库曼斯坦议会三党(民主党、工业企业家党、农业党)主席视频通话。

其次,面向东南亚、南亚、中亚等共建"一带一路"重点区域举办政党共商会、论坛。2021年11月19日,习近平在第三次"一带一路"建设座谈会强调以高标准、可持续、惠民生为目标,推动共建"一带一路"高质量发展不断取得新成效。党的对外工作及时跟进、贯彻落实讲话精神。1月24日,中国同东南亚、南亚国家"一带一路"政党共商会议举办,使政党共商机制从此前的双边走向多边,并成功搭建起东南亚、南亚两大板块联动的政党伙伴关系网络。会议通过了《关于共建"一带一路"伙伴关系,共谋发展合作的共同倡议》。4月14日,中联部举办第三届中国—中亚政党论坛,中亚五国20个主要政党领导人参会并发言,表示,中亚五国将坚定反对外部势力在地区制造动荡,通过上海合作组织等平台加强合作,打击"三股势力"等人类公敌,共同维护地区发展稳定,促进中亚五国同中国关系取得新发展。此外,中联部还举办了同东南亚、南亚国家"一带一路"政党论坛、第八届中国—南亚东南亚智库论坛等活动。

最后,维护周边稳定,加强交流合作,高质量共建"一带一路",取得广泛共识。一年来,东南亚、南亚无疑是党的对外工作的重点方向。这一地区是美国推行其"印太战略"的主要支点,是美国极力拉拢挑拨的主要对象;特别是东盟国家将相继举办东盟峰会、二十国集团峰会,亚太经合组织峰会,围绕峰会,东盟国家内部、域外国家、大国之间协调热络、博弈激烈。在交流交往中,中方明确表示支持柬埔寨、印尼作为轮值主席国办好东盟峰会和二十国集团峰会,希望地区国家共同维护区域安全稳定,并支持各国在共建"一带一路"框架下加强经贸、农业、投资、基础设施等领域务实合作,愿同各方加强治国理政经验交流,共同提高执政能力和水平。各国对于中方的关切和主张予以积极回应,特别是在南海问题和地区稳定方面,阮富仲在与习近平会谈中明确表示:"不容许任何国家在越南建立军事基地,不参加任何军事联盟,不使用武力对付任何国家,不联合一国反对另一国。"[1] 菲律宾表示,南海问题只是菲中关系中的一个具体问题,不应由其定义双边关系,两国应继续聚焦友好合作,为妥善处理南海问题夯实互信和共识基础。[2] 尼泊尔各党一致表示,坚决反对任何势力利用尼领土进行反华活动。印尼民主斗争党表示,在国际地区形势和地缘政治格局深刻复杂演变背景下,愿同中国共产党一道大力弘扬"万隆精神"。各国政党希望推动共建"一带一路"对接本国发展战略,推动中国与本国领导人达成的共识转化为实际成果,构建地区国家命运共同体。洪森表示,构建柬中命运共同体是柬埔寨党、政府、人民作出的正确选择;柬方愿加强两国在国际地区事务上的沟通协调,促进东盟与中国关系发展,加快构建东盟-中国命运共同体,防止地区合作受到外部干扰,更好维护地区和平稳定。[3] 高质量共建"一带一路",推动构建地区国家命运共同体,已经成为维护周边稳定、促进繁荣发展的重要平台和根本理念。

---

[1]《习近平同越共中央总书记阮富仲举行会谈》,载《人民日报》,2022年11月1日,第1版。
[2]《菲律宾基督教穆斯林民主力量党总裁、众议长罗慕尔德兹会见刘建超》,https://www.idcpc.org.cn/bzhd/wshd/202208/t20220827_149686.html。
[3]《柬埔寨人民党主席、政府首相洪森会见刘建超》,https://www.idcpc.org.cn/bzhd/wshd/202208/t20220824_149666.html。

（三）以治国理政经验交流、探索符合本国实际的发展道路为重点，以推动务实合作为抓手，深入推进发展中国家政党工作[1]

广大发展中国家中，非洲和拉美作为全球最不发达国家集中的地区和受新自由主义影响掉入"中等收入陷阱"的地区，都有学习借鉴中国经验、与中国共产党进行治国理政经验交流的愿望，尤其是非洲国家，由于与中国有着相似的历史遭遇，对于"向东看"有着更加强烈的愿望。中国共产党一向注重发展同非洲、拉美政党的关系。就2022年中联部网站公布的中非、中拉政党往来的实际情况看，除了极少数国家和非建交国外，中共与绝大多数国家主流政党都保持了往来和联系。在非洲方面，通过举办、参与举办、应邀出席研讨会、网络研修班开班式、政党节庆、与领导人视频通话等多种方式，与坦桑尼亚、南非、莫桑比克、安哥拉、纳米比亚、津巴布韦、多哥、南苏丹、刚果、埃塞俄比亚、贝宁、毛里塔尼亚、加蓬、尼日利亚等国家执政党进行高水平互动；同时，与一些国家朝野政党进行交流，这在与非洲国家政党交往中是不多见的，譬如，中埃政党共建"一带一路"交流机制第二次会议即由中国共产党同埃及14个主要政党及政治组织共同举办，中国驻尼日利亚使馆同尼日利亚政党咨询委员会共同举办的"加强政党合作，促进和通共融"研讨会，吸引了尼日利亚18个朝野政党领导人参会；并与南非共产党、塞内加尔独立劳动党、塞内加尔非洲争取民主和社会主义党、突尼斯自由宪政党、突尼斯人民运动等众多左、右翼政党进行视频通话。在拉美方面，通过应邀出席诸如加勒比多国政党青年干部网络研修班、玻利维亚争取社会主义运动干部网络研修班开班式，与厄瓜多尔创造机会运动、墨西哥公民运动、委内瑞拉统一社会主义党等政党领导人视频通话，与拉美加勒比地区政党保持党际互动，以"发挥政党交往作用，促进中尼关系发展"为主

---

[1] 由于前述周边国家已经占了亚洲国家的绝大多数，加上西亚地区很多国家无政党，所以这里所说发展中国家主要是指非洲和拉美地区，亚洲国家涉及不多。

题，与尼加拉瓜桑解阵举办两党首次干部网络研修班。这些交往交流主要包括以下几个方面内容：

一是加强治国理政经验的学习交流。一方面，学习中共干部培训经验，建立专门的干部人才培养基地。南部非洲六姊妹党在中共的帮助下，联合建设了尼雷尔领导力学院，旨在帮助各党培养培训干部和人才。2月23日该学院举行竣工启用仪式，习近平致贺信。中方应邀参与该学院筹建，应邀提供教学方案，选派教师开展理论宣讲，围绕党史、党建、治国理政经验等共同关心的问题联合举办国际学术研讨会。哈桑等六姊妹党领导人认为，该学院的成立，将对非洲政党加强自身建设、推动非洲政党站在时代发展前沿、为非洲走向更加美好的未来发挥十分重要的作用。另一方面，举办学习探讨治国理政经验的专题研讨班、研修班。5月25日，尼雷尔领导力学院举办2022年度六姊妹党中青年干部研讨班。研讨班共同探讨新时代执政党应领导国家实现什么样的发展、怎样实现发展这一重大课题，助力六姊妹党培养时代新人，希望学习借鉴中国共产党在发展经济、创造就业、科技创新、环境保护、反腐败等方面的经验。研讨班结束后，学院院长马塞琳娜·奇日加评价说："通过这次研讨班，他们觉得自己有能力探索新世界，为各自国家的政治和经济社会发展作出贡献。他们有能力肩负职责，积极参与中非合作论坛'九项工程'。"[1] 6月10日，尼加拉瓜桑解阵干部网络研修班闭班式上，该党国民议会议长波拉斯表示，研修班有力促进了该党与中共在党建、经济发展、农业及扶贫等领域的互学互鉴，愿进一步加强同中共多层次、宽领域的交流合作。此外，厄瓜多尔创造机会运动主席奇里沃加表示，作为一个年轻的政党，创造机会运动非常珍视中共的百年奋斗经验，愿意学习借鉴中共在扶贫、反腐、保护生态、提高民众教育和医疗水平等方面的经验

---

[1]《习近平总书记的回信激励我为深化非中友谊而努力》，http://www.news.cn/world/2022-06/16/c_1211657493.htm。

做法。

二是探索符合本国的发展道路。一直以来,中国作为世界最大发展中国家,坚持走独立自主的"中国式现代化"发展道路,建设中国特色社会主义,取得举世公认的成就,拓展了发展中国家走向现代化的途径,引发发展中国家的很大反响。纳米比亚人组党主席、总统根哥布表示:"中国式现代化为纳米比亚等发展中国家提供了实现和平发展的全新选择。"[1] 党的对外工作通过举办面向多个国家或单一国家的主题活动,与发展中国家共同探讨国家发展道路问题,前者如面向非洲多国举办的"符合国情的现代化道路:中非政党的探索与实践"主题研讨会、面向中亚五国举办主题为"坚定走符合本国国情发展道路:政党的责任与担当"的政党论坛;后者如5月10日与刚果劳动党举办的以"中刚执政党探索符合本国国情发展道路的理论与实践"为主题的干部网络研讨班。国外政党高度肯定中国特色社会主义和中国式现代化的世界意义和借鉴作用,表示要深入学习借鉴中国智慧和中国方案,探索符合本国国情的发展道路。非洲政党认为中国式现代化,不仅是中国的胜利,也为世界作出重要贡献,为非洲国家树立了榜样。中亚五国政党认为,中国的成功为中亚五国坚持走符合本国国情的发展道路提供了动力和信心。

三是助力高质量共建"一带一路",促进各领域务实合作。一年来,党的对外工作积极拓展和延伸"政党外交搭台,经贸活动唱戏"的新时代内涵,推进中非合作论坛"九项工程"和中非高质量共建"一带一路",共同支持和参与全球发展倡议,引领中非合作向更高质量、更宽领域发展。5月18日,在中埃政党共建"一带一路"交流机制第二次会议,埃方表示,愿发挥各党在议会、政府、企业等层面的影响力,同中国共产党一道,以本次

---

[1]《世界政党政要广泛持续祝贺习近平当选中共中央总书记》,载《人民日报》,2022年10月30日,第3版。

会议为契机，推动埃及"2030愿景"同共建"一带一路"深度对接，助力两国务实合作结出更多硕果。6月23日，中国-墨西哥工商界对话会通过视频方式举行，来自两国地方、企业、高校的70余位代表围绕贸易投资、基础设施建设、航空航天、生物技术、文化体育等领域合作进行了深入交流和对接。8月30日，以"依托政党交往，共谋合作发展"为主题的中国-尼日利亚工商界对话会举行。会上，福建省与尼日利亚卡诺州共同签署了《建立友好省州关系意向书》。来自福建省、卡诺州的企业及在尼中资企业代表约150人在线参会，并围绕菌草种植、矿业开发、农牧产品加工等领域合作进行了深入交流和对接。通过促进企业、地方的务实合作，推动共建"一带一路"与各国发展战略、发展愿景的对接，如非洲"2063议程"、埃塞俄比亚的"十年发展计划"、哈萨克斯坦的"光明之路"新经济政策、蒙古国"草原之路"倡议、菲律宾"多建好建"规划、南太平洋岛国"蓝色太平洋2050战略"等等。

（四）充分发挥党的对外工作灵活多样的优势，为维护发展中俄、中欧等大国关系，打破对华围堵，积极作为

在欧美对俄罗斯进行全面制裁，俄欧、俄美矛盾对抗升级的情况下，中国与以美国为首的部分西方国家矛盾加剧。一些国家一方面追随美国，利用所谓人权和涉台问题升级矛盾，在经贸投资技术等方面鼓吹"脱钩""断链"，加紧对华围堵；另一方面他们又同美国存在矛盾，特别是以德国为代表的欧盟与美国之间存在结构性矛盾，同中国有着多方面的互补关系，哪怕是澳大利亚、日本这些美国的"铁杆盟友"，出于自身利益也需要发展对华关系。一年来，党的对外工作根据国家总体外交布局，以多样形式开展对俄、对欧美阵营政党的工作。

面对来自美欧的共同压力和挑战，党的对外工作积极致力于发展中俄新时代全面战略协作伙伴关系，加强同俄主要政党、特别是统一俄罗斯党的机制化交往，通过党际渠道服务于建设成熟、稳定、坚韧的高水平双边关系。

宋涛、刘建超多次同统一俄罗斯党高层通话，落实两国元首达成的重要共识；10月6日，刘建超代表中国共产党视频出席统一俄罗斯党举办的"生态政策和可持续发展"国际政党论坛，对该党在生态、可持续发展等方面的主张表示支持；12月21日，习近平会见统一俄罗斯党主席梅德韦杰夫，明确两党"长期开展机制化交往，成为巩固中俄政治互信、推进两国互利合作、展现两国战略协作的独特渠道和平台，为新时代中俄关系行稳致远提供了有力支撑"。[1] 希望两党继续围绕治国理政经验、促进发展战略对接、推动政党国际多边合作等深入交流，就执政党建设互学互鉴，为深化中俄全面战略协作贡献智慧和力量。此外，中联部还同俄罗斯联邦共产党、"公正俄罗斯-爱国者-为了真理"党保持交往沟通，加强思想理论和治国理政经验交流，助力推动中俄关系发展。

一年来，党的对外工作坚持以大国大党为重点，以多种方式与不同政治立场的政党政要和理性务实的政治力量保持对话交流，推进建设中欧全面战略伙伴关系。2021年12月，德国大选后组成了以社会民主党人朔尔茨为总理的联合政府，习近平主席随即同朔尔茨通话。1月28日，宋涛同社民党联合主席克林贝尔举行视频通话，促进双方落实好两国领导人达成的重要共识。6月27日，中国共产党与德国社民党第十五次外交与安全政策对话举行，两党政要、智囊机构学者围绕主题进行了广泛交流。9月6日，中国经济联络中心与德方共同主办了第九届"一带一路"中德经济合作对话会，促进中德政商界和地方的交流合作。在中德双方共同努力下，11月4日，朔尔茨顶住压力，率庞大经贸代表团访华。同时，中联部还同法共参议院副议长、法国前总理、法国复兴党籍国民议会前副议长、意大利议会"中国之友"协会主席，以及意大利力量党、民主党、五星运动议员、英国工党下院

---

[1]《习近平会见俄罗斯统一俄罗斯党主席梅德韦杰夫》，载《人民日报》，2022年12月22日，第1版。

议员等政党政要通话交流，共同致力于推动中法、中意、中英及中欧关系；同塞浦路斯、捷克、马耳他等中小国家政党及组织负责人通话交流，联络各种友华力量，促进各国对华关系和中欧关系的发展。中联部还通过举办诸如中国共产党-欧美马克思主义政党交流会、中国-丹麦共同富裕与共同发展研讨会等形式，加强同欧方的思想人文交流和务实合作。

此外，12月21日，澳大利亚外长黄英贤访华时表示，澳愿积极推动双方政党、智库、媒体等交往，促进两国关系发展。12月23日，日本公明党党首山口那津男在与刘建超通话时表示，愿意同中国共产党加强对话合作，尽早恢复面对面的交流。

三、党的对外工作的新发展、新特点

2022年，党的对外工作根据"三个重要"定位要求，坚持在党言党、在党为党，积极服务党和国家中心工作核心使命，拓展全球政党伙伴关系网络，加强同世界各国政党的交流合作，为服务国家总体外交全局、推进中国特色大国外交，推动构建人类命运共同体而努力开拓，开创党的对外工作新局面，实现新发展，呈现新特点。

（一）扩大党的国际影响力、推进治国理政经验交流取得新成效，达到新高度

一年来，在迎接党的二十大召开背景下，通过宣讲习近平新时代中国特色社会主义思想以及中国共产党以中国式现代化推进中华民族伟大复兴取得的伟大成就，使中国共产党在国际上赢得了广泛声誉。国际社会特别是发展中国家政党政要、世界左翼力量利用双边多边场合，盛赞中国成就、中国思想，表示要学习中国共产党治国理政的经验。概括起来主要有以下几个方面。

第一，中国共产党广泛影响力、号召力得到进一步体现。在中国共产党与世界马克思主义政党论坛筹备过程中,国外马克思主义政党踊跃参会。有的党一次派出了十几名中央委员参会;有的党主动向中方提出参会申请。[1]在中共二十大期间和二十届一中全会结束后,许多国家政党、政府、议会及其领导人、驻华使节、国际组织、外国民间团体及其负责人、国际友人等,向大会、向中共中央、向习近平总书记以及其他当选领导人发来贺电、贺函,表达热烈祝贺和良好祝愿,不少尚未建立关系或者新成立的政党也主动致贺,未建交的不丹第四世国王旺楚克也发来贺电祝贺习近平当选总书记。

第二,中国共产党的执政伟业及其思想理论得到世界多国政党政要的广泛赞誉。拉美和加勒比国家驻华大使表示,驻华工作和生活经历使他们深刻领悟到"没有共产党,就没有新中国"的道理。刚果(金)驻华代表马贝雷在观看了中联部庆祝中国共产党成立101周年短视频后表示:"应当将中国共产党树立为当今政党的楷模。"[2]约旦阿拉伯作家和记者中国之友国际协会主席马尔旺·苏达哈说:"中国共产党是世界范围内共产党的典范。是爱国、先进政党的代名词,也是能够带领国家走向独立富强的政党的代名词。"[3]世界多国政党政要高度评价党的执政伟业和中共思想的世界意义。7月28日,中国共产党与世界马克思主义政党论坛与会代表表示,习近平新时代中国特色社会主义思想为丰富马克思主义思想宝库作出了创造性贡献,社会主义中国已成为人类发展的"火车头"。中国的成功极大增强了全世界马克思主义者继续高举马克思主义旗帜、探索符合本国国情的发展道路的信心。[4]一些政党领导人祝贺习近平当选总书记,肯尼亚总统鲁托表示:"您

---

[1] 中联部新闻办:《百余政党线上参会,我国史上最大规模马克思主义政党论坛》,中联部新闻办微信公众号,2022年8月1日。

[2] 中联部新闻办:《这个生日,他们这样对中国共产党说原创》,中联部新闻办微信公众号,2022年7月1日。

[3] 《外国友好人士:中国共产党是先进政党代名词》,https://www.mfa.gov.cn/web/ziliao_674904/zt_674979/dnzt_674981/qtzt/ddzggcd/wgjzkzg/202211/t20221104_10800434.shtml。

[4] 《中国共产党与世界马克思主义政党论坛举行》,https://www.idcpc.org.cn/bzhd/wshd/202207/t20220729_149537.html。

以人民为中心、甘于奉献的领袖风范为我们树立了榜样。"[1] 津巴布韦总统姆南加古瓦表示："您提出的新时代中国特色社会主义思想极大鼓舞了发展中国家创造性探索符合自身国情的发展道路。"[2] 摩尔多瓦副议长巴特雷恩察表示："习近平新时代中国特色社会主义思想不仅在中国历史上具有划时代意义,也为人类文明进程作出了重要贡献。"[3] 这些言论表明中国共产党的思想凝聚世界政党共识达到新高度。

第三,许多国家政党政要和青年通过与中国共产党的交流、到中国学习参观考察,切实感悟到中国共产党治国理政新理念和对本国的启示借鉴意义。斯里兰卡共产党总书记维拉辛哈曾到安徽小岗村参观考察,感慨道:"小岗村的探索和变迁是中国不断取得发展进步的缩影。中国用短短几十年时间让数亿人摆脱贫困,这一生动案例足以证明中共的道路是正确的,也给世界上其他马克思主义政党以激励和启示,中共善于学习,这是她能够不断进行理论创新、保持生机活力的重要原因。"[4] 保加利亚社会党副主席斯托伊洛夫认为:"中国共产党拥有长远发展眼光,将发展规划与具体实践相结合,充分调动每个人的积极性,发挥每个地区的作用,让改革、发展和稳定相得益彰,这是中国经济建设取得巨大成就的一个重要原因。"[5] 柬埔寨人民党中央监察委员会主席艾森沃表示,一直在学习中共十八大以来的反腐败经验,把"照镜子、洗洗澡、除除尘、治治病"作为人民党党建工作总要求写入工作报告,中共强调"老虎苍蝇一起打",人民党则提出"大鱼小鱼一

---

[1] 《外国政党政要热烈祝贺习近平当选中共中央总书记》,载《人民日报》,2022年10月25日,第3版。
[2] 同[1]。
[3] 《各国政党政要持续祝贺习近平当选中共中央总书记》,载《人民日报》,2022年10月27日,第5版。
[4] 《"中国共产党是善于学习的政党"》,载《人民日报》,2022年2月9日,第3版。
[5] 《"中国共产党拥有长远发展眼光"》,载《人民日报》,2022年2月14日,第3版。

起抓"。[1] 斯里兰卡统一国民力量党迪萨纳亚克说:"斯里兰卡可以向中国学习借鉴的方面有很多,比如对未来有长期规划、政策执行连续稳定等。我们要把学到的经验与斯里兰卡实际情况结合起来,形成适合本国国情的发展方案。我们也要学习中国共产党的领导力,学习如何加强党的建设。"[2] 南非学生大会副主席布伊勒·曼迪瓦内到中国参加治国理政研修班后说,"我认为我们过于依赖西方,没有找到真正解决非洲问题的方案。我在研修班里学到两件事,首先我们必须讲求实事求是,第二我们必须根据本国国情制定具体政策。"[3] 世界许多政党政要通过研读中共理论,特别是《习近平谈治国理政》,深刻感受到中国共产党的思想伟力。贝宁联合执政两党领导人对中国共产党领导中国人民赢得脱贫攻坚战伟大胜利表示由衷钦佩,期待早日阅读《习近平谈治国理政》第四卷,深入学习借鉴中共治国理政经验,更好实现贝宁发展。

(二)服务国家重大外交议程、外交斗争,为捍卫国家利益作出新贡献

一年来,党的对外工作配合国家重大外交行动,积极作为,为服务国家总体外交、捍卫国家利益作出新贡献。一方面,结合国家重大外交议程和机制性国际会议,找准切入点进行配合和策应,围绕金砖国家峰会、与美澳就南太平洋岛国的外交博弈、中国与阿拉伯国家峰会等,举办相应的政党和民间配套活动。中国作为2022年金砖国家峰会主席国,提出以"构建高质量伙伴关系,共创全球发展新时代"为大会主题。中联部在峰会前一个月举办金砖国家政党、智库和民间社会组织论坛,充分动员、发挥金砖国家政党、智库、民间社会组织的作用,聚焦推动人文交流合作这一高质量伙伴关系的重要方面,为开好金砖国家峰会进行了重要铺垫;会后推出外语电子网刊

---

[1]《"为发展中国家政党建设提供了借鉴"(外国政党政要和友好人士看新时代中国共产党)》,载《人民日报》,2022年6月15日,第3版。
[2]《"中国的发展经验值得借鉴"》,载《人民日报》,2022年1月23日,第3版。
[3]《来中国取"发展经":习主席的理念启示了我》,新华社2022年3月8日电。

《中国快讯》"2022年金砖国家领导人会晤"专题特刊,生动介绍习近平出席2022年金砖国家领导人会晤系列活动等情况。7月14日,在中国与美澳在南太平洋地区地缘博弈加剧的背景下,中联部举办了第二届中国-太平洋岛国政党对话会,进一步配合5月和6月间王毅访问南太地区建交岛国,也是对太平洋岛国对华立场的进一步检测,进一步加强中国同太平洋岛国关系。作为对话会的一部分,中国-太平洋岛国工商界对话会同时举行,聚焦双方务实合作,签署贸易投资文件,与中国同南太岛国六大合作新平台[1]有效对接,为中国同太平洋岛国合作注入新的动力。12月9日,首届中国-阿拉伯国家峰会在沙特举行并发表宣言,宣布中阿双方一致同意全力构建面向新时代的中阿命运共同体。在这次峰会前一个月,中联部举办第三届中国—阿拉伯国家政党对话会,大会以"携手打造新时代的中阿命运共同体:政党的责任"为主题,直接对接中阿峰会精神,凝聚构建新时代中阿命运共同体发挥政党引领的重要共识。

另一方面,密切配合北京冬奥会、反对佩洛西窜访台湾等重大外事活动和外交斗争,坚决捍卫国家利益。北京冬奥会是举世瞩目的大事。出于打压中国的目的,一些西方国家借涉疆问题发起所谓"抵制冬奥",挑起"缺席"风波,力图破坏干扰。对此,党的对外工作联络动员世界政党政要为北京冬奥会正义发声。巴基斯坦穆盟(谢)高级领导人穆沙希德指出,目前虽然有少数国家将体育运动政治化,但这绝非国际社会的主流声音。他认为,体育是文明交流的重要方式,将体育与地缘政治挂钩是少数西方国家冷战思维和双重标准的体现。[2] 俄罗斯联邦共产党发布声明,呼吁世界各国、全体运动员和所有体育协会支持奥林匹克运动原则,坚决反对将体育作为政治

---

[1] 中国与南太岛国六大合作新平台:应急物资储备库、应对气候变化合作中心、减贫与发展合作中心、农业合作示范中心、防灾减灾合作中心、菌草技术示范中心。
[2] 中联部新闻办:《一次举世瞩目的盛会 一场中西文化的深度交流》,中联部新闻办微信公众号,2022年1月27日,见同日央视新闻。

斗争的手段。[1] 社会党国际主席帕潘德里欧表示，坚信北京将举办一届非常成功的冬奥会，呼吁所有人遵守联合国大会通过的北京冬奥会奥林匹克休战决议，通过体育加强对话、和解、理解、团结与和平。[2]

8月2日，美国众议院议长佩洛西不顾中方反对肆意窜访台湾。8月3日起多日，世界多国政党第一时间表态，坚决反对佩洛西窜访，认为此举严重侵犯中国主权和领土完整，破坏台海和平稳定。各方重申坚持一个中国原则，呼吁美方立即停止干涉中国内政。尼加拉瓜桑解阵总书记奥尔特加表示，美政要无视联合国决议和美方郑重签署的《中美联合公报》承认的一个中国原则，公然侵犯中国主权，再次充分暴露美方口是心非的霸权行径。肯尼亚"团结纲领——一个肯尼亚联盟"全国执行书记图朱表示，佩洛西窜访台湾地区是对中国人民挑衅的卑劣行径。这种行为不负责任，令人愤慨，应遭到谴责。[3] 俄罗斯联邦共产党主席久加诺夫表示，美政客应停止对华敌对行径。印度全印前进同盟发表声明表示，佩洛西窜访中国台湾地区及其发表的有关言论违背联合国大会第2758号决议，全印前进同盟支持中国政府采取措施维护主权、统一和领土完整。[4] 8月12日，埃及最大报纸、在阿拉伯世界具有重要影响力的《金字塔报》发表文章，全面报道刘建超会见埃及驻华大使巴德里有关情况，并重点结合《开罗宣言》介绍了台湾问题的历史经纬和中方政策立场，并转述中方刚刚发表的《台湾问题与新时代中国统一事业》白皮书的立场主张。

（三）以广大青年特别是发展中国家青年为工作对象，特色更加鲜亮

一直以来，青年工作始终是党的对外工作的重要部分。近年来，随着党

---

[1]《多国政党政要表达对北京冬奥会的信心和期待》，载《人民日报》，2022年1月29日，第3版。
[2]《多国政党政要来贺新春、祝福冬奥！》，载《人民日报》，2022年1月31日，第3版。
[3]《多国政党政要和社会组织负责人明确反对佩洛西窜访中国台湾地区》，载《人民日报》，2022年8月6日，第3版。
[4]《多国政党政要坚定支持中国捍卫国家主权和领土完整》，载《人民日报》，2022年8月7日，第3版。

的对外工作的深入开展，青年工作已从过去单纯互派访问考察团，逐渐转向形式多样的交流。疫情背景下，尤其是 2022 年以来，党的对外工作创新工作思路，面向各国特别是发展中国家青年进行深度交流交往，使党的对外工作中的青年工作这道风景线更加亮丽。

一是举办或出席以青年干部为主题的研讨班、研修班、论坛，推动青年干部、政治精英的交流更加深入。中联部先后出席加勒比多国政党、南苏丹苏丹人民解放运动、柬埔寨人民党举办的青年干部网络研修班开班式并致辞，介绍中共青年工作，分享培养选拔青年干部的经验，表示支持与外党青年工作部门开展互学互鉴。举办中国-以色列执政党青年政治精英创新发展论坛、第二届中国-阿拉伯国家青年政治家论坛等活动。6 月 4 日尼雷尔领导力学院 2022 年度南部非洲六姊妹党中青年干部研讨班结束之际，全体学员联名向习近平致信，表达传承中非友谊、深化中非合作的坚定决心。6 月 8 日习近平回信，希望学员们学以致用、积厚成器，在实现民族振兴和非洲复兴梦的征程上激扬青春、施展抱负。学院院长马塞琳娜·奇日加说："这封回信，为南部非洲六姊妹党和整个非洲的青年展现了新的机遇和希望。"[1]

二是通过举办中外青年互动的交流体验活动，增强外方青年对中国党和国家的成就、道路、理论的认识了解。7 月 26 日，中联部邀请 13 个阿拉伯国家近 30 位驻华使馆青年外交官、留学生和媒体代表，和中联部地区局党支部全体同志一道，走进中国共产党历史展览馆和中关村科学城，实地体验感悟中国共产党百年奋斗历程特别是新时代中国发展成就；中联部还向参加主题日活动的阿拉伯国家青年赠送《习近平谈治国理政》第四卷并举行座谈交流会。与会青年纷纷表示愿通过这本著作的"思想之窗"深入了解习近平新时代中国特色社会主义思想。中联部还与北京市团委等单位举办第二届

---

[1]《习近平总书记的回信激励我为深化非中友谊而努力》,http://www.news.cn/world/2022-06/16/c_1211657493.htm。

"中拉青春汇·2022"系列活动，来自中阿双方的青年代表汇聚云端开展分享与交流，分享各自参与社会建设的奋斗故事，期待合作与共同发展。

三是通过举办作品征集等活动，促进中外青年交流和中国与发展中国家关系取得新成效。年初开始，中国民间组织国际交流促进会（以下简称"中促会"）与蒙古国主要政党、非政府组织和学校，举办"寄语冬奥，共迎未来"中蒙友好作品征集活动，共收到短视频、画作、音乐、书法等各类作品230余件，蒙古国青年纷纷祝福中蒙友好、祝福北京冬奥会圆满成功。3月开始，中联部面向阿拉伯青年以"新时代的中国共产党"为主题，举办征文和短视频大赛。阿拉伯青年踊跃参赛，提交作品。《当代世界》杂志社面向各国和在华留学生，举办了"感受中国新时代"主题征文、摄影和短视频大奖赛，共收到来自133个国家、在中国196所高校就读的留学生发来的3688份参赛作品。这些作品分享参赛者与中国结缘的故事、感受，对中国道路、经验的认识理解。在他们眼中，中国的发展经验为自己国家提供了重要借鉴，也影响了他们对世界和未来的看法。他们期望通过自身努力，促进自己国家与中国在经济、人文、教育等方面的交流，为建设地区国家命运共同体作出积极贡献。

（四）进一步丰富拓展"政党+"的形式和内涵，协同推进政党外交、公共外交、民间外交"三位一体"取得新进展

习近平指出："对外工作是一个系统工程，政党、政府、人大、政协、军队、地方、民间等要强化统筹协调，各有侧重，相互配合，形成党总揽全局、协调各方的对外工作大协同局面，确保党中央对外方针政策和战略部署落到实处。"[1] 一年来，党的对外工作不断增强系统性、整体性、协同性，协调相关部门和地方，指导统筹下属机构单位，推进政党外交、公共外交、

---

[1] 习近平:《论坚持推动构建人类命运共同体》,北京:中央文献出版社,2018年版,第540—541页。

民间外交"三位一体",拓展"政党+"的形式和内涵。

一是以民间外交的重要举措,为推进国际民间社会形成促进发展的强大共识迈出坚实步伐。习近平提出的全球发展倡议,要得以落地落实,需要营造有利于发展的国际环境,构筑国际社会坚实的民意基础。为此,中促会、中国国际交流协会协同中国志愿服务联合会等多家中外社会组织,举办了"看今日中国,谋全球发展"系列主题活动,由数十场以分享发展经验、谋划减贫合作、推进民生项目、加强文明互鉴、增进青年交流为主题的双边和多边活动组成。8月12日,作为系列活动高潮的"国际民间社会共同落实全球发展倡议交流大会"以线上线下相结合的方式举行。习近平向大会致贺信,多国现任总统、总理、政党领导人致贺。大会签署并发表了《国际民间社会共同落实全球发展倡议联合宣言》,宣布建立"国际民间社会落实全球发展倡议项目库",并启动国际民间减贫合作网络。

二是充分发挥"政党+"的优势,通过举办"+智库""+媒体""+地方""+企业"等系列活动进一步增强党的对外工作的整体性与协同性。在举办或出席的诸如中阿政党媒体智库主题交流会,"一带一路"智库合作联盟论坛,金砖国家政党、智库和民间社会组织论坛,拉美智库学者网络研修班,中国-南亚东南亚智库论坛等活动,都体现了"政党+"两种、三种甚至多种形式的结合和工作思路的创新。8月28日,刘建超访问菲律宾期间,在马尼拉集体会见菲律宾主要媒体负责人和记者,直面菲律宾媒体阐述中方发展中菲关系的原则立场和中方就南海等问题的看法。当代世界研究中心举办第一届"看中国听世界"论坛,该论坛及当代世界研究中心发起的"一带一路"智库合作联盟等机制,为关注中国和中国共产党的各国友人搭建了互学互鉴、凝聚共识、面向未来的对话平台;《当代世界》杂志发行尼日利亚版,为中尼双方交流思想文化、互学互鉴提供了重要媒介,为双方媒体、智库加强合作架设了坚实桥梁。同时,中国经济联络中心先后与天津市外办举办了"发挥政党作用,推动地方合作——中埃企业家'云对接'活动",

促进天津等中国企业与埃及企业在共建"一带一路"框架内加强基础设施、新能源、电子商务等领域的合作,推动两国务实合作特别是地方合作;与云南省外办、云南省投资促进局和中国日本商会举行中国-日本企业对接会,为中日企业交流合作搭建平台。这些"+地方""+企业"活动,充分体现了政党外交中务实合作的特色和优势。

三是充分发挥各国驻华使节桥梁纽带作用,拓展政党渠道联系各国的新路径。疫情以来,鉴于互访交流大大减少,各国驻华使节不仅是国家关系,而且是党际关系的重要纽带,2022年这方面的工作又得到很大拓展,不仅邀请相关国家驻华使节出席政党对话会、研讨会、论坛、共商会、视频通话,以及有政党背景的民间外交、公共外交等双边、多边活动,而且将其作为党的对外工作的重要对象和与国外政党政要进行沟通的重要纽带。许多国家驻华大使希望加强与中联部的联系。根据中联部网站报道,仅2022年6月以来,刘建超和中联部同志先后会见30多个国家驻华大使40多人次,刘建超还集体会见太平洋岛国驻华使节、与非洲国家驻华使节集体交流对话、同阿拉伯国家驻华使节集体座谈交流。使节们表示,政党关系是国家关系的重要组成部分,愿深化包括党际交往在内的各领域合作,促进本国与中国关系健康稳定发展。

四、二十大以后的党的对外工作的思考与启示

党的二十大在举世关注中落下帷幕,中国由此进入以中国式现代化推进中华民族伟大复兴、全面建设社会主义现代化国家新征程。站在新的历史起点上,总结2022年工作和过往历史经验,对二十大以后党的对外工作提出思考和启示如下:

第一,准确把握党的对外工作面临的新形势,深刻认识美国及部分西方国家高筑意识形态壁垒对党的对外工作的长期影响。近些年来,美国及部分

西方国家为遏制中国，进行包括意识形态攻击在内的"全方位"施压，特别是疫情以来，在抗疫、人权、涉疆等问题上，通过操纵舆论媒体，扭曲事实，编造谎言，诱导其国内不知情民众憎恨中国。俄乌冲突爆发以来，美国及部分西方国家在全面制裁俄罗斯的同时，也同步强化对中国的遏制，渲染"中国威胁论"。美国及部分西方国家为了所谓的"民主"，宁可无视物价飞涨等民生问题也要与中国"脱钩""断链"。近些年来，美国及部分西方国家之所以对中国进行包括意识形态在内的全方位打压，根本就在于他们认为中国道路、中国制度的成功对西方制度造成了"威胁"。

第二，根据党的对外工作面临的新变局和国家总体外交要求，适时优化调整布局，巩固基础，突出重点，着力难点，有所为有所不为。一方面，面对美国及部分西方国家对华遏制包围战略的长期化趋势，党的对外工作应配合国家总体外交布局，进一步深化同社会主义国家和左翼进步力量的团结合作，稳固同周边国家政党关系，继续加强同发展中国家政党交往。另一方面，坚持做好欧美日澳等发达国家政党机制化交往工作，在整体困难的情况下寻求重点突破。应该看到，在中国共产党国际影响力日益增强的情况下，一些政党基于国家现实利益考虑，也希望通过政党关系促进国家关系发展。12月21日，澳大利亚外长黄英贤应王毅邀请访华期间，主动要求会见中联部部长刘建超。因为黄英贤同时是澳工党参议院领袖，所以这次会见带有党际关系促进国家关系的性质。为此，在改善同西方国家关系时应注重发挥党际渠道作用，积极作为，顺势而为。

第三，继续用好中国共产党与世界政党高层对话会等平台，以夯实全球政党伙伴关系网络，推动完善全球伙伴关系网络。当前，全球有社会党国际、保守党国际、自由进步党国际、共产党与工人党国际会议等基于不同意识形态的政党国际组织或交流机制，也有亚洲政党国际会议、非洲政党理事会、拉美政党常设大会等区域性政党协作机制，但没有涵盖各类不同意识形态政党的世界政党合作机制。部分国外政党领导人认为，"只有在中国共产党的号召下,世界不同意识形态的政党才有可能共聚一堂进行平等对话"。[1] 中国共产党作为世界最大的执政党和人类命运共同体理念的倡导者,有责任也有能力为推动构建人类命运共同体建设更加美好的世界贡献更多政党力量。

第四,围绕构建人类命运共同体加强理论宣介阐释,搭建构建人类命运共同体的理论体系,加强对党的对外工作理论研究的引领。党的十八大以来,习近平提出了构建人类命运共同体这一关乎人类未来的理念,并提出了共建"一带一路"、全人类共同价值、全球发展倡议、全球安全倡议、全球文明倡议等全球性倡议。深入宣介阐释这些重大思想理念,需要厘清其中的内在逻辑关系。我们要深刻把握构建人类命运共同体理念和"三大全球倡议"的内在关系,深刻理解其科学内涵和重大意义,形成发展、安全、文明"三位一体"的愿景构想,进一步加强推动构建人类命运共同体的理论支撑。

总之,站在新的历史起点上,党的对外工作面临新时代、新挑战,要按照党的二十大指引的方向,在独立自主、完全平等、互相尊重、互不干涉内部事务原则基础上加强同各国政党和政治组织交流合作,立足于党的对外工作"三个重要"定位,服务党和国家中心工作和核心使命,既全方位发展,又突出重点,加强党的对外工作的系统性、整体性、协同性,推动党的对外工作开创新局面,迈上新台阶。

---

[1] 宋涛主编:《百年恰是风华正茂:全球百党政要及知名人士谈中共百年》,北京:当代世界出版社,2022年版,第66页。

第十四章
国外政党政要看中国共产党第二十次全国代表大会

赵　超　冯　瑾*

2022年10月16日至22日，中国共产党第二十次全国代表大会在北京召开。党的二十大是一次承前启后、继往开来的大会，对我们党和国家今后五年乃至更长时期作任务部署，不仅事关中国特色社会主义前途命运，也关系到未来中国同世界的交往前景，关系到中国在世界舞台上扮演的角色和发挥的作用。因此，党的二十大引起了国际社会的广泛关注。大会召开前后，国外政党政要围绕党的二十大的重大意义、重要内容、中国共产党的正确领导等议题进行了评议和解读。

一、关于大会的重大意义

党的二十大报告开篇即强调了会议的重要性："中国共产党第二十次全

---

* 赵超，中央党史和文献研究院信息资料馆研究员，主要研究方向为法国政党政治、海外中国学研究；冯瑾，中央党史和文献研究院信息资料馆副研究馆员，主要研究方向为海外中国学研究、马克思主义文献研究。

第十四章　国外政党政要看中国共产党第二十次全国代表大会

国代表大会，是在全党全国各族人民迈上全面建设社会主义现代化国家新征程、向第二个百年奋斗目标进军的关键时刻召开的一次十分重要的大会。"[1] 国外政党普遍认为，大会对进一步推动中国共产党和中国各项事业的发展进步指明了方向，中国共产党在大会上总结的治国理政经验值得世界其他国家政党借鉴。

（一）大会为新时代新征程夺取中国特色社会主义新胜利确立了行动指南

国外政党政要普遍认为，党的二十大具有重大而深远的意义，将对中国共产党和中国未来的发展产生重要影响。

老挝人民革命党中央委员会总书记、国家主席通伦在大会召开前表示，中共二十大是在世界和地区局势复杂多变之时召开的。但与此同时，中国国内稳定、人民生活安定。在以习近平同志为核心的中国共产党的领导下，中国正健康稳定地向前发展。他坚信，大会必将取得重大成果，惠及全中国人民，这些成果将成为强大动力，助力实现第二个百年奋斗目标和建设新时代中国特色社会主义。[2]

俄罗斯联邦共产党中央委员会主席根纳季·安德烈耶维奇·久加诺夫对中共二十大的胜利召开表示祝贺并指出："中共二十大将成为制定中国共产党纲领性方针的重要里程碑，为社会主义宏图大业作出新的建设性决定。"[3]

亚美尼亚"荣誉至上"政党联盟主席、国民会议议员、外事委员会副主席艾克·马米扎尼杨认为，中共二十大是中国国内政治生活中的一件大事，

---

[1] 习近平：《高举中国特色社会主义伟大旗帜 为全面建设社会主义现代化国家而团结奋斗》，载《党的二十大报告辅导读本》，北京：人民出版社，2022年版，第1页。
[2] 《老挝国家主席通伦：老中两国关系乘风破浪 历久弥坚》，https://www.hndnews.com/p/583423.html。
[3] Геннадий Зюганов направил приветствие делегатам XX съезда Компартии Китая, https://www.rline.tv/news/2022-10-13-gennadiy-zyuganov-napravil-privetstvie-delegatam-khkh-sezda-kompartii-kitaya-/?ysclid=l9xo2xs4ck960571013.

对中国未来发展具有重大意义。他表示，相信在中国共产党的领导下，中国将不断推进可持续发展，提升国际影响力。[1]

土库曼斯坦武装力量总司令、议会上院议长库·别尔德穆哈梅多夫在会前表示，中共二十大是重要事件，会议将通过有关中国各领域进一步发展的重要决定。毫无疑问，会议将进一步巩固中国共产党的领导地位，确保党的既定战略方针的延续性，以促进中国经济社会进一步发展，改善人民福祉，巩固中国的国际地位。中国是公认的维护和保障世界和平、稳定与发展的领导者之一，是世界所有爱好和平力量的朋友和可靠伙伴，也是国际关系中平等、公平和相互尊重原则的引领者。[2]

（二）大会总结的中国共产党执政经验值得其他政党学习和借鉴

党的二十大召开之际，多国政党政要在对大会成功举办表示衷心祝贺之际，也对本国学习中共治国理政经验、加强政党交流表达了殷切期盼。

南非共产党第一副总书记索利·马派拉指出："国家机关的执行力更多与执政党的领导力息息相关，而执政党领导力是国家发展的核心问题。中国国家机关的执行力超过了世界大多数国家和地区。非洲领导人应该从中国共产党的制度运行力、战略决策力、社会动员力、统筹协调力中学习执政经验。"[3]

中非共和国团结一心运动全国执行书记、国民议会议长森普利斯·萨兰吉表示，中国共产党自成立以来始终为中国的发展不懈奋斗，希望能够学习并借鉴中国发展的务实经验。[4] 喀麦隆人民民主运动主席、总统保罗·比

---

[1]《立足国情，坚定走中国特色社会主义道路》，https://baijiahao.baidu.com/s?id=1737838190255769137&wfr=spider&for=pc。

[2] 库·别尔德穆哈梅多夫：《土库曼斯坦与中国：携手沿着进步与繁荣之路前进》，载《人民日报》，2022年10月06日，第3版。

[3] "South Africa Praises China's Efforts in Development and World Peace", Capital News, October 18, 2022.

[4]《世界政党政要和各界人士继续祝贺中共二十大胜利召开》，载《人民日报》，2022年10月22日，第3版。

第十四章 国外政党政要看中国共产党第二十次全国代表大会

亚,莫桑比克解放阵线党主席、总统菲利佩·雅辛托·纽西,肯尼亚执政党联合民主联盟领袖约翰斯通·穆萨马等多国政要也表达了相同的观点。[1]

埃及前总理埃萨姆·谢拉夫认为,中国的成功符合全世界利益,中国共产党也为各国提供了治国理政借鉴,众多发展中国家政党能从中国共产党的实践中汲取重要经验。[2]

二、关于大会的重要内容

党的二十大报告全面总结了过去五年的工作和新时代十年的伟大变革,强调马克思主义是我们立党立国、兴党兴国的根本指导思想,明确新时代新征程党的中心任务,并对未来一个时期内党和国家在各领域的事业发展做出了战略部署。国外政党政要对会议的部分重点内容和提法表述给予了高度关注,其探讨和评论尤其集中于中国共产党在实施对外政策、推动民主政治发展和处理台湾问题上所发挥的重要作用。

(一)中国共产党始终致力于促进世界和平与发展,积极推动构建人类命运共同体

国外政党政要充分肯定了中国共产党长期以来为维护世界和平、促进共同发展所作的努力,高度评价中国坚定奉行独立自主的和平外交政策,维护国际公平正义。

圭亚那合作共和国前总统、人民进步党前总书记唐纳德·拉莫塔尤为关注党的二十大报告关于中国促进世界和平与发展的相关论述。他指出:"报告提出中国永远不称霸,同时继续帮助广大发展中国家加快发展,这符合中

---

[1] 王婷、李洪峰:《非洲社会各界关于中共二十大的若干认知》,载《国外理论动态》,2022年第6期,第19页。
[2] 《中国成功符合全世界的利益——访埃及前总理谢拉夫》,http://www.xinhuanet.com/mrdx/2022-10/17/c_1310670186.htm。

国共产党的和平合作理念以及国际主义观。中国将践行在国际关系中的互利共赢原则,通过帮助较贫穷的国家发展,中国将为发展中国家人民的福祉作出重大贡献,并推动各国经济合作取得成果。这进一步体现了中国共产党对马克思主义的国际主义和国际团结原则的创造性运用。"[1]

尼加拉瓜桑地诺民族解放阵线总书记、总统丹尼尔·奥尔特加和副总统罗萨里奥·穆里略表示,坚信中共二十大将为中国人民自身的发展和世界各国人民捍卫主权、正义与和平作出宝贵贡献。[2]

俄罗斯统一俄罗斯党最高委员会主席鲍里斯·格雷兹洛夫表示,中国共产党始终致力于维护国家利益、增进人民福祉、实现和平发展,不仅成功应对国内各种风险挑战,还在国际舞台上发挥负责任政党的作用。[3]

巴基斯坦驻华大使莫因·哈克也注意到党的二十大报告强调中国始终坚持维护世界和平、促进共同发展的外交政策宗旨,认为这体现了中国在相互尊重、合作共赢的基础上与国际社会携手合作的真诚愿望。他指出:"当今世界正处在挑战与机遇并存的十字路口,国际社会需要共同努力,实现人类持久和平与发展。"[4]

在此基础上,多国政党政要对人类命运共同体理念表达了强烈共鸣,对全球发展倡议和全球安全倡议给予了积极响应,认为中国正在积极参与全球治理体系改革和建设,为推动全球治理朝着更加公正合理的方向发展作出了巨大贡献,也为解决全人类面临的共同难题提供了切实可行的方案。

日本自民党前总裁、日本前首相福田康夫对此给出了自己的解读,认为人类命运共同体理念想传达的信息是任何一个国家都不可能孤立存在,要同

---

[1]《专访圭亚那前总统拉莫塔尔:中共的成就受到全球进步人士钦佩》,https://baijiahao.baidu.com/s?id=1748113284576159525&wfr=spider&for=pc。
[2]《多国政党政府领导人热烈祝贺中共二十大召开》,载《人民日报》,2022年10月18日,第6版。
[3] 同[2]。
[4]《"中共二十大将推动中国向着民族复兴迈出坚实步伐"——专访巴基斯坦驻华大使莫因·哈克》,http://www.news.cn/mrdx/2022-10/20/c_1310670544.htm。

第十四章 国外政党政要看中国共产党第二十次全国代表大会

其他国家一道发展。[1]

瑞士共产党总书记马西米利亚诺·阿伊在接受媒体采访时谈道："习近平主席的一些讲话给我留下了深刻印象，特别是共享未来的人类命运共同体理念。我认为这个想法在当前新的历史阶段是非常重要的，我们应该在不同社会制度和经济制度的国家之间实现合作共赢。习近平主席提出人类命运共同体的理念，坚持这一理念很重要。"[2]

玻利维亚前外长费尔南多·瓦纳库尼·马马尼谈到了玻中两国在传统价值理念上的共性，认为这为两国在人类命运共同体理念框架下进一步开展合作奠定基础。他指出，玻利维亚的传统文化注重保护土地、资源和文化遗产，这与中国自古崇尚的价值理念不谋而合。习近平主席提出的构建人类命运共同体理念、生态文明思想等，融合中国悠久文化和历史经验积淀，推动人类进入新的发展阶段。[3]

斯洛文尼亚前总统达尼洛·图尔克认为，人类命运共同体理念是各项中国方案共同体现的核心理念。在新冠肺炎疫情肆虐、全球治理体系面临挑战的当下，人类命运共同体理念的生命力不断彰显。全球安全倡议是中国践行人类命运共同体理念的又一重要行动，为应对当前世界面临的安全问题提供了良方。建设一个普遍安全的世界是构建人类命运共同体的重要内容。[4]

泰国副总理兼外长敦·巴穆威奈指出，习近平主席提出全球发展倡议与全球安全倡议反映了中国正为促进世界可持续发展与和平而努力。他表示："泰国支持中国作为负责任大国在促进全球和平与可持续发展方面发挥建设

---

[1] 「「一強」基盤固めた習近平主席、難題解決へ大胆施策も＝「台湾」は平和の統一目指す」，『Record China』，https://www.recordchina.co.jp/b903173-s136-c100-d1136.html，2022年11月2日。

[2]《中国新征程 世界新机遇｜国际人士：中国发展成果令人印象深刻》，http://www.kunmingbc.com/lm/sx/230628.shtml。

[3]《专访："中国说到了，也做到了"——玻利维亚前外长瓦纳库尼谈构建人类命运共同体理念》，http://www.xinhuanet.com/2022-10/14/c_1129064409.htm。

[4] 达尼洛·图尔克：《人类命运共同体理念的生命力不断彰显（国际论坛·读懂中国·读懂中国共产党）》，载《人民日报》，2022年6月16日，第3版。

性作用。"[1]

柬埔寨人民党中央常委、中央外委会主席、副首相兼外交大臣布拉索昆表示，中国提出的全球发展倡议受到国际社会特别是发展中国家的热烈欢迎，柬埔寨强烈支持这一倡议。他认为，这一倡议是中国向世界提供的又一公共产品，旨在通过国际合作减少贫困、保障粮食安全，将有助于加强国际发展合作，加快推动落实联合国2030年可持续发展议程。[2]

日本民主党前党首、前首相鸠山由纪夫表示，构建人类命运共同体理念非常契合时代、非常必要，树立命运与共的共同体意识对于世界避免割裂、应对挑战以及亚洲维护和平、共同发展是非常重要的。[3] 他曾在多个场合多次表达了对构建人类命运共同体理念的赞同，并表示自己"将尽所能大力支持"。他格外关注构建亚太命运共同体理念，认为"亚太命运共同体是构建人类命运共同体理念的重要组成部分"。他对此解释道："我主张'友爱'精神，也一直提倡建立东亚共同体。在我看来，亚太命运共同体理念与东亚共同体构想有共通之处。"[4]

克罗地亚前总统伊沃·约西波维奇也表达了对人类命运共同体理念的赞同和支持。他指出，即使像克罗地亚这样的小国也可以为构建人类命运共同体作出重要贡献。克罗地亚的外交政策一向主张促进全球和平和国际合作，构建人类命运共同体理念能赢得克罗地亚政府和人民的大力支持。

---

[1] 《敦·巴穆威奈：多边主义是唯一可行的前进道路》，载《人民日报》，2022年7月10日，第3版。
[2] 《柬埔寨副首相布拉索昆："全球发展倡议"有助于加强国际发展合作》，https://baijiahao.baidu.com/s? id=1738458762478967301&wfr=spider&for=pc。
[3]「鳩山由紀夫元首相が「中国式現代化」を称賛」,『Record China』,https://www.msn.com/ja-jp/news/world.
[4] 《人类命运共同体理念"契合时代、非常必要"——日本前首相鸠山由纪夫》，http://www.xinhuanet.com/2022-10/07/c_1211690811.htm。

第十四章 国外政党政要看中国共产党第二十次全国代表大会

（二）中国共产党结合具体国情推动发展全过程人民民主，着力保障人民当家作主的权利

党的二十大报告指出："我国是工人阶级领导的、以工农联盟为基础的人民民主专政的社会主义国家，国家一切权力属于人民。人民民主是社会主义的生命，是全面建设社会主义现代化国家的应有之义。全过程人民民主是社会主义民主政治的本质属性，是最广泛、最真实、最管用的民主。"[1] 一些发展中国家的政党政要结合自身民主政治的发展经历，反对民主模式单一化，对中国根据本国国情探索和实践全过程人民民主的做法表示强烈的认同。

巴勒斯坦人民斗争阵线总书记艾哈迈德·马吉达拉尼对美国及一些西方国家以所谓民主标准干涉别国内政的行径表达了不满。他分析指出，美国总统拜登主持的所谓"民主峰会"在没有达成任何共识的情况下落幕，再次印证了民主是人类的共同价值，任何国家都没有权利对其他国家说三道四。一个国家实行的民主形式是否有效管用，应该由其人民来决定。中国实行的全过程人民民主是符合中国特色社会主义基本国情的，有利于增强中国的国际地位，实现中华民族的伟大复兴。如今的中国，在富强的道路上坚定前行。中国共产党和中国人民取得的成就举世瞩目，中华民族的伟大复兴将是历史的必然。[2]

尼日利亚社会民主党全国主席谢胡·加巴姆强调根据具体国情探索民主模式的重要性和必要性。他表示："每个国家都有自己的特点，民主模式必须符合本国国情，在我们发展自己的民主模式之前，不必套用他国的民主制度。中国共产党与中国人民心意相通，我相信中国模式在中国运行良好，推

---

[1] 习近平：《高举中国特色社会主义伟大旗帜 为全面建设社会主义现代化国家而团结奋斗》，载《党的二十大报告辅导读本》，北京：人民出版社，2022年版，第33页。

[2] 《中国是真正的人权捍卫者》，https://www.fmprc.gov.cn/web/ziliao_674904/zt_674979/dnzt_674981/xxgcddesdjs/ddzggcd_132671/202211/t20221128_10981452.shtml.

动了中国经济的发展,促进了中国的团结,这就是为什么你看到中国经济每天都在增长,而今天中国已经是世界领先经济体之一。"[1]

喀麦隆国民议会副议长泰奥多尔·达图奥提出,民主政治优越与否不仅体现在选举等形式上,还应看其是否有利于国家发展。他认为,中国的全过程人民民主令人印象深刻,在合理的制度安排下,民主选举、协商、决策、管理和监督真正实现有机结合。中国人口众多,地域辽阔,民主制度保障了广大人民能积极参与决策,充分表达意见。"我们需要鼓励民主的多样性,这对世界和平与相互理解十分必要。"[2]

突尼斯前外长艾哈迈德·乌尼斯对中国的全过程人民民主给予充分肯定,认为西方国家对中国"自以为是、高高在上"的指责没有说服力。他指出:"中国实行的民主是真诚务实的,没有大话也没有花架子。"民主的重要意义就在于使社会、经济、文化等层面实现进步,而中国正是通过在这些层面制订长远规划并实现一系列目标,推动国家发展和民族复兴。美国等少数国家对中国在"民主和人权"等方面的指责是站不住脚的,是一种"政治算计"。西方媒体对中国的抹黑正反映出他们并没有真正理解"民主"的含义,也没有真正观察并思考新中国成立70多年来的实践和努力对于中国人民和世界人民的巨大意义。[3]

(三)中国共产党不断坚持和完善"一国两制",寻求推进祖国统一的合理方案

党的二十大报告指出:"'一国两制'是中国特色社会主义的伟大创举,

---

[1]《中国新征程 世界新机遇丨多国人士赞赏中国共产党杰出领导能力》,http://news.cctv.com/2022/10/08/ARTI7aB07g5R24BAcMxBevW5221008.shtml。

[2]《专访:中国的民主立足本国国情,做法值得借鉴——访喀麦隆国民议会副议长达图奥》,http://www.news.cn/2022-10/02/c_1129047913.htm。

[3]《中国新征程 世界新机遇丨国际人士:中国共产党带领人民走向繁荣》,http://news.cctv.com/2022/10/10/ARTIcz2AmhivieGeGHX1xjvb221010.shtml。

是香港、澳门回归后保持长期繁荣稳定的最佳制度安排，必须长期坚持。"[1] 部分国外政党特别是共产党针对台湾问题进行了公开表态，谴责美国破坏地区稳定并激化矛盾冲突，呼吁公正看待中国的政策立场。

智利共产党总书记吉列尔莫·泰列尔在党的二十大召开前夕致信表达对大会胜利召开的祝福和期待。他在信中表示，中国共产党和中国人民取得的成就和经验重塑了人们对社会主义的信念和希望。当前美国强加给各国人民意识形态的做法以及经济制裁等手段，企图颠覆中华民族的主权统一，对世界和平构成了威胁。中共二十大将迎接这一挑战，中国共产党必将高举社会主义旗帜，以中国特色和坚定的和平政策应对人类来自政治、经济、环境等各方面的挑战。[2]

墨西哥参议院副议长纳罗在墨西哥主流媒体《先驱报》发表署名文章，强烈谴责美国众议院议长佩洛西窜访中国台湾地区。他强调，佩洛西非法进入他国是挑起战争的行为，给世界带来了巨大不稳定因素。这种做法不仅将美国和亚洲国家公民置于危险之中，也将世界所有公民都置身于危险之中。[3]

斯威士兰共产党在佩洛西窜访台湾地区后积极发声，强烈谴责美国政府插手台湾问题，严重破坏台湾地区和平与稳定。该党在声明中强调指出，美国利用台湾问题遏制中国的崛起，构成了对中国主权的威胁。[4]

委内瑞拉共产党中央政治局亦公开发表声明，强烈谴责佩洛西窜台，支

---

[1] 习近平：《高举中国特色社会主义伟大旗帜 为全面建设社会主义现代化国家而团结奋斗》，载《党的二十大报告辅导读本》，北京：人民出版社，2022年版，第51页。

[2] "CP of Chile, Saludo al XX Congreso del Partido Comunista de China", http://www.solidnet.org/.galleries/documents/Saludo-enviado-al-XX-Congreso-PC-China-por-el-Presidente-del-PC-de-Chile.pdf.

[3] 《墨西哥副参议长纳罗发文谴责佩洛西窜访中国台湾地区》，http://www.chinanews.com.cn/gj/2022/08-05/9820429.shtml。

[4] "CP of Swaziland, CPS in Solidarity with China on Recent Provocation by US Regime", http://www.solidnet.org/article/CP-of-Swaziland-CPS-in-solidarity-with-China-on-recent-provocation-by-US-regime/.

持中国维护领土完整。声明表示,美国政府通过威胁中国的主权和领土完整,支持其台湾盟友采取分裂主义立场,这一行径显然违反国际社会对台湾问题的共识,是美帝国主义对中华人民共和国的新挑战。美国及其盟国在世界竞争中的失利使得美国在军事和外交领域表现得咄咄逼人,这为新的帝国主义战争提供了可能。[1]

正是由于看到美国在台湾问题上大做文章,导致中美关系紧张加剧,一些国家的共产党对中美关系紧张加剧的真正原因加以分析,表达了对当前国际局势的看法,明确表示反对美国的对华遏制战略和霸权主义行径。

美国共产党和平与团结委员会和美国共产党国际部发表题为《世界需要合作,而不是冷战》的联合署名文章,对中美关系进行了深入分析和客观评价。文章高度赞扬中国自1949年以来取得的空前成就,认为中国共产党领导中国取得了令人瞩目的人道主义进步,包括平均预期寿命翻了一番、人均收入大幅增加、大力推动减贫事业取得成效、引领世界解决环境问题等,这是任何其他国家都无法比拟的。文章指出,正是由于这些成就威胁到美国所推崇的"资本主义、帝国主义利益优先于人民利益"的模式,促使美国统治阶级对中国发动"新冷战"。文章驳斥了美国自由派及一些所谓"左派"人士将中美两国紧张关系归因于两国在经济和军事领域竞争加剧的观点,认为美国的真正目的并非证明资本主义是一种优越的政治和经济制度,而是要通过武力和经济战争手段扭转美国的衰落,遏制中国的经济增长和全球影响力,最终迫使中国政权更迭并继续维持美国的全球霸权地位。[2]

美国共产党联合主席罗萨娜·坎布隆也对中美关系紧张加剧的主要原因进行了分析。她认为,美国不愿意对本国经济增速放缓、财富分配极不平

---

[1] "PVC Condena las Provocaciones de EEUU Conra la Integridad Territorial de la República Popular China", https://prensapcv.wordpress.com/2022/08/03/pcv-condena-las-provocaciones-de-eeuu-contra-la-integridad-territorial-de-la-republica-popular-china/.

[2] "The World Needs Cooperation, not Cold War", https://www.cpusa.org/article/the-world-needs-cooperation-not-cold-war/.

衡、通货膨胀水平飙升等问题承担责任,因此选择煽动国内民族主义势力攻击中国,以分散民众的注意力。她表示,要想应对美国国内的反华言论,应当让美国人民更加了解当今中国的多元社会、环境和文化发展,帮助美国人民更加了解当今中国。[1]

印度共产党(马列)在第二十三次党代会通过的决议中对包括中国问题在内的国际形势进行了客观判断。决议指出,面对中国经济的稳步增长和中国全球影响力的不断提升,美国将中国视为挑战其全球主导地位的威胁力量和战略竞争对手,从而采取了一系列措施遏制中国、孤立中国。例如,美国为了保持其在科技创新领域的霸主地位,排挤中国参与5G网络,限制中国在科技领域发展壮大。决议认为,中美关系的恶化更加凸显出帝国主义和社会主义的核心矛盾。[2]

葡萄牙共产党中央委员会在2022年12月8日通过的公报中指出,美国及其盟友在二十国集团峰会上试图延续其统治世界的战略,并在这一战略框架内强行加入对抗政策。这不符合世界其他国家的意愿和期待,因为其他国家希望国际关系正常化,呼吁尊重联合国和国际法原则,而中国在其中发挥了重要作用。[3]

三、关于中国共产党的正确领导

党的二十大报告指出:"全面建设社会主义现代化国家、全面推进中华民族伟大复兴,关键在党。我们党作为世界上最大的马克思主义执政党,要

---

[1]《美国共产党联合主席:应当让美国人民更加了解当今中国》,http://news.china.com.cn/2022-10/15/content_78467007.htm。

[2] "23rd Congress Political Resolution", https://www.cpim.org/documents/23rd-congress-political-resolution。

[3] "Portuguese CP, Communiqué of the Central Committee of the PCP of December 8, 2022", http://www.solidnet.org/article/Portuguese-CP-Communique-of-the-Central-Committee-of-the-PCP-of-December-8-2022/。

始终赢得人民拥护、巩固长期执政地位，必须时刻保持解决大党独有难题的清醒和坚定。"[1] 国外政党政要在积极评价中国新时代十年来取得的重大成就时，均表示这些成就离不开中国共产党的正确领导，这主要基于领导人的优秀品质、以人民为中心的发展思想、中国共产党的卓越领导力等重要因素。

（一）中国共产党最高领导人具备优秀品质，能够把稳中国特色社会主义的发展航向

国外政党政要高度评价新时代以来中国共产党最高领导人团结带领全党全军全国各族人民砥砺前行，攻克艰难险阻，不断推动党和国家事业取得更大进步。

委内瑞拉统一社会主义党主席、总统尼古拉斯·马杜罗在大会召开前夕接受媒体采访时表示："近年来，在习近平主席的领导下，中国在经济、金融、商业、政治、外交、文化等各个领域站在了世界发展的前沿，他还怀着友爱和团结之心对待委内瑞拉，我们两国相互了解，相互信任。""即将举行的中国共产党第二十次全国代表大会是全世界都关注的，中国的成功为我们未来的发展带来启示。我们非常关注习近平主席如何带领中国共产党进一步发展中国特色社会主义，我们委内瑞拉人民，委内瑞拉统一社会党发自内心地祝愿你们取得最大成功。"[2]

埃塞俄比亚执政党繁荣党副主席、总书记阿登·法拉赫对中共二十大的召开表示祝贺并强调："中共十八大以来，以习近平同志为核心的中共中央团结带领中国各族人民取得了举世瞩目的发展成就，繁荣党对此深感钦佩。

---

[1] 习近平：《高举中国特色社会主义伟大旗帜 为全面建设社会主义现代化国家而团结奋斗》，载《党的二十大报告辅导读本》，北京：人民出版社，2022年版，第57页。
[2] 《委内瑞拉总统马杜罗：中国共产党带领中国人民站在世界发展前沿》，https://m.gmw.cn/baijia/2022-10/14/36087973.html。

中国成功找到了适合本国国情的发展道路,为全体发展中国家树立了光辉榜样。"[1]

土库曼斯坦议会上院议长别尔德穆哈梅多夫高度评价习近平总书记在治国理政过程中发挥的作用,认为他无疑是这个时代最杰出、最具影响力的领导人之一。习近平主席的名字与中国人民经历的这一历史时代紧密相连,这一时代展现出当代中国在政治、经济和科技方面的实力,展现出当代中国在国际舞台上捍卫国家利益的原则性和坚定性,展现出当代中国在发展与其他国家关系时的负责任和英明远见。[2]

许多政党政要都表达了对中国共产党最高领导人个人魅力的欣赏,认为其亲切友善的言行谈吐、远见卓识和能力水平等给人留下了深刻的印象。

通伦在接受媒体采访时谈道:"每一次与习近平同志近距离会见,我都对他的友好留下了深刻印象。他的友好并不只在交流意见、会谈时,而是一种发自内心的真诚的友好。交谈中他待人礼貌热情,尤其是对待志同道合的同志,他都愿意将经验与理论倾囊相授。通过与习近平同志多次的会见、交流、共事,我觉得他是一位信念坚定、具有远见卓识和非凡能力的领导人。我经常关注习近平同志在中国国内与国际上的活动,他有原则、有立场、有坚定信念。"[3]

谢里夫也表示:"我有幸在中国和巴基斯坦多次见过习近平主席,他是一个非常有远见的领导人,每一个决策都是完美的、及时的和迅速的,所以我认为他是中国有史以来最具活力和远见的领导人之一,我非常尊重他,我真的很期待与他密切合作。我学到了很多东西,如果没有习近平主席的志向

---

[1]《埃塞俄比亚政要:中共二十大关乎中国命运影响世界发展》,载《光明日报》,2022年10月20日,第13版。

[2] 库·别尔德穆哈梅多夫:《土库曼斯坦与中国:携手沿着进步与繁荣之路前进》,载《人民日报》,2022年10月06日,第3版。

[3]《老挝国家主席通伦:老中两国关系乘风破浪 历久弥坚》,https://www.hndnews.com/p/583423.html。

及远见，毫无疑问，我们就看不到中巴经济走廊，他为巴基斯坦提供了特殊的指引，我们非常感谢他这些年来的所有支持。我希望在他的领导下，未来几年巴中友谊与合作将更上一层楼。"[1]

俄中友好、和平与发展委员会专家理事会主席尤·塔夫罗夫斯基在评论文章中称："习近平提出了一个伟大的目标，即'中华民族伟大复兴的中国梦'，并自信地带领中国朝着这个目标前进。从中共二十大报告中可以看出，在实施该计划时，习近平实质上发起了一场新的全面'自我革命'。在不改变前辈成就经验的前提下，他开始创造不同于过去的新理念。"[2]

基里巴斯关爱基里巴斯党党首、总统塔内希·马茂表示："习近平主席是一位非常周到细致的领导人，他对我的代表团给予了充分的关注，非常有亲和力。习近平主席对与基里巴斯建立更密切双边关系所表现出的热情，给我留下了深刻的印象。"[3]

还有一些政党政要特别强调了中国共产党最高领导人对人民怀有深厚感情，重视民情民意，抱有对人民负责的态度。

黑山社会主义者民主党主席、总统米洛·久卡诺维奇认为中国取得的成就离不开领导人心怀"国之大者"。他指出，中国已成为世界第二大经济体，中国之所以能取得如此成就，是因为领导人心怀"国之大者"，对人民负责，坚定维护国家利益。在过去几年中，习近平主席多次强调全球发展倡议的重要性，这一倡议对全球政治舞台上的每个人而言都是莫大的鼓励，所有人都必须分析实现倡议的可能性，从各个方面改善我们的关系与合作。[4]

---

[1] 央视《高端访谈》，2022年11月12日，http://news.cnr.cn/native/gd/20221112/t20221112_526059737.shtml。

[2] Китайская《самореволюция》: победа Си Цзиньпина и《загогулина》Ху Цзиньтао, https://www.mk.ru/politics/2022/10/24/kitayskaya-samorevolyuciya-pobeda-si-czinpina-i-zagogulina-khu-czintao.html?ysclid=lai4t5stzk620267539。

[3]《中国之行印象深刻 中国共产党的二十大意义重大——基里巴斯总统马茂》，https://baijiahao.baidu.com/s?id=1747310189893882662&wfr=spider&for=pc。

[4] 央视《高端访谈》，2022年10月28日，http://tv.cctv.com/2022/10/28/VIDEI8eGDGNuILT2tYT0XFl3221028.shtml。

印尼民主斗争党总主席、总统佐科·维多多表示，习近平主席热爱人民，推出的一系列政策造福人民。"在我看来习近平主席是一位热爱人民的领袖，而且他真的非常了解人民所面临的问题，正因为他推出了一系列高效的减贫政策举措，中国的贫困率实现了大幅下降。"[1]

丹麦前驻上海、广州总领事曹伯义也强调领导人重视熟悉民情民意的重要性。他表示，习近平主席在陕西贫困农村中工作了七年，知道什么是贫穷，这对于任何发展中国家的领导人来说都是非常重要的。领导人了解贫困，知道贫困的滋味，也见过贫困，并不是所有的领导人都有这种经历。[2]

(二) 中国共产党凭借自身卓越的领导力，带领中国人民在中国式现代化道路上不断前进

国外政党政要在分析中国近十年来取得发展成就的主要原因时，均不约而同地谈到中国共产党的卓越领导力，认为中国共产党能够确定发展目标，制定可行性战略，团结带领人民扎扎实实地落实贯彻，是推动中国向前发展的核心力量。

东帝汶人民解放党主席、总理塔乌尔·马坦·鲁瓦克明确表示，中国之所以能取得举世瞩目的发展成就，与中国共产党的有力领导密不可分。他指出，在中国共产党领导下，中国实现经济快速发展和数亿人脱贫的奇迹，这一成就举世瞩目。中国之所以能取得这样的成就，与中国共产党的战略眼光、有力领导密不可分。"得益于中国共产党的领导，中国制定了具有战略眼光的国家发展规划，一套高效的管理体系，所以我相信在中国共产党的领导下，中国未来的发展一定会更好。未来我希望，两国间的合作能更上一

---

[1] 央视《高端访谈》，2022年10月14日，http://tv.cctv.com/2022/10/14/VIDE6byRmQK62VUd8uJm1d0n221014.shtml。

[2] 《中国新征程 世界新机遇 | 曹伯义：中国的巨变与腾飞令人叹为观止》，http://news.cctv.com/2022/10/08/ARTIhx99Ia9mguboTKPjPIHF221008.shtml。

层楼。"[1]

墨西哥参议院副议长纳罗强调中国共产党引领中国和中国人民向前发展进步。他指出："当我们看到一面中国国旗，上面有五颗五角星，其中最大的那颗五角星就代表中国共产党，这表明中国共产党的领导核心地位是最根本、最重要的。""中国共产党的全国代表大会有其特殊重要性，大会将确定中国未来的发展前进方向。"[2]

安哥拉交通部长里卡多·维加斯·德阿布鲁指出，中国共产党的出色领导是中国取得今日成就的关键所在。中国共产党带领中国人民探索出中国式现代化的发展路径，不仅符合中国的实际国情和发展理念，也为人类实现现代化提供了新的选择。[3]

英国共产党总书记罗伯特·格里菲斯也持相同观点，将中国的发展成就归功于中国共产党的领导。他指出："中国共产党人证实了马克思主义在中国发展活跃、顺利、务实且创新，指导中国共产党和中国人民朝着在 21 世纪中叶全面建成社会主义现代化强国的目标不断前进。我相信，中国共产党第二十次全国代表大会将是这条道路上的又一个里程碑，这将有助于加强国际共产主义运动、维护世界和平与环境安全，推动世界社会主义力量不断向前发展。"[4]

澳大利亚共产党全国主席温尼·莫利纳抨击一些西方媒体在报道中国新闻时抱有偏见，缺乏客观公正的态度。他认为，在中国共产党领导下，中国经济快速发展，消除了绝对贫困。同时，中国在航天科技等领域不断进步，

---

[1]《东帝汶总理：中国共产党带领人民取得举世瞩目成就》，https://baijiahao.baidu.com/s？id=1746863484604851611&wfr=spider&for=pc。

[2]《多国人士赞赏中国共产党杰出领导能力》，https://www.fmprc.gov.cn/ziliao_674904/zt_674979/dnzt_674981/xxgcddesdjs/ddzggcd_132671/202212/t20221206_10986052.shtml。

[3] "Partido Comunista é a Chave do Sucesso da China, diz Ministro Angolano", Português, October 16, 2022.

[4]《英国共产党总书记格里菲斯：中国人民拥有无限的自豪感》，https://www.theorychina.org.cn/c/2022-06-30/1440601.shtml。

生态环境持续改善。中国共产党团结带领中国人民实现快速发展,也给世界以启迪。然而,一些西方媒体对中国的报道严重缺乏公正与客观,只愿意通过自己的视角看待中国的发展成就。[1]

(三) 中国共产党始终坚持以人民为中心的发展思想,让现代化建设成果更多更公平惠及全体人民

多国政党政要都谈到中国共产党以人民为中心的发展思想给自己留下的印象最为深刻,认为这体现了中国共产党对初心使命的坚守,也奠定了中国共产党获得广大人民群众信任和支持的根基。

吉尔吉斯斯坦故乡党领袖、总统萨德尔·扎帕罗夫在谈到自己对中国共产党领导中国取得辉煌发展成就的理解时表示:"如果一个政党努力追求无私的目标,为人民的共同利益、繁荣、福祉而奋斗,那么这样的政党将永远得到人民的支持。""我们知道,中国共产党把为中国人民幸福生活而奋斗、把中华民族的复兴作为自己的首要任务、目标和历史使命。当前抗击新冠肺炎疫情的事实清楚地证明了这一点。"[2]

埃及前总理埃萨姆·谢拉夫在自己多次访华经历中形成了这样一个观点,即中国共产党同中国人民之间有着深厚感情。他表示:"中国共产党坚持人民至上,践行以人民为中心的执政理念,也因此赢得了人民支持。"[3]

老挝国会副主席宋玛·奔舍那表示,"中国共产党领导人民打江山、守江山,守的是人民的心",这是二十大报告给他留下最深印象的内容。他指出,这一点非常重要,因为对于中国共产党来说,最主要的就是要守住人民的心,要"不忘初心,牢记使命"。这句话也解决了如何跳出兴衰周期的问

---

[1]《专访:中国共产党团结带领中国人民实现快速发展——访澳大利亚共产党全国主席莫利纳》,http://finance.sina.com.cn/jjxw/2022-10-06/doc-imqqsmrp1657601.shtml?finpagefr=p_115。

[2]《专访:人民永远支持为人民福祉而奋斗的政党——吉尔吉斯斯坦总统扎帕罗夫眼中的中国共产党》,新华社比什凯克2022年9月5日电。

[3]《专访:中国共产党领导是中国人民实现梦想的关键——访埃及前总理谢拉夫》,新华社开罗2022年10月1日电。

题，那就是党要善于自我革命，这一点值得所有人借鉴。[1]

马达加斯加前总理诺贝尔·拉齐拉胡纳纳在谈到中国共产党以人民为中心的发展思想时表示，中共二十大不仅对中国人民意义重大，也将对世界产生积极影响。他指出，中国能够完成消除绝对贫困的艰巨任务，取得这样的成就，源自执政党领导层坚定的政治意愿。中国共产党秉持为人民服务的宗旨，制定了明确方针政策，同时加强党的建设，党员干部发挥作用、努力推进国家发展。与此同时，中国共产党不仅关注中国人民的利益，也着眼全人类的共同利益。在世界动荡变革加剧的当下，中国提出的构建人类命运共同体理念，彰显出负责任大国的担当，表达出中国为世界和平与发展作贡献的意愿。[2]

南非非国大党成员、国民议会事务主席塞德里克·弗罗里克在谈到对《习近平谈治国理政》第三卷的读后感时，也对中国共产党的民生理念感慨颇深。他表示："我留意到书中强调的一个关键因素，那就是以人为本的民生理念，关切人民，让人民有更多幸福感。当人民有更多幸福感时，社会才会有更高的生产力，才会有更大的社会凝聚力。"[3]

基里巴斯总统马茂也对《习近平谈治国理政》中阐释的以人为本的民生理念产生了强烈共鸣。他指出："如果没有人民的信任，政府就无法运转，政党就无法执政。"[4] 中国过去十年的发展成就令人惊叹，尤其是在脱贫攻坚领域的成果，更是彰显出中国始终坚持以人民为中心的发展理念。

---

[1]《专访老挝国会副主席：中国模式成功关键是不盲从西方，走自己的路》，https://cn.chinadaily.com.cn/a/202210/27/WS6359ff37a310817f312f340c.html。

[2]《中国共产党时刻以人民利益为重——马达加斯加前总理拉齐拉胡纳纳》，https://www.fmprc.gov.cn/web/ziliao_674904/zt_674979/dnzt_674981/xxgcddesdjs/ddzggcd_132671/202212/t20221206_10986040.shtml。

[3]《多国人士赞赏中国共产党杰出领导能力》，https://www.fmprc.gov.cn/ziliao_674904/zt_674979/dnzt_674981/xxgcddesdjs/ddzggcd_132671/202212/t20221206_10986052.shtml。

[4]《专访：相信中国将继续谱写伟大篇章——访基里巴斯总统马茂》，新华社悉尼2022年10月15日电。

第十四章　国外政党政要看中国共产党第二十次全国代表大会

四、国外政党政要相关评议的倾向性特点

根据国外政党政要于 2022 年发表的看待党的二十大的上述观点，对比前一年度他们对中国共产党百年奋斗历程的评论，我们可以发现国外政党政要的相关评议呈现出以下几个倾向性特点：

第一，国外政党政要对党的二十大给予高度关注，表现出通过大会了解中国共产党、通过中国共产党了解中国的强烈意愿。要想了解中国，必须先了解中国共产党，这几乎已经成为当前国际社会的共识。对于政党而言，党的全国代表大会作为最高权力机关，具有制定政党理念、决定政策路线、选举党内重要领导等职能，对于政党的运行和发展发挥着至关重要的作用。而执政党的理念和决策会直接影响到各领域的战略布局，决定整个国家的行进方向。因此，党的二十大对于中国共产党和中国而言意义重大、影响深远。可以说，大会为包括政党政要在内的国外各界人士深入认识中国共产党和中国打开了一扇窗，将中国共产党对各领域的战略决策、治国理政的考量、应对挑战的方案等详尽而系统地展现在他们面前。对此，国外政党政要特别是发展中国家政党政要和左翼政党政要表现出了热烈关切：早在大会召开前，已经有多国政党政要表达了对大会胜利召开的祝愿和共享会议成果的期待；大会召开过程中和会议闭幕后，报告中的一些新提法、新表述也为众多政党政要谈及，得到了他们的积极回应。

第二，国外政党政要的评议重点尤其集中在报告关于对外政策的部分，呼吁构建和平发展的国际环境。当世界之变、时代之变、历史之变正以前所未有的方式展开，世界又一次站在历史的十字路口的关键性时刻，各国政党都在致力于科学分析判断当下的国际局势，积极探索应对全球性挑战的最佳方案，并在此基础上明确自身的立场定位。在这样的背景下，党的二十大明确了新时代中国外交的根本遵循，为中国同世界交往提供了行动指南，受到

了国外政党政要的重点关注。一方面，中国共产党面对国际形势的新动向新特征提出的主张建议，顺应和平、发展、合作、共赢的历史潮流，赢得了多国政党政要的认可和支持。另一方面，不少政党政要公开谴责国际上恃强凌弱、巧取豪夺、零和博弈等霸权主义行径，对当前国际交往中出现的困局及其成因进行了客观公正地分析。这充分表明，在国际舞台上，强权政治和冷战思维是不得人心的，构建和平发展的国际环境是人心所向、大势所趋，这也是构建人类命运共同体的重要思想能够得到国际社会积极响应的根本原因。

第三，国外政党政要在2022年更聚焦新时代十年中国共产党所取得的现实成就，这不同于2021年他们倾向于评议中国共产党的百年成就。国外政党政要关注中国共产党的角度不仅出于他们的兴趣和需求，探究中国共产党对世界的影响，也会受到中国共产党阶段性重大活动和主要议题的影响。因此，同前一年度相比，2022年国外政党政要对中国共产党的评论更加体现出现实关照的特色。在分析现实成就的动因时，对现任最高领导人的评价大量增加，另外，对中国式现代化、以人民为中心的发展思想等党的二十大报告中的重点内容进行了呼应。从这些评论可以看出，国外政党政要在这一年整体上延续了对中国共产党的认知立场，趋向于更加深入、更加具体地看待中国共产党取得的成就，进一步表达了同中国共产党开展党际合作、同中国推进双边合作的期待。但与此同时，也应当看到，有些政党政要对中国共产党仍存在一定的偏见和误解，未能客观看待中国共产党的理论思想与实践经验。

后　记

当今世界面临百年未有之大变局，政党政治深刻影响着各国及世界的发展。世界政党政治发展研究系列报告第二部《世界政党政治发展研究报告（2022—2023）》即将问世，这是广大学者为之骄傲的事。

本书是集体创作的成果。在此，深深感谢负责和参与撰写各章节的专家学者，感谢他们在百忙之中参与写作、集中攻关、精心施工、如期交出初稿，并在几个月里往复修改，才能有本书的出版问世。本书各章作者分别为：第一章，郭定平、冯斐斐、张磊；第二章，许利平；第三章，胡仕胜等；第四章，朱泉钢；第五章，沈晓雷；第六章，袁东振；第七章，余维海；第八章，陈新明；第九章，鞠豪；第十章，谢韬、郭馨怡；第十一章，郭春梅等；第十二章，林德山；第十三章，余科杰、齐天赐、李阳；第十四章，赵超、冯瑾。全书由周淑真负责统稿。

世界政党政治发展研究报告作为年度报告具有一定时效性，本书初稿自5月交当代世界出版社后，主体业务编辑部主任刘娟娟全力以赴、夜以继日赶工作，才使得本书早日敬献于广大读者面前。在这里，衷心感谢当代世界出版社的大力支持，并向刘娟娟主任表示深深的谢意。

编者从事政党政治研究近 40 年，1991 年冷战结束后，政党政治教学和研究范围扩展到世界各国，因此，编者曾有"上穷碧落下黄泉"，搜一本论证世界各国政党和政党政治发展状况的资料而不可得的经历。希望本书能弥补这方面的空白，为研究者提供便利。同时，本书不足之处，诚恳希望有识之士批评指正。

《世界政党政治发展研究报告（2022—2023）》课题组
2023 年 9 月 20 日